Os Limites da Interpretação

Coleção Estudos
Dirigida por J. Guinsburg

Equipe de realização – Tradução: Pérola de Carvalho; Revisão: Afonso Nunes Lopes; Sobrecapa: Adriana Garcia; Produção: Ricardo W. Neves, Sergio Kon, Lia N. Marques, Luiz Henrique Soares e Juliana P. Sergio.

Umberto Eco

OS LIMITES DA INTERPRETAÇÃO

PERSPECTIVA

Título do original
I Limiti dell'Interpretazione

Copyright © 1990 Grupo Editorial Fabri, Bompiani, Sonzogno, Etas S.p.A.

Dados Internacionais de Catalogação na Publicação (CIP)
(Câmara Brasileira do Livro, SP, Brasil)

Eco, Umberto, 1932- .
Os limites da interpretação / Umberto Eco ; tradução Pérola de Carvalho. – São Paulo : Perspectiva, 2015.
– (Coleção estudos ; 135 / dirigida por J. Guinsburg)

Título original: I limiti dell'Interpretazione.
4ª reimpr. 2. ed. de 2004
Bibliogafia.
ISBN 978-85-273-0178-7

1. Crítica literária 2. Leitores – Reação crítica 3. Semiótica e literatura I. Guinsburg, J. II. Título. III. Série.

04-6659   CDD-801.95

Índices para catálogo sistemático:
1. Crítica literária   801.95

2ª edição – 4ª reimpressão
[PPD]

Direitos reservados em língua portuguesa à
EDITORA PERSPECTIVA LTDA.
Av. Brigadeiro Luís Antônio, 3025
01401-000 São Paulo SP Brasil
Telefax: (011) 3885-8388
www.editoraperspectiva.com.br

2019

Sumário

INTRODUÇÃO XIII

1. *INTENTIO LECTORIS*: APONTAMENTOS SOBRE A SEMIÓTICA DA RECEPÇÃO 1
   1.1. Arqueologia 2
   1.2. Três Tipos de Intenções 6
   1.3. Defesa do Sentido Literal 9
   1.4. Leitor Semântico e Leitor Crítico 11
   1.5. Interpretação e Uso dos Textos 14
   1.6. Interpretação e Conjectura 15
   1.7. A Falsificação das Más Interpretações 16
   1.8. Conclusões 18

2. ASPECTOS DA SEMIOSE HERMÉTICA 21
   2.1. Dois Modelos de Interpretação 21
   2.1.1. O Modus 21
   2.1.2. *Hermes* 23
   2.1.3. *A Contradição e o Segredo* 24
   2.1.4. *O Acontecimento Hermético* 26
   2.1.5. *O Espírito da Gnose* 27
   2.1.6. *Segredo e Complô* 29
   2.1.7. *A Herança do Hermetismo, Hoje* 30
   2.2. A Semelhança Mnemotécnica 35
   2.2.1. *Mnemotécnicas e Semiose* 35
   2.2.2. *Semiótica como Sistema* 36

2.2.3. *As Mnemotécnicas Sistemáticas* 38
2.2.4. *As Regras da Correlação* 40
2.2.4.1. *As signaturas e a retórica da semelhança* 40
2.2.4.2. *Signaturas, retórica, correlação mnemotécnica* 43
2.2.5. *Para uma Tipologia das Correlações* 45
2.2.6. *Seleções Contextuais* 47
2.2.7. *Conclusão* 48
2.3. O Discurso Alquímico e o Segredo Diferido 49
2.3.1. *Alquimia Operativa e Alquimia Simbólica* 50
2.3.2. *O Discurso Alquímico* 52
2.3.3. *A Grande Obra* 54
2.3.4. *Um Discurso de Sinonímia Total* 55
2.4. Suspeita e Esbanjamento Interpretativo 62
2.4.1. *A Interpretação Suspeitosa* 62
2.4.2. *O Deslumbramento Excessivo* 63
2.4.3. *O Paradigma do Velame* 66
2.4.4. *René Guénon: Deriva e Navio dos Doidos* 72

3. O TRABALHO DA INTERPRETAÇÃO 77
3.1. Critérios de Economia 77
3.1.1. *A Economia Isotópica* 77
3.1.2. *Economizar em cima de Joyce* 80
3.1.3. Intentio Operis *versus* Intentio Auctoris 84
3.1.4. *O Autor e seus Intérpretes. Um Teste* in Corpore Vili 87
3.1.5. *Quando o Autor não Sabe que Sabe* 95
3.2. Idioleto Textual e Variedade de Interpretações 98
3.3. Sobre a Interpretação das Metáforas 113
3.3.1. *Geração e Interpretação* 113
3.3.2. *Grau Zero e Significado Literal* 114
3.3.3. *A Metáfora como Fenômeno de Conteúdo e a Enciclopédia* . 116
3.3.4. *Metáfora e Mundos Possíveis* 120
3.3.5. *A Metáfora e a Intenção do Autor* 121
3.3.6. *Metáfora como Espécie da Conotação* 124
3.3.7. *Interpretação como Abdução* 126
3.3.8. *Contextualidade e Intertextualidade* 127
3.3.9. *Metáfora e Paráfrase* 129
3.3.10. *Metáfora e Estética* 130
3.4. Falsos e Contrafações 132
3.4.1. *Definições Preliminares* 132
3.4.1.1. *Definições correntes* 132
3.4.1.2. *Primitivos* 134
3.4.2. *Replicabilidade de Objetos* 135
3.4.2.1. *Duplos* 135
3.4.2.2. *Pseudoduplos* 136
3.4.2.3. *Objetos únicos com traços irreproduzíveis* 138

3.4.3. Contrafação e Falsa Identificação 138
3.4.4. Pragmática da Falsa Identificação 140
3.4.4.1. Contrafação radical 141
3.4.4.1.1. *Falsa identificação deliberada* 142
3.4.4.1.2. *Falsa identificação ingênua* 142
3.4.4.1.3. *Cópias de autor* 142
3.4.4.1.4. *Alteração do original* 142
3.4.4.2. Contrafação moderada 144
3.4.4.2.1. *Entusiasmo gerador de confusão* 144
3.4.4.2.2. *Pretensa descoberta de intercambialidade* 145
3.4.4.3. *Contrafação* ex nihilo 145
3.4.4.3.1. *Falso diplomático* 146
3.4.4.3.2. *Contrafação* ex nihilo *deliberada* 147
3.4.4.3.3. *Falsa atribuição involuntária* 147
3.4.5. O Falso como Falso Signo 147
3.4.6. Critérios para o Reconhecimento da Autenticidade 151
3.4.6.1. Provas fundamentadas no suporte material 154
3.4.6.2. Provas fundamentadas na manifestação linear do texto.. 154
3.4.6.3. Provas fundamentadas no conteúdo 156
3.4.6.4. Provas fundamentadas em fatos externos (*referente*) 157
3.4.7. Conclusões 158
3.5. Pequenos Mundos 162
3.5.1. *Mundos Narrativos* 162
3.5.2. *Mundos Vazios* versus *Mundos Mobiliados* 162
3.5.3. *Abordagem Técnica* versus *Abordagem Metafórica* 165
3.5.4. *Mundos Possíveis e Teoria da Narratividade* 168
3.5.5. *Pequenos Mundos* 173
3.5.6. *Requisitos para a Construção de Pequenos Mundos* 173
3.5.7. Boa Vontade Cooperativa 178
4. AS CONDIÇÕES DA INTERPRETAÇÃO 181
4.1. As Condições Minimais da Interpretação 181
4.1.1. *Semiose e Semiótica* 182
4.1.2. *Significação e Comunicação* 183
4.1.3. *Sistemas e Sistemas Semióticos* 183
4.1.4. *Interpretação* 184
4.1.5. *Estímulo-Resposta* 186
4.1.6. *O Espaço C* 188
4.1.7. *Semiose sem Consciência* 189
4.1.8. *A Abdução* 190
4.1.9. *Reconhecimento* 191
4.1.10. *Modelos e Metáforas* 192
4.2. Chifres, Cascos, Sapatos: Três Tipos de Abdução 194
4.2.1. *Chifres* 194
4.2.1.1. *Aristóteles e os ruminantes* 194
4.2.1.2. *Peirce e os feijões* 198

4.2.1.3. *Leis e fatos* 200
4.2.1.4. *Hipótese, abdução, metabdução* 202
4.2.2. *Cascos* 203
4.2.2.1. *O texto de Voltaire* 203
4.2.2.2. *Abduções hipercodificadas* 205
4.2.2.3. *Abduções hipocodificadas* 208
4.2.2.4. *No limiar da metabdução* 209
4.2.3. *Sapatos* 211
4.2.3.1. *Abduções criativas* 211
4.2.3.2. *As metabduções* 215
4.3. Semântica, Pragmática e Semiótica do Texto 218
4.3.1. *Objetos e Dimensões* 219
4.3.1.1. *Língua* versus *outros sistemas* 221
4.3.1.2. *Semântica e pragmática: uma rede semiótica* 222
4.3.1.2.1. *Três teorias semânticas* 223
4.3.1.2.1.1. *Objeções à teoria (i)* 224
4.3.1.2.1.2. *Objeções à teoria (ii)* 226
4.3.1.2.2. *A pragmática entre significação e comunicação* 227
4.3.2. *A Semântica Avança rumo à Pragmática* 228
4.3.2.1. *Interpretação* 229
4.3.2.2. *Dêixis* 230
4.3.2.3. *Contextos e circunstâncias* 230
4.3.2.4. *Condições de felicidade e força ilocutiva* 231
4.3.2.5. *Papéis contextuais* 231
4.3.2.6. *Conhecimento de fundo* 232
4.3.3. *Nomes, Coisas e Ações: Nova Versão de um Velho Mito* 233
4.4. Sobre a Pressuposição 235
4.4.1. *Pressuposições e Semiótica Textual* 235
4.4.1.1. *O universo das pressuposições* 235
4.4.1.2. *Semântica e pragmática* 237
4.4.1.3. *Fundo e relevo* 238
4.4.1.4. *Termos-p e pressuposições existenciais* 240
4.4.1.5. *Poder posicional e poder pressuposicional* 242
4.4.1.6. *Contestar as pressuposições* 244
4.4.2. *Termos-p* 249
4.4.2.1. *Representação de termos-p* 250
4.4.2.2. *Problemas abertos* 255
4.4.2.3. *Poder posicional dos termos-p* 258
4.4.3. *Pressuposições Existenciais* 259
4.4.4. *Conclusões* 264
4.5. Charles Sanders Personal: Modelos de Interpretação Artificial. 264
4.5. Semiose Ilimitada e Deriva 279
4.6.1. *A Deriva Hermética* 280
4.6.2. *Deriva Hermética e Semiose Ilimitada* 280
4.6.3. *Semiose Ilimitada e Desconstrução* 283

4.6.4. *Derrida a propósito de Peirce* 284
4.6.5. *Peirce Sozinho* 287
4.6.6. *Conclusões* 290

BIBLIOGRAFIA 293

ÍNDICE DE NOMES 309

Introdução

No início de seu *Mercury, or the Secret and Swift Messenger*, 1641, John Wilkins conta a seguinte história:

> É-nos dado avaliar quão estranha possa ter parecido a Arte da Escrita quando de sua primeira Invenção, por aqueles Americanos recentemente descobertos que se surpreendiam vendo os Homens conversarem com os Livros e acreditavam piamente que o Papel pudesse falar...
> Existe, a Propósito, um bonito Conto a respeito de um Escravo índio; o qual, enviado por seu Dono com um Cesto de Figos e uma Carta, comeu, ao longo do Caminho, grande Parte de sua Carga, entregando o Resto à Pessoa a quem era dirigida; a qual, ao ler a Carta, e não encontrando a Quantidade de Figos correspondente ao que ali se dizia, acusou o Escravo de havê-los comido, referindo-lhe o que a Carta dissera contra ele. Mas o índio (apesar dessa Prova) negou candidamente o Fato, maldizendo o Papel como Testemunha falsa e mentirosa.
> Em seguida, novamente enviado com igual Carga, e com uma Carta que dizia o Número certo de Figos que deviam ser entregues, ele de novo, segundo sua Prática precedente, devorou grande Parte deles ao longo do Caminho. Mas antes de tocá-los (para prevenir qualquer possível Acusação) Ele pegou a Carta e escondeu-a debaixo de uma Pedra, certo de que, se Ela não o visse comer os Figos, jamais poderia relatar o que não vira; mas ao ser, desta feita, acusado ainda mais gravemente do que antes, confessou a Culpa, admirando a Divindade do Papel, e prometeu, para o futuro, a maior Fidelidade em toda Tarefa de que fosse incumbido (3. ed., London, Nicholson, 1707, pp. 3-4)

A página de Wilkins seguramente soa diferente de outras páginas contemporâneas, onde a escrita é tomada como exemplo supremo de semiose e todo texto escrito (ou falado), visto como uma máquina que produz uma "deriva infinita do sentido". A objeção que essas teorias contemporâneas indiretamente levantam contra Wilkins é a de que um texto, uma vez separado de seu emissor (bem como da intenção do emissor) e das circunstâncias concretas de sua emissão (e consequentemente de seu referente implícito), flutua (por assim dizer) no vazio de um espaço potencialmente infinito de interpretações possíveis. Consequentemente, texto algum pode ser interpretado segundo a utopia de um sentido autorizado fixo, original e definitivo. A linguagem sempre diz algo mais do que seu inacessível sentido literal, o qual já se perdeu a partir do início da emissão textual.

O bispo Wilkins – em que pese sua crença inabalável na existência de habitantes na Lua – era homem de notável estatura intelectual, e muito do que disse ainda hoje faz sentido para os estudiosos da linguagem e dos processos semiósicos em geral. Vejamos, por exemplo, a figura que aparece na página 311 do seu *Essay towards a Real Character* (1668). Estava ele de tal maneira convencido de que seria possível elaborar uma teoria do significado, que tentara (não primeiro entre todos, mas indubitavelmente de forma pioneira e com extraordinária intuição visual) fornecer um modo de representar até mesmo o significado dos termos sincategoremáticos. Mostra esse desenho que, uma vez admitido o fato de que compartilhamos algumas regras convencionais acerca do uso de uma língua natural, quando dizemos *sobre*, queremos seguramente dizer uma coisa diferente de *sob*. A propósito, seu desenho mostra também que essa diferença de significado se baseia na estrutura do nosso corpo dentro de um espaço geoastronômico. Podemos ser radicalmente céticos quanto à possibilidade de individuarem-se universais da linguagem, mas sentimo-nos na obrigação de levar a sério a gravura de Wilkins. Ela nos mostra que na interpretação dos termos sincategoremáticos devemos seguir certas "direções". Mesmo que o mundo fosse um labirinto, não poderíamos atravessá-lo sem respeitar certos percursos obrigatórios.

O que teria podido Wilkins objetar às contraobjeções de muitas teorias contemporâneas que veem a leitura como atividade desconstrutiva? Provavelmente teria dito que, no caso por ele narrado (suponhamos que a carta dissesse '"Caro Amigo, neste Cesto levado por meu Escravo estão 30 Figos que lhe envio de Presente"), o Amigo estava certo de que o Cesto mencionado na Carta fosse o mesmo levado pelo Escravo, que o Escravo fosse exatamente aquele a quem o Dono havia dado o Cesto, e que existisse uma Relação entre a Expressão *30*, escrita na Carta, e o Número de Figos contidos no Cesto.

Naturalmente, seria fácil confutar a parábola de Wilkins. Basta imaginar que alguém tenha realmente mandado um escravo com um cesto, mas que, ao longo do caminho, o escravo original tivesse sido morto e substituído por outro, de outro dono, e que até os trinta figos, como entidades individuais, houvessem sido substituídos por outros figos. Mais: imaginemos que o novo escravo tenha levado o cesto a um destinatário diferente. Podemos igualmente supor que o novo destinatário não soubesse que tinha um amigo que cultivava figos e os presenteava com tamanha liberalidade. Teria ainda podido, o destinatário, decidir sobre o que estaria a carta falando?

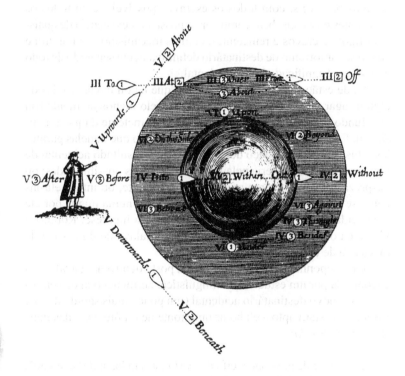

Creio que ainda temos o direito de pensar que a reação do novo destinatário teria sido, mais ou menos, a seguinte: "Alguém, só Deus sabe quem, mandou-me uma quantidade de figos inferior àquela mencionada na carta que seguia junto". (Suponho igualmente que o novo Destinatário, ele também Dono de Escravos, tenha punido o Escravo antes de tentar resolver o Enigma: esse também é um Problema Semiótico, mas atenhamo-nos à nossa Questão Principal.)

O que quero dizer é que, embora separado de seu emissor, de seu discutível referente e de suas circunstâncias de produção, aquela mensagem ainda assim falaria de figos-em-um-cesto.

Suponhamos agora (a imaginação narrativa não tem limites) que não só o mensageiro original tenha sido morto, mas que seus assassinos tenham comido todos os figos, destruído o cesto, colocado a carta numa garrafa e a tenham jogado ao mar de modo que fosse encontrada, setenta anos (ou quase isso) depois de Wilkins, por Robinson Crusoé. Nada de cesto, nada de escravo, nada de figos, apenas uma carta. Apesar disso, aposto que a primeira reação de Robinson teria sido: "Onde diabo foram parar esses figos?" Só depois dessa primeira reação instintiva poderia Robinson ter sonhado com todos os figos possíveis, com todos os escravos possíveis, com todos os remetentes possíveis, bem como com a possível inexistência de quaisquer figos, escravos e remetentes, com os mecanismos da mentira e com o seu infortúnio de destinatário definitivamente separado de todo e qualquer Significado Transcendental.

Onde estão esses figos? Diz a carta que há ou havia, vindas de algum lugar, trinta frutas assim e assado, pelo menos na mente (ou no Mundo Possível Dóxico) de um suposto remetente daquela mensagem. E mesmo que Robinson tivesse decidido que aquelas garatujas rabiscadas num pedaço de papel fossem o resultado acidental de uma erosão química, teria pela frente apenas duas possibilidades: ou desprezá-las como evento material insignificante, ou interpretá-las como se fossem as palavras de um texto escrito numa língua por ele conhecida. Levada em consideração a segunda hipótese, Robinson via-se na obrigação de concluir que a carta falava de figos -não de maçãs ou de unicórnios.

Ora, suponhamos que a mensagem posta dentro da garrafa seja encontrada por um estudioso de linguística, hermenêutica ou semiótica. Esse novo destinatário acidental (um pouco mais sabido do que Robinson) estará apto a elaborar um monte de hipóteses, e das mais sutis, *verbi gratia*:

1. Trata-se de mensagem cifrada: *cesto* está em lugar de "exército", *figo* em lugar de "1 000 soldados" e *presente* em lugar de "socorro", de modo que o significado contido na carta é de que o remetente está enviando um exército de 30 000 soldados em socorro do destinatário. Mas mesmo nesse caso os soldados mencionados (e ausentes) deveriam ser 30 000 e não, digamos, 180 – a menos que, pelo código particular do remetente, um figo esteja por seis soldados.

2. A palavra *figos* pode ser entendida (hoje pelo menos), em sentido retórico (como em expressões do tipo *isto não vale um figo seco*) e a mensagem poderia levar a uma outra interpretação. Mas mesmo nesse caso, cumpriria ao destinatário valer-se de certas interpretações convencionais preestabelecidas de *figo*, diferentes das que se preveem para, digamos, *maçã* ou *gato*.

3. A mensagem da garrafa é uma alegoria e possui, oculto, um segundo sentido baseado num código poético privado. *Figos* pode ser uma sinédoque para "frutos", *frutos* pode ser uma metáfora para "influências astrais positivas", *influências astrais positivas* pode ser uma alegoria para "Graça Divina", e assim por diante. Seria possível, no caso, ao destinatário elaborar várias hipóteses conflitantes, mas tenho para mim que existem certos critérios "econômicos" com base nos quais determinadas hipóteses serão mais interessantes do que outras. Para convalidar sua hipótese, o destinatário deverá, no mínimo, adiantar conjecturas preliminares sobre o possível remetente e sobre o possível período histórico no qual o texto foi produzido. Isso nada tem a ver com uma pesquisa sobre as intenções do remetente, mas tem, sim, a ver com uma pesquisa sobre o quadro cultural no qual se insere a mensagem. Diante da mensagem *Senhor, protegei-me*, é espontânea e honestamente que nos perguntamos se ela foi pronunciada por uma freira em oração ou por um camponês que presta homenagem a um feudatário.

Provavelmente cumpriria ao nosso intérprete decidir se o texto encontrado na garrafa se referia, em certo trecho, a figos existentes e apontava indexalmente na direção de um dado remetente, bem como de um dado destinatário e de um dado escravo, tendo, porém, em seguida, perdido todo o poder referencial. Poderá, por conseguinte, devanear sobre esses atores perdidos, tão ambiguamente convolvidos nessa troca de coisas ou de símbolos (mandar figos talvez significasse, num certo momento histórico, fazer uma alusão misteriosa), e poderia partir daquela mensagem anônima e tentar uma grande variedade de significados e referentes... Mas não teria o direito de dizer que a mensagem pode significar *qualquer coisa*.

Pode significar muitas coisas, mas sentidos há que seria arriscado sugerir. Não creio que possa haver alguém tão mal-intencionado a ponto de inferir que a mensagem pudesse significar que Napoleão morreu em maio de 1821, mas contestar leitura tão desviante também pode ser um ponto de partida razoável para concluirmos que pelo menos alguma coisa existe que a mensagem efetivamente não pode dizer.

Admito que para fazer tal afirmação seja necessário, antes de mais nada, assumir que os enunciados podem ter um "'sentido literal", e bem sei o quanto essa questão é controvertida (algumas referências ao assunto podem ser vistas nas notas sobre a interpretação da metáfora, seção 3.3. deste livro). Mas continuo achando que, dentro dos confins de uma língua determinada, existe um sentido literal das formas lexicais, que é o que vem arrolado em primeiro lugar no dicionário, ou então aquele que todo cidadão comum elegeria em primeiro lugar quando lhe fosse perguntado o que significa determinada palavra. Assumo, portanto, que o homem comum diria em primeiro lugar que um figo é um tipo de fruta assim e assado. Nenhuma teoria da recepção poderia evitar essa restrição preliminar. Qualquer ato de liberdade por parte do leitor pode vir *depois* e não *antes* da aplicação dessa restrição.

Entendo que existe diferença entre falar da carta mencionada por Wilkins e falar de *Finnegans Wake*. Entendo que a leitura de *Finnegans Wake* também nos pode ajudar a pôr em dúvida o senso comum do exemplo de Wilkins. Mas não podemos ignorar o ponto de vista do Servo que testemunhou pela primeira vez o milagre dos Textos e suas Interpretações.

Os ensaios coligidos neste livro foram escritos na segunda metade dos anos oitenta. Por versarem todos sobre o mesmo assunto, embora sob diferentes pontos de vista, foram de maneira diversa reamalgamados e sujeitos a ajustamentos, cortes ou acréscimos a fim de evitarem-se as repetições excessivas e favorecerem-se as referências cruzadas[1].

Na primeira seção, o problema da interpretação é delineado exatamente da maneira como foi levantado durante as últimas décadas no âmbito dos estudos literários.

A segunda seção requer comentário à parte, porque focaliza uma preocupação que me acompanhou ao longo do passado decênio. Trata, à primeira vista, de questões históricas, cabendo mesmo perguntar o que a liga aos temas dos outros ensaios. No ano acadêmico de 1986-1987 ministrei, junto ao Instituto de Disciplinas da Comunicação da Universidade de Bolonha, um curso monográfico sobre *semiose hermética*[2], ou seja, sobre a prática interpretativa do mundo e dos textos baseada na individuação das relações de simpatia que unem reciprocamente o micro e o macrocosmo. Para que se possa alimentar a confiança de que o semelhante age simpaticamente sobre o semelhante é mister que uma metafísica e uma física da simpatia

---

1. A edição italiana, de novembro de 1990, que serve de texto-base à tradução brasileira da Editora Perspectiva, difere, em parte, da edição norte-americana (*The Limits of Interpretation*, Indiana University Press) publicada quase contemporaneamente: naquela edição acrescentei alguns escritos que, na Itália, já haviam aparecido em *Dos Espelhos* e, na norte-americana, outros ensaios nunca publicados em italiano. Outras diferenças de menor importância, surgidas dentro dos escritos isolados, devem-se à preocupação de tornarmos um ou outro ponto compreensível para ambientes culturais diferentes, dotados de diferentes quadros de referência. De qualquer modo, o embasamento de ambas as edições é o mesmo.

2. Os materiais do curso existem apenas em forma datilográfica e fotocopiada, sob o título *Aspetti della semiosi ermetica*, Università degli Studi di Bologna, Cattedra di semiotica, 1986-1987.

universal se apoiem sobre uma semiótica (explícita ou implícita) da semelhança.

Michel Foucault já se ocupara de um paradigma da semelhança em *Les mots et les choses*, mas sua atenção estava voltada sobretudo para aquele momento-limiar em que o paradigma da semelhança, entre a Renascença e o século XVII, dissolve-se nos paradigmas próprios da ciência moderna. Minha hipótese era historicamente mais abrangente e pretendia pôr em evidência um critério interpretativo cuja sobrevivência eu apontava através dos séculos – como de resto já fora por mim sugerido no ensaio sobre a Epístola XIII de Dante, publicado no livro *Dos Espelhos e Outros Ensaios* (1985). Esse modo de pensar a que chamo de semiose hermética tomou formas reconhecíveis e documentáveis nos primeiros séculos da era cristã, desenvolveu-se de modo um tanto clandestino no período medieval, triunfou com a descoberta humanística dos escritos herméticos, fundiu-se na corrente mais ampla do hermetismo renascentista e barroco, não desapareceu com a autoafirmação da ciência quantitativa galileana e acabou fecundando as estéticas românticas, o ocultismo oitocentista e, a meu ver, muitas teorias críticas contemporâneas, conforme sugiro em 2.1.7.

A terceira seção tem função de comentário. Se na primeira seção sustentamos a possibilidade de uma interpretação segundo a intenção do texto, nesta, antes de mais nada, comentam-se casos em que o excesso de interpretação produz um *dispêndio* de energias hermenêuticas que o texto não corrobora. Procuramos, em contraposição, sugerir os critérios de *economia* a serem seguidos na leitura dos textos como mundo ou do mundo como texto. Caso tais critérios venham a parecer fundados unicamente num apelo ao senso comum e à lei do menor esforço, lembro que não existem outros modos de decidir sobre a *intentio* de um texto, quando o texto é a um tempo objeto e parâmetro das suas interpretações – mesmo porque a situação não escaparia dessa circularidade nem que saíssemos em busca da *intentio auctoris*. Por outro lado, como esclarecerá o ensaio final deste volume, esse esforço mínimo é o que poderia ser aceito por uma comunidade de intérpretes disposta a chegar a algum acordo, se não sobre as melhores interpretações, pelo menos sobre a rejeição das insustentáveis.

Seguem-se alguns exemplos de como encaro questões concernentes à identidade, ao falso e ao autêntico, as condições para formular uma hipótese interpretativa aceitável com respeito a textos ou a eventos, a experiências atuais ou a relatos sobre experiências assumidas como atuais em mundos possíveis.

E chegamos à quarta e última seção que os leitores mais preocupados com questões teóricas poderão ler em primeiro lugar.

Os ensaios das seções precedentes haviam sido concebidos como intervenções em centros especializados, e, portanto, dão por contados muitos conceitos que elaborei em minhas outras obras. Eis por que, numa série de escritos sobre os limites da interpretação, é possível ficar a impressão de que jamais deixamos claro a que gênero de interpretação dizem respeito os limites discutidos.

Trata-se do conceito de interpretação inspirado em Peirce e que aos poucos fui discutindo e desenvolvendo no *Tratado Geral de Semiótica** 1975, em *Lector in Fabula***, 1979, e em *Semiótica e Filosofia da Linguagem*, 1984 – como também em vários escritos esparsos, muitos dos quais se acham incluídos em *Dos Espelhos e Outros Ensaios*, 1985.

A semiótica ocupa-se da semiose, que é "uma ação ou influência que é ou coenvolve uma cooperação de três sujeitos, como por exemplo um signo, seu objeto e seu interpretante, não podendo tal influência tri-relativa, em caso algum, resolver-se numa influência entre pares" (Peirce, *CP*: 5.484). Como comentário a essa definição, veja-se o ensaio 4.1. que repropõe intervenção feita por mim num congresso de imunologistas.

A intervenção acima citada fora elaborada em discussão com cientistas que estudam os processos de interação em nível celular, visto que, segundo alguns deles, existem fenômenos de interpretação também naquilo que eu, no *Tratado*, chamava de "limiar inferior da semiótica". Foi a partir de então que me persuadi de que, embora ainda me pareça difícil estender as categorias da semiótica até aquele nível, nem por isso posso negar *a priori* tal possibilidade, ficando na posição de quem aguarda cautelosa e interessadamente. Em todo caso, não excluo e até mesmo acredito que exista semiose e, portanto, interpretação, nos processos perceptivos. Nesse sentido, a interpretação – fundada na conjectura ou na abdução (cf., por exemplo, o ensaio 4.2.) – é o mecanismo semiósico que explica não apenas nossa relação com mensagens elaboradas intencionalmente por outros seres humanos, mas toda forma de interação do homem (e quiçá dos animais) com o mundo circunstante. É através de processos de interpretação que, cognitivamente, construímos mundos, atuais e possíveis.

Ficam assim evidentes as razões pelas quais nos devemos preocupar com as condições e os limites da interpretação. Se no âmbito da hermenêutica ou da teoria da literatura pode parecer provocatório, mas no fim das contas sustentável, que a iniciativa da leitura vem inteira da parte do sujeito interpretante, ainda mais arriscado seria

---

* Trad. bras., São Paulo, Perspectiva, 1980. (N. da E.)
** Trad. bras., São Paulo, Perspectiva, 1986. (N. da E.)

afirmá-lo a propósito daqueles processos que nos levam a identificar uma pessoa ou um objeto distantes no tempo e em situações diversas, a distinguir um cachorro de um cavalo, a reencontrar o caminho de casa todos os dias. Em tais casos, assumir que a única decisão caiba ao intérprete tem, na história do pensamento, um nome: *idealismo mágico*. Caso a referência pareça romanticamente obsoleta pensemos na pretensão de postular um cérebro que – menos passivo do que o idealizado por Putnam – não apenas viva isolado do corpo num recipiente, mas tenha até mesmo construído não só o recipiente mas o universo que o contém, e decida, minuto a minuto, sobre os impulsos que deve receber para poder ter a ilusão de um mundo que não existe fora de suas percepções. O que já seria demais até mesmo para um idealista mágico. Por outro lado, quem sustenta que dos textos não se extrai um significado que seja intersubjetivamente comunicável, esse irrita-se muito quando alguém não aceita sua proposta, e queixa-se de não ter sido compreendido. Vem-nos aqui à mente o paradoxo de Smullyan: "Sou solipsista, como todos".

Se, portanto, o problema filosófico da interpretação consiste em estabelecerem-se as condições de interação entre nós e algo que nos é *dado* e cuja construção obedece a certas constrições (é o problema de Peirce, de Merleau-Ponty, de Piaget, das ciências cognitivas, mas afinal era também o problema de Kant – assim como é o problema da epistemologia de Popper a Kuhn), não vejo por que não se deva manter a mesma atitude diante de textos produzidos pelos nossos semelhantes e que de qualquer maneira, como a carta levada pelo escravo de Wilkins, estão já *ali*, antes mesmo de serem lidos – ainda que apenas sob forma de vestígios gramatológicos insignificantes para quem não lhes conjecture a origem.

É exatamente em torno desses temas básicos que giram os ensaios publicados na última seção[3]. Esclareço que o *Gedankenexperiment* desenvolvido sobre os procedimentos interpretativos do computador Charles Sanders Personal é para ser levado muito a sério, ou pelo menos não foi pensado como exercício de retórica. Prevê regras interpretativas para uma criatura concebida como modelo de semiose ilimitada e dotada de conexões minimais com um universo externo.

Na edição norte-americana fui obrigado a um ajuste de enfoque, já que há pouco mais de um ano surgiu a tradução inglesa de meu

---

3. Tomei a liberdade de republicar "Chifres, Cascos, Sapatos", que já aparecera em Eco e Sebeok, 1983 [*O Signo de Três*, São Paulo, Perspectiva, 1991], pois pensava assim reforçar alguns conceitos de base.
* Trad. bras., São Paulo, Perspectiva, 1967.

velho *Obra Aberta** de 1962. Se bem que eu volte ao tema na primeira seção, não há nada de mais em nos defrontarmos também com as possíveis objeções do leitor italiano. Poderia parecer, de fato, que, enquanto àquela época eu celebrava uma interpretação "aberta" das obras de arte, admitindo-se que se tratasse de uma provocação "revolucionária", hoje me encastele numa posição conservadora. Não creio que seja verdade. Trinta anos atrás, baseando-me também na teoria da interpretação de Luigi Pareyson, eu me preocupava em definir uma espécie de oscilação ou de equilíbrio instável entre iniciativa do intérprete e fidelidade à obra. No correr desses trinta anos, a balança pendeu excessivamente para o lado da iniciativa do intérprete. O problema agora não é fazê-la pender para o lado oposto e, sim, sublinhar uma vez mais a ineliminabilidade da oscilação.

Em suma, dizer que um texto é potencialmente sem fim não significa que *todo* ato de interpretação possa ter um final feliz. Até mesmo o desconstrucionista mais radical aceita a ideia de que existem interpretações clamorosamente inaceitáveis. Isso significa que o texto interpretado impõe restrições a seus intérpretes. Os limites da interpretação coincidem com os direitos do texto (o que não quer dizer que coincidam com os direitos de seu autor).

Mesmo no caso de textos autodestrutivos (cf. 3.5.), temos objetos semiósicos que, sem sombra de dúvida, falam de sua própria impossibilidade.

Sejamos realistas: nada há de mais significativo do que um texto que se declara divorciado do sentido.

1. *Intentio Lectoris*
Apontamentos sobre a Semiótica da Recepção[1]

Nas últimas décadas impôs-se uma mudança de paradigma em relação às discussões críticas precedentes. Se em clima estruturalista privilegiava-se a análise do texto como objeto dotado de caracteres estruturais próprios, passíveis de serem descritos através de um formalismo mais ou menos rigoroso, em seguida a discussão passou a ser orientada para uma pragmática da leitura. Do início dos anos sessenta em diante, multiplicaram-se, assim, as teorias sobre o par Leitor-Autor, e hoje temos, além do narrador e do narratário, narradores semióticos, narradores extrafictícios, sujeitos da enunciação enunciada, focalizadores, vozes, metanarradores e, depois, leitores virtuais, leitores ideais, leitores-modelo, superleitores, leitores projetados, leitores informados, arquileitores, leitores implícitos, metaleitores e assim por diante.

Certamente, nem todos esses Autores e Leitores têm o mesmo estatuto teórico, convindo, para um mapa completo dessa paisagem de identidades e diferenças, consultar Pugliatti, 1985 (bem como Ferraresi e Pugliatti, 1989).

De qualquer forma, diferentes orientações como a estética da recepção, a hermenêutica, as teorias semióticas do leitor ideal ou

---

1. Informe enviado ao congresso da AISS sobre a semiótica da recepção, realizado em Mântua, 1985. Inicialmente publicado como "Lo Strano Caso *dell'Intentio Lectoris*" em *Alfabeta*, 84, 1986, apareceu em seguida, em versão ampliada, como "Appunti sulla semiotica della ricezione" em *Carte Semiotiche*, 2, outubro de 1986.

modelo, o chamado *reader oriented criticism* e a desconstrução elegeram como objeto de pesquisa não tanto os acontecimentos empíricos da leitura (objeto de uma sociologia da recepção) mas a função de construção – ou de desconstrução – do texto desenvolvida pelo ato da leitura, visto como condição eficiente e necessária da atuação mesma do texto como tal.

A assertiva subjacente a cada uma dessas tendências é: o funcionamento de um texto (mesmo não verbal) explica-se levando em consideração, além ou em lugar do momento gerativo, o papel desempenhado pelo destinatário na sua compreensão, atualização, interpretação, bem como o modo com que o próprio texto prevê essa participação.

1.1. ARQUEOLOGIA

O fantasma do leitor inseriu-se no centro de várias teorias através de filões independentes. O primeiro a falar explicitamente em "implied author (carrying the reader with him)" foi Wayne Booth, em 1961, com o seu *The Rhetoric of Fiction*. Mas a seguir desenvolvem-se, ignorando-se reciprocamente, uma linha semiótico-estrutural e uma linha hermenêutica.

A primeira recorre sobretudo aos ensaios de *Communications*, 8, 1966, em que Barthes fala de um autor material que não se confunde com o narrador, Todorov evoca o par "imagem do narrador-imagem do autor" e repropõe as distinções de Pouillon (1946) entre os vários pontos de vista (mas por trás de Pouillon estão Lubbock, Forster, James) e Genette quando muito aponta para aquela que, em 1972, será a sua teoria das "vozes" e da focalização. Daqui passamos, através de algumas indicações de Kristeva sobre a "produtividade textual" (*Le texte du roman*, 1970), do Lotman de *Struttura del Testo Poetico* (197C), da poética da composição de Uspenski (*A Poetics of Composition*, 1973), do conceito ainda empírico de "arquileitor" em Riffaterre (*Essais de stylistique structurale*, 1971), da polêmica em negativo de Hirsch (*Validity in Interpretation*, 1967), à noção de autor e leitor implícito, de Maria Corti (*Principi della Comunicazione Letteraria*, 1976) e de Seymour Chatman (*Story and Discourse*, 1978) – estes dois últimos com um conceito diretamente inspirado em Booth – e ao meu conceito de leitor-modelo (*Lector in Fabula*, 1979), que, ademais, também eu extraía de sugestões elaboradas no âmbito de uma lógica modal da narratividade por van Dijk e Schmidt, bem como por Weinrich, sem falar da ideia pareysoniana de um "modo de formar" como hipóstase autoral inscrita na obra. Maria Corti lembra, porém, que, no que toca ao autor, até mesmo um texto de Foucault de 1969 ("Qu'est-ce-qu'un auteur?")

levantava, em âmbito pós-estruturalista, o problema de um autor como "modo de ser do discurso", campo de coerência conceitual e unidade estilística.

Existe, por outro lado, a proposta de Iser (*Der implizite Leser*, 1972), que retoma a terminologia de Booth, mas com base numa tradição inteiramente diversa (Ingarden, Gadamer, Mukarovski, Jauss e a narratologia de Stanzel – contando, ademais, com a presença dos teóricos anglo-saxões da narratividade e da crítica joyciana). Em seguida, Iser começará a reatar os fios das duas tradições em *Der Akt des Lesens*, de 1976, referindo-se a Jakobson, Lotman, Hirsch, Riffaterre e a algumas das minhas sugestões dos anos sessenta.

Essa insistência, agora quase obsessiva, em relação ao momento da leitura, da interpretação, da colaboração ou cooperação do receptor, assinala um momento interessante na tortuosa história do *Zeitgeist*. Note-se que em 1981, manifestamente na ignorância de toda essa literatura, e baseando-se em análises da semântica gerativa e pesquisas sobre inteligência artificial, Charles Fillmore (ainda que apenas em nível de textos cotidianos não literários) escreve um ensaio sobre "ideal readers and real readers".

Jauss (1969) já anunciava uma mudança radical no paradigma dos estudos literários, posicionando-se ele próprio, indubitavelmente, como um dos protagonistas dessa reviravolta. Mas como as mudanças de paradigma nascem de um acúmulo de discussões precedentes, é mister que nos perguntemos, diante das novas teorias sobre a leitura, se se trata de uma nova orientação, e em que sentido.

Quanto ao primeiro problema, cumpre reconhecer que a história da estética pode ser redirecionada para uma história das teorias da interpretação ou do efeito que a obra provoca no destinatário. São de orientação interpretativa a estética aristotélica da catarse, a estética pseudolonginiana do sublime, as estéticas medievais da visão, as releituras renascentistas da estética aristotélica, as estéticas setecentistas do sublime, a estética kantiana, numerosas estéticas contemporâneas (fenomenologia, hermenêutica, estéticas sociológicas, a estética da interpretação de Pareyson).

Em seu *Reception Theory* (1984), Robert Holub encontra os precedentes das pesquisas da escola de Constança nas noções formalistas de artifício, de estranhamento e de dominante; na noção de Ingarden de obra como esqueleto ou esquema que deve ser completado pela interpretação do destinatário, ou então como conjunto de perfis necessariamente sujeitos a uma escolha por parte do destinatário; nas teorias estéticas do estruturalismo praguense e, em particular, de Mukarovski; na hermenêutica de Gadamer; na sociologia da literatura. Quanto às ascendências formalistas desses temas, conviria consultar Ferrari Bravo, 1986.

No tocante às teorias semióticas, trata-se simplesmente de estabelecer quais delas levaram em conta o momento pragmático. Nesse caso, já observava Morris em *Foundations of a Theory of Signs* (1938) que mesmo nas semióticas clássicas sempre está presente uma referência ao intérprete (retórica grega e latina, pragmática sofística, retórica aristotélica, semiótica agostiniana que entende o processo de significação relacionando-o com a ideia que o signo produz na mente do intérprete, e assim por diante).

Lembro igualmente a recente contribuição dos estudiosos italianos de semiótica das comunicações de massa, no congresso de Perúsia, 1955, sobre as relações entre televisão e público, onde se sublinhava que, para definir a mensagem televisional e seus efeitos, era preciso não só estudar o que diz a mensagem segundo os códigos de seus remetentes, mas também o que diz ou o que pode ela dizer em relação aos códigos dos destinatários. E onde se formulava o conceito de "decodificação aberrante", que em seguida desenvolvi em *A Estrutura Ausente* (1968). Naqueles tempos ainda não fora proposta uma completa teoria da recepção, e nós nos valíamos – como *bricoleurs* – tanto das pesquisas sociológicas, cujo método contestávamos, como das ideias de Jakobson e do estruturalismo francês em sua fase inicial (ainda que assumindo uma posição um tanto herética com respeito a este último que privilegiava o puro estudo da mensagem como objeto autônomo). Paolo Fabbri iria, posteriormente, acertar as contas com as teorias sociológicas da recepção naquele seu memorável "Le Comunicazioni di Massa in Italia: Sguardo Semiotico e Malocchio della Sociologia" (*VS 5*, 1953).

Portanto, até os anos sessenta, as teorias da recepção nasceram como reação: (i) aos enrijecimentos de certas metodologias estruturalistas que presumiam poder investigar a obra de arte ou o texto na sua objetividade de objeto linguístico; (ii) à natural rigidez de certas semânticas formais anglo-saxônicas, que pretendiam abstrair de toda situação, circunstância de uso ou contexto no qual os signos ou os enunciados fossem emitidos – era o debate entre semântica de dicionário e semântica de enciclopédia; (iii) ao empirismo de algumas abordagens sociológicas.

Quanto a isso, diria eu que, nas duas décadas subsequentes, a mutação no paradigma dos estudos literários manifestou-se como revalorização de uma tradição precedente até então obliterada.

Para tanto, foi também necessário contar com os novos instrumentos preparados pela linguística teórica, e Iser (1972) foi o primeiro a enfrentar os problemas propostos por Austin e Searle (só cinco anos depois aparece, com Pratt, 1977, a tentativa orgânica, embora insatisfatória, de fundamentar uma teoria do discurso literário na pragmática dos atos linguísticos).

À sombra de tradição diferente, gostaria igualmente de citar o meu *Obra Aberta*, a saber, um livro que – escrito entre 1958 e 1962, com instrumentos ainda inadequados – colocava na base do funcionamento mesmo da arte a relação com o intérprete, uma relação que a obra instituía, *autoritariamente*, como *livre* e *imprevisível*, com toda a força do oxímoro.

O problema consistia em determinar como a obra, ao prever um sistema de expectativas psicológicas, culturais e históricas por parte do receptor (hoje diríamos um "horizonte de expectativas"), procura instituir o que Joyce chamava, em *Finnegans Wake*, de "Ideal Reader". Naturalmente, na época, falando eu de obra aberta, propunha-me fazer com que esse leitor ideal fosse obrigado a sofrer – sempre em termos joycianos – de uma "insônia ideal", visto que a estratégia textual o induzia a interrogar a obra *ad infinitum*. Contudo eu insistia para que ele interrogasse *aquela obra*, e não as próprias pulsões pessoais, numa dialética de "fidelidade e liberdade", que, uma vez mais, me era inspirada pela estética da interpretação de Pareyson (da qual eu elaborava uma versão "secularizada"[2]).

Mas ao sustentar que também o convite à liberdade interpretativa dependia da estrutura formal da obra, estava levantando para mim mesmo o problema de como a obra poderia e deveria prever o seu leitor.

Na edição de 1962 eu ainda me movia num horizonte pré-semiótico, inspirando-me na teoria da informação, na semântica de Richards, bem como em Piaget e Merleau-Ponty, na psicologia transacional. Observava então que

a transmissão de uma sequência de sinais de escassa redundância e alta dose de improbabilidade [assim então eu definia, em termos informacionais, o texto artístico] exige que se inclua na análise a consideração dos comportamentos e estruturas mentais com que o receptor seleciona a mensagem e nela introduz uma probabilidade que, na realidade, ali se acha contida ao lado de muitas outras a título de liberdade de escolha (Eco, 1962, p. 113).

Na edição de 1967, após a reelaboração para a tradução francesa de 1965 e depois de meu encontro com Jakobson, os formalistas russos, Barthes e o estruturalismo francês, eu escrevia:

a atenção deverá deslocar-se da mensagem, como sistema objetivo de informações possíveis, *para a relação comunicativa entre mensagem e receptor*, relação na qual a decisão interpretativa do receptor passa a constituir o valor efetivo da informação

---

2. Minha posição não era, contudo, tão pacífica, tendo-me valido algumas objeções de Lévi-Strauss (ver Caruso, 1969), já por mim discutidas em *Lector in Fábula*, e nas quais se defendia a autonomia do texto em relação às suas interpretações. Ao que tudo indica, eu parecia então fazer concessões excessivas ao intérprete. Hoje, corro o risco de parecer excessivamente respeitoso em relação ao texto.

possível... Se quisermos examinar a possibilidade de significação de uma estrutura comunicativa, será impossível prescindirmos do polo "receptor". Nesse sentido, ocuparmo-nos com o polo psicológico significa reconhecer a possibilidade formal (indispensável para explicar *a estrutura e o efeito* da mensagem) de uma significatividade da mensagem apenas enquanto interpretada *por uma dada situação* (situação psicológica e, através dela, histórica, social, antropológica em sentido lato) (ed. 1967, pp. 123-124).

E registrava uma iluminante citação do velho Jakobson (*Essais de linguistique generale*):

As pesquisas que tentaram construir um modelo de linguagem sem qualquer relação com o locutor e o ouvinte, e assim hipostatizam um código separado da comunicação efetiva, correm o risco de reduzir a linguagem a uma ficção escolástica.

Em *Obra Aberta*, bem como nos escritos seguintes, não tratamos apenas de textos verbais, mas também de pintura, cinema e tevê "ao vivo", vista como estrutura narrativa. Quanto a notar, porém, que o problema desse receptor era o mesmo do leitor de textos verbais, quem o fez foi exatamente Wolfgang Iser (1976, trad. it., pp. 113, 192, 265), que recupera aquelas remotas abordagens sobre a dialética autor-obra-leitor, individuando, além disso, na discussão sobre o signo icônico (estamos na *Estrutura Ausente*, de 1968), a ideia de que os signos literários são uma organização de significantes que, ao invés de servirem para designar um objeto, designam instruções para a produção de um significado (sobre *Obra Aberta*, cf. também Jauss, 1988, p. 19).

1.2. TRÊS TIPOS DE INTENÇÕES

Consideremos agora a situação atual. A oposição entre enfoque *gerativo* (que prevê as regras de produção de um objeto textual indagável independentemente dos efeitos que provoca) e enfoque *interpretativo*) (ver Violi, 1982) não equivale a um outro tipo de oposição que circula no âmbito dos estudos hermenêuticos, e que de fato se articula como uma tricotomia, isto é, a oposição entre interpretação como pesquisa da *intentio auctoris*, interpretação como pesquisa da *intentio operis* e interpretação como imposição da *intentio lectoris*.

Se nos últimos tempos o privilégio conferido à iniciativa do leitor (como único critério de definição do texto) adquire excepcionais características de visibilidade, na verdade o debate clássico articulava-se, antes de mais nada, em torno da oposição entre estes dois programas:

(a) deve-se buscar no texto aquilo que o autor queria dizer;
(b) deve-se buscar no texto aquilo que ele diz, independentemente das intenções do autor.

Só com a aceitação da segunda ponta da oposição é que se poderia, em seguida, articular a oposição entre:

(b_1) é preciso buscar no texto aquilo que ele diz relativamente à sua própria coerência contextual e à situação dos sistemas de significação em que se respalda;
(b_2) é preciso buscar no texto aquilo que o destinatário aí encontra relativamente a seus próprios sistemas de significação e/ou relativamente a seus próprios desejos, pulsões, arbítrios.

Esse debate sobre o sentido do texto é de capital importância mas, de modo algum, pode sobrepor-se ao debate precedente entre enfoque gerativo e enfoque interpretativo. Podemos, na verdade, descrever gerativamente um texto, vendo-o em suas supostas características objetivas – e no entanto decidindo que o esquema gerativo que o explica não pretende reproduzir as intenções do autor, e sim a dinâmica abstrata por meio da qual a linguagem se coordena em textos com base em leis próprias e cria sentido, independentemente da vontade de quem enuncia.

Podemos, igualmente, assumir um ponto de vista hermenêutico, admitindo, no entanto, que a interpretação tem por finalidade buscar o que o autor queria realmente dizer, ou então o que o Ser diz através da linguagem, sem, contudo, admitir que a palavra do Ser possa ser definida com base nas pulsões do destinatário. Seria mister, em seguida, estudar a vasta tipologia que nasce do cruzamento da opção entre geração e interpretação com a opção entre intenção do autor, da obra ou do leitor, sendo que, só em termos de combinatória abstrata, essa tipologia daria acesso à formulação de pelo menos seis potenciais teorias e métodos críticos profundamente distintos.

Recentemente (cf. o ensaio sobre a Epístola XIII de Dante em Eco, 1985) procurei mostrar que, diante das indubitáveis possibilidades que tem um texto para suscitar infinitas ou indefinidas interpretações, a Idade Média saíra em busca da pluralidade dos sentidos, embora atendo-se a uma noção rígida de texto como algo que não pode ser autocontraditório, ao passo que o mundo renascentista, inspirado no hermetismo neoplatônico, procurou definir o texto ideal, sob forma de texto poético, com o que dá azo a todas as interpretações possíveis, mesmo as mais contraditórias.

É nessa fronteira que hoje se trava a batalha teórica por uma redefinição do papel da interpretação. Mas a oposição Idade Média-

-Renascimento gera, por sua vez, um polo de contradição secundário no interior do modelo renascentista. Porque a leitura simbólico-hermética do texto pode proceder segundo duas modalidades:

– buscando o infinito dos sentidos que o autor aí inseriu;
– buscando o infinito dos sentidos ignorados pelo autor (e que provavelmente são inseridos pelo destinatário, mas ainda sem que se diga se em consequência ou a despeito da *intentio operis*).

Embora dizendo que um texto pode estimular um número infinito de interpretações e que *il n'y a pas de vrai sens d'un texte* (Valéry), ainda assim não se tem como certo se a infinidade das interpretações depende da *intentio auctoris*, da *intentio operis* ou da *intentio lectoris*.

Por exemplo, os cabalistas medievais e renascentistas afirmavam que a Cabala não só comportava um número infinito de interpretações mas podia e devia ser reescrita de um número infinito de modos segundo um número infinito de combinações das letras que a constituíam. Mas a infinidade das interpretações, certamente dependente de iniciativas do leitor, era querida e planificada pelo autor divino. Nem sempre o privilégio conferido à intenção do leitor é garantia da infinidade de leituras. Se privilegiarmos a intenção do leitor, será mister também prevermos um leitor que decida ler um texto de modo absolutamente unívoco e opte pela busca, quiçá infinita, dessa univocidade. Como conciliar a autonomia conferida ao leitor com a decisão de um leitor isolado que acha que a *Divina Comédia* deve ser lida em sentido absolutamente literal sem busca de sentidos espirituais? Como conciliar o privilégio dado ao leitor com as decisões do leitor fundamentalista da Bíblia?

Pode, portanto, existir uma estética da infinita interpretabilidade dos textos poéticos que se concilia com uma semiótica da dependência da interpretação relativamente à intenção do autor, e pode existir uma semiótica da interpretação unívoca dos textos, que nega, contudo, a fidelidade à intenção do autor e recorre, de preferência, a um direito da intenção da obra. Podemos, com efeito, ler como infinitamente interpretável um texto que tenha sido concebido por seu autor como absolutamente unívoco (seria o caso de uma leitura delirante e em deriva do catecismo católico ou, para não corrermos o risco de hipóteses de ficção científica, da leitura que Derrida (1977) faz de um texto de Searle). Podemos ler como infinitamente interpretável um texto que é certamente unívoco quanto à intenção da obra, pelo menos se nos ativermos às convenções do gênero: um telegrama expedido como tal que diz *chego amanhã terça-feira 21 às 22:15* pode estar carregado de segundas intenções ameaçadoras ou promissoras.

Por outro lado, qualquer pessoa pode ler como unívoco um texto que tivesse sido proposto pelo autor como infinitamente interpretável (seria o caso do fundamentalismo, se o Deus de Israel fosse como o pensavam os cabalistas). Pode-se ler como unívoco um texto que, na verdade, esteja aberto a várias interpretações sob o ponto de vista da intenção da obra, pelo menos se nos ativermos às leis da língua: seria o caso de *they are flying planes*, lido por um observador do tráfego aéreo, ou então o caso de quem lesse *Édipo Rei* como um romance policial, em que a única coisa interessante se resumisse em encontrar o culpado.

Sob esse aspecto deveríamos reconsiderar algumas das correntes que hoje se apresentam como orientadas para a interpretação. A sociologia da literatura, por exemplo, privilegia o que um indivíduo ou uma comunidade fazem com os textos. Nesse sentido, prescinde da opção entre intenção do autor, da obra ou do leitor, porque efetivamente registra os usos, corretos ou não, que a sociedade faz dos textos. Já a estética da recepção faz seu o princípio hermenêutico segundo o qual a obra se enriquece ao longo dos séculos com as interpretações que delas são dadas; tem presente a relação entre efeito social da obra e horizonte de expectativa dos destinatários historicamente situados; mas não nega que as interpretações dadas do texto devam ser comensuradas com uma hipótese sobre a natureza da *intendo* profunda do texto. Da mesma forma, uma semiótica da interpretação (teorias do leitor-modelo e da leitura como ato de colaboração) comumente busca, no texto, a figura do leitor *constituendo*, assim buscando, também ela, na *intendo operis*, o critério para avaliar as manifestações da *intendo lectoris*.

Em contraposição, as várias práticas de desconstrução deslocam ostensivamente a tônica para a iniciativa do destinatário e a irredutível ambiguidade do texto, de tal forma que o texto se torna puro estímulo para a deriva interpretativa. Quanto ao fato, porém, de a chamada desconstrução não ser uma teoria crítica e sim um arquipélago de diferentes comportamentos, conviria consultar Ferraris, 1984, Culler, 1982, Franci, 1989.

1.3. DEFESA DO SENTIDO LITERAL

Todo discurso sobre a liberdade da interpretação deve começar por uma defesa do sentido literal. Anos atrás, Reagan, ao experimentar os microfones antes de uma coletiva de imprensa, disse mais ou menos o seguinte: "Dentro de poucos minutos darei ordem para bombardear a Rússia". Se é que textos dizem alguma coisa, aquele em especial dizia exatamente que o enunciador, num breve espaço de tempo subsequente à enunciação, iria dar ordem para que se disparassem mísseis de ogiva nuclear contra o território da União Soviética. Pressionado pelos jornalistas, Reagan admitiu, em seguida, que estava brincando: dissera aquela frase mas não pretendia dizer o que ela significava. Sendo assim, todo, destinatário que tivesse acreditado que a *intentio auctoris* coincidia com a *intentio operis* ter-se-ia enganado.

Reagan foi criticado, não só porque dissera o que não pretendia dizer (um presidente dos Estados Unidos não pode dar-se ao luxo de brincar de enunciação), mas sobretudo porque, insinuava-se, dizendo o que dissera, embora depois houvesse negado ter tido a intenção de dizê-lo, na verdade ele o dissera, ou mesmo delineara a possibilidade de que tivesse podido dizê-lo, tivesse tido a coragem de dizê-lo e, por razões performativas ligadas ao cargo, tivesse tido o poder de fazê-lo.

Essa anedota ainda diz respeito a uma interação conversacional normal, feita de textos que se corrigem sequencialmente. Mas experimentemos agora transformá-la numa história em que tanto a reação do público quanto a correção de Reagan façam parte de um único texto autônomo, uma história concebida para pôr o leitor diante das escolhas interpretativas e suas muitas possibilidades, tais como:

– é a história de um homem que faz uma piada;
– é a história de um homem que faz uma piada quando não deve;
– é a história de um homem que faz uma piada mas que, na verdade, está emitindo uma ameaça;
– é a história de uma trágica situação política na qual até mesmo piadas inocentes podem ser levadas a sério;
– é a história de como o mesmo enunciado jocoso pode assumir diferentes significados, dependendo de quem o enuncie.

Teria essa história um único sentido, todos os sentidos arrolados, ou apenas alguns, privilegiados em relação à sua interpretação "correta"?

Em 1984, Derrida escreveu-me, comunicando que estava, com alguns amigos, formando um College International de Philosophie e pedindo uma carta de apoio.

Aposto que Derrida partia dos seguintes pressupostos:

– eu devia presumir que ele estivesse dizendo a verdade;
– eu devia ler seu programa como mensagem unívoca, seja com referência ao presente (situações de fato) seja com referência ao futuro (propósitos do missivista);

– a assinatura, que me pediam que pusesse ao pé da página em minha carta, deveria ser levada mais a sério do que a assinatura aposta por Derrida ao término de "Signature, événement, contexte" (Derrida, 1972).

É óbvio que a carta de Derrida teria podido assumir para mim outros significados, estimulando-me a fazer suspeitosas conjecturas sobre o que ele queria "dar-me a entender". Mas qualquer outra inferência interpretativa (por mais paranoica que fosse) ter-se-ia baseado no reconhecimento do primeiro nível de significado da mensagem, o literal.

Por outro lado, o próprio Derrida na *Gramatologia* lembra que, sem todos os instrumentos da crítica tradicional, a leitura corre o risco de desenvolver-se em todas as direções e autorizar todas as interpretações possíveis. Naturalmente Derrida, depois de haver falado desse necessário *guard-rail* da interpretação, acrescenta que ele protege a leitura mas não a abre.

Ninguém mais do que eu é favorável a que se abram as leituras, mas o problema continua sendo o de estabelecer *o que é mister proteger para abrir*, não *o que é mister abrir para proteger*. Na minha opinião, para interpretarmos a história de Reagan, mesmo na sua versão narrativa, e para nos sentirmos autorizados a dela extrapolar todos os sentidos possíveis, cumpre-nos, antes de mais nada, registrar o fato de que o presidente dos EUA disse – gramaticalmente falando – que tencionava bombardear a URSS. Se não compreendêssemos isso, não compreenderíamos nem mesmo que (sem tencionar fazê-lo, conforme ele próprio o admitia) estivesse fazendo uma piada.

Admito que esse princípio possa parecer, se não conservador, pelo menos banal, mas de maneira alguma pretendo defletir-me dele. E é sobre essa firme intenção que hoje se trava grande parte do debate sobre o sentido, sobre a pluralidade dos sentidos, sobre a liberdade do intérprete, sobre a natureza do texto, numa palavra, sobre a natureza da semiose.

1.4. LEITOR SEMÂNTICO E LEITOR CRÍTICO

Antes de prosseguir, cumpre-me, porém, deixar clara uma distinção, que, embora implícita, como seria de supor, em meus escritos precedentes, talvez venha a propósito delinear com maior precisão. Devemos distinguir entre interpretação *semântica* e interpretação *crítica* (ou, se preferirem, entre interpretação *semiósica* e interpretação *semiótica*).

A interpretação semântica ou semiósica é o resultado do processo pelo qual o destinatário, diante da manifestação linear do texto, preenche-a de significado. A interpretação crítica ou semiótica é, ao contrário, aquela por meio da qual procuramos explicar por quais razões estruturais pode o texto produzir aquelas (ou outras, alternativas) interpretações semânticas.

Um texto pode ser interpretado tanto semântica como criticamente, mas apenas alguns textos (em geral os de função estética) preveem ambos os tipos de interpretação. Se digo *o gato está em cima do tapete* a quem me pergunta onde está o gato, prevejo somente uma interpretação semântica. Se quem o diz é Searle, que quer chamar a atenção para a natureza ambígua daquele enunciado, ele prevê também uma interpretação crítica.

Dizer, portanto, que todo texto prevê um leitor-modelo significa dizer que, em teoria, e em certos casos explicitamente, prevê dois: o leitor-modelo ingênuo (semântico) e o leitor-modelo crítico. Quando Agatha Christie, em *Das Nove às Dez*, narra através da voz de um narrador que no fim descobrimos ser o assassino, ela procura primeiramente induzir o leitor ingênuo a suspeitar de outros, mas quando, no fim, o narrador nos convida a reler seu texto para descobrir que, no fundo, ele não ocultara seu delito, só que o leitor ingênuo é que não havia prestado atenção às suas palavras, nesse caso a autora convida o leitor crítico a admirar a habilidade com que o texto induziu em erro o leitor ingênuo (procedimento não dessemelhante encontramos na novela de Aliais analisada em *Lector in Fabula*).

Gostaria, agora, de refletir sobre algumas observações de Richard Rorty (1982) quando este diz que em nosso século existem pessoas que escrevem como se não existisse nada além de textos, e distingue entre dois tipos de textualismo. O primeiro é o daqueles que não se ocupam com a intenção do autor e tratam o texto trabalhando sobre ele como se contivesse um princípio privilegiado de coerência interna, causa suficiente dos efeitos que provoca em seu suposto leitor ideal. A segunda tendência seria exemplificada por aqueles críticos que consideram todo *reading* como um *misreading* e que, diz Rorty, não se voltam nem para o autor nem para o texto para perguntar quais sejam suas intenções, mas comumente "sovam o texto a fim de adaptá-lo a seus propósitos"[3].

Rorty sugere que o modelo deles "não é o colecionador de objetos estranhos que os desmonta para ver como funcionam e sistematica-

---

3. A tradução italiana fala de "riartisolazione del testo", mas Rorty é mais brutal: o textualista «beats the text into a shape wich will serve his own purpose", isto é, sova--o, trabalha-o como se fosse massa *de pizza*...

mente ignora sua finalidade extrínseca, mas o psicanalista que interpreta livremente um sonho ou uma tirada espirituosa como sintoma de impulso homicida" (1982, p. 151, tr. it., p. 160). Segundo Rorty, ambas as posições representam uma forma de pragmatismo (entendendo-se por pragmatismo a recusa em acreditar na verdade como correspondência com a realidade – e entendendo por realidade, creio eu, tanto o referente de um texto como a intenção de seu autor empírico) e sugere que o primeiro tipo de teórico é um pragmatista fraco, pois pensa que existe um segredo que, uma vez captado, permita entender o texto em seu lado certo – o que explica por que, para ele, a crítica é mais descoberta do que criação. Já o pragmatista forte não estabelece diferença entre descoberta e produção.

Distinção que me parece excessivamente linear. Antes de mais nada, ninguém disse que um pragmatista fraco, quando busca o segredo de um texto, quer interpretar o texto "pelo lado certo". Trata-se de saber se estamos falando de interpretação semântica ou de interpretação crítica. Aqueles leitores que, segundo a metáfora proposta por Iser (1976, 1), procuram no texto "a imagem no tapete", um segredo isolado e ainda ignorado, estão certamente buscando uma interpretação semântica oculta. Mas o crítico que procura um código secreto provavelmente procura definir a estratégia que produz modos infinitos de captar o texto de modo semanticamente correto. Analisar criticamente o *Ulysses* significa mostrar como Joyce agiu a fim de criar muitas figuras alternativas em seu tapete, sem decidir qual fosse a melhor. Naturalmente, mesmo uma leitura crítica é sempre conjectural ou abdutiva, daí por que mesmo a definição de um "idioleto aberto" da obra joyciana (isto é, a individuação da matriz estratégica que o torna suscetível de muitas interpretações semânticas) nunca poderá ser única e definitiva. Devemos, porém, estabelecer uma distinção entre utopia da interpretação semântica única e teoria da interpretação crítica (que se propõe conjecturalmente como a melhor, mas não necessariamente como a única) como explicação de por que um texto permite ou encoraja interpretações semânticas múltiplas[4].

Não creio, portanto, que o primeiro tipo de textualista individuado por Rorty seja necessariamente um pragmatista "fraco": sua concepção de "o que é o caso" é bastante flexível (note-se que para Rorty o pragmatista fraco é o que tem uma ideia forte sobre o conhecimento, ao passo que o pragmatista forte é, no fundo, um sequaz do pensamento fraco). Por outro lado, não creio que o pragmatista forte de Rorty seja um verdadeiro pragmatista, porque esse *misreader* usa um

---

4. Veja-se, a propósito, neste mesmo livro (seção 3.2.), minha discussão sobre o idioleto estético em resposta a Luciano Nanni.

texto para nele encontrar algo que está fora do texto, algo mais "real" do que o próprio texto, isto é, os mecanismos da cadeia significante. De qualquer maneira, por mais pragmatista que seja, o pragmatista forte não é um textualista, pois, no curso de sua leitura, parece interessar-se por tudo, menos pela natureza do texto que está lendo.

1.5. INTERPRETAÇÃO E USO DOS TEXTOS

Um dos campeões mais declarados do textualismo forte, J. Hillis Miller (1980, p. 611), disse que "as leituras da crítica desconstrucionista não representam a caturra imposição de uma teoria subjetiva ao texto, mas são determinadas pelo próprio texto".

Em *Lector in Fabula* propus uma distinção entre interpretação e uso dos textos e defini como interpretação correta a leitura que Derrida fez (em "Le Facteur de la vérité") da "Carta Roubada" de Poe. Derrida observa, a fim de conduzir sua leitura psicanalítica em forma de polêmica com a leitura lacaniana, que sua intenção é analisar o inconsciente do texto e não o inconsciente do autor. Ora, a carta é encontrada numa pasta que balança, pendurada a uma minúscula esfera de latão sob a moldura da lareira. Não importa saber que conclusões Derrida extrai da posição da carta. O fato é que a esfera de latão e o centro da lareira existem como elementos do mobiliamento do mundo possível delineado pela história de Poe e que, para ler a história, Derrida teve que respeitar não só o léxico inglês mas também o mundo descrito pela história.

Sendo assim, insisti na distinção entre interpretação e uso de um texto, e disse que Derrida fizera uma interpretação do texto ao passo que Maria Bonaparte, que usava o texto para extrair inferências sobre a vida particular de Poe, inserindo no discurso provas que lhe eram fornecidas por informações biográficas extratextuais, fizera simplesmente uso do texto. Em boa hora voltamos a essa distinção a fim de discutir sobre a diferença entre procura da *intendo operis* (Derrida) e superposição da *intendo lectoris* (Bonaparte).

A interpretação de Derrida é sustentada pelo texto, independentemente das intenções de Poe-autor empírico, porque o texto afirma e não exclui que o ponto focal da história é o centro da lareira. Pode-se ignorar esse centro de lareira no curso da primeira leitura, mas é impossível fingir tê-lo ignorado no fim da história, a não ser que se conte uma outra história. Agostinho, em *De Doctrina Christiana* dizia que uma interpretação, caso pareça plausível em determinado ponto de um texto, só poderá ser aceita se for reconfirmada – ou pelo menos se não for questionada – em outro ponto do texto. É isso que entendo por *intendo operis*.

Certa vez Borges sugeriu que se poderia e deveria ler o *De Imitatione Christi* como se tivesse sido escrito por Céline. Esplêndida sugestão para um jogo que leve ao uso fantasioso e fantástico dos textos. Mas a hipótese não encontra respaldo na *intentio opens*. Procurei seguir a sugestão borgesiana e encontrei em Tomás de Kempis páginas que poderiam ter sido escritas pelo autor de *Voyage au bout de la nuit*: "A graça ama as coisas simples e de baixo nível, não se desgosta com as duras e espinhosas e ama as vestes sórdidas". Basta lermos Graça como Desgraça (uma graça diferida). O que não funciona, porém, nessa leitura, é que não se podem ler, dentro dessa mesma óptica, outros trechos do *De Imitatione*. Também se fixássemos como referência obrigatória para cada uma de suas frases a enciclopédia da Europa entre as duas guerras, o jogo não poderia ir longe. Já se nos reportássemos à enciclopédia medieval e interpretássemos medievalmente as categorias da obra, tudo funcionaria e teria sentido, de modo textualmente coerente. Mesmo que eu não me ocupe com a *intentio auctoris* e ignore quem seja Tomás de Kempis, ainda assim sempre existe uma *intentio operis* que se manifesta aos leitores dotados de senso comum.

1.6. INTERPRETAÇÃO E CONJECTURA

A iniciativa do leitor consiste em fazer uma conjectura sobre a *intentio operis*, conjectura essa que deve ser aprovada pelo complexo do texto como um todo orgânico. Isso não significa que só se possa fazer sobre um texto uma e apenas uma conjectura interpretativa. Em princípio, podemos fazer uma infinidade delas. Mas no fim as conjecturas deverão ser testadas sobre a coerência do texto e à coerência textual só restará desaprovar as conjecturas levianas.

Um texto é um artifício que tende a produzir seu próprio leitor-modelo. O leitor empírico é aquele que faz uma conjectura sobre o tipo de leitor-modelo postulado pelo texto. O que significa que o leitor empírico é aquele que tenta conjecturas não sobre as intenções do autor empírico, mas sobre as do autor-modelo. O autor-modelo é aquele que, como estratégia textual, tende a produzir um certo leitor-modelo.

E eis que neste ponto as pesquisas sobre a intenção do autor e sobre a intenção da obra coincidem. Coincidem, pelo menos, no sentido de que autor (modelo) e obra (como coerência do texto) são o ponto virtual visado pela conjectura. Mais que parâmetro utilizável para validar a interpretação, o texto é um objeto que a interpretação constrói na tentativa circular de validar-se com base naquilo que constitui. Círculo hermenêutico por excelência, não há dúvida. Há o leitor-modelo do horário de trens e há o leitor-modelo de *Finnegans Wake*. Mas o fato de que *Finnegans Wake* prevê um leitor-modelo capaz de achar uma infinidade de leituras possíveis não significa que a obra não tenha um código secreto. Seu código secreto está nesta sua vontade oculta, que se faz evidente quando traduzida em termos de estratégias textuais, de produzir esse leitor, livre para arriscar todas as interpretações que queira, mas obrigado a dar-se por vencido quando o texto não aprova suas ousadias mais libidinais.

1.7. A FALSIFICAÇÃO DAS MÁS INTERPRETAÇÕES

Gostaria, neste ponto, de estabelecer uma espécie de princípio popperiano, não para legitimar as boas interpretações mas para deslegitimar as ruins. J. Hillis Miller (1970, ix) diz: "Não é verdade que... todas as leituras sejam igualmente válidas... Algumas leituras são, indubitavelmente, erradas... Revelar um aspecto da obra de um autor amiúde significa ignorar ou deixar na sombra vários outros. Algumas interpretações captam com mais profundidade do que outras a estrutura de um texto". Portanto, um texto deve ser tomado como parâmetro de suas interpretações (embora cada nova interpretação enriqueça nossa compreensão daquele texto, ou seja, embora cada texto seja sempre a soma de sua manifestação linear mais as interpretações que dela foram dadas). Mas para tomarmos um texto como parâmetro de suas interpretações, necessitamos admitir que, pelo menos por um instante, exista uma linguagem crítica que age como metalinguagem e permite a comparação entre o texto, com toda a sua história, e a nova interpretação.

Compreendo que essa posição pode parecer agressivamente neopositivista. É, de fato, contra a noção mesma de metalinguagem interpretativa que se coloca a ideia Jerridiana da desconstrução e deriva. Mas não estou dizendo que exista uma metalinguagem diferente da linguagem corrente. Digo que a noção de interpretação requer que um segmento de linguagem possa ser usado como interpretante de um outro segmento da mesma linguagem. No fundo, esse é o princípio peirciano de interpretância e de semiose ilimitada.

Uma metalinguagem crítica não é uma linguagem diferente de sua linguagem-objeto. É uma porção da mesma linguagem-objeto, e nesse sentido é uma função que toda e qualquer linguagem desenvolve ao falar de si mesma.

A única prova da validade da posição que defendo é dada pela autocontraditoriedade da posição alternativa.

Suponhamos uma teoria que assevere que toda interpretação de um texto não passa de uma má interpretação desse mesmo texto. Suponhamos dois textos, Alfa e Beta, e que Alfa seja proposto a um leitor a fim de que este o entenda mal e expresse esse seu mal entendimento num texto Sigma. Subministremos Alfa, Beta e Sigma a um sujeito X normalmente alfabetizado. Instruamos X, dizendo-lhe que toda interpretação é uma má interpretação. Perguntemos-lhe agora se Sigma é uma má interpretação de Alfa ou de Beta.

Suponhamos agora que X diga que Sigma é uma má interpretação de Alfa. Diremos que tem razão?

Suponhamos, ao contrário, que X diga que Sigma é uma má interpretação de Beta. Diremos que está errado?

Nos dois casos, quem aprovasse ou desaprovasse a resposta de X deixaria patente que acredita não só que um texto controle e selecione as próprias interpretações mas também as próprias más interpretações. Quem aprovasse ou desaprovasse as respostas comportar-se-ia, portanto, como alguém que de maneira alguma pensa que toda interpretação seja uma má interpretação, visto que usaria o texto original como parâmetro para definir as suas boas e corretas más interpretações. Todo sinal de aprovação ou desaprovação com relação à resposta de X pressuporia de nossa parte seja uma precedente interpretação de Alfa, a ser julgada como única correta, seja a confiança numa metalinguagem crítica, que usaríamos para dizer por que Sigma é uma má interpretação de Alfa e não de Beta.

Seria embaraçoso sustentar que, de um texto, só se dão más interpretações salvo no caso da única interpretação (boa) do garante das más interpretações alheias. Mas dessa contradição ninguém escapa: assim, o defensor de uma teoria da má interpretação paradoxalmente corre o risco de apresentar-se como aquele que, mais do que qualquer outro, acredita que um texto encoraje uma interpretação melhor do que as outras.

Com efeito, só escaparíamos da contradição através de uma versão mitigada da teoria da má interpretação, isto é, assumindo que o termo "má interpretação" deva ser tomado em sentido metafórico. Ou então existiria um modo de sairmos radicalmente da contradição. Deveríamos assumir que qualquer resposta de X seja boa. Sigma poderá ser tanto uma má interpretação de Alfa quanto de Beta, à vontade. Nesse caso, seria também a má interpretação de qualquer outro texto possível. Só que a essa altura, Sigma seria, indubitavelmente, um texto, e muito autônomo, mas por que defini-lo como má interpretação de outro texto? Se é a má interpretação de qualquer texto, não o é de nenhum: Sigma existiria por si mesmo e não exigiria nenhum outro texto como seu parâmetro.

Solução elegante, com um inconveniente apenas: cairiam por terra todas as teorias da interpretação textual. Textos existem, só que deles nenhum outro texto pode falar. O que equivale a dizer que alguém fala mas ninguém pode arriscar-se a dizer o que foi que esse alguém disse.

Posição, aliás, das mais coerentes, que coincidiria, porém, com a liquidação dos conceitos de interpretação e interpretabilidade. Poder-se-ia, quando muito, dizer que alguém usa, de algum modo, outros textos para produzir um novo texto, mas, uma vez que o novo texto tenha aparecido, já não se poderia mais falar dos outros textos senão como de estímulos imprecisos que influenciaram, em certa medida, a produção do novo texto, tanto como o fizeram outros acontecimentos fisiológicos e psicológicos, que certamente estão na raiz da produção de um texto, mas sobre os quais a crítica não se pronuncia por falta de provas – salvo, naturalmente, os casos em que resvala para fofocas biográficas ou conjecturas clínico-psiquiátricas.

1.8. CONCLUSÕES

Defender um princípio de interpretância, e sua dependência da *intentio operis*, não significa, por certo, excluir a colaboração do destinatário. O fato mesmo de que se tenha colocado a construção do objeto textual sob o signo da conjectura por parte do intérprete mostra como intenção da obra e intenção do leitor estão estreitamente ligadas. Defender a interpretação do texto contra o uso dele não significa que os textos não possam ser usados. Mas o livre uso deles nada tem a ver com sua interpretação, visto que interpretação e uso sempre pressupõem uma referência ao texto-fonte, quando mais não seja, como pretexto.

Uso e interpretação são, certamente, dois modelos abstratos. Toda leitura resulta sempre de uma comissão dessas duas atitudes. Às vezes acontece que um jogo iniciado como uso acabe produzindo lúcida e criativa interpretação – ou vice-versa. Às vezes, mal interpretar um texto significa desencrustá-lo de muitas interpretações canônicas precedentes, dele revelar novos aspectos, e, nesse processo, o texto passa a ser muito melhor e mais produtivamente interpretado segundo sua *intentio operis*, que as inúmeras *intentiones lectoris* precedentes, camufladas de descobertas da *intentio auctoris*, haviam atenuado e obscurecido.

Há, por fim, uma leitura *pretextual*, que assume as formas do uso descontrolado para mostrar o quanto a linguagem pode produzir semiose ilimitada ou deriva. Nesse caso a leitura pretextual tem funções filosóficas, que é como vejo os exemplos de desconstrução fornecidos por Derrida. Mas "desconstrução não significa passar de um conceito para outro, e sim derrubar e aplanar uma ordem conceitual ou a não ordem conceitual com que o texto está articulado" (Derrida, 1972). Derrida é mais lúcido do que o derridismo. Creio que existe uma diferença entre esse jogo filosófico (cujo campo de ação é não um texto isolado, mas o horizonte especulativo que ele revela ou trai) e a decisão de aplicar seu método à crítica literária – ou de transformar tal método no critério de todo ato de interpretação.

2. Aspectos da semiose Hermética

2.1. DOIS MODELOS DE INTERPRETAÇÃO[1]

2.1.1. O Modus

Para o racionalismo grego, de Platão a Aristóteles e outros mais, conhecer quer dizer conhecer através da causa. Até mesmo definir Deus significa definir uma causa depois da qual não mais exista outra causa.

Para podermos explicar o mundo através de causas precisamos elaborar uma noção de cadeia unilinear: se um movimento vai de A para B, nenhuma força no mundo poderá fazer que vá de B para A. Para o alicerçamento da unilinearidade da cadeia causal é essencial que se assumam alguns princípios: o princípio da identidade (A = A), o princípio de não contradição (é impossível uma coisa ser A e não ser A ao mesmo tempo) e o princípio do meio excluído (ou A é verdadeiro ou A é falso e *tertium non datur*). Desses princípios decorre o modo de raciocínio típico do racionalismo ocidental, o *modus ponens*: se p, logo q; mas p, logo q.

Esses princípios preveem, se não o reconhecimento de uma ordem fixa do mundo, pelo menos um contrato social. O racionalismo latino aceita os princípios do racionalismo grego mas transforma-os

---

[1]. Apresenta versão diferente o texto da conferência de abertura da 39ª Feira do Livro de Frankfurt, outubro de 1987.

e enriquece-os em sentido jurídico e contratual. A norma lógica é *modus*, mas o *modus* é também limite, e portanto, confim.

A obsessão latina pelo confim espacial nasce com o mito da fundação: Rômulo demarca um confim e mata o irmão porque este não o respeita. Sem o reconhecimento de um confim não pode existir *civitas*. Horácio Cocles torna-se um herói porque sabe deter o inimigo no confim, uma ponte lançada entre os romanos e os outros. As pontes são sacrílegas porque transpõem o *sulcus*, a cerca d'agua que define os limites da cidade: por isso sua construção só pode ocorrer sob um rígido controle ritual do *pontifex*. A ideologia da *pax romana* e o projeto político de Augusto baseiam-se no exato delineamento dos confins: a força do império está em saber sobre qual *vallum*, dentro de qual *limen* convém instalar a defesa. Quando não mais se tiver uma clara noção dos confins e os bárbaros (nômades que abandonaram o território de origem e se deslocam por todo e qualquer território como se fosse deles, prontos a abandoná-lo) tiverem imposto sua visão nomádica, será o fim de Roma e qualquer lugar poderá ser a capital do império.

Ao transpor o Rubicão, Júlio César não apenas sabe que está cometendo um sacrilégio: sabe também que, uma vez o tenha cometido, não mais poderá voltar atrás. *Alea iacta est*. Também no tempo existem confins. O que foi feito não pode ser cancelado. O tempo não é reversível. Esse princípio regerá a sintaxe latina. A direção e a ordem do tempo, que são linearidades cosmológicas, fazem-se sistema de subordinações lógicas na *consecutio temporum*. O pensamento só pode reconhecer, alinhar e conservar os fatos se antes tiver encontrado uma ordem que os una. Não nos esqueçamos, por fim, daquela obra-prima de realismo fatual que é o ablativo absoluto, onde se estabelece que algo, uma vez feito e pressuposto, não mais pode ser questionado.

Há uma *quaestio quodlibetalis* de São Tomás (V, 2, 3) que se pergunta "utrum Deus possit virginem reparare" – isto é, se Deus pode permitir que uma mulher que tenha perdido a virgindade possa ser reintegrada em sua condição original. A resposta de Tomás é corajosa. Deus pode perdoar e, portanto, restaurar a virgem no seu estado de graça, e pode devolver à virgem sua integridade corporal através de um milagre. Mas nem mesmo Deus pode fazer com que aquilo que foi não tenha sido, porque essa violação das leis temporais repugnariam à sua natureza. Deus não pode violar o princípio lógico pelo qual "p aconteceu" e "p não aconteceu" surgiriam como contraditórios. *Alea iacta est*.

É esse modelo de racionalismo que ainda domina as matemáticas, a lógica, a ciência e a programação dos computadores. Mas ele não exaure o que chamamos de herança grega. Aristóteles é grego, mas gregos são os mistérios eleusianos. O mundo grego é continuamente atraído pelo *apeiron* (o infinito). O infinito é aquilo que não tem *modus*. Foge à norma.

Fascinada pelo infinito, a civilização grega elabora, ao lado do conceito de identidade e não contradição, a ideia de metamorfose contínua, simbolizada por Hermes. Hermes é volátil, ambíguo, pai de todas as artes mas deus dos ladrões, *iuvenis* et *senex* a um tempo. No mito de Hermes são negados os princípios de identidade, de não contradição e de meio excluído, as cadeias causais enrolam-se sobre si mesmas em espiral, o depois precede o antes, o deus não conhece confins espaciais e pode estar, sob formas diferentes, em diferentes lugares ao mesmo tempo.

2.1.2. Hermes

Hermes triunfa no decorrer do século II d.C. Estamos numa época de ordem política e de paz, e todos os povos do império parecem unidos por uma língua e uma cultura comuns. A ordem é tal que a ninguém ocorre a possibilidade de alterá-la com qualquer operação militar ou política. É a época em que se define o conceito de *enkyklios paideia*, de educação global, que visa a produzir uma figura de homem completo e versado em todas as disciplinas. Mas esse saber descreve um mundo perfeito e coerente, ao passo que o mundo do século II é um cadinho de raças e línguas, uma encruzilhada de povos e ideias, onde todos os deuses são tolerados. Essas divindades tinham tido para cada povo um significado profundo, mas no momento em que o império dissolve as pátrias locais, dissolve também a identidade delas: já não existem diferenças entre Ísis, Astarte, Demeter, Cibele, Anaide e Maia.

Conhecemos a lenda do califa que ordena a destruição da biblioteca de Alexandria argumentando: ou estes livros dizem as mesmas coisas que o Alcorão, e são úteis, ou dizem coisas diferentes, e são falsos e danosos. O califa conhecia e possuía uma Verdade e, com base na sua verdade, julgava os livros. O hermetismo do século II, ao contrário, busca uma verdade que não conhece, e possui apenas livros. Portanto, imagina ou espera que cada livro contenha uma centelha de verdade, e que todas essas centelhas se reconfirmem entre si. Nessa dimensão sincretista, entra em crise um dos princípios do modelo racional grego, o do meio excluído. Muitas coisas podem ser verdadeiras no mesmo momento, embora se contradigam entre si.

Mas se os livros dizem a verdade mesmo quando se contradizem, então cada palavra deles é uma alusão, uma alegoria. O que dizem não é o que aparentam dizer. Cada um deles contém uma mensagem que nenhum deles jamais poderá, isoladamente, revelar.

Para compreender a mensagem misteriosa contida nos livros era preciso buscar uma revelação para além dos discursos humanos, que chegasse por anúncio da própria divindade, através dos modos da visão, do sonho ou do oráculo.

Uma revelação inédita, jamais ouvida antes, deverá falar de um deus ainda ignoto e de uma verdade ainda *secreta* e *profunda* (pois só o que jaz sob a superfície pode permanecer ignorado por muito tempo). Assim, identifica-se a verdade com o que não é dito, ou que é dito de modo obscuro e deve ser compreendido para além da aparência e da letra. Os deuses falam (hoje diríamos: o Ser fala) através de mensagens hieroglíficas e enigmáticas.

Se a procura por uma verdade diferente nasce de uma desconfiança no saber contemporâneo, esta sabedoria terá de ser *antiquíssima*: a verdade é uma coisa ao lado da qual moramos desde o início dos tempos, só que nos esquecemos dela. E se a esquecemos, alguém deve tê-la conservado para nós, alguém cujas palavras não mais somos capazes de compreender. Esta sabedoria terá de ser, portanto, *exótica*. Segundo nos explica Jung, quando uma imagem divina qualquer se torna para nós excessivamente familiar, perdendo todo o mistério, é necessário que nos voltemos para imagens de outras civilizações, pois só os símbolos exóticos conservam uma *aura* sagrada. Para o século II, a sabedoria sagrada deveria, portanto, estar habitando ou junto aos druidas, os sacerdotes dos celtas, ou junto aos sábios do Oriente, que falavam línguas incompreensíveis.

O racionalismo clássico identificava os bárbaros com os que não sabiam sequer articular a palavra (esta a etimologia de *bárbaros*: é bárbaro quem balbucia). Agora, ao contrário, é exatamente o suposto balbucio do estrangeiro que se torna língua sagrada, plena de promessas e de revelações silenciadas. Se, para o racionalismo grego, verdadeiro era o que podia ser explicado, agora verdadeiro é somente o que não se pode explicar.

2.1.3 A Contradição e o Segredo

Mas que saber misterioso era esse que só os sacerdotes dos bárbaros possuíam? A opinião corrente era a de que eles conheciam as cadeias ocultas que unem o mundo espiritual ao mundo astral e este ao mundo sublunar; daí por que, agindo sobre uma planta, podemos influir no curso das estrelas, o curso das estrelas influencia o destino dos seres terrestres, e as operações mágicas realizadas sobre a imagem de uma divindade obrigam a divindade a obedecer à nossa vontade. *Como é embaixo, assim é em cima.* O universo torna-se um grande teatro dos espelhos onde cada coisa, qualquer que ela seja, reflete e significa todas as outras.

Só é possível falar de simpatia e semelhança universal se se rejeita o princípio de não contradição. A simpatia é efeito de uma emanação de Deus no mundo, mas na origem da emanação está um Uno incognoscível que é a sede mesma da contradição. O pensamento neoplatônico cristão procurará explicar que não podemos definir Deus de modo unívoco, dada a inadequação de nossa linguagem. O pensamento hermético diz que a nossa linguagem, quanto mais ambígua e polivalente for, valendo-se de símbolos e metáforas, tanto mais habilitada estará a nomear um Uno no qual se realiza a coincidência dos opostos. Mas onde triunfa a coincidência dos opostos, cai por terra o princípio de identidade. *Tout se tient.*

Por conseguinte, a interpretação será infinita. Na tentativa de procurar um sentido último e inatingível, aceita-se um deslizamento irrefreável do sentido. Uma planta não é definida por suas características morfológicas e funcionais, mas com base na sua semelhança, ainda que apenas parcial, com outro elemento do cosmos. Se se assemelhar vagamente com uma parte do corpo humano, a planta tem sentido porque remete para o corpo. Mas aquela parte do corpo, por sua vez, tem sentido porque remete para uma estrela, a qual tem sentido porque remete para uma escala musical, e esta porque remete para uma hierarquia angélica, e assim infinitamente.

Cada objeto, mundano e celeste, esconde um *segredo iniciático*. Mas, como afirmaram vários herméticos, um segredo iniciático revelado não serve para nada. Toda vez que pensamos ter descoberto um segredo, ele só será tal se remeter para outro segredo, num movimento progressivo em direção a um segredo final. Todavia, o universo da simpatia é um labirinto de ações recíprocas, no qual todo evento obedece a uma espécie de lógica espiraliforme onde entra em crise a ideia de uma linearidade, ordenada temporalmente, das causas e dos efeitos. É impossível existir um segredo final. O segredo final da iniciação hermética é que tudo é segredo. O segredo hermético deve ser um segredo vazio, porque quem pretender estar revelando qualquer segredo que seja não é um iniciado, e parou num nível superficial do conhecimento do mistério cósmico.

O pensamento hermético transforma todo o teatro do mundo em fenômeno linguístico e, concomitantemente, subtrai da linguagem todo e qualquer poder comunicativo.

Nos textos fundamentais do *Corpus Hermeticum*, que aparece na bacia mediterrânica justamente por volta do século II, Hermeto Trismegisto recebe sua revelação durante um sonho ou uma visão em que lhe surge o *nous*. O *nous* para Platão era a faculdade que intuía as ideias e, para Aristóteles, era o intelecto graças ao qual reconhecemos as substâncias. Não há dúvida de que a agilidade do *nous* se opunha à faina mais complexa da *dianoia*, que já em Platão era reflexão, atividade racional, da *episteme* como ciência, e da *phronesis* como reflexão sobre a verdade; nada de inefável havia, porém, em sua operação. No século II, pelo contrário, o *nous* torna-se a faculdade da intuição mística, da iluminação não racional, da visão instantânea e não discursiva.

Não é mais necessário dialogar, discorrer, raciocinar. E mister aguardar que alguém fale por nós. A luz então será tão rápida que se confundirá com a escuridão. Essa a verdadeira iniciação, sobre a qual o iniciado não deve falar.

Já que não mais existe linearidade temporalmente ordenada das cadeias causais, então o efeito poderá agir sobre sua própria causa. É o que acontece na magia teúrgica, mas é também o que acontece em filologia. O princípio racionalista do *post hoc ergo propter hoc* é substituído pelo princípio do *post hoc ergo ante hoc*. Exemplo típico dessa atitude é o modo como os renascentistas demonstraram que o *Corpus Hermeticum* não era um produto da cultura helenística mas fora escrito antes de Platão: visto que o *Corpus* contém ideias que manifestamente circulavam já nos tempos de Platão, isso significa e prova que ele apareceu antes de Platão.

2.1.4. O Acontecimento Hermético

Se essas são as características do hermetismo clássico, são elas que vemos de volta quando este celebra sua segunda vitória sobre o racionalismo da escolástica medieval. Nos séculos em que o racionalismo cristão buscava demonstrar a existência de Deus mediante raciocínios inspirados no *modus ponens*, o saber hermético não morre. Sobrevive, marginalizado, entre os alquimistas e os cabalistas, e sob as pregas do tímido neoplatonismo medieval. Mas no alvorecer do que chamamos de mundo moderno, na Florença do Renascimento, onde, nesse ínterim, se inventa a moderna economia bancária, redescobre-se o *Corpus Hermeticum*, criação do século II helenístico, como testemunha de uma sabedoria antiquíssima, anterior à de Moisés. Reelaborado por Pico della Mirandola, Ficino, Reuchlin, isto é, pelo neoplatonismo renascentista e pelo cabalismo cristão, o modelo hermético passa a alimentar grande parte da cultura moderna, da magia à ciência.

A história desse renascer é complexa: a historiografia já nos ensinou que não podemos separar o filão hermético do filão científico, Paracelso de Galileu. O saber hermético influencia Bacon, Copérnico, Kepler, Newton; e a ciência moderna quantitativa também nasce dialogando com o saber qualitativo do hermetismo. Afinal, o modelo hermético sugeria a ideia de que a ordem do universo descrita pelo racionalismo grego podia ser subvertida, e que era possível descobrir no universo novos nexos, novas relações que teriam permitido ao homem agir sobre a natureza alterando-lhe o curso.

Essa influência, contudo, amalgama-se com a convicção (que o hermetismo não alimentava, e da qual nem podia nem queria ter consciência) de que o mundo não deve ser descrito através de uma lógica da qualidade, e sim através de uma lógica da quantidade. Assim, paradoxalmente, o modelo hermético emigra de um lado para junto dos místicos e dos alquimistas, e do outro, para os poetas e os filósofos, de Goethe a Nerval e a Yeats, de Schelling a von Baader, de Heidegger a Jung. E não é difícil reconhecermos em muitas concepções pós-modernas da crítica a ideia do deslizamento contínuo do sentido.

2.1.5. O Espírito da Gnose

Mas esse modelo de um pensamento que se desvia da norma do racionalismo greco-latino estaria incompleto se não considerássemos um outro fenômeno que toma forma no mesmo período histórico.

Deslumbrado por visões fulgurantes enquanto caminha às apalpadelas na escuridão, o homem do século II elabora também uma consciência neurótica de seu próprio papel dentro de um mundo incompreensível. A verdade é secreta, todas as interrogações dirigidas aos símbolos e aos enigmas nunca dizem a verdade última, mas apenas deslocam o segredo para outro local. Se essa é a condição humana, então o mundo é fruto de um erro. A expressão cultural dessa condição psicológica é a gnose.

A revelação gnóstica narra de forma mítica que a divindade, obscura e incognoscível, já contém em si o princípio do mal e uma androginia que a torna desde o início contraditória, não idêntica a si mesma. Seu executor inábil, o Demiurgo, deu vida a um mundo instável, no qual uma parcela mesma da divindade cai como que aprisionada ou exilada.

Um mundo criado por engano é um cosmos abortado. Entre os primeiros efeitos desse aborto está o tempo, disforme imitação da eternidade. Nesses mesmos séculos está a patrística buscando conciliar o messianismo judaico com o racionalismo grego, e inventa o conceito de direção providencial e racional da história. O gnosticismo, ao contrário, elabora uma síndrome de rejeição em relação ao tempo e à história.

O gnóstico sente-se exilado no mundo, vítima do próprio corpo que ele define como túmulo e prisão. Foi *lançado* ao mundo, e dele precisa sair. Existir é um mal. Mas, bem o sabemos, quanto mais nos sentimos frustrados, mais somos presa de delírios de onipotência, e de desejos de desforra. Destarte, o gnóstico reconhece-se como uma centelha da divindade que se acha provisoriamente, mercê de um complô cósmico, no exílio. Se conseguir voltar para Deus, o homem não só se reagregará a seu princípio e à sua origem, mas contribuirá para regenerar aquela mesma origem, para libertá-la do erro original. Embora prisioneiro de um mundo enfermo, o homem sente-se investido de um poder sobre-humano. A divindade só poderá recompor sua própria fratura inicial com a colaboração do homem. O homem gnóstico torna-se um *Übermensch*.

O que caracteriza o poder desse Super-homem é que a salvação se atinge através do conhecimento (*gnosis*) do mistério do mundo. Comparados com os *hílicos*, ligados à matéria, sem esperança de salvação, os *pneumáticos* são os únicos que podem aspirar à verdade e, portanto, ao resgate. A gnose não é, como o cristianismo, uma religião para os escravos, mas uma religião para os senhores. O gnóstico sente-se desconfortável num mundo que ele percebe como estranho, elabora um desprezo aristocrático em relação à massa, a quem censura por não reconhecer a negatividade do mundo, e aguarda um acontecimento final que determine a derrubada, a eversão, a catástrofe desse mesmo mundo.

Diversamente da massa dos escravos, só o Super-homem gnóstico compreende que o mal não é um erro humano mas efeito de um complô divino, e que a salvação não se realiza através das obras – visto que nada há a perdoar. Se o mundo é o reino do mal, cumpre ao gnóstico odiar-lhe a natureza material, desprezar a carne e até mesmo a atividade reprodutora. Mas aquele que tiver adquirido o conhecimento, esse será salvo e, portanto, não mais precisará temer o pecado. Mais que isso: para Carpócrates, o homem deve, a fim de libertar-se da tirania dos anjos, senhores do cosmos, perpetrar todas as ignomínias possíveis. Para conhecer, é preciso conhecer também o mal. Na prática do mal humilha-se o corpo, que é mister destruir, não a alma, que se salva.

É difícil fugir à tentação de buscar uma herança gnóstica em vários aspectos da cultura moderna e contemporânea.

Identificou-se uma origem cátara e, portanto, gnóstica, na concepção galante (e depois romântica) do amor, visto como renúncia, perda da amada e, consequentemente, como relação puramente espiritual com exclusão de qualquer relação sexual.

É certamente gnóstica a celebração estética do mal como experiência de revelação (Sade), e é gnóstica a decisão de tantos poetas modernos que buscam experiências visionárias por obra do exaurimento da carne mediante o excesso sexual, o êxtase místico, a droga ou o delírio verbal.

Houve quem vislumbrasse uma raiz gnóstica até mesmo nos grandes princípios do idealismo romântico, onde tempo e história são reavaliados, mas apenas para tomarem o homem protagonista da reintegração do Espírito.

Por outro lado, quando afirma que o irracionalismo filosófico dos últimos dois séculos é uma invenção da burguesia, que procura reagir à sua crise justificando filosoficamente sua própria vontade de poder e sua própria prática imperialista, Lukács não faz mais que traduzir em termos marxistas a síndrome gnóstica.

Em contraposição, houve quem falasse de elementos gnósticos no marxismo, e até mesmo no leninismo (teoria do partido como ponta de diamante, grupo de eleitos que possuem as chaves do conhecimento e, portanto, da redenção).

Outros veem uma inspiração gnóstica no existencialismo e, em particular, em Heidegger (o Vir-a-ser, o *Dasein*, como ser "lançado" ao mundo, a relação entre existência mundana e tempo).

Jung, em sua releitura de antigas doutrinas herméticas, repropôs o problema gnóstico da redescoberta de um Si-mesmo originário. Mas individuou-se igualmente um momento gnóstico em cada aparição do Super-homem, em cada condenação aristocrática da civilização de massa, na decisão com que os profetas das raças eleitas resolveram passar, para realizarem uma reintegração final dos perfeitos, através do sangue, do massacre, do genocídio dos hílicos, dos escravos irremediavelmente ligados à matéria[2].

E isso sem falar nos autores contemporâneos que recorrem literalmente às ideias originais da gnose. De *O Mau Demiurgo*, de Cioran (1969), cito o trecho seguinte:

> Nada me poderá tirar da mente que este mundo é fruto de um deus tenebroso de cuja sombra sou o prolongamento, e que minha tarefa é exaurir as consequências da maldição que paira sobre ele e sua obra... Qual gangrena, espalha-se a carne cada vez mais sobre a superfície do globo.

2.1.6. *Segredo e Complô*

Se o iniciado é aquele que possui um segredo cósmico, as degenerações do modelo hermético levaram à convicção de que o poder consiste em "fazer crer" que se tenha um segredo político. Segundo Georg Simmel:

> O segredo confere a quem o possui uma posição de exceção e opera como uma forma de atração determinada por puras razões sociais. É fundamentalmente independente de seu conteúdo, mas será, certamente, tanto mais eficaz quanto mais vasta e significativa for a sua posse exclusiva... Do segredo, que envolve em sombra

---

2. Sobre as relações entre gnosticismo e pensamento moderno, cf., por exemplo, Jonas, 1958; Culianu, 1985; Filoramo, 1983.

tudo o que é profundo e significativo, nasce o erro típico de considerarmos como importante e essencial tudo o que for misterioso. Diante do ignoto, o natural impulso para a idealização e o natural temor do homem cooperam juntos para o mesmo fim: intensificar o desconhecido através da imaginação e considerá-lo com uma intensidade que de hábito não destinamos às realidades evidentes (Simmel, 1908).

Se para a gnose o homem é vítima de um complô cósmico, e acreditar no complô cósmico é o modo que ele tem de livrar-se do remorso e da responsabilidade pelo mal do mundo, coube a Karl Popper demonstrar como essa obsessão metafísica se transferiu para a "teoria social da conspiração":

> A citada teoria, mais primitiva do que muitas formas de teísmo, é semelhante à que encontramos em Homero. Na concepção deste sobre o poder dos deuses, tudo o que acontecia na planície, diante de Tróia, não passava de simples reflexo das múltiplas conspirações tramadas no Olimpo. A teoria social da conspiração é, com efeito, uma versão desse teísmo, a saber, da crença numa divindade cujos caprichos ou vontades regem todas as coisas. É uma consequência da falta de referência a deus e da consequente pergunta: "Quem está em seu lugar?" Esse lugar é agora ocupado por vários homens e grupos poderosos – sinistros grupos de pressão, aos quais podemos imputar o haverem organizado a grande depressão e todos os males de que padecemos... Segundo o teórico da conspiração, é perfeitamente possível entendermos as instituições como resultado de um projeto consciente; quanto às coletividades, ele normalmente lhes atribui uma espécie de personalidade de grupo, tratando-as como agentes da conspiração, como se fossem indivíduos isolados (Popper, 1969).

Bastaria lembrar a teoria do complô judaico e *Os Protocolos dos Velhos Sábios de Sião*, ou o fenômeno do maccartismo. É uma tendência natural das ditaduras isto de apontar um inimigo externo que conspira para a ruína dos cidadãos, e é uma tendência natural dos cidadãos isto de aceitar a ideia do complô. O mal sempre é feito por uma outra pessoa, e jamais nasce de um erro nosso.

Eis, portanto, como a forma do pensamento mágico e iniciático pode manifestar-se até mesmo no quadro de uma cultura positivista, tecnológica e tecnocrática.

2.1.7. A Herança do Hermetismo, Hoje

1. Nos parágrafos precedentes procurei reconstruir um *modelo forte* de semiose hermética. Cabe perfeitamente perguntar qual seria a relação entre esse modelo e as atuais teorias da interpretação textual. Tenho para mim que hoje muitas das teorias e práticas *reader-oriented* são, de algum modo, devedoras da tradição hermética.

Numa de suas obras, por sinal das mais discutíveis graças ao entusiasmo fideísta que a anima, embora não destituída de sedutoras argumentações, Gilbert Durand (1979) vê todo o pensamento contemporâneo, em oposição ao paradigma científico positivista e me-

canicista, percorrido pelo sopro vivificante de Hermes, e a lista de parentes que ele individua não deixa de suscitar algumas reflexões: Spengler, Dilthey, Scheler, Nietzsche, Husserl, Kerenyi, Planck, Pauli, Oppenheimer, Einstein, Bachelard, Sorokin, Lévi-Strauss, Foucault, Derrida, Barthes, Todorov, Chomsky, Greimas, Deleuze...
Sentimo-nos tentados a dizer "excesso de favorecidos". Assim como não estabeleceríamos uma relação direta entre stalinismo e epicurismo pelo simples fato de serem ambos duas concepções filosóficas materialistas (embora sem esquecer aquele elo de conjunção que foi o jovem Marx), assim também fica difícil, nessa celebração feita por Durand da nova atmosfera hermética, individuarmos traços comuns a Nietzsche e a Chomsky.

Porém não podemos, tampouco, ignorar que de explícita inspiração hermética são, por exemplo, as páginas de Harold Bloom (1975) sobre a interpretação como *misreading* e *misprision* – onde o mesmo Bloom salda seu débito com a tradição cabalística. De modo igualmente explícito, um estudioso considerado entre os precursores da "Yale Deconstruction", Geoffrey Hartman, revisita a tradição interpretativa talmúdica (Hartman e Budick, 1986).

2. As referências explícitas são, ao fim e ao cabo, as menos interessantes exatamente porque estão lúcida e criticamente patentes. Melhor: caso pretendêssemos obter um modelo abstrato de leitor que protervamente "sova" o texto (como diz Rorty) para fazer prevalecer a *intendo lectoris*, ver-nos-íamos tentados a retornar às características da semiose hermética traçadas nos parágrafos precedentes para aí encontrarmos todos os pressupostos para uma mística da interpretação ilimitada. Esse leitor implicitamente assumiria que:

(a) um texto é um universo aberto onde o intérprete pode descobrir uma infinidade de conexões;
(b) a linguagem não serve para captar um significado único e preexistente (como intenção do autor); ou seja, o dever de um discurso interpretativo é mostrar que aquilo de que se pode falar é apenas a coincidência dos opostos;
(c) a linguagem espelha a inadequação do pensamento, e ser-no--mundo significa apenas perceber que é impossível identificar um significado transcendental;
(d) todo texto que pretenda afirmar algo de unívoco é um universo abortado, ou o resultado do malogro de um mau Demiurgo, o qual, toda vez que tenta dizer "isto é assim", desencadeia uma ininterrupta cadeia de inumeráveis remissões, no curso da qual "isto" jamais é a mesma coisa;
(e) o pecado original da linguagem (e de qualquer autor que a tenha falado) é, porém, redimido por um Leitor Pneumático, o qual,

por compreender que o Ser é Deriva, corrige o erro do Demiurgo e entende o que os Leitores Hílicos estão condenados a ignorar, buscando a ilusão do significado em textos que nascem destinados a zombar deles;
(f) a cada um, porém, é dado tornar-se um Eleito, desde que ouse sobrepor sua intenção de leitor à inatingível e perdida intenção do autor; todo leitor pode tornar-se um Super-homem que compreende a única verdade, isto é, que o autor não sabia do que estava falando, porque a linguagem falava em seu lugar;
(g) para salvar o texto, para transformar a ilusão do significado na consciência de que o significado é infinito, é mister que o leitor suspeite de que cada linha oculta um segredo, de que as palavras não dizem e sim apontam para o não dito que mascaram. A vitória do leitor consiste em fazer com que o texto diga tudo, salvo aquilo em que o autor pensava: visto que tão logo se descobrisse que existe um significado privilegiado, não seria este, com certeza, o verdadeiro. Os Hílicos são os que interrompem o processo dizendo "entendi";
(h) O Eleito é aquele que compreende que o verdadeiro significado de um texto é o seu vazio;
(i) a semiótica é um complô desses que nos querem fazer crer que a linguagem serve para a comunicação do pensamento.

Antecipo-me à objeção: o que aí está é uma caricatura das teorias da interpretação infinita. Mas, à parte a consideração de que mesmo as caricaturas servem para evidenciar as tendências, os traços, a fisionomia do caricaturado, os quais, por outros meios, seriam de difícil captação, ainda resta o fato de que essa caricatura não nos apresenta um monstro. Muitas das "dignidades" que enunciei, dentro de certa medida, não são de desprezar *in toto*. E no entanto, juntas, essas dignidades desenham o quadro de uma síndrome patológica da alusão e da suspeita, e implicam uma metafísica, tão influente quanto subterrânea, da semelhança.

3. Que os seres humanos pensam com base em juízos de identidade e de semelhança, isso é indiscutível. Mas não há dúvida de que na vida do dia-a-dia sabemos em geral distinguir entre semelhanças pertinentes e relevantes, e semelhanças casuais e ilusórias. Podemos de longe ver alguém que, pelas feições, nos lembra a pessoa A, nossa conhecida, trocá-lo por A, e em seguida percebermos que se tratava de um B desconhecido: depois do que – em geral -abandonamos a hipótese da identidade e deixamos de dar crédito à semelhança, que registramos como casual. Fazemos isso porque cada um de nós tem, introjetado, um princípio indiscutível, já ilustrado por vários semiólogos e filósofos da linguagem: *sob certo ponto de*

vista, toda coisa tem relações de analogia, continuidade e semelhança com toda e qualquer outra.

Pode-se levar a brincadeira ao limite e afirmar que existe uma relação entre o advérbio *enquanto* e o substantivo *crocodilo* porque – quando mais não seja – ambos aparecem na frase que vocês estão lendo. Mas a diferença entre a interpretação sã e a interpretação paranoica está em reconhecer que a relação é, de fato, mínima, ou em deduzir, ao contrário, desse mínimo o máximo possível. O paranoico não é aquele que observa que, curiosamente, *enquanto* e *crocodilo* aparecem no mesmo contexto: é aquele que começa a interrogar-se sobre as razões misteriosas que me induziram a colocar, uma ao lado da outra, justamente essas duas palavras. O paranoico vê por sob o meu exemplo um segredo, ao qual aludo, e um complô, com base no qual certamente me movo (geralmente para prejudicá-lo).

O caso do paranoico é um exemplo, e provocatório. Nos ensaios que se seguem serão citados autores ilustres que ninguém tenciona reduzir ao esquema da paranoia. Mas nem por isso podemos dizer que muitos deles escapem a uma *síndrome da suspeita*.

4. Mediante jogos de influências frequentemente impossíveis de captar, a tradição hermética alimenta toda atitude crítica que veja um texto apenas como a cadeia das respostas que ele produz, exatamente quando julgamos – como maliciosamente comenta Todorov (1987) ao citar uma observação igualmente maliciosa de Lichtenberg a propósito de Böhme – que um texto não passe de um piquenique para onde o autor leva as palavras, e os leitores, o sentido (ver também Franci, 1989).

Note-se que não estou pensando na hermenêutica gadameriana ou na estética da recepção de Jauss, onde se reconhece, e com razão, que na leitura de um texto fazemos convergir o depósito de interpretações precedentes que nos foi consignado pela tradição. Esse aspecto da dialética interpretativa é, a um tempo, inevitável e fecundo. Penso, ao contrário, naqueles a quem esse aspecto da leitura impede aceitar que o texto possa ser eleito como parâmetro das suas próprias interpretações – como deixamos assinalado na primeira seção deste livro.

Ora, embora admitindo que um texto seja o piquenique para onde o autor leva apenas as palavras (ou melhor, a Manifestação Linear do Texto), não podemos esquecer que, como dizia Austin, com as palavras podem-se fazer coisas; e não uma coisa qualquer, mas aquelas coisas que aquelas palavras estão aptas a fazer. Se Jack, o Estripador nos viesse dizer que fez o que fez inspirado na leitura do Evangelho, nossa tendência seria pensar que ele leu o Novo Testamento de modo pelo menos inusitado. Creio que o mesmo diriam os mais indulgentes defensores do princípio de que, na leitura, tudo é válido. Diríamos que Jack usou os Evangelhos a seu modo (e veja-

-se a seção 1.5. para a diferença entre uso e interpretação), diríamos talvez (ou diriam eles) que é preciso respeitar sua leitura -embora, tendo em vista serem esses os resultados de seu *misreading*, eu preferisse que ele não lesse nunca mais. Não diríamos, porém, que Jack seja modelo que se proponha aos garotos de uma escola para dizer-lhes o que podemos fazer com um texto.

Não é intenção do exemplo ser meramente "espirituoso": ele nos diz que existem pelo menos alguns casos em que todos concordariam com a insustentabilidade de uma dada interpretação. Como prova de falsificação, esta é suficiente. Basta que possamos dizer que existe pelo menos *uma* leitura inaceitável, e nasce o problema de saber qual o parâmetro que nos permite discernir entre leituras diferentes.

5. Na seção 4.6. (o último ensaio deste livro, que aliás também teria podido ser o primeiro) procuro mostrar que a teoria peirciana da semiose ilimitada (na qual se baseiam minhas ideias sobre o conceito de interpretação) não pode ser invocada para sustentar, como o fez Derrida, uma teoria da interpretação como deriva e desconstrução. Existe um sentido dos textos, ou melhor, existem muitos, mas não se pode dizer que não exista nenhum, ou que todos sejam igualmente bons.

Falar dos limites da interpretação significa apelar para um *modus*, ou seja, para uma medida. Ao lermos um texto (ou o mundo, ou a natureza como texto) podemos oscilar entre dois extremos, bem representados pelas seguintes citações:

> No que te faz pensar aquele peixe?
> Em outros peixes.
> No que te fazem pensar os outros peixes?
> Em outros peixes.
> (Joseph Heller, *Parágrafo 22*, XXVII)

> *Hamlet* – Está vendo aquela nuvem com jeito de camelo?
> *Polônio* – Pela santa missa! parece mesmo um camelo!
> *Hamlet* – *Pois a mim parece uma doninha.*
> *Polônio* – Por trás é como uma doninha.
> *Hamlet* – Ou como uma baleia?
> *Polônio* – Exatamente como uma baleia.
> (*Hamlet*, III, 2)

Essas duas citações remetem-nos a duas ideias de interpretação. A primeira, evidentemente, peca por escassa curiosidade e escassa inclinação para a suspeita; a segunda excede nas virtudes opostas. Notem bem, *suspeito que tanto Polônio quanto Hamlet tinham razão*. Mas se tinham mesmo razão só o saberemos tomando a olhar para aquela nuvem.

2.2. A SEMELHANÇA MNEMOTÉCNICA

2.2.1. Mnemotécnicas e Semiose

O fato de que todo e qualquer artifício mnemotécnico seja um fenômeno de pertinência semiótica é indiscutível. Pelo menos se aceitarmos a definição de semiose dada por Peirce, isto é, "uma ação ou uma influência que seja, ou coenvolva, uma cooperação de três sujeitos, como, por exemplo, um signo, seu objeto e seu interpretante, não podendo tal influência tri-relativa, de modo algum, resolver-se numa ação entre pares" (*CP*: 5.484). Definição que exige ser complementada pela definição de signo como algo que está aos olhos de alguém em lugar de outra coisa, sob alguns aspectos e capacidades (*CP*: 2.228)[3]

Associar de algum modo um Y a um X significa usar um como o significante ou a expressão do outro[4]. Dar um nó no -lenço é, certamente, um artifício semiósico, da mesma forma que a sequência de pedrinhas ou feijões dispostos pela personagem da fábula para não perder-se no bosque. São dois artifícios diferentes, visto que o nó no lenço vale como signo arbitrário para qualquer coisa que eu resolva associar a ele, ao passo que a sequência de pedrinhas institui uma homologia vetorial entre a sucessão das pedras e o caminho a percorrer, e está por aquele caminho e não por qualquer caminho possível. Trata-se, no caso, não de uma ação arbitrária, mas motivada (ver Eco, 1975, 3.4.). Eis-nos, portanto, ante dois mecanismos semiósicos distintos, mas não ainda diante de um sistema mnemotécnico.

---

3. Que as mnemotécnicas são fenômeno semiósico sabiam-no também os antigos que insistiam nas analogias entre mnemotécnica e escrita (cf. Rossi, 1960, 2. ed., p. 137, 144, 160 *et passim*).

4. O fato de que, com frequência, o significante seja uma imagem mental (no sentido de que um lugar mnemotécnico pode ser tanto real quanto imaginário) não muda as coisas. De Occam em diante, assume-se que mesmo um ícone mental ou um conceito podem ser entendidos como signo. Quando muito pode-se perguntar, nos casos em que lugares e imagens sejam apenas mentais, como deve fazer o mnemotécnico para recordar o aparelho significante a fim de evocar os significados associados. Problema esse que não é recente, tendo sido enfrentado, por exemplo, por Cosma Rosselli em seu *Thesaurus Artificiosae Memoriae* (Venezia, Paduanius, 1579), onde, para que se possa recordar um sistema de lugares, sugere o autor que eles sejam rememorados em ordem alfabética. Isso significa que uma mnemotécnica mental, para ser usada, requer uma mnemotécnica de ativação, e assim *ad infinitum*, com todos os paradoxos que nascem de cada argumento do terceiro homem. De fato, o próprio Rosselli, embora considerando as mnemotécnicas com significante mental, julga mais eficazes, ainda que mais complicadas, mnemotécnicas que usem lugares e imagens realizados fisicamente, tanto sob forma de objetos como de pinturas e estátuas, letras alfabéticas ou *litteraefictae* (isto é, alfabetos em forma de animal, vegetal, mineral etc.).

Diverso, no entanto, é o procedimento (que encontramos em vários autores) com que associamos o sistema dos casos gramaticais a partes do corpo humano. Temos aí um sistema que exprime outro sistema. Mas não apenas isso. Malgrado a motivação discutível, convenhamos que não é arbitrário estar o nominativo associado à cabeça, o acusativo ao peito, passível de receber golpes, o genitivo e o dativo às mãos, que possuem ou oferecem, e assim por diante[5].

As mnemotécnicas greco-latinas apresentam-se em primeira instância como sequência de critérios empíricos, baseados em associações inspiradas em critérios retóricos – isto é, como já sugeria Aristóteles[6], apoiadas "em algo semelhante, ou contrário, ou estreitamente conexo". Quando no *Ad Herennium* (III, xx, 33), para recordar os testemunhos, imaginam-se testículos de bode, temos uma associação por etimologia. E quando (III, xxi, 34), para recordar o verso "Iam domum itionem reges Atrides parant", excogita-se uma complexa imagem que possa evocar as famílias dos Domícios e dos Régis (pura associação fonética), bem como uma imagem ainda mais complexa de atores que se preparam para personificar Agamenão e Menelau, de um lado brincando com lembranças genealógicas e do outro, com analogias semânticas – pois bem, é claro que não estamos diante de um sistema, cabendo até nos perguntarmos se estamos diante de um bom artifício mnemotécnico, visto que, como aconselha o autor, ainda o melhor é decorar o verso.

Encontramos um esboço de sistema quando essas mesmas mnemotécnicas clássicas propõem a constituição organizada de lugares, por exemplo o palácio ou a cidade, mas ao que parece também aqui a estrutura orgânica dos *loca* se presta a acolher séries ocasionais de *res memorandae*.

Quando Gesualdo, na *Plutosofia* (Pádua, 1592), estabelece um sistema de pontos numerados do corpo humano, essas partes anatômicas servem, por assim dizer, como gancho ocasional para listas por Vezes bastante desconexas de termos.

2.2.2. *Semiótica como Sistema*

O problema é saber se existem mnemotécnicas que não sejam somente artifícios semiósicos e sim semióticas propriamente ditas, ou seja, um sistema que dispõe um plano da expressão, forma e

---

5. Tábuas do gênero podem ser encontradas por exemplo no *Congestorius Artificiosae Memoriae*, de Romberch (Venezia, 1520), no *Dialogo del Modo di Accrescere e Conservare la Memória*, de Dolce (pelo menos na edição de Venezia, Sessa, 1575), no *Artificiosae Memoriae Fundamenta*, de Paepp (Lion, 1619).

6. *De Memoria et Reminiscentia*, 415b, pp. 18-20.

substância, em correlação com um plano do conteúdo, forma e substância[7].

Numa língua temos, em nível de expressão, uma forma sintática que permite gerar frases e uma forma fonológica que permite gerar morfemas e lexemas. Deve, porém, e esta é a novidade da abordagem semiótica hjelmsleviana, existir uma forma também no plano do conteúdo: não é apenas no sistema lexical que o espaço semântico ocupado, por exemplo, pela palavra *ovelha* se delineia por oposição ao espaço semântico ocupado pela palavra *carneiro*, e que o espaço semântico de ambas se delimita por oposição ao espaço semântico ocupado por *carneiro montês*, mas essas oposições são viabilizadas pelo fato de o conteúdo das palavras citadas ser determinado pela combinação de unidades semânticas menores (ovelha = ovino fêmea *versus* carneiro = ovino macho). Sendo assim, falar de forma do conteúdo significa falar de uma organização sistemática do mundo[8].

Para Hjelmslev, os dois planos de uma língua verbal não são *conformes*, ou seja, não existe entre eles uma relação isomórfica: o que é outro modo de dizer que a correlação entre unidade de expressão e unidade de conteúdo, que instaura a função sígnica, não é uma correlação termo a termo e sim, sempre arbitrária. Hjelmslev excluiria da categoria da semiótica os sistemas monoplanares. Em outro local (cf. Eco, 1975, 2.9.2.) sustentei que o que caracteriza um sistema semiótico é a sua interpretabilidade, não a sua monoplanaridade. Mesmo em casos de sistemas em grande parte biplanares como uma língua verbal, a relação entre estruturas sintáticas e forma das proposições, ou seja, das sequências lógico-fatuais significadas, é em boa parte motivada e, portanto, apresenta traços de monoplanaridade. Nas duas frases *il padre di Pietro ama Paolo* e *Petri pater Paulum amat*, a forma sintática reflete (ou é determinada por) relações de conteúdo: em italiano, em virtude da sucessão linear dos termos, no latim, graças às indicações flexionais. Esses são proble-

---

7. Para Hjelmslev, uma mnemotécnica seria uma semiótica conotativa, porque não correlaciona diretamente uma expressão com o seu conteúdo primário ou "literal", e sim correlaciona uma expressão – que tradicionalmente representa um outro conteúdo – com uma nova função sígnica. Mas as mnemotécnicas, qualquer que seja a imagem que usem, dão por contado que o significado literal da imagem seja intuitivamente reconhecível, e o problema surge quando se procura unir a "letra" ao sobre sentido mnemotécnico.

8. Nas mnemotécnicas modernas encontramos exemplos, aliás, bastante grosseiros e ingênuos, de organização de unidades de conteúdo que derivam de um cruzamento de propriedades, mediante o qual, como numa tábua pitagórica, ao se recordarem 9x9 categorias maiores, rememoram-se 81 conceitos. Cf. Tito Aurelij, *Dell'arte della Memoria*, Roma, 1887. O artifício já aparece na anônima *Nuova Mnemonica*, Torino, 1840, e no igualmente anônimo *Manuale di Mnemotécnica*, Pavia, 1841, retornando no *Manuale di Mnemonica* do Cav. Costanzo Fea, Roma, 1900.

mas que surgem, como veremos, quando estudamos uma mnemotécnica como sistema semiótico.

Um último aspecto interessante do conceito hjelmsleviano de semiótica reside no fato de, na função sígnica, os papéis serem fixados pelo sistema: em outras palavras, posso ter uma semiótica na qual uma sucessão de letras alfabéticas funciona como plano da expressão para uma sucessão de objetos, mas nada impede que uma sucessão de objetos funcione como plano da expressão para a série das letras alfabéticas.

2.2.3. As Mnemotécnicas Sistemáticas

Para encontrarmos um exemplo de mnemotécnica que tenha alguns aspectos de uma semiótica basta que pensemos em sistemas onde: (i) em nível expressivo, apareça um sistema sintático de *loca* destinado a hospedar *imagens* que pertençam ao mesmo campo iconográfico e revistam a função de unidades lexicais; (ii) em nível de conteúdo, as *res memorandae* estejam, por seu turno, organizadas num sistema lógico-conceptual – a tal ponto que, se esse sistema pudesse ser traduzido nos termos de uma outra representação visual, esta poderia funcionar como plano da expressão de uma segunda mnemotécnica cujo conteúdo se tornasse o sistema dos lugares e imagens que constituía o plano da expressão da primeira mnemotécnica.

É o que ocorre, segundo me parece, com muitas mnemotécnicas renascentistas. Ao lermos o *Thesaurus* de Cosma Rosselli, surpreendemo-nos com a complexidade da sintaxe por ele posta em ação: teatros de estruturas planetárias, de hierarquias celestes, de círculos infernais, acuradamente organizados. Essa sintaxe tem valor formal por duas razões. Em primeiro lugar, podem-se usar como imagens (vale dizer, como unidades lexicais) entidades que anteriormente haviam sido colocadas entre os *loca* (ou seja, entre as unidades sintáticas), e vice-versa. Um dado peixe pode ser *locus* num sistema sintático, no qual a sintaxe reflita articulações do reino animal, as unidades lexicais sejam, digamos, minerais, e os conteúdos a serem expressos, hierarquias angélicas: mas, inversamente, um peixe pode ser unidade lexical inserida, por exemplo, nos *loca* representados por círculos infernais, para significar preceitos bíblicos: "Ne mireris, quod quae pro locis supra posuimus, pro figuris nunc apta esse dicamus. Loca enim praedicta pro figuris (secundum diversos respectos) servire poterunt" (*Thesaurus*, p. 78).

Em segundo lugar, a mnemotécnica de Rosselli é uma semiótica porque o que institui uma coisa como expressão e como conteúdo é a função sígnica, não a natureza da coisa. Qualquer coisa pode tornar-se um funtivo expressivo ou um funtivo de conteúdo. Uma expressão que se repete com frequência em Rosselli é *e ao contrário* (ou seus equivalentes). X pode estar por Y ou *e ao contrário*.

A ideia de construir uma mnemotécnica como semiótica nasce exatamente da imensidade da tarefa que o mnemotécnico renascentista se dispõe a enfrentar. A pretensão de transformar uma mnemotécnica em enciclopédia, isto é, em uma imagem do universo, forçosamente suporia a presença, no plano do conteúdo, de toda a organização cósmica, e, no plano da expressão, do correspondente labirinto de lugares e imagens. Ao invés disso, embora pressuposta, a competência global permanece virtual. De fato, usa-se sempre e tão-somente uma parte local dessa competência (pelo fato empírico de ser mais facilmente lembrada) para exprimir uma outra área local da mesma competência que achamos difícil de lembrar. Se para alguém é útil associar a série das hierarquias angélicas (conhecida e lembrada) à série dos planetas, tudo bem. Caso não, é lícito proceder do modo oposto, *e ao contrário*.

A ideia de uma mnemotécnica como semiótica, ou seja, de um edifício cujas estruturas reflitam as estruturas da realidade, nasce, como nos mostrou Paolo Rossi, com Bruno e os seguidores da pansofia barroca. Mas não há dúvida de que a tendência para individuar um sistema do conteúdo a ser correlacionado com o sistema da expressão tem matriz neoplatônica. No fundo, o primeiro artifício mnemônico que permite pensar um sistema do mundo são as representações medievais da *arbor porphyriana* (cf. Eco, 1984, 2).

Por outro lado, Frances Yates (1966) partia das sugestões de Romberch para avançar a fascinante hipótese de que toda a *Divina Comédia* seria um aparelho mnemotécnico. Ideia certamente não peregrina para quem então tinha aí não só um repertório de lugares e imagens, mas uma ideia do sistema dos céus no canto terceiro e dos vícios e virtudes ao longo dos dois cantos precedentes. E jamais ocorreria, a quem estudou Dante nos quadros sinópticos de Gustarelli ou de Bignami, imaginá-los concebíveis sem Rosselli ou sem Romberch[9].

---

9. Ocasionalmente pode-se ainda imputar a Dante um certo empirismo, visto que o sistema do mundo que ele memoriza em versos é bastante coerente no que concerne à estrutura morfológica (isto é, como descrição geográfica e astronômica), sendo-o bem menos em termos de sistema moral. Tanto que quando Giovanni Pascoli se deu conta de que há uma inconsistência estrutural entre a ordem dos pecados descritos, no Inferno e a indicada no Purgatório, daí extraiu as discutíveis consequências exegeticas, que em seguida lhe foram imputadas, indo em busca de uma ordem bem mais férrea e secreta, oculta "sob o velame" (Cf. Giovanni Pascoli, *Minerva Oscura*, Liorno, 1898; *Sotto il Velame*, Bologna, 1900; *La Mirabile Visione*, Bologna, 1901).

2.2.4. As Regras da Correlação

As mnemotécnicas renascentistas não mais se apresentam como simples instrumento prático mas como coletânea do conhecimento cósmico, ou seja, como *imago mundi* orgânica (em relação à estrutura de acumulação ou de elenco incôngruo, típica da *Imago Mundi* ou da enciclopédia medieval).

Recentemente, Rossi (1988) sublinhou ainda uma vez que, sem compreendermos essa fase de transição, não poderemos compreender o desenvolvimento subsequente da ciência moderna. Mas por que é essa fase uma fase de transição? Porque, mesmo quando a mnemotécnica de função enciclopédica pretende apresentar-se como uma semiótica, consegue realizar apenas uma das condições da semiótica, isto é, a organização formal seja do plano da expressão seja do plano do conteúdo. Mas não consegue discernir com clareza o outro problema: quais as regras otimais, a saber, quais os requisitos ineludíveis para que se estabeleça a correlação entre uma unidade de expressão e uma unidade de conteúdo?

A dificuldade das enciclopédias mnemotécnicas provém do fato de elas não conseguirem encontrar um critério unitário de correlação, e isso por obra da metafísica influente a que recorrem ou de cujos efeitos se ressentem, isto é, a doutrina das signaturas.

2.2.4.1. As signaturas e a retórica da semelhança

Já no ensaio anterior mostramos por alto como todo o pensamento hermético está permeado pelo conceito de uma simpatia universal, expressa através das *signaturae rerum*, ou seja, por aqueles aspectos formais das coisas, os quais remetem, por *semelhança*, aos aspectos formais de outras coisas (do mundo sublunar ao mundo astral e, deste, ao mundo espiritual). Para tornar perceptíveis essas relações de simpatia, Deus imprimiu sobre cada objeto do mundo como que um sinete, um traço pelo qual é possível reconhecer-lhe o parentesco, que, não fora isso, permaneceria oculto.

A literatura sobre as signaturas é vasta, e não é de modo homogêneo que o conceito aparece nos vários autores, de Agripa e Paracelso a Böhme, e às suas retomadas no romantismo alemão de Goethe a Novalis (cf. Thorndike, 1923; Foucault, 1966; Bianchi, 1987). O que importa, neste ponto, observar é que, sendo a simpatia expressa pela signatura, deveria a signatura constituir uma espécie de fenômeno semiósico homogêneo que permitisse, com base num critério preciso, remontar do *signans* ao *signatum*.

Esse critério poderia ser o da semelhança, ou seja, semioticamente falando, da correlação por iconismo, o que complicaria sobremaneira o problema, pois o conceito de semelhança é vago e flexível. Já notara Foucault, porém, que, sob a rubrica da "semelhança" – ao menos para a doutrina das signaturas – há muitos fenômenos a registrar, e bastante desconformes entre si (*convenientia, aemulatio, analogia, sympathia*). Segundo Paracelso (*De Natura Rerum*, 1, 10, "De Signatura Rerum"), se é verdade que muitas ervas e raízes devem o nome que têm à sua figura, à sua forma e à sua configuração, como o *morsus diaboli*, o *pentaphyllum*, o *cynoglossum*, o *ophioglossum*, a *dentaria*, o *satyrion* ou *orchis*, o *heliotropium*, outras, ao contrário, receberam o delas por virtude ou propriedade congênita: por exemplo, a eufrásia ou *herba ocularis* é assim chamada porque também é útil para olhos doentes e lesionados e, na mesma linha, a raiz sanguinária deve seu nome ao fato de deter hemorragias.

Dentro do raciocínio paracelsiano, esses exemplos são adotados para explicar as razões pelas quais "a *ars signata* ensina o modo como devemos dar a todas as coisas os nomes verdadeiros e genuínos, que Adão, o Protoplastos, conheceu de maneira completa e perfeita", e que "indicam concomitantemente a virtude, o poder e a propriedade desta ou daquela coisa", e, no entanto, eis que num caso o nome é dado pela forma (e pela semelhança) e da forma e da semelhança deriva a virtude, ao passo que no outro caso o nome é imposto com base na virtude, mas a virtude não é, em absoluto, expressa pela forma. Em outros casos, finalmente, não se trata nem de semelhança morfológica nem de relação causal, mas de inferência sintomática: "Este é o *signator*, que marca os chifres do cervo com várias ramificações para que por elas se possa reconhecer sua idade: tantos são os anos do cervo quantos os galhos de seus chifres... Este é o *signator* que dissemina excrescências pela língua da porca doente, cuja impuridade podemos assim adivinhar, pois como impura está a língua, impuro está também todo o seu corpo. Este é o *signator* que tinge as nuvens de cores diversas, por meio das quais é possível prevermos as mutações celestes". (Para não falar da diversa certeza indutiva desses três fenômenos sintomáticos.)

Segundo Crollius, a simpatia entre o acônito e os olhos manifesta-se pelo fato de as sementes dessa planta aparecerem como glóbulos escuros engastados em películas brancas, e "por isso o óleo que delas se extrai é um remédio eficacíssimo nas enfermidades dos olhos"; a papoula com a corona representa a cabeça e o cérebro e por isso o decocto da papoula é usado em muitas afecções da cabeça; o musgo oblongo que cresce nos troncos das árvores assemelha-se ao cabelo e por isso recomenda-se o seu decocto no tratamento dos cabelos (*De Signatura Rerum*, 1635, pp. 40 e ss.).

Mas para Goclenius, já que "todos os corpos do mundo estão ligados entre si por meio de um vínculo mediano, que torna possíveis todas as relações recíprocas da natureza... qualquer matéria, sempre que convenientemente preparada, atrai para si a forma análoga: desse modo é que o imã atrai o ferro e desse modo, a saber, por simpatismo, é que se propaga até a ferida o que no unguento (de que está embebido o instrumento do médico) existe de simpático e afim..." (*Synarthrosis Magnética*, 1617, pp. 193 e ss.). Por aí se vê que, sob o mesmo mecanismo da simpatia, rubricam-se fenômenos distintos (como força magnética e ação química) e, em ambos os casos, o conceito de simpatia baseia-se no de força agente e não no de semelhança morfológica.

Agripa é talvez o autor que mais prolixamente discorreu sobre as signaturas (que ele chama *signacula*) definindo – por exemplo -como solares o fogo e a chama, o sangue e o espírito vital, os sabores violentos, acres, fortes e adocicados, o ouro por sua cor e seu esplendor, as pedras que imitam os raios do Sol pelo cintilar dourado, como a aetite, que cura a epilepsia e debela o veneno, o olho-de-sol, semelhante a uma pupila irradiante, que fortalece o cérebro e robustece a vista, o brilhante, que reluz nas trevas e preserva das infecções e dos vapores pestilentos; ao passo que, entre as plantas, solares são todas as que se voltam na direção do Sol, como o girassol, e que dobram ou fecham suas folhas quando ele se põe, para reabri-las quando ele nasce, como o lótus, a peônia, a celidônia, o limão, o zimbro, a genciana, o dictamno, a verbena, boa para vaticínios e para expulsar demônios, o louro, o cedro, a palmeira, o freixo, a hera, a videira e as plantas que protegem do raio e não temem os rigores invernais. São igualmente solares muitas drogas, a menta, a lavanda, o mástique, o açafrão, o bálsamo, o âmbar, o almíscar, o mel amarelo, a madeira do aloé, o cravo, a canela, o cálamo aromático, a pimenta, o incenso, a manjerona e o rosmaninho. Entre os animais são solares os corajosos e amantes da glória, como o leão, o crocodilo, o lince, o carneiro, a cabra, o touro (*De Occulta Philosophia*, I, 23). Parece difícil acharmos um critério unificador para esses diversos tipos de "semelhança".

Delia Porta (*Phytognomonia*) dirá, em III, 6, que as plantas com manchas, que imitam a pele dos animais mosqueados, possuem as virtudes desses animais: um exemplo é a casca da bétula, que, com suas manchas, imita o tordilho e, "por isso", é boa contra o impetigo. Mas em III, 7, dirá que as plantas que têm escamas como as serpentes servem contra os répteis. Por aí se vê que, em dois casos de semelhança morfológica, um "assinala" uma espécie de aliança entre a virtude da planta e a do animal (permanecendo, no entanto, obscuro e matéria de pura tradição o porquê de o -animal ter aquela virtude), e o outro, uma salutar inimizade entre planta e animal.

Taddeus Hageck (*Metoscopicorum Libellus Unus*, Frankfurt, Wechel, 1584, p. 20) exalta entre as placas que curam os pulmões dois tipos de liquens: mas um lembra a forma do pulmão sadio, o outro (manchado e cerdoso) a do pulmão ulcerado, enquanto uma planta cheia de pequenas perfurações sugere sua capacidade de abrir os poros da pele. E eis assim associadas três relações das mais diversas: uma semelhança com o órgão são, uma semelhança com o órgão enfermo, uma semelhança com o efeito terapêutico que a planta deveria obter.

Naturalmente essa *tolerância semiósica* parece insustentável para uma mente educada cientificamente, mas parecerá das mais aceitáveis desde que se assuma, antes de qualquer outra prova, que as relações de simpatia existem. Por outro lado, segundo demonstram todas as pesquisas sobre a mentalidade mágica primitiva, decide-se que as relações de simpatia existem porque toda analogia é automaticamente traduzida em termos de signatura e possibilidade de ação recíproca entre *signans* e *signatum* (cf. Vickers, 1984, pp. 95-164).

2.2.4.2. Signaturas, retórica, correlação mnemotécnica

Ora, à parte a possibilidade de ação recíproca, há um tipo de procedimento semiósico que reproduz a flexibilidade e a tolerância do pensamento mágico, e que é o procedimento retórico (e não será por acaso que o pensamento mágico é revalorizado pelos poetas românticos e que, para os contemporâneos, a poesia seja vista como instrumento de revelação, substitutivo da mensagem religiosa). A retórica, ou pelo menos aquela parte da retórica que é a *elocutio*, permite qualquer substituição, seja por semelhança seja por contraste, da parte pelo todo ou da causa pelo efeito (e vice-versa), e até por contrariedade ou oposição (o pouco pelo muito, como na litotes, ou o muito pelo pouco, como na hipérbole, e o branco pelo negro, como na ironia).

Mas não porque a retórica tenha traços em comum com a metafísica da simpatia e das signaturas: e sim porque a pesquisa das signaturas procede segundo uma lógica retórica. Os teóricos das signaturas, certos de que as relações de simpatia devem existir, creem *descobrir* semelhanças que, na realidade, são eles que *instituem* mediante complexas operações retóricas. A *herba ocularis* e a raiz sanguinária primeiramente provaram (pelo menos é o que diz a tradição) sua capacidade de causar a cura do órgão, depois recebem o nome do órgão que curam, e por fim – por efeito de hipotipose, e graças a seu batismo metafórico – são vistas como "semelhantes" ao órgão. A cinoglossa e a orquídea primeiro recebem o nome por causa de uma semelhança morfológica, em seguida são consideradas como metonimicamente ligadas ao órgão do qual são a metáfora.

Ora, as mnemotécnicas renascentistas e barrocas não procedem de modo diferente (cf. Bolzoni, 1987, pp. 8-19). Rosselli, apesar de dominicano, tomista e sistemático, a certa altura estabelece: "Positis figuris, nunc consequenter quomodo ad memoranda applicentur, dicendum restat". Sabe que a correlação deve reger-se pela similitude, mas também sabe que é mister esclarecer "quomodo multis modis, aliqua res alteri sit similis" (*Thesaurus*, p. 107). Em outras palavras, ele sabe que a similitude tem nariz de cera, pois toda coisa pode ser semelhante a uma outra, *sub aliqua ratione*. E de fato, no capítulo IX, da segunda parte, quando tenta sistematizar seus próprios critérios, não consegue ir além de uma simples lista de figuras retóricas. As imagens podem, portanto, corresponder às coisas:

– por similitude; que, por sua vez, se subdivide em similitude na substância (o homem como imagem microcósmica do macrocosmo), na quantidade (os dez dedos pelos dez mandamentos), por metonímia e antonomásia (Atlante pelos astrônomos ou pela astronomia, o urso pelo homem irascível, o leão pela soberba, Cícero pela retórica);
– por homonímia: o cão, animal, pelo cão, constelação;
– por ironia e contraste: o fátuo pelo sábio;
– por vestígios: a pegada pelo lobo, ou o espelho onde Tito se mirava na própria imagem, por Tito;
– por substantivo de pronúncia diferente: *sanum* por *sane*;
– por semelhança de nome: Arista por Aristóteles;
– por gênero e espécie: leopardo por animal;
– por símbolo pagão: águia por Júpiter;
– por povos: os partas pelas flechas, os citas pelos cavalos, os fenícios pelo alfabeto;
– por signos zodiacais: o signo pela constelação;
– por relação entre órgão e função;
– por acidente comum: o corvo pelo Etíope;
– por hieróglifo: a formiga pela previdência.

Giulio Camillo Delminio, em *L'Idea del Theatro* (Florença, 1550), fala desenvoltamente em similaridade por traços morfológicos (o centauro pela equitação), por ação (duas serpentes em luta, pela arte militar), por contiguidade mitológica (Vulcano, pelas artes do fogo), por causa (os bichos-da-seda, pela arte do vestuário), por efeito (Mársias esfolado, por chacina), por relação de governante para governado (Netuno, pelas artes náuticas), por relação entre agente e ação (Paris, pelo tribunal do júri), por antonomásia (Prometeu, pelo homem artífice), por iconismo vetorial (Hércules, de arco apontado para o alto, pela ciência pertinente às coisas celestes), por inferência (Mercúrio com um galo, pela arte de comerciar).

As mnemotécnicas herdam do pensamento hermético a exagerada flexibilidade em estabelecer relações e analogias, e justamente porque não mais se apresentam como técnicas mas como *clavis universalis*. Nessa fase da cultura europeia, quando ainda não existia a chave universal, o mnemotécnico carrega consigo um molho heterogêneo de gazuas, boas todas elas, desde que deem a impressão de entreabrir a porta um pouco que seja.

Estabelecendo-se como modelo reduzido do edifício do universo, uma mnemotécnica é devedora da metafísica influente das signatures e – modelando o universo em forma de teatro – não o exprime na forma abstrata da lógica medieval nem nos termos quantitativos da ciência galileana, mas seguindo uma lógica das qualidades e, portanto, nos modos de uma retórica.

2.2.5. Para uma Tipologia das Correlações

Antes de tudo, conviria distinguir os sistemas onde o conteúdo é atualizado mediante manipulação do plano da expressão segundo regras próprias, daqueles outros onde as regras formais do conteúdo determinam a atualização da expressão. Com esse intuito, falei alhures (Eco, 1975, 3.4.9.) em diferença entre *ratio facilis* e *ratio difficilis*.

Todos os sistemas herdeiros da *Ars* lulliana manobram, até as vertigens do cálculo fatorial (como acontece na *Ars magna sciendi* de Kircher), as possibilidades combinatórias da sintaxe expressiva, cujas permutações produzem conhecimentos acerca do conteúdo (*ratio facilis*). Em contraposição, já segundo todos os pesquisadores de línguas adâmicas e de *characteristicae universales*, é a uma suposta estrutura da realidade que cabe a tarefa de ditar as regras da sintaxe (*ratio difficilis*).

Mas essas duas opções fundamentais não definem a escolha, que permanece igualmente aberta no interior de ambas, no sentido de determinar se a relação entre expressão e conteúdo deva ser fixada arbitrariamente ou por alguma motivação.

(i) Os círculos giratórios da *Ars* lulliana, por exemplo, representam um caso de *ratio facilis*, mas neles a sintaxe combina unidades lexicais arbitrariamente conexas ao conteúdo metafísico ou teológico a que se referem, ao passo que existe isomorfismo entre as possibilidades articulatórias da expressão e o modo como a realidade sobrenatural é ou poderia ser.

Por outro lado uma língua como a de Wilkins, embora me pareça exemplificar um caso de *ratio difficilis*, apresenta igualmente um elemento de arbitrariedade na escolha das letras alfabéticas com que se representam gêneros, diferenças e espécies; mas a sintaxe da expressão é motivada pela sintaxe do conteúdo: "if (De) signifies Element, then (deb) must signify the first Difference... wich is Fire; and (Deb) will denote the first species, wich is Flame" (*An Essay towards a Real Character*, London, 1668, p. 415).

(ii) Temos sistemas onde a relação semântica é motivada e a correlação sintática, arbitrária. Eu diria que esse era o caso de muitas mnemotécnicas antigas onde a estrutura dos lugares não era isomorfa ao sistema do conteúdo memorando, ao mesmo tempo que se instauravam débeis correlações de similitude entre imagens e coisas.

Na esplêndida *Ars memorandi*, edição Pforzheim, 1502, as *res memorandae* são passos do Evangelho, mas a sintaxe expressiva segue mais as regras de uma arrevesada heráldica do que as da lógica ou da sucessão cronológica dos eventos. A disposição das imagens não reflete espacialmente a sequência cronológica dos passos evangélicos. Quanto à relação entre imagens e *res*, para lembrar a "mulier deprehensa in adultério", representa-se a figura de um casal abraçado, enquanto pelo "de ceco a nativitate" está um olho arregalado e, pela ressurreição de Lázaro, deparamos com uma caveira; temos, portanto, ou duas representações pelo oposto, ou então num caso, o depois representado pelo antes e, no segundo caso, o antes pelo depois. Mas em seguida, Madalena aos pés de Jesus é lembrada metonimicamente por um vaso.

(iii) Temos sistemas onde existe motivação, seja ela semântica ou sintática. Eu diria que esse era o caso da mnemotécnica rosselliana, onde as correlações imagens-coisas eram motivadas (ainda que de modo discutível) e o sistema dos lugares podia ser escolhido à vontade, mas desde que fosse isomorfo ao universo memorando. Nesse sentido, ele não era arbitrário. Era *convencional mas motivado*. Diria eu que o mesmo acontece com as taxionomias científicas. Que certo animal se chame *felis catus* é, sem dúvida, convencional mas não arbitrário, uma vez que o nome *felis* é motivado pela colocação que assume na árvore (na sintaxe) da classificação zoológica. Temos aqui uma homologia entre sintaxe expressiva e ordem da evolução que determina um mínimo de motivação semântica: não só, mas porque *é felis*, o gato *é fissípede*, e esse termo, ainda que apenas convencionalmente, substitui por motivadas razões etimológicas uma descrição definitiva atinente à conformação das patas daquela subordem de mamíferos organizada pelo conteúdo[10].

Restariam, por fim, os sistemas onde existe total isomorfismo entre sintaxe da expressão e sintaxe do conteúdo, e a semântica está vazia, ou seja, disponível, uma vez que representada por variáveis expressivas escolhidas de modo inteiramente arbitrário e que podem vincular-se como queiram. Esses sistemas não podem ter função mnemotécnica porque não produzem a reminiscência de um conteúdo já conhecido, mas geram por cálculo um conteúdo isomorfo ao resultado expressivo. Poder-se-ia dizer que têm uma genealogia específica deles, que, partindo dos *Analitici primi* e passando pelos estoicos, chega à lógica e à álgebra moderna. Mas também a propósito nos foi ensinado que não é prudente ignorar as relações entre essas soluções e as discussões sobre as *Artes magnae* e, portanto, com a história das enciclopédias mnemotécnicas.

2.2.6. Seleções Contextuais

Em contraposição, vale a pena acenarmos com uma questão que nos últimos decênios tem influenciado tanto os estudos de semântica quanto os de inteligência artificial: isto é, que não existe definição satisfatória que não se apresente como pacote de instruções, indicação sobre procedimentos a seguir para que se possam atualizar algumas marcas de um dado semema em contextos específicos (ver Eco, 1984, 2.).

Curiosamente, o problema das instruções contextuais, nós o encontramos prefigurado nas páginas do mais incontinente dos mnemotécnicos, Giulio Camillo Delminio, que, quanto a critérios de correlação, deixa para trás os mais desvairados caçadores de signaturas. O Galo com o Leão lembra o principado porque "não somente Plínio abre essa significação, mas Jâmblico, o Platônico, e Lucrécio ainda dizem que, embora esses dois animais sejam ambos solares, o Galo traz nos olhos algum grau excelente do sol, à vista do que o Leão ante ele se humilha" (*pp. cit.*, p. 39). Mas posto aos pés de Prometeu, o Galo significa o principado e, aos pés de Pasiraeia, significa a excelência do homem, superioridade, dignidade e autoridade. Mais

---

10. Poderíamos, por fim, considerar sistemas onde assistimos a uma total arbitrariedade, a um tempo semântica e sintática, sem que por isso o sistema deixe de apresentar-se formalmente bem estruturado. E provável que alguns sistemas, como por exemplo a pasigrafia de Demaimieux (*Pasigraphie et pasilalie*, Paris, 1801), devam a isso o esquecimento a que foram relegados.

ainda: o elefante é, por tradição, um animal religiosíssimo, mas aos pés de Mercúrio, está pela fabulização religiosa, ao passo que aos pés de Prometeu representa a religião contra os deuses fabulosos.

Parece árduo estabelecer como, assim aplicado, pudesse tal critério servir para lembrar, só que isso diz respeito à biografia e à psicologia desta extravagante personagem que foi Delminio. Mas o princípio existe, e estabelece que a correlação não deve basear-se na simples equivalência automática, e sim num princípio ainda que elementar de inferencialidade alicerçada nos contextos.

2.2.7. Conclusão

O porquê de tais reflexões sobre as mnemotécnicas terem encontrado guarida neste livro deveria parecer evidente. Máquinas formidáveis concebidas para recordar, malgrado o êxito alcançado através do séculos, tornaram-se impraticáveis. E assim que as vemos, mas é assim também que por certo as veriam muitos contemporâneos, já que, como reza a tradição, Giulio Camillo Delminio, a certa altura de sua vida, desculpava-se por seu estado de confusão mental, alegando a longa, frenética e debilitante aplicação aos teatros da memória. E na sua polêmica contra as mnemotécnicas, Agripa (*De Vanitate Scientiarum*, X) afirmava que a mente se torna obtusa com aquelas imagens monstruosas e, ao sobrecarregar-se, é levada à loucura bem como – é o que se deduz – a um doentio desmemoriamento (cf. Rossi, 1960, 2. ed., p. 111).

A finalidade de uma mnemotécnica deveria ser a de reduzir a uma combinatória muito econômica e a uma regra de correlação elementar e intuitiva tanto o universo dos artifícios expressivos quanto o universo das coisas a lembrar. Ao invés disso as mnemotécnicas renascentistas e barrocas foram dominadas pelo demônio da semiose hermética.

Embora o objetivo seja correlacionar uma forma dos lugares e das imagens com a forma e o mobiliamento do mundo, estabelecendo cadeias de relações homólogas, a mnemotécnica parece avessa a elaborar uma lógica das cadeias e prefere pôr em ação um hermetismo interpretativo pelo qual, já que tudo pode ser signatura de tudo, o jogo das correspondências faz-se proteiforme.

Tais correspondências reproduzem a situação de todas as doutrinas das signaturas, onde, como já observara Foucault (1966, II, 3), "a semelhança jamais permanece estável em si mesma: só permanecerá fixa se remeter a outra similitude que, por sua vez, requer novas semelhanças, de modo que cada semelhança tem valor apenas em virtude da acumulação de todas as outras, devendo o mundo inteiro ser percorrido para que a mais tênue das analogias se justifique e, finalmente, apareça como certa... O saber do século XVI condenou-se a conhecer exclusivamente o idêntico, mas conhecê-lo apenas ao término jamais atingido de um percurso indefinido".

Assim, é no próprio cerne de uma metafísica da correspondência entre ordem da representação e ordem do cosmos, que se assiste a uma espécie de teatro da desconstrução e da deriva infinita.

2.3. O DISCURSO ALQUÍMICO E O SEGREDO DIFERIDO

Malgrado as incertezas sobre o étimo do termo árabe que produziu *alquimia*, Festugière (1983, p. 218) julga duvidoso que a finalidade da arte fosse a transmutação de metais comuns em ouro e prata. Na origem, porém, a arte ter-se-ia aplicado a transmutações aparentes, e de maneira alguma misteriosas: o objetivo era dourar, envernizar ou, no máximo, produzir ligas que tivessem a aparência dos dois metais nobres. Dessa prática artesanal teria vindo um dos termos que em seguida, na tradição posterior, assume significados herméticos, isto é, "tintura". Quanto ao segredo que protegia essas práticas, e ao uso de expressões simbólicas como "leite de loba" ou "espuma de mar" para indicar substâncias e procedimentos, tratava-se de um estratagema comum a todas as confrarias artesanais. Os processos para "transformar" os metais não eram divulgados pela mesma razão por que a Coca-Cola mantém em segredo sua fórmula.

Foi típico do espírito hermético de todos os tempos transformar os jargões operacionais das várias corporações de artesãos em linguagens simbólicas. Assim também aconteceu – e este é o exemplo mais famoso – com a simbologia dos cortadores de pedras e dos arquitetos que posteriormente deu origem aos símbolos herméticos da maçonaria.

A alquimia começa a interessar quando a obra comum de douração e fusão dos metais se transforma na Grande Obra, na procura da Pedra Filosofal para a real transmutação dos metais, e na procura do Elixir (da longa vida ou da imortalidade). Sob esse aspecto, ela opera com base na metafísica da simpatia universal, conforme vemos sintetizado por este trecho do *De Occulta Philosophia*, de Agripa:

> E como as nossas almas comunicam graças ao espírito as forças delas aos nossos membros, assim também a virtude da alma do mundo se espalha sobre as coisas todas graças à quinta-essência. Por isso os alquimistas procuram separar ou extrair esse espírito do ouro para depois aplicá-lo a todo gênero de matérias símiles, isto é, aos metais, para assim transmutá-los em ouro ou prata... (I, 14)

Nesse processo, porém, a alquimia assume uma ambiguidade que a marcará pelos séculos futuros: jamais se saberá se ela fala verdadeiramente de metais e quer verdadeiramente produzir ouro, ou se toda a linguagem alquimística e suas liturgias operativas falam de algo diferente, de um mistério religioso, da natureza mesma da vida, de uma transformação espiritual.

2.3.1. Alquimia Operativa e Alquimia Simbólica

Uma hipótese simplista é a de que coexistam dois filões: uma alquimia *prático-operativa*, que objetiva, realmente, produzir o ouro, e uma alquimia *simbólica* (ou mística ou esotérica) que atua em nível puramente metafórico. O filão prático diria respeito à transmutação dos metais e à *espagíria* de Paracelso (ou seja, uma *Iatroquímica* orientada para fins terapêuticos), ao passo que o simbólico representaria uma das manifestações da gnose hermética.

A alquimia operativa poderia então ser estudada como uma precursora da química e, com o nascimento da química, ter-se-ia extinguido. Essa a interpretação iniciada com o positivismo oitocentista, e ainda em vigor nas histórias das ciências. Nesse caso, a linguagem hermética dos alquimistas justificar-se-ia: (i) porque é, em grande parte, uma criptologia usada para encobrir os segredos de fabricação, e como tal parece misteriosa para o profano mas clara para os adeptos; (ii) em parte é linguagem metafórica e cientificamente vaga, já que muitas vezes o próprio artesão não era capaz de descrever com maior precisão propriedades e processos, cuja natureza ele não captava exatamente. É possível que a alquimia operativa tivesse tido a mesma finalidade da química (conhecer e combinar as substâncias), sem, contudo, dela possuir o espírito analítico e a capacidade de quantificar os próprios dados. Todavia, ao "amassarem suas pastas" com fornilhos e alambiques, os alquimistas teriam dado vida de modo empírico, e às vezes por acaso, a processos que em seguida a química explicou e produziu através de fórmulas.

Ao lado do filão operativo, e mesmo depois da extinção deste, teria prosperado o filão simbólico, impermeável às revelações da ciência moderna. O filão simbólico seria místico, esotérico, hermético e não teria qualquer valor científico. Dessas fabulações simbólicas poder-se-ia todavia dar uma interpretação psicológica. O maior defensor da interpretação da simbologia alquímica como revelação de arquétipos do inconsciente foi Jung em seus estudos sobre psicologia e alquimia.

Porém as coisas não são tão simples assim. De um lado, a maioria dos textos alquímicos, via de regra, empenham-se em atacar os charlatães que se dedicam à arte para obter riquezas (e portanto, toda a alquimia seria simbólica); do outro, os mesmos que atacam os charlatães não raro, segundo a lenda, ofereceram-se a príncipes e reis, prometendo fabricar ouro. Além do mais, é curioso notar que muitos alquimistas simbólicos contemporâneos, como o misterioso e celebrado Fulcanelli, têm prosseguido com práticas operativas (ou sempre têm afirmado que as têm como objetivo) a despeito de toda a noção científica ora corrente, como se (em alquimia) a prática fosse julgada necessária à mística e à ascética.

Mesmo alguns hodiernos defensores da alquimia simbólica que não alardeiam práticas operativas deixam, todavia, entender que é escopo da arte obter uma transformação da personalidade, o que também inclui a aquisição de capacidades psíquicas extraordinárias e de poderes que permitam agir sobre a natureza animal, vegetal e mineral. Como exemplo de fabulação alquímica contemporânea, na qual se mesclam alucinações operativas e alucinações simbólicas no quadro de um super-homismo racista, conviria ler, de Julius Evola, *La Tradizione Ermetica*, Roma, Mediterranée, 1971.

Ao que parece, portanto, momento operativo e momento simbólico sempre têm andado *pari passu*, pelo menos como tendência geral, assim como, aliás, alquimistas operativos e alquimistas simbólicos parecem igualmente ter vivido no mesmo ambiente e falado a mesma linguagem. O operador prático, de um lado, não podia deixar de perceber que o fornilho dentro do qual cozia a matéria era a metáfora evidente de um útero, bem como de todo e qualquer processo doador de vida, e paralelamente, mas em sentido inverso, o alquimista simbólico revisitava a mitologia clássica e a própria doutrina cristã para demonstrar que todos os mitos de geração e transformação, e a própria imagem do ventre de Maria, eram metáforas que aludiam à prática alquímica.

A alquimia está marcada por essa ambiguidade constitutiva, e como tal deve ser encarada[11].

Não me ocupo, aqui, da alquimia como expressão incônscia de arquétipos profundos, como a viu Jung. Se a linguagem alquimística é uma linguagem em que se manifestam símbolos de natureza variada, e como tal deve ser interpretada, então entramos na dinâmica do símbolo (religioso ou estético), assunto que já tratei no capítulo "Símbolo", em Eco, 1984, para o qual remeto o leitor.

Tampouco me ocupo com o significado cultural da alquimia. Não há dúvida de que a alquimia operativa representou um modo,

11. Dada a quantidade imensa de literatura não confiável, cito como obras de referência segura: Thorndike, 1923; Berthelot, 1885 e 1889; Festugière, 1983; Holmyard, 1957; Jung, 1944; Giua, 1962; Faggin, 1964; Dal Pra, 1977; Webster, 1982; Couliano, 1984 e 1985.

ainda que ingênuo e pré-científico, de interrogar a natureza, de vê-la como coisa viva, lugar de possíveis transformações, e teve em comum com a magia um projeto de interrogação e domínio dessa mesma natureza. E até mesmo a alquimia simbólica, em suas fantasias de regeneração e transformação espiritual, de algum modo se opôs à tendência, primeiro escolástica e depois cartesiana, de separar o espírito da matéria. No ápice de seu próprio sonho místico, a alquimia simbólica exprimiu um desejo, que se poderia definir como materialista, de unidade, uma ideia de nascimento, morte, renascimento espiritual estreitamente solidários com o nascimento, a morte e o renascimento da natureza. Nesse sentido seria extremamente significativo o simbolismo sexual, que, na alquimia, sugere experiências místicas, e o simbolismo mitológico e religioso que remete para fenômenos materiais.

Estou mais interessado no que chamarei de *o discurso alquímico*, e que é desenvolvido pelos cultores da alquimia simbólica.

2.3.2. O Discurso Alquímico

O discurso alquímico é um *discurso ao quadrado*: é o discurso da alquimia sobre os discursos alquimísticos.

Se um tratado de alquimia fala, ainda que com metáforas obscuras, de substâncias e processos que o operador conhece, estamos – como já foi dito – diante de uma criptografia. Sempre cabe pensar que, quando o autor usa um termo ou uma expressão, pretenda relacioná-lo com algo que ele sabe ou pensa poder saber. Se um tratado de alquimia fala de experiências espirituais, estamos diante de uma alegoria mística, ou de uma fabulação simbólica. Pode ser que o autor não conheça aquilo de que fala e fale a respeito em termos poéticos justamente para poder torná-lo de certo modo evidente (e até mesmo para sugerir que daquele Algo obscuro não se pode falar de outro jeito), mas estará sempre querendo falar de Algo que não é o seu discurso.

Já o discurso alquímico é o discurso daqueles textos – ou daquelas páginas que sempre aparecem num texto alquímico – nos quais o autor fala do que disseram os outros alquimistas, para homologá-lo ao seu discurso. O discurso alquímico é o discurso que o alquimista desenvolve sobre a continuidade discursiva da tradição alquímica.

Esse discurso pertence ao fenômeno que me interessa, a semiose hermética, porque:

– não só se rege pela ideia da simpatia e da semelhança universal, como transfere esse princípio para a linguagem, verbal e visual,

afirmando que cada palavra e cada imagem têm o significado de muitas outras;
– com base nesse critério faz com que seu próprio sentido deslize continuamente, em busca de um segredo sempre prometido, sempre eludido. Esse segredo é, não há dúvida, o segredo da alquimia, mas desde que prometido e eludido pelos textos precedentes.

O hermetismo da semiose alquímica baseia-se em três princípios:

1. Já que o objeto da arte é um segredo máximo e indizível, o segredo dos segredos, expressão alguma jamais dirá o que parece querer dizer, interpretação simbólica alguma jamais será a definitiva, porque o segredo estará sempre alhures: "Pobre estulto! Serás tão ingênuo a ponto de crer que te ensinamos abertamente o maior e o mais importante dos segredos? Asseguro-te que quem quiser explicar segundo o sentido ordinário e literal das palavras o que escrevem os Filósofos Herméticos, ver-se-á preso nos meandros de um labirinto do qual não poderá fugir, e não haverá fio de Ariana que o guie para a saída" (Artefio). Ou então: "O leitor estudioso que preste atenção nas várias interpretações das palavras, porque os Filósofos, com enganosa tortuosidade, e com palavras de duplo sentido, e o mais das vezes até mesmo de sentido contrário, explicam os seus mistérios aplicando-se em complicar e ocultar a verdade, mas não em alterá-la e destruí-la. Assim, abundam em seus escritos vocábulos ambíguos e homônimos" (Jean d'Espagnet, *Opera Arcana*, 15).

2. Quando parecem falar de substâncias comuns, ouro, prata, mercúrio, estão falando de outra coisa, do ouro ou do mercúrio dos filósofos, que nada têm a ver com as substâncias comuns. Mas quando nos convencem de que falam de outra coisa, então é provável que estejam falando mesmo de substâncias comuns. "Não podemos reduzir toda a alquimia a uma química no estado infantil... Em sua essência, ela continua sendo, apesar de tudo, uma ciência "tradicional" de caráter cosmológico e iniciático. Dada a natureza *sintética* de tais ciências, pôde ela também incluir um lado químico" (Evola, *op. cit.*, p. 212).

3. Se o segredo e a máscara simbólica são fundamentais e discurso algum jamais diz o que parece dizer, de contrapartida todo discurso falará sempre do mesmo segredo: digam o que disserem os alquimistas, estarão eles sempre dizendo a mesma coisa, e a discordância total de seus discursos (nenhum dos quais parece à primeira vista traduzível nos termos de outro) é a garantia de seu acordo profundo: "Sabei que nós estamos todos de acordo, o que quer que digamos... Um esclarece o que o outro escondeu e quem deveras

procura pode tudo encontrar" (*Turba Philosophorum*). "A maioria dos filósofos têm afirmado que sua obra mestra é inteiramente composta pelo Sol e pela Lua. A outros aprouve acrescentar Mercúrio... Eles mesmos declararam que sua pedra é produzida ora a partir de uma coisa somente, ora de duas, ora de três, de quatro e até mesmo de cinco, porque de tal modo vário escrevem sobre a mesma coisa, mas querem dizer sempre o mesmo" (Jean d'Espagnet, *op. cit.*, 19).

2.3.3. A Grande Obra

A alquimia propõe-se a operar sobre uma Matéria-Prima com vistas a dela obter, através de uma série de manipulações, a Pedra Filosofal, capaz de realizar a *projeção*, isto é, a transformação dos metais vis em ouro. A Matéria-Prima é vista por alguns como uma matéria qualquer, assumida como substância de base para as manipulações subsequentes, sendo, no caso, mais frequentemente chamada de "primeira matéria". Segundo opinião mais difundida, a Matéria--Prima propriamente dita é, ao contrário, uma matéria originária, a *hyle* dos antigos filósofos, talvez o *spiritus mundi* do hermetismo neoplatônico. Como tal não é encontrável na natureza, o que faz com que o próprio início da obra se apresente problemático e misterioso. Outra interpretação possível é que, na primeira etapa da obra, no processo de decomposição e cocção, a primeira matéria assumida, qualquer que ela seja, produza a Matéria-Prima que está no coração de toda matéria empírica.

Essas manipulações da Matéria-Prima acontecem através de três etapas, diferenciadas pela cor que a matéria vai pouco a pouco assumindo: A Obra Negra, a Obra Branca e a Obra Vermelha. As três obras parecem, de um lado, corresponder a um ritmo astronômico (noite, alva, aparição do Sol), do outro, a ritmos biológicos (morte e ressurreição, a putrefação do sêmen no seio escuro da terra, o nascimento e a expansão da flor ou da planta). As três obras, porém, são também três tipos de manipulação química. A Obra Negra prevê uma cocção e uma decomposição da matéria, a Obra Branca é um processo de sublimação ou destilação, e a Obra Vermelha a etapa final (o vermelho é cor solar e o Sol frequentemente está em lugar do Ouro, e vice-versa).

Segundo alguns, é na fase da putrefação (morte) que se liberam os dois agentes primordiais da obra: o enxofre (quente, seco e masculino) e o mercúrio (frio, úmido e feminino). A fusão desses dois princípios, também simbolizados pelo Rei e pela Rainha, representa as Núpcias Químicas, cujo resultado (às vezes chamado de Rébis) é uma Criança andrógina, o Sal Filosofal (Obra Branca). Daí, é prosseguir rumo à Obra Vermelha, experimentalmente bastante obscura, e misticamente entendida como momento de êxtase e iluminação total.

Podem-se, todavia, encontrar nos textos afirmações como esta (da lavra de Dom Pernety, sobre quem falaremos extensamente nas próximas páginas): "Os termos destilação, sublimação, calcinação, assação ou digestão ou cocção, reverberação, dissolução, descensão e coagulação não são mais do que uma mesma e única Operação, feita num mesmo recipiente, vale dizer, uma cocção da matéria..."

O instrumento fundamental da manipulação é o forno hermético, o atanor, mas também se empregam alambiques, vasos, almofarizes, todos designados com nomes simbólicos como: ovo filosófico, ventre materno, alcova nupcial, pelicano, esfera, sepulcro etc.

As substâncias fundamentais são o enxofre, o mercúrio e o sal. É objeto de debate se se trata das substâncias conhecidas sob esses nomes ou do mercúrio, do enxofre e do sal dos filósofos, impossíveis de encontrar na natureza, e que só podem ser obtidos no decurso da obra.

A Pedra Filosofal seria, na acepção teórica, a consecução iniciática do conhecimento, o momento da iluminação. Heinrich Khunrath, em seu *Amphitheatrum Sapientiae Aeternae* (1609), identifica a Pedra com Cristo.

Alguns alquimistas estabelecem uma distinção entre Pedra e Elixir de longa vida. Em outros textos, o Elixir identifica-se com a Quinta-essência, substância que contém, no grau máximo de perfeição, as características presentes imperfeitamente nos quatro elementos clássicos (água, ar, terra e fogo). No *Trattato della Quintessenza*, de Giovanni de Rupescissa (século XV), essa substância é obtida mediante a destilação do vinho, da fruta ou de outras substâncias e, como o Elixir, tem o poder de prolongar a vida. Outros autores parecem considerar Elixir e Quinta-essência duas coisas distintas. Para Pernety, a Tintura nada mais é do que "o próprio Elixir que se torna cindido, fusível, penetrante e corante..."

Se, contudo, formos ler a *Opera Arcana della Filosofia Ermetica*, de Jean d'Espagnet (1623), veremos que a Pedra dos Filósofos tem também as propriedades do Elixir, pois pode ser "bastante poderosa para sanar tanto os metais imperfeitos como os corpos enfermos".

2.3.4. Um Discurso de Sinonímia Total

A deliberada indeterminação do simbolismo faz com que a leitura de todo e qualquer texto alquímico sempre se constitua numa experiência enervante. De fato, o texto apresenta-se ao mesmo tempo como revelação de um segredo e ocultação desse mesmo segredo. Compreender o texto, e a sua linguagem, significa termos conseguido fazer o que o texto aconselha. Mas para fazê-lo é mister compreender o texto. Essa situação circular deixa entender que o texto alquímico revela um segredo a quem já o conhece e está, portanto, apto a individuá-lo sob a superfície do discurso por símbolos.

Como toda experiência iniciática, a experiência alquímica define-se a si mesma como inefável. Daí por que todo e qualquer texto alquímico finge dizer aquilo que ele afirma ser impossível dizer. Entender um texto alquímico como receituário leva a consequências banais no que respeita à semiose hermética. Por exemplo, se entendermos ao pé da letra as instruções de Rupescissa para a produção da Quinta-essência, conseguiremos destilar uma ótima bagaceira, *slivovitz* ou gim – o que ademais explicaria muitos estados de êxtase e iluminação propalados por célebres adeptos. Sobre o Elixir e sobre o Pó de Projeção, diz Evola (*op. cit,,* p. 228) que "sempre ocorre um certo grau de exaltação e iniciação naquele pelo qual e sobre o qual devem eles agir, para obter o despertar daquela força que, transferida para dentro de seu ser, passará depois, talvez de maneira preponderante, a operar objetivamente". Por outro lado, quando as histórias das ciências interpretam o texto de Rupescissa ao pé da letra (ver Debus, 1978, p. 32), veem as instruções para a produção da Quinta-essência como ótimos conselhos empíricos para a extração de todo o tipo de óleos e essências vegetais.

No entanto, o texto alquímico obterá seu efeito iniciático se for lido como elemento de um ritual encantatório, apto a provocar estados de superexcitação extática.

Dado que, por explícita admissão dos adeptos, todo texto diz a mesma coisa que os outros, individuaremos alguns elementos da semiose hermética num exemplo do tardio alquimismo setecentista, *Les fables egyptiennes et grecques dévoilées et reduites au même príncipe* (Paris, Bauche, 1758), publicado com grande sucesso por Dom Antoine Pernety, beneditino francês, autor igualmente de um *Dicionário Mito-Hermético*. Esse texto representa uma reinterpretação de toda a mitologia clássica como alegoria hermética (em particular, o mito dos Argonautas e do velo de ouro, cavalo de batalha do hermetismo). A obra contém, porém, uma longa introdução de perto de duzentas páginas que constitui uma suma da arte alquímica. Essa obra se apresenta como um *collage* de todos os textos clássicos (alguns explicitamente citados na íntegra, outros resumidos sem referências específicas), sendo, portanto, um modelo de discurso alquímico que fala apenas de outros discursos alquímicos. Mas ao mesmo tempo está, mais do que outras, particularmente ciente dos mecanismos semiósicos de todo discurso alquímico.

Depois de ter feito a alquimia nascer de Hermeto Trismegisto, Pernety prossegue:

Mas de que modo é possível comunicarmos de época para época estes admiráveis segredos e todavia custodiá-los, ocultando-os do público? Através da tradição oral corríamos o risco até mesmo de esquecê-los; a memória é frágil demais para que nos possamos fiar nela. Essas tradições embaciam-se à medida que se afastam da nascente, até o ponto em que não é mais possível desemaranhar, em meio ao caos tenebroso onde estão sepultadas, o objeto e a matéria dessas tradições. Se tais segredos fossem confiados a escritos em línguas e caracteres de uso corrente, estaríamos expostos a vê-los divulgados pela negligência daqueles que pudessem perdê-los, ou pela indiscrição dos que pudessem surripiá-los... Por isso não havia outro recurso senão o dos hieróglifos, dos símbolos, das alegorias, das fábulas etcetera, os quais, por serem abertos a diferentes interpretações, podiam servir para instruir a uns, enquanto os outros permaneceriam na ignorância (*Préface*, pp. VII-VIII).

O estudo [da filosofia hermética] é tanto mais difícil quanto enganadoras são as contínuas metáforas para quem se ilude pensando compreender, na primeira leitura, os autores que dele falam. Todavia, esses autores avisam que tal ciência não pode ser tratada tão claramente como as demais em virtude das funestas consequências que daí poderiam advir para a vida civil. Fazem dela um mistério, que se empenham mais em obscurecer do que esclarecer. Por isso recomendam sempre que ninguém os interprete ao pé da letra, que se estudem as leis e os procedimentos da natureza, que se confrontem as operações relatadas com aquelas próprias da natureza, aceitando o leitor apenas as que julgar conformes (*Discours préliminaire*, pp. 4-5).

Os filósofos herméticos sempre estão todos de acordo entre si: nenhum contradiz os princípios do outro. Este, que escreveu trinta anos atrás, fala como aquele que viveu dois mil anos antes... [Eles] jamais deixam de repetir o axioma que a Igreja adota como a prova mais infalível da verdade sobre aquilo em que nos propomos acreditar: "Quod ubique, quod ab omnibus, et quod semper creditum est, id firmissime credendum puta" (*Discours préliminaire*, p. 11).

Continuando, Pernety desenvolve uma teoria da Matéria-Prima, do Espírito do Mundo, dos quatro elementos clássicos – note-se que ele escreve no século de Lavoisier – e, em seguida, passa a falar das operações alquímicas fundamentais, sublimação, filtragem e cocção, e dos três elementos da obra, o mercúrio que nasceria da água e da terra, o enxofre que nasce da terra seca e do ar, o sal que nasce de uma água gordurosa e áspera e do ar cru que a ela se acha misturado (Pernety vale-se de um tratado de física subterrânea, de Becher, de cem anos atrás).

Transcrevemos algumas significativas observações sobre a Matéria:

Sempre ciosos em ocultar tanto sua matéria quanto seus processos, os filósofos chamam indiferentemente de sua matéria a matéria mesma em todos os estados em que ela se encontra no curso das operações. Com tal escopo, dão-lhe muitos nomes particulares que só lhe convém de modo geral, de tal forma que mistura alguma jamais possuiu tantos nomes. Ela é uma e todas as coisas, dizem, porque é o princípio radical de todas as misturas. Está em tudo e é semelhante a tudo, pois é suscetível de todas as formas, mas isso sempre antes que seja atribuída a alguma espécie de indivíduos dos três reinos da Natureza. Quando é atribuída ao gênero mineral, dizem que é semelhante ao ouro, porque é a base dele, seu princípio e sua mãe, e por isso a chamam de ouro cru, ouro volátil, ouro imaturo e ouro leproso. É análoga aos metais, constituindo a parte de mercúrio que os compõe. O espírito desse mercúrio é de tal modo congelante que o chamam de pai das pedras, tanto das preciosas quanto das vulgares; ele é a mãe que as concebe, o úmido que as nutre e a matéria que as faz (*La matière est une et toute chose*, p. 140).

Terminarei... citando algumas matérias que os assopradores vulgarmente empregam para fazer a Medicina Áurea ou Pedra Filosofal, matérias que os verdadeiros filósofos excluem por completo. É assim que delas Ripley nos fala: "Fiz muitíssimos experimentos sobre todas as coisas de que falam os filósofos em seus escritos, para fazer o ouro e a prata... Trabalhei sobre o cinábrio mas sem resultado; e também sobre o mercúrio sublimado que me custava bastante caro. Fiz muitas sublimações de espíritos, de fermentos, de sais do ferro, do aço e suas escórias, acreditando que, por este meio e com essas matérias, chegaria a fazer a Pedra; mas finalmente tive de reconhecer que perdi tempo, padecimento e dinheiro. Executava exatamente tudo aquilo que estava prescrito pelos autores, e achava que os processos que ensinavam eram falsos. Em seguida, preparei águas fortes, águas corrosivas, águas ardentes, com as quais operei, experimentando de várias maneiras, mas sempre sem qualquer resultado. Recorri, depois, às cascas de ovo, ao enxofre, ao vitríolo (que os artistas insensatos veem como o Leão verde dos filósofos), ao arsênico, ao ouro-pigmento, ao sal amoníaco, ao sal de vidro, ao sal álcali, ao sal comum, ao sal-gema, ao sal nitro, ao sal de soda, ao sal atincal, ao sal de tártaro, ao sal alembrot; mas creiam-me, desconfiem de todas essas matérias. Evitem os metais imperfeitos rubificados, o odor do mercúrio, o mercúrio sublimado ou precipitado, do contrário serão enganados como eu. Experimentei de tudo: o sangue, os cabelos, a alma de Saturno, as marcassitas, o *aes ustum*, o açafrão de Marte, as lascas e a escória do ferro, o litargírio, o antimônio; mas tudo isso não vale absolutamente nada. Trabalhei muito para extrair o óleo e a água da prata, calcinei esse metal seja com sal preparado seja sem sal, e com aquavita, e obtive óleos corrosivos, mas tudo em vão. Empreguei os óleos, o leite, o vinho, o coágulo, o esperma das estrelas que cai sobre a terra, celidônia, a placenta dos fetos, e uma infinidade de outras coisas, e sem qualquer proveito. Mesclei o mercúrio aos metais reduzindo-os a cristais, pensando fazer algo de bom, busquei até mesmo nas cinzas, mas creiam-me, evitem essas tolices. Verdadeira só vi uma única Obra"... A matéria da Grande Obra deve ser de natureza mineral e metálica: mas qual seja essa matéria especial, isso ninguém jamais disse com precisão (*La matière est une et toute chouse*, pp. 142-143).

Quanto à total polissemia que domina o discurso sobre as etapas, confira-se esta página exemplar:

A putrefação da matéria no vaso é, portanto, o princípio e a causa das cores que se manifestam; a primeira que deve aparecer, de modo bastante permanente ou com uma certa duração, é a cor negra... Essa cor significa a putrefação e a geração que dela se segue, e que nos é dada mediante a dissolução de nossos corpos perfeitos. Estas últimas palavras indicam que Flamel fala da segunda operação, e não da primeira: "Essa dissolução é produzida pelo calor externo ao qual sustenta, e pela igneidade pôntica e virtude cruel, e por isso admirável, do veneno do nosso mercúrio, o qual transforma e resolve em puro pó, ou melhor em pó impalpável, tudo o que encontra e que a ele resista. Assim, ao agir sobre e contra a umidade radical metálica, viscosa e oleosa, o calor gera sobre o sujeito o negrume"... A verdadeira chave da Obra é esse negrume no início das operações e, caso antes do negro aparecesse outra cor, ou o vermelho ou o branco, esta seria a prova de que nada se tinha conseguido... As colorações azuladas e amareladas indicam que a putrefação e a dissolução ainda não estão ultimadas. O negrume é o verdadeiro sinal de uma perfeita solução. A matéria dissolve-se então num pó mais fino, por assim dizer, do que os átomos que turbilhonam nos raios do Sol, e esses átomos transformam-se em água permanente... Ela é que tem fornecido aos filósofos tantas alegorias sobre mortos e tumbas. Alguns também a chamaram de: calcinação, desnudação, separação, trituração, assação, por causa da redução das matérias a poeira miudíssima. Outros, de: redução à primeira matéria, molificação, extração, comistão, liquefação, conversão dos elementos, sutilização, divisão, humificação, empaste e destilação. Outros ainda, de: xir, sombras cimérias, vórtice, geração, ingressão, submersão, complexão, conjunção, impregnação. Quando o calor age sobre essas matérias, elas se mudam primeiro em pó e água gordurosa e viscosa, que evapora para o alto do vaso e em seguida volta a descer sobre o fundo como orvalho ou chuva, e aí se torna semelhante a um caldo negro e gorduroso. Por isso se falou em sublimação e volatilização, ascensão e descensão. Uma vez coagulada, a água torna-se, primeiramente, semelhante ao pixe negro, daí por que foi chamada terra fétida e fedorenta. Dela emana então um bafio de mofo, sepulcro e tumba (*La clef de l'oeuvre*, pp. 153-156).

Por outro lado, nesse jogo de deslizamento dos termos, também continente e conteúdo parecem estar mudando de papel. Os alquimistas, e entre eles Pernety, falam do vaso onde, assim como acontece com o sêmen na terra e no útero animal, ocorrem os vários processos. O vaso é chamado de diferentes maneiras, com termos metafóricos emprestados da mitologia, ou de alambique, cabaça ou de outros nomes mas, adverte Pernety, trata-se sempre de um único e mesmo vaso (e em seguida descreve três deles). Todavia, num parágrafo precedente, onde o Mercúrio dos filósofos é definido como "uma coisa que dissolve os metais" e como "um vapor seco de maneira alguma viscoso", segue-se a afirmação: "O Mercúrio dissolvente é o vaso único dos filósofos no qual se consuma todo o mistério". Pernety transcreve perto de cinquenta nomes que a tradição dá ao mercúrio (aceto dos filósofos, água ardente, banho, fumo, fogo, licor, lua, mar, pálpebra superior, espírito cru e assim por diante) e entre essas denominações surgem também "sepulcro, estômago de avestruz, vaso dos filósofos", que em outros lugares servem para indicar os vasos propriamente ditos e, em particular, o atanor.

Assim, entre uma centena de nomes alternativos elencados para o Branco está o de argento vivo – e sabemos que o argento vivo é o Mercúrio, o qual, como princípio feminino, deveria ter-se unido anteriormente com o enxofre, masculino, para dar origem à Criança, o sal, que é justamente o resultado da Obra Branca. Vale a pena transcrevermos o rol dos vários nomes que se dá ao Branco:

Os filósofos, entre outros nomes, deram-lhe também os seguintes: cobre branco, cordeiro, cordeiro imaculado, aibathest, brancura, alborach, água benta, água pesada, talco, argento vivo animado, mercúrio coagulado, mercúrio purificado, argento, zoticon, arsênico, ouro-pigmento, ouro, ouro branco, azoch, baurach, bórax, boi, cambar, caspa, cerusa, cera, chaia, comerissom, corpo branco, corpo impropriamente dito, Dezembro, E, eletro, essência, essência branca, Eufrates, Eva, fada, favônio, fundamento da arte, pedra preciosa de givinis, diamante, cal, goma branca, hermafrodita, hae, hipóstase, hyle, inimigo, insípido, leite, leite de virgem, pedra conhecida, pedra mineral, pedra única, lua, lua cheia, magnesia branca, alúmen, mãe, matéria única dos metais, meio dispositivo, mênstruo, mercúrio em seu ocaso, óleo, óleo vivo, legume, ovo, fleuma, chumbo branco, ponto, raiz, raiz da arte, raiz única, rébis, sal, sal álcali, sal alembrot, sal alebrot, sal fundível, sal de natureza, sal gema, sal dos metais, sabão dos sábios, seb, placenta, sedina, velhice, seth, serinech, servo fugitivo, mão esquerda, companheiro, irmã, esperma dos metais, espírito, estanho, sublimado, suco, enxofre, enxofre branco, enxofre untuoso, terra, terra folhada, terra fecunda, terra em potência, campo em que é preciso semear o ouro, tevos, tincar, vapor, estrela da tarde, vento, virago, vidro, vidro do faraó, vinte e um, urina de menino, abutre, zibach, ziva, véu, véu branco, narciso, lírio, rosa branca, osso calcinado, casca de ovo etc. (*Signes*, pp. 184-185).

Chegamos finalmente à Obra Vermelha. Mas também aqui a terminologia se complica, pois alguns dos fenômenos que ocorrem nessa fase são designados pelos mesmos nomes que designavam fenômenos das etapas precedentes:

A maioria dos filósofos iniciam os seus tratados da Obra pela Pedra de cor vermelha... Isso constitui, para os que leem, uma fonte de erros, não só porque não conseguiriam adivinhar de que matéria falam os filósofos, mas também por causa das operações e das proporções das matérias da segunda Obra, ou fábrica do Elixir, bem diversa das da primeira Obra. Embora Morieno nos assegure que essa segunda Obra é apenas uma repetição da primeira, vale notar que o que eles chamam de fogo, ar, terra e água numa, não são as mesmas coisas às quais dão esses nomes na outra. Seu mercúrio é chamado mercúrio tanto na forma líquida quanto na seca. Por exemplo, os que leem Alfídio imaginam que, quando este chama de mina vermelha a matéria da Obra, seria preciso buscar para o início das operações uma matéria vermelha; uns, portanto, põem-se a trabalhar sobre o cinábrio, outros sobre o mínio, outros ainda sobre o ouro-pigmento, e outros, enfim, sobre a ferrugem do ferro; visto que ignoram que essa mina vermelha é a Pedra perfeita na cor vermelha, e que Alfídio começa seu tratado somente a partir desta. Mas para que, ao ler esta obra e querer trabalhar, uma pessoa não seja induzida em erro, eis um grande número de nomes que se dão à Pedra vermelha: ácido, agudo, adamo, aduma, almagra, alto e elevado, alzernard, alma, aríete, ouro, ouro vivo [...], goma vermelha, hageralzarnad, homem, fogo, fogo da natureza, infinito, juventude, hebrit, pedra [...], Marte, óleo incombustível, óleo vermelho, oliva, oliva perpétua, oriente, pai, uma parte, pedra estrelada, phison, re, réezon, residência, rubor [...], teriaga, thelima, thion, thita, toa-rech, lançamento, veia, sangue [...], vidro, saaph, zahau, zit, zumerch, zumelazuli, sal de urina etcétera (*Signes*, pp. 187-189); note-se que o *etecétera* final é de Pernety, ao passo que as reticências são da mão do vosso cronista, menos paciente que seu Autor).

Por outro lado, d'Espagnet dizia que os filósofos reconhecem um tríplice Mercúrio, e prosseguia: "Depois, na segunda preparação, chamada de primeira pelos autores que omitem a primeira, quando o Sol já se reendureceu e se resolveu em sua prima matéria, o Mercúrio, quando é desse gênero, recebe propriamente o nome de Mercúrio dos corpos ou dos filósofos; a matéria então chama-se Rébis, Caos, Mundo Inteiro, e nela se encontra tudo o que é necessário à Obra, pois isso só já basta para obter a Pedra". Em seguida, acrescentava que, para alguns, o Mercúrio dos filósofos identifica-se com o Elixir e a Tintura corante. Para Pernety, o Rébis é a fusão do princípio masculino e feminino reunidos no vaso ao término da primeira operação. Em seu *Dicionário Mito-Hermético*, Pernety precisa ainda que "os filósofos também deram o nome de Rébis à matéria da Obra que atingiu o Branco porque a partir daí ela é Mercúrio animado pelo seu enxofre..."

Percebe-se, portanto, que, como vimos acontecer com os símbolos mnemotécnicos em Giulio Camillo Delminio, a mesma imagem e o mesmo termo mudam de significado conforme o contexto – neste caso, conforme a etapa ou a obra que descrevem.

Pernety interessa aos nossos fins porque é um eclético que procura levar em conta todos os discursos alquímicos de cada época, e por isso mesmo põe em cena a infinita traduzibilidade de um discurso para o outro, de um termo para o seu oposto, e nos dá a imagem viva de uma semiose hermética em ação, como processo em que passamos, *ad infinitum*, de símbolo para símbolo sem jamais podermos identificar a série de objetos e processos cujo segredo estaria sendo revelado.

Na obra de Pernety emerge claramente que o discurso alquímico é polissêmico porque alicerçado em termos todos eles diferentes e todos ele fundamentalmente sinônimos. O paradoxo do discurso alquímico reside no fato de dizer uma infinidade de coisas mas ao mesmo tempo dizer apenas e sempre uma única – só que a ninguém é dado saber qual seja. Nesse sentido, Pernety é muito honesto porque no fim de sua introdução revela o vórtice metalinguístico pelo qual se rege o discurso alquímico: este não faz outra coisa senão nomear continuamente a si mesmo.

É mister quase sempre não entendermos ao pé da letra as palavras dos filósofos, pois todos os seus termos têm duplo significado, e é com esmero que se empenham em encontrar os termos que mais ambíguos sejam. Se, por vezes, fazem uso de termos conhecidos e de uso corrente, quanto mais simples, claro e natural parecer o seu discurso, tanto mais artificioso será preciso supor que ele seja. *Timeo danaos et dona ferentes*. Já nos trechos onde, ao contrário, os autores parecem enrolados, intrincados e quase ininteligíveis, é preciso estudar com maior atenção: ali se oculta a Verdade... Os termos: conversão, dessecação, mortificação, espessamento, preparação e alteração significam a mesma coisa na Arte Hermética. A sublimação, a descensão ou circulação da matéria, a destilação, a putrefação, a calcinação, a congelação, a fixação, a assação, ainda que em si sejam coisas diversas, constituem, todavia, na Obra, uma mesma operação continuada dentro do mesmo vaso. Os filósofos deram todos os nomes citados às diferentes coisas ou mutações que eles viram suceder-se no vaso...

É necessário, portanto, considerar e julgar essa operação como única, mas expressa em termos diversos; e assim se compreenderá que todas as expressões seguintes significam sempre a mesma coisa: destilar no alambique; separar a alma do corpo; queimar; aquificar; calcinar; cerar; dar de beber; juntar com perfeição; dar de comer; reunir; corrigir; peneirar; cortar com tenazes; dividir; unir os elementos; extraí-los; exaltá-los; convertê-los; mudá-los um no outro; cortar com a faca; golpear com a espada, com o machado, com a cimitarra; trespassar com a lança, com o dardo, com a flecha; matar; esmagar; ligar; desligar; corromper; fundir; gerar; conceber; parir; atingir; umectar; regar; embeber; empastar; amalgamar; enterrar; encerar; lavar; lavar com o fogo; adoçar; lustrar; limar; bater com o martelo; mortificar; enegrecer; putrefazer; girar em torno; circular; rubificar; dissolver; sublimar; lixiviar; inumar; ressuscitar; reverberar; triturar; reduzir a pó; moer no almofariz; pulverizar sobre o mármore – e tantas outras expressões semelhantes, todas as quais querem dizer unicamente cozer, segundo um mesmo procedimento, até o vermelho escuro. Deve-se, portanto, ter o cuidado de não remover o vaso e tirá-lo do fogo porque, esfriada a matéria, tudo estaria perdido (*Régles générales*, pp. 202-206).

O verdadeiro e único resultado da Grande Obra é a vida gasta em perseguir a Grande Obra, projeto semiósico por excelência, porque, no fim das contas, mesmo dos inúmeros experimentos dos alquimistas práticos, o adepto conhece apenas o que o discurso alquímico obscuramente lhe sugere, deixando-o continuamente suspeitar que eles de fato jamais tenham acontecido, não devam nem possam acontecer, pois quem procurou realizá-los para obter efeitos práticos não era de fato o verdadeiro alquimista, mas um charlatão.

Como todos os segredos poderosos e fascinantes, o segredo alquímico confere poder a quem afirma possuí-lo, porque na verdade é inatingível. Sua inatingibilidade e sua impenetrabilidade são totais, pois o segredo é desconhecido até de quem apregoa conhecê-lo. A força de um segredo está em ser sempre anunciado mas jamais enunciado. Fosse ele enunciado, perderia seu fascínio. O poder de quem anuncia um segredo verdadeiro consiste em possuir um segredo vazio.

2.4. SUSPEITA E ESBANJAMENTO INTERPRETATIVO[12]

2.4.1. *A Interpretação Suspeitosa*

Vimos que um dos traços relevantes do pensamento hermético é exatamente a flexível agilidade com que aceita quaisquer critérios de semelhança, e a todos conjuntamente, embora se contradigam uns aos outros. O retículo das signaturas permite uma interpretação infinita do mundo.

---

12. Este ensaio reelabora a introdução para *L'Idea Deforme. Interpretazioni Esoteriche di Dante*, aos cuidados de M. P. Pozzato, Milano, Bompiani, 1989.

Para lermos suspeitosamente o mundo e os textos é preciso que tenhamos elaborado algum método obsessivo. Suspeitar, em si, não é patológico: tanto o detetive quanto o cientista suspeitam por princípio que alguns fenômenos, evidentes mas aparentemente irrelevantes, podem ser indício de algo não evidente – e sobre essa base elaboram uma hipótese inédita que em seguida submetem à prova. Mas o indício só deve ser considerado como tal mediante três condições: que não possa ser explicado de modo mais econômico, que aponte em direção a uma única causa (ou a uma classe restrita de causas possíveis) e não a uma pluralidade indeterminada e disforme de causas, e que possa somar *sistema* com outros indícios. Se encontro no local do delito um exemplar do mais lido jornal matutino, devo, antes de mais nada, perguntar-me (critério de economia) se não pertenceria ele à vítima; em caso contrário, o indício apontaria para um milhão de suspeitos em potencial. Se, em vez dele, encontro no local do crime um colar de desenho raríssimo, considerado exemplar único, notoriamente pertencente a um determinado indivíduo, o indício torna-se interessante; e se, em seguida, descubro que aquele indivíduo não consegue exibir o seu colar, então os dois indícios *formam sistema*. Note-se que, nesse ponto, a conjectura ainda não está verificada. Só parece razoável, e o é porque pennite estabelecer algumas das condições em que poderia ser falsificada: por exemplo, se o suspeito pudesse demonstrar com testemunhos irrefutáveis que havia dado o colar à vítima tempos atrás. Nesse caso, a presença do colar no local do delito já não seria inexplicável, deixando, portanto, de ser indício significativo.

2.4.2. O Deslumbramento Excessivo

A supervalorização dos indícios nasce muitas vezes de um *deslumbramento excessivo*, ou melhor, da propensão em considerarmos significativos os elementos mais imediatamente ostensivos, quando o fato de serem ostensivos deveria induzir-nos a reconhecê-los -como explicáveis em termos bastante econômicos. Um exemplo de má pertinentização fornecido pelos teóricos da indução científica é o seguinte: se um médico observa que todos os pacientes que sofrem de cirrose hepática bebem regularmente ou uísque e soda, ou conhaque e soda, ou gim e soda, e daí conclui que a soda provoca a cirrose hepática, está errado. Está errado porque não observa que, nos três casos, existe um outro elemento comum que é o álcool, e está errado porque não leva em conta todos os casos de pacientes abstêmios que bebem apenas soda e que não têm cirrose hepática. Ora, o exemplo parece ridículo justamente porque quem está errado se deslumbra com o que era explicável diferentemente e não com aquilo sobre o que devia interrogar-se; e o faz porque é mais fácil dar-se conta da presença da água, evidente, do que da presença do álcool.

O pensamento hermético excede-se exatamente nas práticas de interpretação suspeitosa, segundo *princípios de facilidade* que se acham em todos os textos dessa tradição.

Os teóricos das signaturas haviam descoberto que a planta chamada orquídea tinha dois bulbos de forma esferoidal e viram no fato uma surpreendente analogia morfológica com os testículos. Com base na semelhança, procederam à *homologação de relações diferentes*: da analogia morfológica passaram à analogia funcional. A orquídea só podia ter propriedades mágicas no que diz respeito ao aparelho reprodutivo (daí ser também chamada de *satyrion*).

Na realidade, como depois explicou Bacon ("Parasceve ad Historiam Naturalem et Experimentalem", em Apêndice a *Novum Organum*, 1620), os bulbos da orquídea são dois porque todo ano se forma um bulbo novo que se insere ao lado do velho e, enquanto o primeiro progressivamente cresce, o segundo progressivamente murcha. Portanto, os bulbos podem ostentar uma analogia formal com os testículos, mas têm função diferente no que concerne ao processo fecundativo. E como a relação mágica precisa ser de tipo funcional, a analogia não se sustenta. O fenômeno morfológico não pode ser indício de uma relação causa-efeito porque não *forma sistema* com outros dados que dizem respeito às relações causais. O pensamento hermético fazia uso de um princípio *de falsa transitividade*, segundo o qual se A tem uma relação x com B, e B uma relação y com C, pressupõe-se que A deve ter uma relação y com C. Se os bulbos têm uma relação de similitude morfológica com os testículos e os testículos uma relação causal com a produção do sêmen, daí não se segue que os bulbos estejam causalmente ligados à atividade sexual (cf. Blasi, 1989).

Mas a confiança no poder mágico da orquídea sustenta-se também com base em outro princípio hermético, isto é, no curto-circuito do *post hoc ergo ante hoc* (a que já nos referimos na seção 2.1.3.): assume-se uma consequência que é entendida como a causa da própria causa. Prova de que a orquídea tem a ver com os testículos é o seu próprio nome (em grego, *orchis* = testículo). Naturalmente, a etimologia nasce exatamente de um falso indício. Todavia, o pensamento hermético vê na etimologia o indício que prova a simpatia oculta. A própria atribuição do *Corpus Hermeticum* a uma sabedoria remota, anterior ao próprio Moisés, baseia-se nesse princípio: embora devesse parecer evidente (como, posteriormente, pareceu aos filósofos modernos) que nos textos do *Corpus* encontravam-se noções que já circulavam no mundo clássico, daí se deduzia que, "portanto", só aquele texto teria podido inspirá-las. A semiose hermética põe, antes de mais nada, em questão a linearidade das cadeias históricas[13].

Um caso singular de recurso ao *post hoc ergo ante hoc* é dado pela procura, frequente no pensamento hermético, do *terceiro texto-arquétipo*. Normalmente aceitamos a ideia de que se um documento foi produzido antes de outro, análogo ao primeiro em conteúdo e estilo, é lícito hipotizar que o primeiro tenha influenciado a produção do segundo, mas não vice-versa. Cabe, quando muito, formular a hipótese de um documento-arquétipo, produzido antes dos outros dois, do qual os outros dois foram independentemente extraídos.

A hipótese do texto-arquétipo pode ser bastante útil para explicar analogias, de outro modo injustificáveis, entre dois documentos conhecidos. Mas só será necessária caso as analogias (os indícios) não sejam explicáveis de outro modo, e em termos mais econômicos. Se encontrarmos dois textos, de diferentes épocas, mencionando, ambos, o assassínio de Júlio César, não será necessário nem supor que o primeiro tenha influenciado o segundo, nem que ambos tenham sido influenciados por um texto-arquétipo, visto que se trata de notícia que circulava e circula em milhares de outros textos. Desviarmo-nos desse princípio significa descambar no excesso de deslumbramento.

Todavia acontece coisa pior: o excesso de deslumbramento torna indispensável a hipótese do terceiro texto, que não é encontrado, havendo então quem o postule como matéria de fé, imaginando-o em tudo e por tudo igual a C. O efeito óptico é que C tenha influenciado B, e eis realizado – aos olhos do leitor, mas com frequência aos olhos do próprio falsário – o *post hoc ergo ante hoc*.

Para, a todo custo, construir o arquétipo impossível de encontrar, não raro a semiose hermética, como prova da sua hipótese, *usa notícias não documentadas*, testemunhos imprecisos fundados no "dizem que". Artifício que não é apontado como ilegítimo, dentro de um quadro místico no qual a voz da tradição leva sempre vantagem sobre qualquer outro documento.

Um caso de procura, patética, do arquétipo impossível é o que se vê em muitas interpretações esotéricas de Dante.

---

13. "Essa sincronicidade minimiza os procedimentos de causalidade física porque o *ante hoc ergo propter hoc [sic]*, que fundamenta todas as causalidades clássicas, é relativizado. O homem da Arte, o Mago, é aquele que acha nos seres e nos fenômenos as congruências sincrônicas... a fim de agir não sobre causas objetivas, mas sobre fatores sincrônicos subjetivos" (Durand, 1979, p. 166).

2.4.3. O Paradigma do Velame

Tão logo um texto se torna "sagrado" para uma determinada cultura, desencadeia-se em relação a ele o jogo da leitura suspeitosa e, portanto, de uma interpretação indubitavelmente excedente. Acontecera isso com o alegorismo clássico em relação aos textos homéricos, não podia deixar de acontecer no período patrístico e escolástico com as Sagradas Escrituras, e aconteceu na cultura hebraica com a interpretação talmúdica. Com um texto sagrado, porém, não se permitem muitas licenças, porque em geral existem uma autoridade e uma tradição religiosa que reivindicam as chaves da sua interpretação. Por exemplo, a cultura medieval não fez outra coisa senão encorajar o esforço de uma interpretação infinita no tempo, e todavia limitada em suas opções. Se alguma coisa caracterizava a teoria medieval dos quatro sentidos era que os sentidos das Escrituras (e para Dante, também da poesia profana) eram quatro mas (i) esses sentidos deviam ser individuados segundo regras bem precisas e (ii) esses sentidos, embora ocultos sob a superfície literal, não eram de maneira alguma secretos, e sim – para os que sabiam ler corretamente o texto – deviam ser evidentes. E caso à primeira vista não parecessem evidentes, era dever da tradição exegética (para a Bíblia) ou do poeta (para a sua obra) fornecer as chaves. Que é o que faz Dante no *Convívio* e em outros escritos, como a Epístola XIII[14].

Essa atitude para com os textos sagrados (no sentido literal do termo) transmitiu-se, no entanto, de forma secularizada, aos textos metaforicamente sacralizados por obra e graça de sua fortuna crítica (e até mesmo, suspeita-se, em virtude de algumas de suas qualidades de polissemia poética). Pelo menos foi o que aconteceu aos medievais quando leram Virgílio[15]; aconteceu na França com Rabelais[16]; está acontecendo, no limite do indocumentável, com Joyce. Não podia deixar de acontecer com Shakespeare, onde o jogo da procura do sentido secreto eleva-se ao quadrado: com efeito, admitido como lugar-comum historiográfico que os textos de Shakespeare pudessem ter sido escritos por outra pessoa, não só a historiografia literária deleitou-se na busca de quem essa pessoa poderia ser[17], como daí

---

14. Já disse (Eco, 1985) que o fato de alguns a julgarem espúria não subtrai nenhum valor à teoria que ela enuncia e à prática interpretativa por ela instaurada, ambas perfeitamente de acordo com a mentalidade medieval.

15. Cf. Domenico Compareti, *Virgilio nel Medioevo*, Firenze, Nuova Italia, 2. ed., 1955.

16. Cf., por exemplo: L. Merigot, "Rabelais et ralchimie", *Cahiers d'Hermès*, 1, 1947; Paul Naudon, *Rabelais Franc-Maçon*, Paris, Dervy, 1954.

17. Entre as obras mais recentes cito Charlton Ogburn, *The Mysterious William Shakespeare*, New York, Dodd & Mead, 1984.

surgiu um filão ulteriormente entregue à especialização dessa corrente historiográfica: escudados na insígnia da "Bacon-Shakespeare controversy", caçadores de segredos dedicaram-se a saquear, palavra por palavra, letra por letra, os textos do Bardo no intuito de ali encontrar anagramas, acrósticos ou outras secretas mensagens através das quais Francisco Bacon se evidenciasse como o verdadeiro autor dos textos shakespearianos[18].

Com as coisas nesse pé, é impossível omitir Dante.

O leitor que fez seu liceu provavelmente não estranhará a lembrança. Dante é obscuro, Dante suscitou inúmeras interpretações, e afinal, não têm todos buscado em Dante sentidos secretos?

Sim e não. Muitos o fizeram, é certo, mas de hábito tendo presente o fato de que não só era ele quem tais sentidos anunciava mas também quem deles fornecia a chave. E no entanto existiu um filão de intérpretes dantescos, que chamaremos de adeptos do velame, e que não foram aceitos pela crítica oficial porque em Dante liam mais do que todos os outros e especialmente aquilo que (segundo a crítica oficial) não existia. Boa parte dos adeptos do velame (entre os quais contamos autores ilustres como Giovanni Pascoli, intérpretes extravagantes como Gabriele Rossetti, Edmond Aroux ou Luigi Valli, e outros como René Guénon, de quem falaremos adiante) individua em Dante um jargão secreto, com base no qual toda referência a fatos amorosos e pessoas reais deve ser interpretada como invectiva cifrada contra a Igreja. E aqui caberia perguntarmos por que iria Dante preocupar-se tanto em ocultar seus furores gibelinos, quando não fazia outra coisa senão emitir invectivas explícitas contra o sólio pontifício. Os adeptos do velame lembram-nos aquela pessoa que, quando alguém lhe diz: "Pode crer, o senhor é um ladrão!", reage assim: "O que entende você por 'pode crer'? Por acaso quer insinuar que sou desconfiado?" (ver, de modo geral, os estudos em Pozzato, 1989).

---

18. A bibliografia é imensa, e até mesmo o grande matemático Georg Cantor divertiu-se publicando textos que confirmariam a hipótese. Cf. por exemplo: Ignatius Donelly, *The Great Cryptogram*, 2 vols., London, Sampson, 1888; C. Stopes, *The Bacon-Shakespeare Question Answered*, London, Trubner, 1889; W. F. C. Wigston, *Francis Bacon versus Phantom Captain Shakespeare. The Rosicrucian Mask*, London, Kegan Paul, 1891; Georg Cantor, ed., *Die Rowley'sche Sammlung von zweiunddreissig Trauergedichten auf F. B. Ein Zeugniss zu guns ten der Bacon-Shakespeare Theorie*, Halle, Niemeyer, 1897; Edwin Reed, *Francis Bacon our Shakespeare*, Boston, Goodspeed, 1902; William Stone Booth, *Some Acrostic Signatures of Francis Bacon*, Boston, Houghton Mifflin, 1909; Edwin Durning-Lawrence, *Bacon is Shakespeare*, New York, McBride, 1910; Bertram G. Theobald, *Francis Bacon Concealed and Revealed*, London, Palmer, 1930; Jacques Duchaussoy, *Bacon, Shakespeare ou Saint--Germain?*, Paris, La Colombe, 1962.

Basta folhearmos os ensaios dantescos de De Sanctis para ver que ele não perdia ocasião de lamentar as interpretações inaceitáveis de Rossetti ou de Aroux. Quanto ao primeiro, afirmava que, como bom carbonário, Rossetti era avesso a defrontar-se com símbolos e, portanto, interpretava Dante como se este falasse a língua da mesma seita que posteriormente teria dado origem ao carbonarismo. E comentava, impiedoso: "A propósito, restam dele sete ou oito volumes que ninguém leu e, para ser franco, eu muito menos"[19].

Examinemos um caso concreto em que Rossetti volta a um tema caro aos velamistas: no texto dantesco estão representados alguns símbolos e procedimentos litúrgicos típicos da tradição maçônica e rosicruzista[20]. Argumento interessante esse, que vai, porém, de encontro a uma dificuldade histórico-filológica: existem documentos que atestam o nascimento da ideia rosicruzista no início do século XVII e o nascimento das primeiras lojas de maçonaria simbólica nos inícios do século XVIII, ao passo que não existe documento algum – pelo menos aceito pelos estudiosos sérios – que certifique a anterioridade dessas ideias e/ou organizações[21]. Ao contrário, existem documentos confiáveis que atestam que várias lojas e sociedades de diversas tendências, entre os séculos XVIII e XIX, escolheram ritos e símbolos que pudessem manifestar sua descendência rosicruzista e templar[22]. Por outro lado, toda e qualquer organização que afirme sua descendência de uma tradição precedente escolhe como emblemas seus aqueles da tradição a que recorre (veja-se a escolha do feixe lictório por parte do partido fascista como sinal de sua intenção de acreditar-se herdeiro da romanidade). Essas escolhas são prova evidente dos intentos do grupo, mas não de uma filiação direta.

Rossetti parte da convicção indiscutida de que Dante era maçom, templário e Rosa-Cruz, e depois assume como sendo um símbolo maçônico rosicruzista o seguinte: uma rosa em que está inscrita a cruz, sob a qual aparece um pelicano, que, segundo a tradição legen-

---

19. "Gabriele Rossetti", em *Mazzini e la Scuola Democratica*, Torino, Einaudi, 1951. Os vários ataques a Rossetti, Aroux etc., encontram-se *passim* em *Lezioni e Saggi su Dante*, Torino, Einaudi, 1955.

20. *La Beatrice di Dante*, Argumentação nona e última. Parte I, Art. II (pp. 519-525 da ed. Roma, Atanor, 1982).

21. Sobre a polêmica rosicruzista e as origens da maçonaria, vejam-se os seguintes textos, que recomendo como confiáveis (todo texto que leve no título uma referência aos Rosa-Cruz é suspeito porque geralmente foi escrito não por historiadores mas por adeptos): Paul Arnold, *Storia dei Rosu-Croce*, Milano, Bompiani, 1989; Frances Yates, *L'Illuminismo dei Rosa-Croce*, Torino, Einaudi, 1972; Enrico De Mas, *L'Attesa del Secoh Áureo*, Firenze, Olschki, 1982; Roland Edighoffer, *Rose-Croix et société idéale selon J. V. Andreae*, 2 vols., Neuilly-sur-Seine, Arma Artis, 1982.

22. Cf. por exemplo René Le Forestier, *La Franc-Maçonnerie templière et occultiste au XVIIIe et au XIXe siècle*, 2 vols., Paris, Table d'Emeraude, 1987.

dária, alimenta os filhotes com a carne que arranca do próprio peito. É verdade que com isso correria o risco de demonstrar somente a única hipótese razoável, isto é, que a simbologia maçônica se inspirou em Dante, mas a essa altura poder-se-ia aventar a hipótese de um terceiro texto-arquétipo, o que faria Rossetti matar dois coelhos de uma só cajadada: demonstraria ao mesmo tempo que a tradição maçônica é antiquíssima e que Dante se inspirou nessa tradição antiquíssima. A tragédia de Rossetti é que ele não encontra em Dante nenhuma analogia surpreendente com a simbologia maçônica e, sem analogias para remeter a um arquétipo, não sabe nem mesmo que arquétipo buscar.

Para decidirmos que no texto de um autor aparece a frase *a rosa é azul*, é mister que encontremos em seu texto uma ocorrência completa da frase *a rosa é azul*. Se alguém individuar numa palavra da p. 1 o artigo *a*, na p. 50 a sequência *ros* no corpo do lexema *enrascar* e assim por diante, não terá demonstrado nada – porque é óbvio que, dado o número reduzidíssimo de letras alfabéticas combinadas dentro de um texto, é possível, com tal método, encontrar em qualquer texto quaisquer afirmações. Mesmo que alguém quisesse demonstrar que um texto A, manifesto, é o anagrama de um texto B, oculto, deveria demonstrar que todas as letras de A, devidamente redistribuídas, produzem B. A partir do momento em que algumas são descartadas, o jogo não vale. *Arca* é o anagrama de *cara*, mas não de *araucária*.

Rossetti surpreende-se com o fato de que em Dante apareçam menções à cruz, à rosa e ao pelicano. Mas num poema que fala dos mistérios da religião cristã é óbvio que cedo ou tarde se venha a mencionar o símbolo mesmo da Paixão. O pelicano, com base num costume antiquíssimo, tornou-se, desde os primórdios da tradição cristã, símbolo de Cristo (referência de que estão cheios os bestiários e a própria poesia religiosa medieval). Quanto à rosa (graças à sua complexa simetria, à sua carnosidade, à variedade de suas cores e ao fato de florescer na primavera), aparece ela em quase todas as tradições místicas e poéticas como símbolo, metáfora, alegoria ou símile para a beleza, o frescor, a juventude e a graça muliebre. Por todas essas razões e, como diz Rossetti, a "rosa fresca aulentissima" aparece como símbolo de beleza feminil em Ciullo d'Alcamo, e, como símbolo erótico, tanto em Apuleio quanto num texto que Dante conhecia bastante bem, o *Roman de la Rose* (o qual, por seu lado, retomava intencionalmente a simbologia paga). Portanto, quando Dante precisa encontrar prazenteiros símiles físicos para as verdades teológicas (condição essencial para não fazer poesia exclusivamente doutrinária, como muito bem percebera De Sanctis), recorre às imagens que lhe oferece a tradição. Eis por que, tendo de representar a Igreja triunfante, recorre à figura da cândida rosa (Paraíso XXXI). Em inciso, como a Igreja triunfante é esposa de Cristo exatamente em consequência da Encarnação e da Paixão, Dante não pode furtar-se a observar que essa Igreja "no seu sangue Cristo fez esposa", e a alusão ao sangue constitui o único caso, entre os textos apresentados por Rossetti, onde, por ilação, a rosa pode ser vista em referência (conceitual mas não iconográfica) à cruz. No mais, é rosa aqui e cruz acolá[23].

Mas Rossetti quer também o pelicano. Encontra-o, mas solitário, no Paraíso XXVI (única ocorrência no poema), obviamente em conexão com a cruz, porque o pelicano é o símbolo do sacrifício. Infelizmente, nada de rosa. Então Rossetti sai em busca de outros pelicanos. Um, ele encontra em Cecco d'Ascoli (outro autor sobre o qual os adeptos do velame se excederam em elucubrações divinatórias, justamente porque *L'Acerba* é texto intencionalmente obscuro). Mas que Cecco d'Ascoli fale do pelicano, e no costumeiro contexto da Paixão, não é prova de que em Dante apareçam a rosa, a cruz e o pelicano[24].

Finalmente, Rossetti encontra outro pelicano naquele *incipit* do Paraíso XXIII, onde Dante fala do pássaro que, por entre as amadas frondes, aguarda, impaciente, a alva e, de sentinela pousado sobre um ramo, fica à espreita do aparecer do Sol para sair em busca de alimento para os filhotes. Ora, essa ave, na verdade graciosíssima, busca alimento para seus filhotes justamente porque não é um pelicano, do contrário não teria que ir à caça, mas poderia facilmente fornecer à prole nacos de carne arrancados do próprio peito. Em segundo lugar, o pássaro aparece como termo de comparação para Beatriz, e teria sido um grande suicídio poético se Dante a houvesse representado na figura desajeitada de um bicudo pelicano. Em seu desesperado e patético passarinhar, poderia Rossetti encontrar no divino poema sete pássaros e onze aves – nas várias flexões dos dois termos – e inscrevê-los todos na pelicanaria: e ainda assim os encontraria sempre distantes da rosa.

Em *Beatriz* abundam exemplos do gênero. Deles citarei apenas outro mais, e justamente num canto (o segundo) considerado dos mais filosóficos e doutrinários do Paraíso. Esse canto tira o máximo proveito do artifício que De Sanctis individuara como fundamental

---

23. Para maior exatidão, *rosa* aparece na *Divina Comédia* oito vezes no singular e três no plural (com exceção de uma ocorrência *rose* no Inferno XXXII, 13, que é flexão do verbo *rodere*). A cruz aparece dezessete vezes, dez das quais no Paraíso.

24. Mas Rossetti insere no texto a citação de Cecco sem que possamos de imediato perceber que não se trata de citação dantesca, e quem lê apressadamente tem a impressão de estar diante de um exemplo extraído de Dante.

dentro de toda a terceira parte do poema: exprimir os mistérios divinos, de outro modo indizíveis, com a metáfora e a alegoria da luz – em completa concordância com a tradição teológica e mística. Por conseguinte, mesmo os mais áridos conceitos filosóficos devem ser expressos com exemplos ópticos. Note-se que Dante fora induzido a essa escolha por toda a literatura teológica e física coeva: não há muitas décadas, haviam penetrado no Ocidente os tratados árabes de óptica; Roberto Grossatesta explicara os fenômenos cosmogônicos em termos de energia luminosa; Boaventura, no âmbito teológico, dissertara sobre a diferença entre *lux*, *lumen* e *color*, o *Roman de la Rose* celebrara a magia dos espelhos e, via tratados de Alazhen, descrevera fenômenos de reflexão, refração, deformação e amplificação das imagens; Rogério Bacon reivindicara para a óptica a dignidade de ciência primária e fundamental, censurando os parisienses por não darem a ela suficiente atenção enquanto os ingleses se aprofundavam em seus princípios (ver Eco, 1987)... Nada mais natural que Dante, após ter usado, para descrever alguns fenômenos astronômicos, as similitudes do diamante percutido pelo Sol, da gema e da massa d'água em que penetra um raio luminoso, ao ter que explicar a diferença de luminosidade das estrelas fixas, recorra a uma explicação óptica e proponha o exemplo de três espelhos que, postos a distâncias diferentes, refletem os raios de uma mesma fonte luminosa.

Para Rossetti, ao contrário (*op. cit.*, p. 486), nesse canto, Dante estaria "fantasiando", caso não se levasse em consideração (para dar sentido às suas palavras) que três luzes postas em triângulo -note-se, três fontes de luz, o que não significa três espelhos que reflitam a luz de outra fonte – aparecem num ritual maçônico. Hipótese que, mesmo que se aceitasse o princípio do *post hoc ergo ante hoc*, quando muito explicaria por que Dante (conhecedor dos rituais maçônicos posteriores a ele!) teria escolhido a imagem de três fontes luminosas, mas não explicaria o resto do canto[25].

---

25. Mas Rossetti responderia que, se existe alusão secreta, não é preciso procurar esclarecer tudo. A propósito dos versos 13-14 de Paraíso VII ("Mas o respeito que se apodera – de mim inteiro, tanto por B como por IZ"), observando que eles devem ocultar um sentido secreto, porque de outra maneira seria "modo mesquinho, pueril e indigníssimo de alto poeta", acha que Jacopo Mazzoni "afirma que não devemos aqui ter como certa coisa tão mesquinha e ridícula, porque o verso acima citado é lido erradamente, devendo ler-se assim: 'De mim inteiro, seja por B, seja por I.Z.' E acrescenta que aquelas iniciais pontilhadas encerram um grande arcano, que ele não podia nem devia dizer..." Estamos diante de um segredo "pitagórico": E qual é? Se dissesse, não seria mais um segredo. "Além do mais, quanto a terem existido escolas pitagóricas na Itália de Alighieri não há como ter dúvidas, e outros houve que isso confirmaram" (*op. cit.*, p. 494).

Observa Kuhn que, para ser aceita como paradigma, uma teoria tem que parecer melhor do que as demais teorias em confronto, mas sem necessariamente explicar todos os fatos com que lida. De acordo, mas tampouco deve explicar menos do que as teorias precedentes. Se aceitarmos que aqui Dante está falando nos termos da óptica medieval, compreenderemos também por que, no versos 89-90, fala da cor que "volta através do vidro – o qual, atrás de si, o chumbo oculta". Se, ao contrário, Dante estiver falando das luzes maçônicas, então as outras luzes do canto permanecem obscuras.

2.4.4. *René Guénon: Deriva e Navio dos Doidos*

Quase todas as características do pensamento hermético são representáveis nos procedimentos argumentativos de um de seus epígonos contemporâneos: René Guénon (cf. o ensaio de Claudia Miranda em Pozzato, 1989). No seu *Le roi du monde*[26], o autor assume a existência de um centro espiritual oculto, governado por um Rei do Mundo, por quem seriam dirigidos os acontecimentos humanos. Esse centro coincide, segundo Guénon, com o reino subterrâneo de Agarta, que se encontraria na Ásia e provavelmente no Tibete, ramificando-se, porém, sob os continentes e oceanos. Os textos que servem de base a Guénon não são anteriores à segunda metade do século XIX e carecem de toda e qualquer credibilidade científica[27], mas Guénon pretende demonstrar que o centro subterrâneo e o Rei do Mundo são atestados por todas as mitologias e religiões, e que o reino de Agarta identifica-se, por todas as evidências, com aquele centro misterioso situado na Ásia para onde, segundo narra a lenda, emigraram os Templários após terem sido derrotados por Filipe, o Belo, e também os Rosa-Cruz. Trata-se, portanto, de sair em busca não de um, mas de muitos textos-arquétipos ou – à falta destes – de uma infinidade de vozes tradicionais.

---

26. Paris, Gallimard, 1958 (usaremos a edição italiana: *Il Re del Mondo*, Milano, Adelphi, 1977).

27. O primeiro é o marquês Saint-Yves d'Alveydre, que em 1901 publicou uma *Mission de L'Inde en Europe* na qual descreve o misterioso mundo subterrâneo de Agarta. A descrição desse universo é bastante fantasiosa, e em certos trechos, fabulesca – como em todos os reinos utópicos e imaginários do passado aí também se encontram animais lendários – mas serve a Saint-Yves de suporte ideológico para sua proposta de um governo mundial, denominado Sinarquia. O segundo texto é o de outro imaginoso autor, Ferdinand Ossendowski, que em 1924 publicou um *Beasts, Men and Gods*, onde a tal ponto parece retomar as ideias de Saint-Yves que foi acusado de plágio (a expressão Rei do Mundo é, porém, da lavra de Ossendowski). A primeira menção de Agarta surge no século XIX, num escritor de livros de aventuras, Louis Jacolliot, que foi também autor de livros esotéricos sobre as origens orientais das várias religiões.

Como exemplo das técnicas argumentativas empregadas para esse fim, acompanhemos o desenvolvimento do capítulo VII: "Luz ou a Morada da Imortalidade".

As tradições concernentes ao "mundo subterrâneo" encontram-se em muitíssimos povos... Poder-se-ia observar, em linha geral, que o "culto das cavernas" está sempre ligado à ideia de um "lugar interior" ou de um "lugar central", e que o símbolo da caverna e o do coração, sob esse aspecto, estão bastante próximos um do outro... Entre as tradições a que aludíamos, uma há que apresenta particular interesse: encontramo-la no judaísmo e refere-se a uma cidade misteriosa chamada *Luz*... Perto de Luz existe, dizem, uma amendoeira (chamada *luz* em hebraico) em cuja base se encontra uma cavidade através da qual podemos penetrar num subterrâneo, e esse subterrâneo conduz até à cidade que fica totalmente oculta (p. 70).

Podemos começar observando que as notícias sobre Luz baseiam-se num "dizem" e que as lendas sobre as cidades subterrâneas a que podemos chegar passando por uma caverna ou pelo oco de uma árvore não têm conta. De qualquer maneira, mesmo que Luz tivesse existido, nem mediante sua existência ter-se-ia demonstrado ali haver um centro subterrâneo do Rei do Mundo. O leitor espera por essa importante passagem argumentativa. Mas Guénon envereda por outro caminho.

A palavra *luz*, nas suas diferentes acepções, parece aliás derivar de uma raiz que designa tudo o que é escondido, coberto, embrulhado, silencioso, secreto; cabe notar que as palavras que designam o céu têm o mesmo significado. É comum aproximar-se o vocábulo *caelum* do grego *koilon*, "oco" (o que também pode ter uma relação com a caverna, tanto que Varrão indica tal proximidade nestes termos: *a cava caelum*); é mister, porém, observar que a forma mais antiga e correta parece ser *caelum*, que lembra de perto a palavra *caelare*, "esconder". Por outro lado, em sânscrito, *Varuna* deriva da raiz *var*, "cobrir" (que é também o significado da raiz *kal*, à qual se ligam o latim *celare*, outra forma de *caelare*, e seu sinônimo grego *kaluptein*); e o grego *Ouranos* é uma outra forma do mesmo nome, visto que *var* transforma-se facilmente em *ur*. Tais palavras, portanto, podem significar "aquilo que cobre", "aquilo que esconde", mas também "aquilo que é escondido", e esse último significado é dúplice: o que está oculto para os sentidos, o reino suprassensível; e, nos períodos de ocultamente ou de obscurecimento, a tradição, que para de manifestar-se exterior e abertamente, momento em que o "mundo celeste" se faz "mundo subterrâneo" (pp. 70-72).

Não citei as notas inseridas pelo autor porque, ao invés de fornecerem confirmações filológicas das etimologias propostas, inserem outras associações com a tradição védica, egípcia e maçônica. Importante é, porém, observar que – mesmo levando a sério todas as etimologias que Guénon pirotecnicamente faz cintilar aos olhos do leitor –, a uma releitura do trecho, fica evidente, embora o termo grego *koilos* queira dizer oco, ou côncavo, que uma coisa oca não é necessariamente uma coisa escondida ou cavernosa, tanto que se usa *koilos potamos* para designar um rio de margens elevadas. Mas mesmo que os antigos tivessem estabelecido uma relação entre o céu, que sela aos nossos olhos uma realidade hiperurânia, e eventualmente as cavernas, que selam as coisas ocultas sob a terra (mas o que esconde, nas cavernas, não é a sua cavidade, e sim a abóbada, convexa), isso, com efeito, não estabeleceria uma relação automática entre o céu e uma caverna onde habitaria o Rei do Mundo. Entretanto, o que se evidencia ainda mais claramente é que temos aqui duas linhas etimológicas, uma que liga o céu à concavidade, e outra que o liga ao ocultamento. Se dermos crédito a uma, não poderemos fazer o mesmo em relação à outra, porque fazer etimologia não significa estabelecer redes de associações semânticas mas estabelecer linhas causais. De qualquer forma, nenhuma das duas linhas etimológicas tem relação com Luz, a não ser pelo fato de que, como vem acrescentado um pouco mais adiante, Luz também seria chamada (por quem?) de "a cidade azul". Cada elemento do discurso poderia ser um indício, mas todos os indícios juntos não formam sistema.

Guénon, todavia, não desiste. Abandona o céu e volta para Luz, que quer dizer também "amendoeira", "avelaneira": o caroço é aquilo que a fruta esconde, e eis de novo a relação extraordinária com as cavernas (inteiramente óbvia, visto que, por definição, Luz é uma cidade subterrânea). Mas trata-se de ligar os subterrâneos de Luz com os do Rei do Mundo – este é de fato o motivo pelo qual Guénon deu início à sua argumentação. Nesse ponto, novo lance teatral: Guénon descobre (não diz onde) que luz é também

o nome dado a uma partícula corpórea indestrutível, representada simbolicamente por um osso duríssimo, partícula à qual a alma permaneceria ligada depois da morte e até a ressurreição. Como o caroço contém o germe e o osso contém o tutano, esse *luz* contém os elementos virtuais necessários à restauração do ser; restauração que se operará sob o influxo do "orvalho celeste", revivificando os ossos dessecados; a isso aludem as palavras de São Paulo: "Semeado na corrupção, ressuscitará na glória" (pp. 74-75).

E de lambuja, Guénon acrescenta, em nota, que a frase de Paulo se refere evidentemente ao princípio hermético segundo o qual "o que está em cima é igual ao que está embaixo, mas em sentido inverso".

Aqui o desenfreamento analógico leva à falsificação das citações. Como bom hermetista, Guénon deveria saber que o princípio hermético transmitido pela Tábua Esmaraldina reza *quod est inferius est sicut quod est superius, et quod est superius est sicut quod est inferius*, e atesta a exata correspondência entre micro e macrocosmos, mundo terrestre e mundo celeste, sem mencionar nenhuma relação inversa. Naturalmente, a relação será um pouco mais inversa e muito menos harmônica em São Paulo, que não crê, de modo algum, que a glória celeste seja semelhante à corrupção deste mundo.

Mas agora não há quem detenha Guénon: da glória volta para Luz e afirma que "costumam situar o luz junto à extremidade inferior da coluna vertebral" ("costumam", quem?), passando, assim, a identificar o luz com a serpente Kundalini tântrica, que residiria no cóccix, e, devidamente despertada, subiria aos plexos superiores para abrir um terceiro olho no corpo.

Dessa aproximação parece resultar que a localização do luz na parte inferior do organismo refere-se somente à condição de homem decaído; valendo o mesmo, no que tange à humanidade terrestre considerada em seu conjunto, para a localização do centro espiritual supremo no "mundo subterrâneo" (pp. 76-77).

Nesse ponto, Guénon fez indubitavelmente surgir duas oposições semânticas que poderiam sistematizar todos os elementos que manobra: alto *versus* baixo, e manifesto *versus* oculto. Mas as duas oposições são de tal maneira gerais que exaurem todo o mobiliamento mundano e celeste. Porque embaixo estão garrafas de safra, háluces, porteiros, cisternas, quadrúpedes e tapetes – e, entre as coisas não manifestas, incluem-se tubérculos, minas de tungstênio, diferenciais de automóvel, números de Bancomat, baços, micróbios e o mais alto dos números ímpares. Em suma, Guénon sugere um sistema, mas o sistema não permite que se exclua nada, e qualquer jogo que dentro dele se faça pode desenvolver-se cancerigenamente *ad infinitum*, através de um entrelaçamento de associações, baseadas, algumas, sobre a similitude fonética, outras sobre a suposta etimologia, outras sobre a analogia de significado, num jogo de leva-e-traz entre sinonímias, homonímias e polissemias, num deslizamento contínuo do sentido onde cada nova associação deixa cair aquilo que a provocou para apontar na direção de novos desembarcadouros, e o pensamento continuamente destrói as pontes que deixa para trás. Nesse *deslizamento do sentido*, o que importa não é, com certeza, a demonstração, mas a convicção de que o que já era sabido só pode ser confirmado por uma espécie de cacofonia ensurdecedora do pensamento, onde todo som dá música, e a harmonia resulta da vontade do adepto, que quer, ao som dessa música, a todo custo dançar.

Nessa *disco-music* hermética só uma coisa está clara: a possível existência e a possível localização do Rei do Mundo permanecem como um segredo que o autor tudo faz para não revelar. Trata-se, na verdade, de um segredo vazio: mesmo Guénon sabe que o Rei do Mundo é uma metáfora para a tradição sapiencial de que é adepto, e que essa tradição é a suma sincretística de todos os discursos que ele esbanja.

3. O Trabalho da Interpretação

3.1. CRITÉRIOS DE ECONOMIA[1]

3.1.1. A Economia Isotópica

A semiose hermética, desde seus primórdios, manifestou-se em dois níveis: interpretação do mundo como livro e interpretação dos livros como mundos. O modelo da semiose hermética preside a muitas teorias da interpretação, embora com modalidades e intensidades diversas. Note-se que o critério interpretativo de que estou falando nada ou pouco tem a ver com o que triunfa com o alegorismo clássico, cristão e judaico, e culmina na teoria medieval dos quatro sentidos das Escrituras. A civilização medieval reconhecia um critério de multiinterpretabilidade do texto, mas punha em ação toda a sua energia enciclopédica para fixar de modo intersubjetivo os limites de tal interpretação: o texto podia ser interpretado de diversos modos, mas segundo regras bem definidas, não *ad infinitum* (cf. Eco, 1984, 4; 1985; 1987, 12).

É bem possível (cf. o ensaio de Sandra Cavicchioli sobre as interpretações dantescas de Pascoli, em Pozzato, 1989) que algumas práticas interpretativas mais ou menos esotéricas lembrem (quando

---

[1]. Este ensaio reelabora vários escritos, entre os quais a introdução a Pozzato, 1989, parte das Tanner Lectures feitas na Universidade de Cambridge em março de 1990 e parte da intervenção no Bloomsday, Veneza, 1989.

mais não seja, por explícitas ascendências comuns) as de certa crítica desconstrucionista. Mas nos representantes mais prudentes dessa corrente o jogo hermenêutico não escapa de um sistema de regras. Eis como um dos líderes dos Yale Deconstructionists, Geoffrey Hartman (1985, pp. 145 e ss.), examina alguns versos dos *Lucy's Poems*, de Wordsworth, que falam explicitamente na morte de uma jovem:

> I had no human *fears*:
> She seemed a thing that could not feel
> The touch of earthly *years*.
> No motion has she now, no force;
> She neither hears nor sees,
> Rolled round in earth's *diurnal course*
> With rocks and stones and *trees*.

Neles ele vê uma série de motivos funerários sob a superfície textual. *Diurnal* pode ser dividido em *die* e *urn*, enquanto *course* sugere *corpse*. Do fato de que a personagem é arrastada pelo movimento da terra, nasce uma imagem de *gravitation* que alude à palavra *grave*, tumba. Poder-se-ia ademais individuar um termo que não aparece no texto (como se *gravitation* aparecesse), isto é, *tears*, lágrimas. Evocado porque rimaria com *fears*, *years* e *hears* – e seria um anagrama de *trees*.

Ressalta-se que enquanto *die*, *urn*, *corpse* e *tears* podem ser sugeridos por outros termos que efetivamente aparecem no texto (isto é, *diurnal*, *course*, *fears*, *years* e *hears*), a tumba (*grave*) é sugerida por um *gravitation* que não existe no texto mas é produzido por uma decisão parafrástica do leitor. Além do mais, *tears* não é um anagrama de *trees*, tanto quanto *pot* não é um anagrama de *port*. Assistimos aqui a uma contínua oscilação entre similaridades fônicas entre termos *in praesentia* e similaridades fônicas entre termos *in absentia*.

E no entanto a leitura de Hartman convence, ou de qualquer modo não sugere a imagem de esbanjamento interpretativo que nos aborrecera e deprimira em Rossetti ou Guénon. Certamente, Hartman não está insinuando que Wordsworth quisesse produzir aquelas associações – nem caberia em sua poética crítica esse sair em busca das intenções do autor. Quer simplesmente dizer que um leitor sensível está autorizado a encontrá-las porque o texto, ainda que potencialmente, as contém e suscita, e porque o poeta pode ter (quiçá inconscientemente) criado "harmônicos" para o tema principal. Se nada prova que o texto sugira tumba e lágrimas, nada, porém, o exclui. A tumba e as lágrimas evocadas pertencem ao mesmo campo semântico dos lexemas *in praesentia*. A leitura de Hartman não está em contradição com outros aspectos explícitos do texto. Podemos julgá-la "excedente", mas sempre nos será possível decidir sobre sua legitimidade. Os indícios serão lábeis, mas podem formar sistema. Não há dúvida de que o sistema nasce de uma hipótese interpretativa. Portanto, teoricamente, sempre podemos hipotizar um sistema que torne plausíveis indícios de outra maneira desconexos. Mas no caso dos textos, existe uma prova, conjectural embora, que consiste em individuar a *isotopia semântica pertinente*. Sabemos que o lexema italiano *granata* corresponde a muitos significados, seis pelo menos, entre os quais "vassoura de painço", "primitiva bomba de mão" e "projétil de artilharia com ogiva". Vejam-se agora as três frases que se seguem:

(i) *Ho appoggiato la granata al frigorifero.*
(ii) *La granata è esplosa regularmente.*
(iii) *Ho messo la granata sulla branda.*

O falante normal afirmaria que, no primeiro caso, trata-se de uma vassoura, no segundo caso, de um projétil, ao passo que no terceiro, a decisão é impossível, pois pode tratar-se ou de um faxineiro preguiçoso de plantão ou de um artilheiro imprudente.

As duas primeiras interpretações são óbvias porque, no primeiro caso, fica evidenciado o traço semântico de domesticidade comum à vassoura e à geladeira e, no segundo caso, o traço de belicidade comum à bomba e à explosão (melhor: no segundo caso, a possibilidade de explodir faria parte da descrição semântica da bomba). No terceiro caso é o lexema *branda* que introduz uma ambiguidade, visto que sugere "caserna"*, lugar, por conseguinte, tanto de limpeza matutina quanto de guarda de artefatos bélicos.

Naturalmente é possível que algum artilheiro imprudente tenha encostado um projétil na geladeira ou que um terrorista tenha enchido com substância explosiva um cabo de vassoura. Mas, via de regra, a interpretação cabível é viabilizada por um recurso – sempre conjectural – ao *topic* discursivo. Se hipotizamos que o assunto do discurso é o que se passa numa cozinha, então (i) será interpretada do modo que parece mais óbvio, enquanto para (iii) escolher-se-á a interpretação mais cabível, decidindo se o *topic* discursivo é "modalidade de limpeza num dormitório de caserna" ou "irregularidade de comportamento dos artilheiros num quartel". Naturalmente, decidir a respeito *do que se está falando* é uma aposta interpretativa. Mas os contextos permitem tornar essa aposta menos aleatória do que um

* Os três exemplos ganham aqui esta tradução de apoio: "(i) Encostei a granada/vassoura na geladeira; (ii) A granada/vassoura explodiu conforme o previsto; (iii) Coloquei a granada/vassoura sobre a cama do alojamento". (N. da T.)

lance de fichas em cima do vermelho ou do negro (ver Eco, 1979). A interpretação funerária de Hartman tem a vantagem de arriscar em cima de uma isotopia constante.

A aposta na isotopia é, sem dúvida, um bom critério interpretative, mas com a condição de as isotopias não serem demasiadamente genéricas. Princípio que vale também para as metáforas. Temos uma metáfora quando substituímos um metaforizado por um metaforizante com base em um ou mais traços semânticos comuns a dois termos linguísticos: mas se *Aquiles é um leão* porque ambos são corajosos e ferozes, seríamos, no entanto, levados a recusar a metáfora *Aquiles é um ganso*, caso a quiséssemos justificar com base no princípio de que ambos têm em comum o traço de serem animais bípedes. Aquiles e o leão são corajosos como poucos, ao passo que Aquiles e o ganso são animais bípedes como os há em excesso. Uma semelhança ou uma analogia, qualquer que seja o estatuto epistemológico que tenham, só serão relevantes se excepcionais. Encontrar uma analogia entre Aquiles e um relógio com base no fato de que ambos são objetos físicos não é interessante.

3.1.2. Economizar em cima de Joyce

Ao que parece, o leitor joyciano ideal, presa de uma insônia ideal, é um modelo supremo de leitor desconstrucionista para quem o texto é um incubo sem fim. Para semelhante leitor não existem interpretações críticas do *Finnegans Wake*, e sim, mais que tudo, uma série infinita de recriações originais.

Ora, não devemos excluir uma leitura puramente "onírica" de *Finnegans Wake*. Deus que nos livre disso! Seu autor por certo também tinha em mente essa solução interpretativa. E por outro lado, diante de um texto com leituras tão intensas a uma decisão, os limites entre interpretação e uso tornam-se muito tênues. Creio, como leitor, ter o direito de folhear o *Finnegans Wake* frequentemente sem obedecer à ordem das páginas, cedendo aos caprichos da imaginação e à minha reatividade musical, saboreando sons onde decido não identificar palavras, perseguindo associações muito pessoais. Creio seja lícito ler *Finnegans Wake* até mesmo do modo pelo qual destinatários menos sofisticados acompanham uma noitada na tevê, movendo compulsivamente o dedo sobre o controle remoto e construindo para si uma narrativa própria, não mais irracional do que um *cadavre exquis* surrealista.

Mas *Finnegans Wake*, apesar de tudo, continua sendo um texto, e como tal deve suportar também uma leitura crítica. Quero dizer que o crítico deve poder dizer: "Até isso você fez com *Finnegans Wake*, e no entanto ninguém o censura. Digo mais: é possível que você tenha sido mais fiel que os outros aos desejos do autor. Mas note que o autor, que tanto se esforçou em arquitetar esta imensa máquina para produzir interpretações, também procurou indicar a você percursos de leitura. Não se limitou a recopiar a lista telefônica, com base na qual, graças à abundância de personagens, cada um pode construir para si a Comédia Humana que deseja, mas dispôs com meditada acuidade cada *pun*, cada cruzamento de alusões, e seu texto requer também este ato de respeito. O texto requer que você, depois de havê-lo usado a seu bel-prazer, obrigue-se a dizer quando o *usou* e quando o *interpretou*".

Em outros termos, há leituras que *Finnegans Wake* não permite. Isso não impede que as tentemos. É, porém, preciso saber que se está *usando* a obra de Joyce da mesma forma que os leitores medievais usavam a obra de Virgílio ou os contemporâneos a obra de Nostradamus: seguindo a técnica da "borra de café" ou – para tentar definições mais nobres – a técnica da adivinhação arcaica que interrogava o voo dos pássaros ou as vísceras dos animais.

Finnegans Wake é uma imagem satisfatória do universo da semiose ilimitada exatamente por ser um texto que de per si se impõe como texto.

Um texto "aberto" continua, ainda assim, sendo um texto, e um texto pode suscitar uma infinidade de leituras sem, contudo, permitir uma leitura qualquer. É impossível dizer qual a melhor interpretação de um texto, mas é possível dizer quais as interpretações erradas. No processo de semiose ilimitada é possível passarmos de um nó qualquer a qualquer outro nó, mas as passagens são controladas por regras de conexão que a nossa história cultural de algum modo legitimou.

Todo curto-circuito esconde uma rede cultural na qual cada associação, cada metonímia, cada liame inferencial pode ser potencialmente exibido e posto à prova. Ao deixar aos falantes a liberdade de estabelecerem um imenso número de ligações, o processo de semiose ilimitada permite-lhes que criem textos. Mas um texto é um organismo, um sistema de relações internas que atualiza certas ligações possíveis e narcotiza outras. Antes que um texto seja produzido, seria possível inventar qualquer espécie de texto. Depois que um texto foi produzido, é possível fazê-lo dizer muitas coisas – em certos casos, um número potencialmente infinito de coisas – mas é impossível – ou pelo menos criticamente ilegítimo – fazê-lo dizer o que não diz. Frequentemente os textos dizem mais do que o que seus autores pretendiam dizer, mas menos do que muitos leitores incontinentes gostariam que eles dissessem.

No glorioso *A Wake Newslitter* (outubro de 1964, p. 13), Philip L. Graham sugere que o último evento histórico registrado em

Finnegans Wake seria o *Anschluss* austro-germânico. Ruth von Phul, ao contrário, demonstra que a última alusão histórica diz respeito ao Pacto de Mônaco, de 3 de setembro de 1938. Enquanto a referência ao *Anschluss* fica provada pela presença dessa palavra, a referência ao Pacto é matéria de engenhosas conjecturas. De qualquer maneira, nada há de repugnante em assumir que um autor capaz de citar o *Anschluss* também se dispusesse a citar o Pacto de Mônaco.

No número de outubro de 1965, Nathan Halper demonstra que a conjectura sobre o Pacto de Mônaco pode ser questionada com base numa precisa análise semântica dos termos usados por Joyce, mas não toma uma posição definitiva pró ou contra. Sugere, todavia, que Joyce poderia ter usado a palavra *Anschluss* no seu sentido habitual e não político, e observa que a leitura política não é confirmada pelo contexto subsequente. E se a conjectura forte sobre o *Anschluss* fraquejar, a conjectura fraca sobre o Pacto de Mônaco será seriamente posta em dúvida. Para mostrar como poderíamos com facilidade encontrar absolutamente de tudo em Joyce, Halper dá o exemplo de Béria:

> Beria, 9 de dezembro de 1938 (baseado em *berial*, 415.31). *The Tale of the Ondt and the Gracehoper*[2] vem precedido da expressão *So vi et!* Esta tem relação com a "communal ant-society". Uma página depois há uma alusão a um *berial*, que é uma variante de *burial* (sepultura). Parece não haver nenhuma razão pela qual Joyce devesse usá-la (em lugar de *burial*, a menos que esteja fazendo uma ulterior referência àquela sociedade. Desta vez, por meio de uma referência ao funcionário soviético Lavrenti Béria. Este não era conhecido no mundo ocidental antes, de 9 de dezembro, quando foi nomeado Ministro do Interior. Antes disso, era apenas um funcionário de segundo escalão, e Joyce não teria podido saber seu nome. Ou, se soubesse, não teria tido motivo para usá-lo. Naquela data, o manuscrito estava na impressora. Mas ao invés de representar fraqueza, esse poderia ser um ponto forte para o argumento. Sabemos que Joyce sempre fazia acréscimos nas provas. Podemos presumir que alguns dos pensamentos de última hora lhe tenham sido sugeridos por acontecimentos recentes. Não é improvável que o último evento histórico de que tenha tido notícia lhe tivesse sugerido um acréscimo nas provas. Tudo o que resta fazer é controlar quando o termo *berial* comparece pela primeira vez. Não está presente (ainda que *So vi et* o esteja) em *Transition 12*, março de 1928. Mas – ai de mim! – está presente em *Tales Told of Shem and Shaun*, agosto de 1929. Meu argumento é, se possível, mais falho do que os argumentos da senhora von Phul – ou mesmo do senhor Graham. *Berial* não é uma referência a Béria. Pergunta: alguém sabe me dizer por que Joyce utilizou essa particular grafia?... Aqueles para quem *FW* é obra profética diriam que, mesmo se *berial* tivesse comparecido dez anos antes, poderia igualmente estar-se referindo a Béria. Tudo isso, porém, me parece absurdo. Se nos dedicarmos a tais profecias, será impossível encontrar um "último evento histórico".

---

2. Alusão à cigarra e à formiga. Mas Gracehoper, além de gafanhoto, é também "aquele que espera na graça".

No número de dezembro de 1965, von Phul ataca novamente, mas desta feita para apoiar a prudência de Halper:

A propósito da grafia *berial* (415.31). *The Fable of the Ondt and the Gracehoper* refere-se em parte a sociedades regulamentadas e autoritárias e, como nota o senhor Halper, vem precedida por *So vi et!* Isso não é apenas uma referência ao marxismo russo; é também o Amém usado por membros de grupos religiosos fundamentalistas. No contexto imediato de *berial* há uma outra referência política: o Ondt (que significa "mal" em danês-norueguês) diz que ele "[will] not come to a party at that lopp's" – um *lop* é uma pulga – "for he is not on our social list. Nor to Ba's berial nether..." As várias alusões políticas são alegorias com significados religiosos; o sentido principal da fábula diz respeito não só à frequente e aterrorizada recusa que o Gracehoper contrapõe à escatologia de uma religião autoritária e seus rituais salvíficos, mas também ao contraste entre fórmulas e ritos (isto é, obras) e a graça (isto é, a fé) – é a esta última que se entrega, confiante, o Gracehoper.

O Ba a sepultar é a alma dos mortos; na mitologia egípcia é uma figura humana com cabeça de pássaro. Em 415.35-36, após ter orado à maneira do *Livro dos Mortos* (antecipando, assim, a inequívoca alusão egípcia no fim da fábula: 418.5 é ss.), o Ondt diz: "As broad as Beppy's realm shall flourish my reign shall flourish!" Beppy é o diminutivo italiano de Giuseppe. Aqui o Ondt se apresenta como rival de José, visto que *berial* é uma alusão tirada daquele José que foi sepultado (*buried*), em sentido figurado, duas vezes, na cisterna e na prisão, mas ressurgiu para governar o Egito. No Egito, gerou Efraim (Gên. 46.20), o qual gerou Beria (Douay, Beria), que significa "no mal", nome escolhido porque "it went evil with his house" ("tendo nascido em tempo de aflição para sua casa"; 1 Crôn. 7.23). Também Aser, irmão de José, teve um filho Beria (Gên. 46.17). Os dois "no mal" põem em relação o "berial nether" tanto com o Ondt (mal) quanto com as práticas funerárias de "Amongded" (418.6), Egito. Referência, talvez, a Amon, mas também a Amém, de que Amon é uma variante. Numa geração seguinte da família de José, um certo Sufa teve um filho, Béri (I Cron. 7.36), nome esse que significa "homem do poço", aparente alusão a José e a cisterna, um poço seco. (Essa característica confusão de identidades e gerações é o tema do ensaio de Thomas Mann sobre o Poço do Passado, capítulo introdutório à tetralogia de José. Em 1933, Mann iniciou o trabalho mostrando-nos uma imagem da imemorável identificação e composição dos filhos com os pais que é o tema essencial de *Wake*.)

Béria, portanto, está liquidado – e pela segunda vez na história. O contexto privilegia a alusão bíblica.

Por que citei essa disputa que cheira a últimos dias de Império do Oriente? Porque, em sua bizantina paranoia exegética, está ela, no final das contas, carregada de bom senso hermenêutico. Os participantes deram prova suficiente de alta acrobacia interpretativa (sobre a qual é difícil ironizar, porque *Finnegans Wake* exige leitores dessa tempera), mas ambos – ao fim e ao cabo – foram bastante prudentes em reconhecer que suas tentações mais visionárias não eram sustentadas pelo contexto. E retiraram-se eruditamente em boa ordem. No fundo, venceram a partida porque deixaram que vencesse *Finnegans Wake*.

Para desenvolver uma insônia ideal, o ideal leitor de Joyce precisa permanecer sempre (e semioticamente) em estado de vigília.

3.1.3. Intentio Operis versus Intentio Auctoris

Quando um texto é posto dentro de garrafa – e isso não acontece apenas com a poesia ou com a narrativa, mas também com a *Crítica da Razão Pura* – isto é, quando um texto é produzido não para um único destinatário mas para uma comunidade de leitores, o autor sabe que esse texto será interpretado não segundo suas intenções mas segundo uma complexa estratégia de interações que coenvolve também os leitores, juntamente com a competência destes em relação à língua como patrimônio social. Por patrimônio social não entendo apenas uma dada língua como conjunto de regras gramaticais, mas também toda a enciclopédia que se constituiu mediante o exercício daquela língua, isto é, as convenções culturais que aquela língua produziu e a história das precedentes interpretações de muitos textos, entre os quais se inclui o texto que o leitor está lendo naquele momento.

O ato da leitura deve, evidentemente, levar em conta todos esses elementos, embora seja improvável que um único leitor possa dominá-los todos. Destarte, todo ato de leitura é uma transação difícil entre a competência do leitor (o conhecimento do mundo compartilhado pelo leitor) e o tipo de competência que um dado texto postula para ser lido de maneira econômica.

Hartman (1980, p. 28) desenvolveu uma sutil análise do poema de Wordsworth *I Wander Lonely as a Cloud*. Lembro-me de que em 1985, durante debate realizado na Northwestern University, eu disse a Hartman que ele era um desconstrucionista "moderado" porque se abstinha de ler o verso *A poet could not but be gay* como o faria um leitor contemporâneo, caso esse verso se encontrasse nas páginas de *Playboy*. Em outras palavras, um leitor sensível e responsável não é obrigado a especular sobre o que acontecia na cabeça de Wordsworth quando escreveu esse verso, mas tem o dever de ter presente o estado do sistema lexical nos tempos de Wordsworth[3].

Certamente, posso *usar* o texto de Wordsworth para uma paródia, para mostrar como um texto pode ser lido em referência a diversos quadros culturais, ou para fins estritamente pessoais (posso ler um texto com o intuito de inspirar-me nele para alguma elucubração fantasiosa), mas se quiser *interpretar* o texto de Wordsworth, terei que respeitar sua perspectiva cultural e linguística.

O que acontece se encontro o texto de Wordsworth dentro de uma garrafa e fico sem saber quando foi escrito e por quem? Vou verificar, depois de ter encontrado a palavra *gay*, se o curso subsequente do texto autoriza uma interpretação sexual que me encoraje a crer

---

3. Na época de Wordsworth, *gay* podia ter uma conotação de licenciosidade e libertinagem, mas certamente ninguém pensaria num libertino como homossexual.

que *gay* também veicula conotações de homossexualidade. Se assim for, e o for de modo claro e convincente, posso formular a hipótese de que aquele texto provavelmente tenha sido escrito não por um poeta romântico mas por um escritor contemporâneo – que talvez estivesse imitando o estilo de um poeta romântico.

No decorrer dessas complexas interações entre o meu conhecimento e o conhecimento que atribuo ao autor desconhecido, não estou especulando sobre as intenções do autor mas sobre a intenção do texto, ou sobre a intenção daquele Autor-Modelo que estou em condições de reconhecer em termos de estratégia textual.

Quando Lorenzo Valla demonstrou que o *Constitutum Constantini* era um apócrifo, foi provavelmente encorajado por seu preconceito pessoal, que o levava a pensar que o Imperador Constantino jamais tivesse querido dar poder temporal ao papa, mas ao escrever sua análise filológica, não se ocupou com a interpretação das intenções de Constantino. Ele simplesmente mostrou que o emprego de certas expressões linguísticas não era plausível no início do século IV. O Autor-Modelo da suposta doação não podia ter sido um escritor romano daquele período.

Ferraresi (1987) sugeriu que entre o autor empírico e o Autor-Modelo (que não passa de explícita estratégia textual) existe uma terceira figura, um tanto espectral, que ele batizou de Autor-Limiar, ou autor "na soleira", a soleira entre a intenção de um dado ser humano e a intenção linguística exibida por uma estratégia textual.

Voltando à análise dos *Lucy's Poems* de Wordsworth desenvolvida por Hartman (cf. a seção 3.1.1., "A Economia Isotópica"): a intenção do texto de Wordsworth era certamente (difícil seria duvidar) sugerir, mediante o uso da rima, uma forte relação entre *fears* e *years*, *force* e *course*. Mas até que ponto estamos certos de que Wordsworth pessoalmente quisesse evocar a associação, introduzida pelo leitor Hartman, entre *trees* e *tears*, e entre um ausente *gravitation* e um ausente *grave*? A menos que se sinta no dever de organizar uma sessão espírita para interpelar o poeta, pode o leitor contentar-se em fazer a seguinte conjectura: se um ser humano normal, que fala inglês, é seduzido pelas relações semânticas entre palavras *in praesentia* e palavras *in absentia*, por que não suspeitarmos que até o próprio Wordsworth tivesse sido seduzido por esses possíveis efeitos de eco? Desse modo, o leitor não atribui uma intenção explícita a William Wordsworth (1770-1850): apenas suspeita que, naquela situação-limiar em que Mr. Wordsworth já não era uma pessoa empírica e ainda não era puro texto, tenha ele obrigado as palavras (ou as palavras o tenham obrigado a ele) a predispor uma possível série de associações.

Até que ponto pode o leitor dar crédito a esse Autor-Limiar? À primeira vista, ou quase, damo-nos conta de que a primeira estrofe de *A Silvia*, de Leopardi, começa com *Silvia* e termina com *salivi*. Ora, *salivi* é um anagrama perfeito de *Silvia*. Esse é um caso em que não estou obrigado a procurar nem as intenções do autor empírico e nem as reações incônscias do limiar. O texto está aí, o anagrama está aí, e ainda por cima legiões de críticos têm insistido na presença avassaladora da vogal *i* nessa estrofe.

Podemos, obviamente, ir além: podemos começar a buscar outros anagramas de *Silvia* no resto do poema. Não há dúvida de que se pode encontrar uma grande quantidade de pseudoanagramas. Digo "pseudo" porque em italiano o único anagrama cabível de *Silvia* é exatamente *salivi*. Pode ser, no entanto, que existam anagramas imperfeitos ocultos (como a relação entre *trees* e *tears*). Por exemplo:

E tu SoLeVI
mIraVA IL ciel Sereno
Le Vie dor A te
queL ch'Io SentI VA in seno
che penSIeri soAVI
LA VIta umana
doLer dl mIA SVentura
moStrAVI dl Lontano

E muito provável que o Autor-Limiar estivesse obcecado pelo doce som do nome amado. É, portanto, razoável que o leitor tenha o direito de fruir de todos aqueles efeitos de eco que o texto *enquanto texto* lhe fornece. Mas nesse ponto o ato da leitura torna-se uma zona palustre onde interpretação e uso emaranham-se inextricavelmente. O critério de economia torna-se bastante débil.

Como penso que um poeta possa estar obcecado por um nome, para além de suas intenções, fui reler o meu Petrarca, e não é preciso dizer que encontrei em suas poesias muitos pseudoanagramas de *Laura*. Mas como sou também um semiótico muito cético, fiz coisa bem mais reprovável. Saí buscando *Silvia* em Petrarca e *Laura* em Leopardi. E obtive resultados interessantes – embora, admito-o, quantitativamente menos convincentes.

Acredito que *Silvia*, como poesia, esteja jogando com aquelas seis letras de modo irrefutavelmente evidente, mas também sei que o alfabeto italiano tem apenas 21 letras e que são muitas as probabilidades de se encontrarem pseudoanagramas de *Silvia* até mesmo no texto da Constituição italiana. E econômico suspeitar que Leopardi estivesse obcecado pelo som do nome de Sílvia, ao passo que é menos econômico fazer o que fez, anos atrás, um aluno meu, que examinou todas as poesias de Leopardi à cata de improváveis acrósticos da palavra *malinconia*. Encontrá-los não é impossível, desde que se decida que não é preciso que as letras que formam o acróstico sejam as primeiras de cada verso (ou parágrafo, como irrefutavelmente acontece na *Hypnerotomachia Poliphili*) e que possamos encontrá-las saltando a esmo através do texto. Mas essa "leitura de gafanhoto" não explica por que Leopardi iria adotar os critérios de um autor helenístico, ou da Alta Idade Média ou do barroco tardio, quando toda a sua poesia diz em cada verso, literal e admiravelmente, o quanto ele era melancólico. A meu ver, não é econômico pensar que nosso poeta perdesse tempo (precioso, dado o seu estado de saúde) em espalhar em suas poesias mensagens secretas, quando estava tão empenhado poeticamente em tornar claro o seu estado d'alma através de meios linguísticos e estilísticos bem outros.

Não que não seja profícuo buscar mensagens ocultas numa obra poética: estou dizendo que, se aproveita fazê-lo com o *De Laudibus Sanctae Crucis*, de Rabano Mauro, não tem qualquer sentido repetir a façanha com Leopardi. Por quê? Porque a Enciclopédia Romântica, que eu saiba, não considera o acróstico como artifício poético.

3.1.4. *O Autor e seus Intérpretes. Um Teste* in Corpore Vili

Casos há, todavia, em que o autor ainda está vivo, os críticos deram suas interpretações do texto, e pode ser interessante indagar do autor quanto e até que ponto ele, como pessoa empírica, estava ciente das múltiplas interpretações que seu texto permitia. Nesse ponto, a resposta do autor não deve ser usada para convalidar as interpretações de seu texto, mas para mostrar as discrepâncias entre a intenção do autor e a intenção do texto. O escopo do experimento não é crítico, mas prioritariamente teórico.

Excluído o caso do autor perverso, que se entala num teimoso "nunca pensei dizer isso e, portanto, sua leitura é ilícita", restam duas possibilidades. Uma, que o autor conceda: "Não era isso o que eu queria dizer, mas devo convir que o texto o diz, e agradeço ao leitor por informar-me a respeito". A outra, que o autor argumente: "Independentemente do fato de eu não querer dizer isso, penso que um leitor sensato não deveria aceitar semelhante interpretação, tão pouco econômica, e não me parece que o texto a sustente".

Usarei a mim mesmo como autor de dois romances (e, portanto, como cobaia) para analisar casos em que se verificou uma dessas duas possibilidades.

Um caso típico em que cumpre ao autor entregar os pontos diante do leitor é aquele de que falei em meu *Pós-escrito a "O Nome da Rosa"*. Ao ler as apreciações feitas ao romance, alegrava-me quando um crítico citava uma tirada de Guilherme no final do processo, e que me deixara muito satisfeito: "O que mais vos atemoriza na pureza?", pergunta Adso. E Guilherme responde: "A pressa". Mas depois um leitor me fez notar que na página seguinte Bernardo Gui, ameaçando o despenseiro com a tortura, diz: "A justiça não é movida pela pressa, como acreditavam os falsos apóstolos, e a de Deus tem séculos à sua disposição". E o leitor me perguntava que relação quisera eu estabelecer entre a pressa temida por Guilherme e a ausência de pressa celebrada por Bernardo. Não fui capaz de responder. De fato, a troca de frases entre Adso e Guilherme não constava do manuscrito. Aquele breve diálogo eu o acrescentara nas provas, porque me parecia útil, sob um ponto de vista rítmico, inserir uma última escansão antes de devolver a palavra a Bernardo. E esquecera-me totalmente de que, pouco depois, Bernardo fala em pressa.

Bernardo usa uma expressão estereotipada tal como seria de esperar por parte de um juiz, uma frase feita do tipo "a lei é igual para todos". Pobre de mim!, contraposta à pressa nomeada por Guilherme, a pressa nomeada por Bernardo cria legitimamente um efeito de sentido; e o leitor tem razão em perguntar se os dois homens estão dizendo a mesma coisa, ou se o ódio pela pressa expresso por Guilherme não é imperceptivelmente distinto do ódio pela pressa expresso por Bernardo. O texto aí está, e produz os seus próprios resultados de leitura. Tivesse eu querido ou não, estamos agora diante de uma pergunta, de uma provocação ambígua; e eu próprio me sinto embaraçado ao interpretar essa oposição, embora ciente de que ali se aninha um sentido (talvez muitos).

Vejamos agora um caso oposto. Helena Kostukovich, antes de traduzir para o russo *O Nome da Rosa*, escreveu sobre ele um longo ensaio[4] em que, entre várias observações que suscitaram meu prazeroso consenso, refere-se à existência de um livro de Emile Henriot (*La Rose de Bratislava*, 1946) em que se encontram tanto a caça a um misterioso manuscrito quanto o incêndio final de uma biblioteca. A história ambienta-se em Praga. E, no início de meu romance, eu cito Praga. Além disso, um dos meus bibliotecários se chama Berengário e um dos bibliotecários de Henriot chamava-se Berngard Marre.

Como autor empírico, eu ignorava a existência do romance de Henriot, mas isso não me perturbou. Tenho lido interpretações em que os meus críticos descobrem fontes das quais eu estava plenamente consciente, e ficava muito contente com o fato de que encontrassem tão astutamente aquilo que, tão astutamente, havia eu escondido a fim de induzi-los a encontrar. Mas também tenho lido a respeito de

---

4. "Umberto Eco. Imja Rosy", *Sovremennaja hudozesívennaja literatura za rubezom*, 5, 1982, pp. 101 e ss. (parcialmente também em *Saggi su Il Nome della Rosa*, a cura di R. Giovannoli, Milano, Bompiani, 1985).

fontes que me eram totalmente desconhecidas, e sentia-me prazerosamente culpado pelo fato de que alguém julgasse que eu as havia citado com malícia erudita[5]. Tenho lido análises críticas em que o intérprete descobre influências de que eu não estava consciente no momento em que escrevia, mas que seguramente haviam trabalhado dentro de minha memória, porque sei que li esses textos em minha adolescência[6].

Como leitor "frio" de *O Nome da Rosa*, todavia, penso que o argumento de Helena Kostukovich é fraco. A procura de um misterioso manuscrito e o incêndio de uma biblioteca são *topol* literários muito comuns e eu poderia citar muitos outros livros que os usam. Praga aparecia no início da história, mas, se ao invés de Praga, eu tivesse citado Budapeste, daria no mesmo. Enfim, Berengário e Berngard podem ser uma coincidência. Todavia, o Leitor-Modelo poderia convir que quatro coincidências (manuscrito, incêndio, Praga e Berengário) são interessantes e, como autor empírico, não me caberia nenhum direito de reagir. Poderia fazer como quem aceita de cara alegre uma brincadeira maldosa e reconhecer formalmente que o meu texto tinha a intenção de prestar homenagem a Emile Henriot. Meu romance é tão rico de citações intertextuais que uma a mais ou a menos não faria nenhuma diferença.

Porém Helena Kostukovich escreveu algo mais para provar a analogia entre mim e Henriot. Disse que no romance de Henriot o cobiçado manuscrito era a cópia original das *Memórias* de Casanova. Acontece que no meu romance existe uma personagem secundária chamada Hugo de Novocastro (que traduzia, na época, o nome inglês de Hugh of Newcastle). A conclusão de Kostukovich é que "só passando de um nome para outro é possível conceber o nome da rosa".

Como autor empírico, poderia dizer que Hugo de Novocastro (ou Newcastle) não é invenção minha, mas uma figura histórica, mencionada nas fontes medievais que utilizei; o episódio do encontro entre a delegação franciscana e os representantes papais cita literalmente uma crônica medieval do século XIV[7]. Mas não compete ao leitor sabê-lo. Ao leitor, todavia, compete perceber, penso eu, que, antes de tudo, Newcastle não é uma tradução de Casanova, e que um

---

5. Recentemente soube que um bibliotecário cego era mencionado por Cassiodoro de Sevilha e estou certo de que, diga eu o que disser, essa douta alusão será incluída entre meus créditos, aliás, sem queixas de minha parte...

6. Giorgio Celli disse num debate sobre meu romance que entre minhas leituras remotas devem ter constado os romances de Dimítri Merezkovski, no que lhe dei inteira razão, embora, ao escrever, não estivesse pensando neles.

7. Cf. as glosas e a ficha biográfica acrescentadas por Constantino Marmo à edição comentada para as escolas superiores de *Il Nome della Rosa*, Milano, Bompiani, 1990.

castelo não é uma casa (no máximo, Novocastro e Newcastle podem ser traduzidos como Vilanova ou Torrenova). Assim, Newcastle lembra Casanova do mesmo modo com que pode lembrar Newton.

Mas existem outros elementos aptos a provar textualmente que a hipótese de Kostukovich não é econômica. Antes de tudo, Hugo de Novocastro tem no romance uma participação muito periférica, e nada tem a ver com a biblioteca. Se o texto quisesse sugerir uma relação pertinente entre Hugo e a biblioteca (ou entre ele e o manuscrito) deveria dizer algo mais. Mas, sobre isso, não diz palavra. Em segundo lugar, Casanova era – pelo menos à luz de um conhecimento enciclopédico comumente partilhado – um sexômano profissional e um libertino, e não há nada no romance que levante dúvidas sobre a virtude de Hugo. Em terceiro lugar, não existe qualquer relação evidente entre um manuscrito de Casanova e um manuscrito de Aristóteles, nem entre a procura de um livro sobre a arte da comédia e a procura de um livro sobre técnicas amatórias.

Buscar a "Casanova connection" não leva a parte alguma. Joana d'Arc nascera em Domrémy, nome que evoca as três primeiras notas musicais, Molly Bloom apaixonara-se por um tenor, Blaze Boy Ian, e *Blaze* (chama) pode evocar a fogueira de Joana, mas a hipótese de que Molly Bloom seja uma alegoria de Joana d'Arc não ajuda a encontrar algo de interessante no *Ulysses* (mesmo que algum dia haja um crítico joyciano pronto a experimentar também essa chave – se é que já não experimentou sem que eu o saiba).

Obviamente, estou pronto a mudar de ideia caso algum outro intérprete demonstre que a ligação com Casanova possa levar a um percurso interpretativo interessante, mas até o momento – como Leitor-Modelo de meu próprio romance – sinto-me no direito de dizer que essa hipótese é pouco compensadora.

Certa vez, durante um debate, um leitor perguntou-me o que tencionava eu dizer com a frase "a suma felicidade está em ter o que se tem". Desconcertado, jurei que jamais escrevera aquela frase. Estava seguro disso, e por várias razões: primeiro, não penso que a felicidade esteja em ter aquilo que temos, e nem mesmo Snoopy assinaria embaixo de tamanha banalidade; segundo, é improvável que uma personagem medieval possa supor que a felicidade esteja em ter aquilo que ela efetivamente tem, visto que a felicidade para a cultura medieval era um estado futuro que se alcançaria através dos sofrimentos da vida terrena. Repeti, assim, que jamais escrevera aquela linha, e meu interlocutor olhou para mim como se eu ignorasse as coisas que eu mesmo escrevera.

Pouco depois, encontrei a citação. Ela aparece durante a descrição do êxtase erótico de Adso na cozinha. Esse episódio, como o mais lerdo de meus leitores pode facilmente adivinhar, foi inteiramente composto com citações do *Cântico dos Cânticos* e de místicos medievais. De qualquer maneira, mesmo que o leitor não identifique as fontes, pode conjecturar que essas páginas pintam as sensações de um jovem após sua primeira (e provavelmente última) experiência sexual. Se formos reler a linha em seu contexto (quero dizer o contexto do meu texto, e não necessariamente o contexto de suas fontes medievais), descobriremos que diz: "Ó Senhor, quando a alma nos é arrebatada, então a única virtude está em amar o que se vê (não é verdade?), a suma felicidade em ter o que se tem". Colocadas as coisas nos seus devidos lugares, o meu texto diz que a felicidade está em ter o que se tem "quando a alma nos é arrebatada" (isto é, no momento da visão extática), não de modo geral e em todos os momentos da vida.

Esse é o caso típico em que não é necessário conhecer a intenção do autor empírico: a intenção do texto é evidente e, se as palavras têm significado convencional, o texto *não diz* o que aquele leitor -que obedece a algum impulso íntimo – acreditava ter lido. Entre a inacessível intenção do autor e a discutível intenção do Leitor, está a intenção transparente do texto que contesta uma interpretação insustentável.

Um autor que intitulou seu livro *O Nome da Rosa* deve estar pronto para tudo. No *Pós-escrito* escrevi que havia escolhido esse título apenas para dar liberdade ao leitor: "a rosa é uma figura simbólica tão densa de significados que chega quase a não ter mais nenhum: rosa mística, rosa viveu o que vivem as rosas, a guerra das duas rosas, uma rosa é uma rosa é uma rosa é uma rosa, os rosa-cruz, grato pelas magníficas rosas, rosa fresca aulentíssima... Além disso, alguém descobriu em alguns manuscritos do *De Contemptu Mundi*, de Bernardo Morliacense, que o texto de que tomei de empréstimo o hexâmetro *stat rosa pristina nomine, nomina nuda tenemus*, dizia *stat Roma pristina nomine* – o que, conceitualmente, seria mais coerente com o resto do poema, que fala da Babilônia perdida, embora a substituição de *rosa* por *Roma* suscite problemas métricos, o que leva a crer que *rosa* seja a lição preferível: E, em todo caso, interessante pensar que, se me tivesse passado pelos olhos a versão alternativa, o título de meu romance teria podido ser *O Nome de Roma* (abrindo, assim, caminho para uma interpretação lictória).

Mas o texto diz *O Nome da Rosa* e compreendo agora como foi difícil controlar a infinita série de conotações que aquela palavra suscita. Queria "abrir" todas as leituras possíveis, o suficiente para tomá--las todas irrelevantes, e como resultado produzi uma inexorável série de interpretações, todas relevantíssimas. Mas o texto aí está, e o autor empírico deve permanecer em silêncio.

Existem todavia (de novo) casos em que o autor empírico tem o direito de reagir como Leitor-Modelo. Apreciei muito o belo livro de Robert F. Fleissner, *A Rose by any other Name – A Survey of Literary Flora from Shakespeare to Eco* (West Cornwall, Locust Hill Press, 1989), e espero que Shakespeare tenha ficado orgulhoso de ver seu nome associado ao meu. Entre as várias ligações que Fleissner encontra entre a minha rosa e todas as outras rosas da literatura mundial, há uma passagem interessante: Fleissner quer mostrar "que a rosa de Eco deriva de *The Naval Treaty*, de Doyle, que, por sua vez, devia muito à admiração de Cuff por essa flor em *Moonstone*" (p. 139).

Sou um devoto de Wilkie Collins, mas não me lembro (e certamente não me lembrava ao escrever o romance) da paixão floral de Cuff. Acreditava ter lido a *opera omnia* de Doyle, mas devo confessar que não me lembro de haver lido *The Naval Treaty*. Não importa: são tantas, no meu romance, as referências explícitas a Holmes que o meu texto pode aguentar também essa ligação. Mas, não obstante minha abertura mental, encontro um exemplo de sobreinterpretação quando Fleissner, ao tentar demonstrar o quanto meu Guilherme "ecoa" a admiração de Holmes pelas rosas, cita esta passagem do meu livro:

"Frângula", disse de repente Guilherme, inclinando-se para observar uma planta que, naquele dia de inverno, ele reconheceu pelo arbusto. "É boa a infusão da casca..."

Curioso é que Fleissner termina sua citação exatamente depois de *casca*. Meu texto continua e acrescenta: "para as hemorroidas". Honestamente, não creio que o Leitor-Modelo seja convidado a tomar a frângula como uma alusão à rosa – fosse assim, toda planta poderia estar por uma rosa como todo pássaro, para Rossetti, está por um pelicano. A frângula ou frângola é (cito com base em Zingarelli) um "arbusto das Ramnáceas com folhas elípticas, pequenas flores amarelo-esverdeadas e drupas negras com propriedades medicinais". *Nulla rosa est*, como diria Abelardo.

Como pode, no entanto, o autor empírico confutar certas associações semânticas livres que de algum modo são autorizadas pelas palavras que usou? Fiquei surpreso com os muitos significados alegóricos que um dos autores de *Naming the Rose*[8] encontrou em nomes como Humberto de Romans e Nicola de Morimondo. No que diz respeito a Humberto de Romans, trata-se de figura histórica que efetivamente escreveu sermões para senhoras. Tenho para mim que um leitor possa ser tentado a pensar num Umberto (Eco) autor de um

---

8. M. Thomas Inge (ed.), Jackson, University Press of Mississipi, 1988.

"roman", mas mesmo que o autor tivesse inventado esse trocadilho passavelmente goliárdico, nada acrescentaria à compreensão do romance. Mais interessante é o caso de Nicola de Morimondo; meu intérprete observava que o monge que anuncia no fim: "A biblioteca está pegando fogo!", decretando assim a queda da abadia como microcosmos, tem um nome que sugere "morte do mundo".

Na verdade, batizei Nicola com o nome da conhecidíssima abadia de Morimondo, na Lombardia, fundada em 1136 por monges cistercienses vindos de Morimond (Alto Marne). Quando batizei Nicola, ainda não sabia que lhe caberia pronunciar o tão fatal anúncio. Em todo caso, para um italiano que mora a poucos quilômetros de Morimondo, esse nome não evoca nem morte nem mundo – assim como Voghera não evoca regata, nem Novara um altar novo. Enfim, não estou certo de que *Morimondo* venha do verbo *mori* e do substantivo *mundus* (talvez *mond* venha de étimo germânico). Pode acontecer, porém, que um leitor estrangeiro, com certo conhecimento do latim ou do italiano, fareje uma associação semântica com a morte do mundo (trata-se de experiência comum a muitos: fazem-se mais facilmente trocadilhos numa língua estrangeira do que na própria, porque as pessoas reagem ao léxico num estado de maior estranhamento). De qualquer modo, não sou eu o responsável por essa alusão. Mas o que significa "eu"? Minha personalidade consciente? O meu *Es*? O jogo que a língua (no sentido da *langue* saussuriana) realizava usando-me como trâmite? O texto aí está.

Seria preferível perguntarmo-nos se a associação faz sentido. Certamente não no que respeita à compreensão do curso dos eventos narrativos, mas talvez para alertar – por assim dizer – o leitor sobre o fato de que a ação ocorre numa cultura em que *nomina sunt numina* e *nomen omen*.

Dei o nome de Casaubon a uma das personagens de *O Pêndulo de Foucault*, pensando em Isaac Casaubon, que desmitificou com impecáveis argumentos críticos o *Corpus Hermeticum*. Meu leitor ideal pode individuar uma certa analogia entre o que descobriu o grande filólogo e o que a minha personagem descobre no final. Embora consciente de que poucos leitores teriam sido capazes de captar a alusão. Julgava eu que, em termos de estratégia textual, isso não fosse indispensável (quero dizer que uma pessoa pode ler o romance e compreender o meu Casaubon, mesmo ignorando o Casaubon histórico).

Antes de terminar o romance, descobri por acaso que Casaubon era também uma personagem de *Middlemarch*: eu havia lido essa obra fazia muito tempo, mas aquele particular onomástico não deixara qualquer traço em minha memória. Casos há em que o Autor-Modelo quer afixar no texto as interpretações que lhe parecem inúteis, daí por que fiz um esforço no sentido de eliminar uma possível referência a George Eliot. Assim na p. 57, lê-se este diálogo entre Belbo e Casaubon:

> "A propósito, como é seu nome?"
> "Casaubon."
> "Essa não era uma personagem de *Middlemarch*?"
> "Não sei. Em todo caso, era também um filólogo da Renascença, creio eu. Mas não somos parentes."

Eis, porém, que chega um leitor malicioso, David Robey, e observa que, evidentemente não por acaso, o Casaubon de Eliot estava escrevendo uma *Chave de Todas as Mitologias*, e devo admitir que isso, sim, parece aplicar-se à minha personagem. Como Leitor-Modelo, vejo-me obrigado a aceitar a alusão. O texto mais o conhecimento enciclopédico dão a qualquer leitor culto o direito de encontrar aquela ligação. E sensato. Pena que o autor empírico não tenha sido tão brilhante quanto seus leitores.

Dentro da mesma linha, meu último romance intitula-se *O Pêndulo de Foucault* porque o pêndulo de que estou falando foi inventado por Léon Foucault. Se tivesse sido inventado por Franklin, o título teria sido *O Pêndulo de Franklin*. Desta vez, estava consciente desde o início de que alguém iria poder farejar uma alusão a Michel Foucault: minhas personagens vivem obcecadas pelas analogias e Foucault escreveu sobre o paradigma da semelhança. Como autor empírico, não me sentia muito contente com essa possível ligação por me parecer bastante superficial. Mas o pêndulo inventado por Léon era o herói da minha história, e eu não podia mudar o título: portanto, fiquei na esperança de que meu Leitor-Modelo não se sentisse tentado a fazer uma ligação com Michel. Errei. Foram muitos os leitores que a fizeram. O texto aí está. Talvez eles é que tenham razão, talvez seja eu o responsável por uma alusão artificiosa, talvez a alusão não seja tão banal quanto pensei. Não sei. A operação toda está agora fora do meu controle.

Giosuè Musca[9] escreveu uma análise crítica do meu último romance que considero uma das melhores que li. Já de início ele confessa, no entanto, ter sido "corrompido" pelos hábitos das minhas personagens, e sai à caça de analogias. Com faro de sabujo, individua alusões ultravioletas que eu *queria* ver descobertas, encontra outras ligações nas quais eu não havia pensado mas que me parecem muito convincentes e, assumindo o papel de um leitor paranoico, encontra ligações que me surpreendem mas que não sou capaz de confutar –

---

9. "La Camicia del Nesso", *Quaderni Medievali*, 27, 1989.

embora saiba que podem desorientar o leitor. Por exemplo, parece que o nome do computador, Abulafia, mais o nome das três personagens principais, Belbo, Casaubon e Diotallevi, produz a série ABCD. Seria inútil dizer que até o fim do meu trabalho eu vinha dando ao computador um nome diferente: meus leitores poderiam objetar que o mudei inconscientemente, com o fim precípuo de obter uma série alfabética. Jacopo Belbo mostra ser um apreciador de uísque, e suas iniciais são *J and B*. Seria inútil dizer que eu já havia chegado quase ao final do romance dando-lhe outro nome de batismo, pois facilmente contrapor-me-iam que eu depois o mudei porque, inconscientemente, queria obter esse acróstico.

Há, porém, duas objeções que posso levantar como Leitor-Modelo de meu livro, e são: (i) a série alfabética ABCD ficará textualmente irrelevante se os nomes das outras personagens não a levarem até X, Y e Z; (ii) Belbo também bebe Martini.

Ser-me-á impossível, no entanto, confutar meu leitor quando ele também observa que Pavese nascera em Santo Stefano Belbo e que meu Belbo lembra, em certos momentos, a melancolia pavesiana e o fascínio que Pavese sentia pelo mito. É verdade que passei parte de minha infância às margens do caudaloso Belbo (onde fui submetido a algumas das provas que atribuí a Jacopo Belbo, isso muito antes de ser informado da existência de Cesare Pavese) mas sabia que, ao escolher o nome Belbo, meu texto iria de algum modo evocar Pavese. Daí por que meu Leitor-Modelo tem todo o direito de estabelecer essa ligação.

3.1.5. *Quando o Autor não Sabe que Sabe*

As notas que ora acrescento têm um único escopo: esclarecer que, embora em todo este livro insistamos na relação entre intérprete e texto, com prejuízo do autor empírico, nem por isso julgo que o estudo da psicologia do autor seja indigno de atenção. Julgo-o irrelevante para uma teoria semiótica da interpretação, mas de modo algum para uma psicologia da criatividade. Além disso, compreender o processo criativo significa também compreender como certas soluções textuais vêm à tona por serendipidade, ou em decorrência de mecanismos incônscios. E isso ajuda a entender a diferença entre a estratégia textual, como objeto linguístico que os Leitores-Modelo têm sob os olhos (o que nos permite seguir em frente independentemente das intenções do autor empírico), e a história do crescimento dessa mesma estratégia.

Eis por que prolongo um pouco mais a experimentação *in corpore vili* iniciada no item precedente, fornecendo um par de testemunhos curiosos que têm um privilégio: dizem respeito apenas à minha vida pessoal e não têm nenhuma contraparte textual individuável. Nada têm a ver com o problema da interpretação. Podem somente dizer como um texto, que é uma máquina concebida para suscitar interpretações, cresce por vezes sobre um território magmático que não tem – ou não tem ainda – nada a ver com a literatura.

Primeira história. Em *O Pêndulo de Foucault*, o jovem Casaubon está apaixonado por uma garota brasileira chamada Amparo. Giosuè Musca encontrou, ironicamente, uma ligação com Ampère, que estudou a força magnética entre duas correntes. Excessivamente perspicaz. Eu não sabia por que havia escolhido aquele nome: sabia que não era um nome brasileiro, e por isso escrevi (p. 133): "Jamais compreendi por que essa descendente de holandeses que se haviam instalado no Recife, mesclando-se a índios e negros sudaneses -rosto de jamaicana e cultura de parisiense -, tinha um nome espanhol". Isso significa que tomei o nome Amparo como se viesse de fora do meu romance.

Meses após a publicação do romance, um amigo me perguntou: "Por que Amparo? Não é o nome de uma montanha?" E depois explicou: "Existe aquela canção cubana, que fala num Monte Amparo" – e cantarolou o tema. Santo céu! Eu conhecia muito bem aquela canção, embora dela não recordasse uma única palavra. Cantava-a, em meados dos anos cinquenta, uma garota de origem caribenha, e por quem eu estava apaixonado naquele tempo. Não era nem brasileira nem marxista, nem negra nem histérica como Amparo, mas está claro que, ao inventar uma garota latino-americana, eu voltara inconscientemente àquela outra imagem da minha juventude, quando tinha a mesma idade de Casaubon. Aquela canção decerto me voltou à mente, e eis explicada a origem do nome Amparo, que eu acreditava ter escolhido por acaso. Como disse, a vantagem dessa história é que ela é totalmente irrelevante para a interpretação de meu texto. No que diz respeito ao texto, Amparo é Amparo é Amparo é Amparo.

Segunda história. Quem leu *O Nome da Rosa* sabe que existe um manuscrito misterioso, que contém o segundo livro perdido da *Poética* de Aristóteles, que suas páginas estão impregnadas de veneno e que (na p. 472) é assim descrito:

> Leu em voz alta a primeira página, depois parou, como se não lhe interessasse saber mais, e folheou apressado as páginas seguintes: mas depois de algumas encontrou resistência, porque junto à margem lateral superior, e ao longo do talho, as folhas estavam unidas umas às outras, como acontece quando – após haver-se umedecido e deteriorado – a matéria fibrosa do papel forma uma espécie de glúten viscoso...

Escrevi essas linhas em fins de 1979. Nos anos seguintes, talvez porque, depois de *O Nome da Rosa*, eu também haja começado a ter um contato mais frequente com bibliotecários e colecionadores de livros, intensifiquei e tornei mais "científica" minha paixão pelos livros antigos. "Científico" significa que a pessoa deve consultar catálogos especializados e deve escrever, para cada livro, uma ficha técnica, com a colação, a informação histórica sobre as edições precedentes ou subsequentes, e uma descrição precisa do estado físico do exemplar. Este último trabalho requer um jargão técnico, para nomear com precisão bruniduras, ferrugens, florituras, sujidades de todo tipo, páginas lavadas, montadas, restauradas, encadernações frágeis nos encaixes ou nas coifas, restauros de cantos e laterais etc.

Um dia, remexendo entre as prateleiras superiores de minha biblioteca doméstica, descobri uma edição da *Poética* de Aristóteles comentada por Antonio Riccoboni, Pádua, 1587. Esquecera-me de que a possuía: encontrei na última página um 7000 escrito a lápis e isso significa que eu a havia comprado numa banca de livros baratos por mil liras, provavelmente no fim dos anos cinquenta. Meus catálogos diziam que era a segunda edição, não extremamente rara, e que existe uma cópia no British Museum. Mas fiquei contente de tê-la, por ser, ao que parece, difícil de encontrar, e, de qualquer maneira, o comentário de Riccoboni é menos conhecido e menos citado do que os comentários, digamos, de Robortello ou de Castelvetro.

Em seguida, comecei a redigir minha descrição. Copiei a página de rosto e descobri que a edição tinha um apêndice, *Ejusdem Cômica ex Aristotele*. O que significava que Riccoboni tentara reconstruir o segundo livro perdido da *Poética*. Não se tratava de tentativa insólita, e eu continuei compilando a descrição física do exemplar. E então aconteceu comigo aquilo que acontece com Zatesky na descrição de Lurija: tendo perdido parte do cérebro durante a guerra, e com essa parte do cérebro toda a sua memória e sua capacidade de fala, continuava todavia apto para escrever; assim, automaticamente, sua mão começara a destilar todas as informações nas quais ele não tinha condição de pensar e, passo a passo, Zatesky havia reconstruído a própria identidade lendo o que escrevia.

Assim também estava eu a contemplar fria e tecnicamente o livro, redigindo minha descrição, quando de repente me dei conta de que estava reescrevendo *O Nome da Rosa*, ou seja, descrevendo de novo o livro folheado por Guilherme. A única diferença (à parte o fato de tratar-se de obra impressa e não de um manuscrito) era que, no volume de Riccoboni, a partir da página 120, quando começa a *Ars Cômica*, eram as margens inferiores e não as superiores as que estavam gravemente danificadas; mas tudo o mais era igual: as páginas, progressivamente avermelhadas e cobertas de manchas repugnantes cada vez maiores – de tal maneira que no fim era quase impossível separar as folhas, tão grudadas estavam umas nas outras –, produziam aquele efeito desagradável que só o chamado "exemplar de estudo" pode provocar. O papel parecia ter sido untado com uma imunda massa amarronzada.

Tinha entre as mãos o livro que descrevera em meu romance. Por anos e anos eu o tivera nas minhas estantes.

Num primeiro momento, pensei numa coincidência extraordinária; em seguida fui tentado a crer num milagre; por fim, decidi *Wo Es war, soll Ich werden*. Eu havia comprado aquele livro fazia tantos anos, havia-o folheado, dera-me conta de que era intocável e não valia nem mesmo as mil liras entregues ao livreiro, pusera-o num lugar qualquer e esquecera-me dele. Mas, com uma espécie de máquina fotográfica interna, eu fotografara aquelas páginas, e por décadas a imagem daquelas folhas, obscenas ao tato e à vista, depositara-se na parte mais remota de minha alma, como numa tumba, até o momento em que, de novo emersa (não sei por que razões), acreditei tê-la inventado.

Também essa história nada tem a ver com uma possível interpretação de meu livro. E a moral dela, se existe, dirá que a vida privada dos autores empíricos é, sob determinado aspecto, mais impenetrável que seus textos. Registro o fato apenas porque existem também uma psicologia e uma psicanálise da produção textual que, dentro de seus próprios limites e propósitos, nos ajudam a entender como funciona o animal homem. Mas, pelo menos em princípio, são irrelevantes para compreendermos como funciona o animal texto.

Entre a história misteriosa da produção de um texto e a deriva incontrolável das suas interpretações futuras, o texto *enquanto texto* ainda representa uma presença confortável, um paradigma em que nos apoiarmos.

3.2. IDIOLETO TEXTUAL E VARIEDADE DE INTERPRETAÇÕES[10]

1. O meu *Tratado*, ao qual Nanni tão generosamente dedica parte considerável de suas 350 páginas, é de 1975 e, consequentemente, es-

---

10. Versão abreviada desse texto foi lida na Universidade de Bolonha em 7 de maio de 1981, por ocasião do lançamento do livro de Luciano Nanni, *Per una Nuova Semiologia dell'Arte*. Visto que daí se seguiu uma ampla discussão e que, posteriormente, Nanni escreveu outro livro sobre os mesmos temas, meu texto tem valor documentário e pode valer apenas como apreciação a Nanni, 1980, sem pretender dar conta dos desenvolvimentos do debate. Publico-o apenas porque se prende tematicamente aos outros ensaios do presente livro e pode servir para esclarecer algumas das minhas posições, a partir de então fundamentalmente inalteradas.

pelha reflexões dos anos precedentes (1966-1975). É bem verdade que, dizia eu, daquele ponto era diante desejaria ser julgado apenas pelo que ali estava escrito, mas minha intenção era excluir o que dissera antes, não o que teria dito depois.

Hoje, eu reescreveria aquele livro de modo diferente, com muitas variantes, sobretudo terminológicas, e a própria leitura de Nanni, mesmo e especialmente quando interpreta erroneamente, serve para mim como um interessante delator de muitas das minhas imprecisões de discurso. Devo, porém, reconhecer que, em relação ao núcleo duro das críticas de Nanni, a posição não mudou. Se em *Obra Aberta* eu falara de uma dialética entre pluralidade das interpretações e fidelidade à obra, no *Tratado*, estendi o conceito das obras da vanguarda a qualquer obra de arte: acentuei os mecanismos semióticos que permitem, que impõem a pluralidade das interpretações de toda e qualquer mensagem, e a noção de idioleto, que tanto preocupa Nanni, talvez tenha constituído o momento, o único, no qual tentei represar a incontrolabilidade do processo semiósico. Mas em *Lector in Fábula*, exatamente ao sublinhar o papel fundamental do polo-leitor, estava eu apostando na ideia de que se pudesse analisar e descrever uma estratégia textual (re-tradução mais articulada da noção de idioleto, como a enciclopédia é a tradução mais rica e flexível do conceito de código) e, muito energicamente, estabelecia a distinção entre uso e interpretação. Posso usar o código Rocco tanto para nele buscar paragramas do nome secreto de Deus quanto como papel higiênico (o que talvez lhe fizesse justiça) mas isso não significa interpretá-lo. No código Rocco há um parágrafo intitulado "Turbata liberta degli incanti", título que posso ler como um *incipit* poético, entre lirismo popular e hermetismo, sobre os frêmitos de uma adolescência delusa. O que não impede que as convenções linguísticas me digam que, naquele texto, *incanti* significa "hastas públicas" e que o artigo se refere à turbulência de um leilão. Eis a diferença entre uso e interpretação. A interpretação tem, quando muito, o direito de perguntar-se que influências literárias sofria Rocco ao dispor o título com aquela sintaxe e aquelas escolhas lexicais.

Tenho para mim que existe uma atividade capaz de analisar um texto artístico de finalidades estéticas como parâmetro (ainda que conjectural e revisável) das suas interpretações; Nanni, ao contrário, sustenta que não existe outra verdade atingível da obra além da que nos é dada pela série histórica das suas leituras.

Dada minha assunção de base, confutarei as posições de Nanni exatamente onde os equívocos que comete em relação ao *Tratado* nos revelam os seus *idola*. Quero, de fato, prestar uma homenagem à estrutura baconiana do livro de Nanni, que, após a euforia da *vindemiatio prima*, passa à fase báquica das partes *destruens* e *construens* e, na página final, conclui com a incontinente promessa de exaurir o assunto (Deus que nos livre!) em outra ocasião. Os *idola* que imputarei a Nanni serão, naturalmente, *tribus*, *specus*, *fori* e *theatri*.

Mas como a ideologia que privilegia o uso em detrimento da interpretação é uma perigosa heresia dos nossos tempos, tratarei Nanni, posto de lado o reconhecimento que lhe devo, como um inimigo.

2. Gostaria, prontamente, de eliminar o problema dos *idola fori*, os oriundos de imprecisões linguísticas. Eles são muitos, citando eu apenas alguns, mais grosseiros, que revelam como é incorreto alguém ler um texto segundo seus próprios desejos e ignorando que esse texto tem, como fundo, convenções semióticas.

Eis um típico *idolum fori* de Nanni. É possível que eu tenha entendido mal o que ele diz, mas, nas pp. 107, 113, 115, 116 e 332, encontro a seguinte argumentação: o que Eco chama de função sígnica limita-se a privilegiar, entre as funções da linguagem propostas por Jakobson, a função referencial, daí provindo os vários erros em que Eco incorre. Se é isso mesmo o que Nanni diz, então na sua leitura, a palavra *função*$_1$, do sintagma *função sígnica*, tem o mesmo significado da palavra *função*$_2$ nos sintagmas função *referencial*, *conativa*, *metalinguística* etc. Mas sendo assim, não se entende por que a noção de função sígnica está do lado da significação e não do lado da comunicação, como as funções jakobsonianas. Ora, já que no meu texto a noção de função sígnica introduzida é a que se reporta a Hjelmslev (sem falar nas exaustivas explicações fornecidas pelo contexto), não podemos entender *função* no sentido jakobsoniano. Jakobson fala dos modos com os quais fazemos *funcionar* a comunicação, ao passo que Hjelmslev fala de função no sentido matemático, como relação que exprime um elo entre variáveis. A leitura de Nanni é imprópria não no que diz respeito às minhas intenções, mas no que diz respeito ao estado da linguagem técnica numa dada cultura – onde, com frequência, acontece existirem termos homônimos que têm significado diferente em diferentes contextos.

Poderíamos encontrar outros exemplos. Quando Nanni diz: "Eco chega a ponto de resolver todo o problema da extensão no simples valor de verdade da referência" (leia-se na íntegra o par. 3.4.1.), evidentemente pretende dizer que, para ele, extensão significa coisa muito diferente. Mas como no meu texto eu usei explicitamente *extensão* no sentido que lhe é conferido na filosofia da linguagem e na lógica, ou Nanni aceita as constrições colocadas pelo texto, ou não faz uma leitura interpretativa, lendo-o como Borges queria ler o *De Imitatione Christi*: como se tivesse sido escrito por Céline.

Outro *idolum fori*. Todo o *Tratado* insiste na eliminação da ideia de sujeito empírico da semiose (um dos defeitos que o torna alvo contínuo de contestações por parte dos psicanalisantes) e traduz intenções, possíveis efeitos de sentido, *gaps* entre emitência e destinação em termos de relações, depositadas numa cultura, entre interpretantes. Nanni lê todo o discurso sobre o idioleto estético como se eu falasse de fidelidade às intenções do autor, e todo o discurso sobre a percepção de desvios da norma como se eu falasse de sensações do leitor: prova disso é que se deixa fascinar por expressões meramente retóricas tais como "percebo", "sinto" etc.; que me permito por exigências de estilo no capítulo sobre o qual ele focaliza sua atenção, mas se o faço é porque antes existem trezentas páginas que põem os pontos nos iis.

Outro *idolum fori*: é grande o espaço que reservo para especificar que não entendo necessariamente por ambiguidade a obscuridade dos surrealistas ou a fragmentação léxico-sintática dos futuristas e dadaístas, mas toda e qualquer forma de manipulação de uma linguagem que, de algum modo, se afaste das normas de uso, embora respeitando o léxico e a gramática. Em *Obra Aberta*, exemplos de "ambiguidades" expressas foram encontrados e amplamente analisados em Petrarca; no meu ensaio "Sobre a Possibilidade de Gerar Mensagens Estéticas numa Língua Edênica" (Eco, 1962, 4ª ed.), publicado quatro anos antes do *Tratado*, examino todas as possibilidades de tratar de modo ambíguo uma linguagem de laboratório, em qualquer nível; a *ostrannenija* de Chklovski, que Nanni sabe ser análoga ao conceito de ambiguidade, é por mim verificada em nota de rodapé sobre Tolstói; não raro escolho exemplos tirados de Dante e de Manzoni. Está claro que, como já escrevi alhures, a meu ver, o início de *Os Noivos* é um caso de desautomatização dos usos linguísticos, difícil de ler e, portanto, ambíguo. Malgrado tudo isso, Nanni continua assumindo que eu entendo por ambiguidade os modos operantes da vanguarda, e assim tem bons trunfos na mão quando diz que essencializo a estética, dela hipostatizando um modelo histórico que é o modelo da vanguarda.

Ponho de lado outros casos menores. Nanni faz-me uma pergunta, põe em minha boca a sua resposta à sua pergunta e a seguir me confuta. Ele não me interpreta, ele me usa.

3. Os *idola tribus* nascem – diz Bacon – quando o intelecto humano, embora na natureza muitas coisas estejam misturadas ou cheias de desigualdades, apesar disso, imagina paralelismos, correspondências e relações que não existem. O primeiro *idolum tribus* de Nanni é que todo discurso sobre os fenômenos estéticos pretende ser o fundamento de uma teoria estética global.

Quem conhece minha bibliografia sabe que já fiz estética sem disfarces. Mas no *Tratado*, o capítulo sobre estética intitula-se "O Texto Estético como Exemplo de Invenção". Notem que o capítulo seguinte, sobre retórica, intitula-se "O Trabalho Retórico" e deixa claro que, ao contrário, a intenção é fornecer uma colocação global de toda a retórica na árvore de uma teoria semiótica.

No livro de Nanni, p. 75, o que se diz é que, ao examinar as minhas posições estéticas, ele nada quer saber sobre as outras partes do *Tratado*. Pondo-se de lado o fato de que Nanni mantém a promessa só quando lhe convém, isso é pura maldade. O capítulo estético está precedido de uma teoria dos meios de produção sígnica, teoria essa da qual o discurso sobre o texto estético deseja ser uma verificação, e onde desenvolvi, especificamente, uma ideia de *invenção semiótica*. Dizer, portanto, que tomamos o texto estético como esplêndido exemplo de vários problemas semióticos não quer dizer que os instrumentos semióticos pretendem exaurir todos os problemas da estética.

Que em seguida, como adverte Nanni, eu, ao fazê-lo, presumisse, e dissesse *apertis verbis*, que contribuía para reduzir as falácias das estéticas da inefabilidade é mais do que verdade. De fato, presumo ter contribuído para fazê-lo e acuso Nanni de ser um perigoso defensor da inefabilidade, que acusa os outros de não terem conseguido eliminá-la para demonstrar que o resíduo inefável permanece, não restando, portanto, senão celebrá-lo.

Nanni, entretanto, acusa-me de essencialismo porque tento uma definição de uma operação artística direcionada para um efeito estético. Sob a óptica de uma história da cultura, arte, como dizia Formaggio no início de seu volume *Arte* (1973), é tudo aquilo que os homens chamam de arte. Mas, note-se, ciência é tudo aquilo que os homens chamaram de ciência, e a ninguém ocorreria negar a eficiência com que a ciência ptolomaica se desincumbiu, no âmbito da cultura antiga, da tarefa de elaborar um conhecimento da realidade que permitisse aos homens operarem de algum modo no interior dela. No entanto, Popper, a quem Nanni tanto recorre, decide, a certa altura, arrolar os requisitos que em nossos dias instituímos como necessários para a designação do que deva ser ciência. A ciência moderna define-se como um discurso que demonstra a falsidade de muitos resultados das ciências passadas, mas que consegue também explicar por que, no passado, eram os fatos interpretados daquele determinado modo. Quero dizer que a hipótese heliocêntrica é superior à geocêntrica não só porque explica melhor vários fatos, mas também porque explica as razões pelas quais os antigos experimentavam as ilusões perceptivas que os conduziram à hipótese geocêntrica.

Ora, uma definição estética é, além de explicativa, tolerante: quer explicar também por que obras criadas com finalidades diferentes do efeito estético, ou para produzirem uma percepção diferente de "beleza", possam ser por nós abordadas seja levando em conta os valores de época, seja os nossos próprios.

Certamente, uma tal tentativa de definição não pode abjurar da sua própria historicidade, mas ainda assim representa o modo historicamente arraigado com o qual se busca explicar também outras formas de atividade de outros tempos e culturas. Tentativa que é a mesma envidada pelo próprio Nanni no final: com efeito, creio que um indígena da Ilha de Páscoa de séculos atrás não concordaria com Nanni na afirmação de que a verdade de suas enigmáticas estátuas provém da pluralidade das suas leituras. Mas ainda assim é preciso fixar pontos de referência para o nosso discurso. Se tentar uma definição do gênero (e no meu caso, *sub specie* semiótica) quer dizer elaborar uma estética, que essa estética é essencialista, e que esse essencialismo é um perspectivismo mascarado, então basta que nos entendamos sobre os termos.

4. Apesar de Nanni dizer que ao longo de todo o *Tratado* corre um fio vermelho kantiano (o que demonstra que, quando quer, Nanni é leitor dos mais perspicazes), toda a sua crítica se baseia num *idolum tribus* obstinadamente reiterado (cf., por exemplo, as pp. 85, 86, 172, 236, 271): que todo discurso teórico tem o estatuto de discurso "científico". Ora, basta que nos entendamos sobre o que se entende por ciência. Se falamos de ciência no sentido acadêmico, da mesma forma que falamos de ciências morais e de atividade científica para toda investigação que fixe com um mínimo de rigor o significado dos termos empregados e suas condições de uso, então mesmo muitas páginas do livro de Nanni representam uma contribuição científica. Mas se a compreendermos no sentido das teorias das ciências empíricas, nada há no *Tratado* que justifique tal interpretação. Repito várias vezes (cf. 0.2) que a semiótica é um campo de pesquisa ainda não unificado; digo em 0.9 ("Limites Epistemológicos") que, mesmo quando proponho um modelo teórico unificado, esse modelo não deve ser entendido como "científico", visto que não pretende a neutralidade das ciências naturais, digo que a teoria semiótica investiga fenômenos sobre os quais automaticamente intervém modificando-os no momento mesmo em que os define, digo que a semiótica é uma prática social... O discurso de uma semiótica geral tem o estatuto de um discurso filosófico.

Mas Nanni é aqui vítima de um de seus *idola specus*, que, como se sabe, nascem de deformações pessoais. O ídolo obscuro da caverna de Nanni é que ele de início já decidiu que não devemos julgar o objeto estético como parâmetro de avaliação dos seus efeitos estéticos, e daí parte, já seguro de que toda asserção contrária seja desmentida pelos fatos. Por conseguinte, quem quer que sustente que existem objetos artísticos analisáveis é um cientista (outro profundo *idolum specus* é o gosto pelo inefável e pelo místico) e esse cientificismo deve ser confutado através de um método da ciência, que, por *idolum theatri*, Nanni identifica (cometendo os paralogismos que mais adiante apontaremos) com a lógica da descoberta científica de Popper. Portanto, um método científico é usado como instrumento por um místico para demonstrar que um inimigo da mística da arte pretende necessariamente ser um cientista mas não é.

5. E aqui vale a pena enfrentarmos logo um outro *idolum* de Nanni, que francamente não sei se se classifica como *fori*, *specus* ou *theatri*. Nanni diz que a ideia de uma estratégia descritível do objeto artístico é desmentida pelos fatos, e os fatos, segundo ele, são a evidente pluralidade das interpretações. Mas temos aqui tanto um paralogismo quanto uma errônea interpretação terminológica. Se eu assevero que o idioleto estético é a regra que justifica a pluralidade das interpretações, então o fato de existir uma pluralidade das interpretações não põe em crise minha premissa, e eventualmente representa o fenômeno que me impele a elaborar a hipótese teórica de idioleto estético. A propósito, Nanni observa que duas interpretações conflituais são um oxímoro e pergunta como pode um idioleto regular um oxímoro. A ideia de idioleto pode regular a oximoricidade das interpretações assim como a noção retórica de oxímoro, tão unívoca que quando Nanni a emprega eu entendo, regula a conflitualidade das construções oximóricas. A ideia de oxímoro regula univocamente a produção de expressões ambíguas que produzem interpretações múltiplas e vagas. *Elementary*, *dear Empson*.

Mas, e chegamos aqui à imprecisão terminológica, se o fenômeno da pluralidade das interpretações é um fato, o conteúdo de uma, duas, várias interpretações não é um fato: é uma opinião, uma atitude proposicional, uma crença, uma esperança, um auspício, um desejo. E os conteúdos das atitudes proposicionals relativas a um objeto (o objeto artístico) são discutidos exatamente com base numa conjectura acerca da natureza daquele objeto. Eles não falsificam a conjectura tanto quanto a conjectura não os falsifica, porque se trata não de um conflito entre uma conjectura e um fato, mas entre duas conjecturas.

E antes de passarmos a outro assunto, liquidemos de vez com um ulterior *idolum fori* de Nanni: critica ele a noção peirciana de abdução substituindo-a pelo termo mágico de "conjectura". Mas os textos são os textos: abdução, hipótese e conjectura são, em Peirce, a mesma coisa, e o são mais ou menos do mesmo modo que é conjectura uma hipótese teórica segundo Popper.

6. Tratemos agora do paralogismo-base, caso típico de *idolum theatri*, fruto do prestígio que um humanista julga adquirir usando terroristicamente citações de homens de ciência. Refiro-me ao uso que

faz Nanni de Karl Popper (que entre outras coisas, vez por outra em seu discurso, mascara-se de Kuhn, seu grande inimigo, e até mesmo de Feyerabend: na verdade, Nanni é um feyerabendiano que acredita ser popperiano – o que é mais perigoso do que um popperiano que acreditasse ser feyerabendiano).

De Popper, Nanni tira uma teoria da pesquisa científica e a usa como se fosse uma teoria científica. A *Lógica da Descoberta Científica* é um discurso filosófico que introduz requisitos aos quais uma determinada teoria científica se deve submeter para ser científica (por exemplo, o critério de falsificação, a proibição de efetuar ajustamentos *ad hoc*, o respeito pelos enunciados observacionais etc.), mas põe em cena conceitos metateóricos que nenhuma teoria científica pode verificar: por exemplo, a própria noção de enunciado observacional, que entre outras coisas é definido como tal apenas com base na hipótese teórica que fixa seus critérios de pertinência, a noção de hipótese, a noção de dedução, a ideia de terceiro mundo, a de verossimilhança das teorias, a própria ideia de lei baseada na constância dos fenômenos, porque num mundo dirigido pelo acaso absoluto e no qual não vale nem mesmo o princípio de identidade não podemos enunciar teorias hoje e depois testá-las amanhã. O conceito metateórico da teoria não é falsificável: como então falsificar o conceito de teoria?

Consequentemente, minhas propostas não têm o estatuto de uma teoria científica: têm, no máximo, o estatuto de uma teoria epistemológica como a de Popper. Nanni trata um discurso de fundamento filosófico como se fora uma teoria científica.

7. Entre os *idola fori* de Nanni um deve ser logo esclarecido. Nanni faz amplo uso do conceito prietiano de pertinência, e será talvez uma feliz coincidência ter Prieto publicado, no mesmo ano do *Tratado*, aquele belíssimo livro que é *Pertinence et pratique*. Prieto tira todo o partido que pode da noção de pertinência, que sempre foi um dos conceitos-chave da tradição estruturalista, mas acrescenta-lhe uma novidade sua: enquanto o estruturalismo fala de pertinência como categoria de uma teoria *emic* dos sistemas de significação, Prieto amplia-lhe o conceito até aqueles aspectos *etic* dos objetos que, num processo de interpretação dos próprios objetos, permitem que o objeto ou alguns de seus aspectos se constituam, de novo emicamente, em classes, no que concerne a práticas.

Ora, a noção de pertinência impregna de tal modo o pensamento semiótico de tradição estruturalista, que podemos dizer que todo o *Tratado faz* largo uso dela, ainda quando a define com outros termos. O propósito que ele enuncia de inserir a pragmática na semântica não quer dizer senão isto: que a pertinência como resultado da interpretação de textos já deve vir inserida na regra de pertinência como categoria constitutiva de sistemas e códigos. Toda a minha teoria do conteúdo fundamenta-se na ideia de que uma dada cultura, com base nas propriedades práticas, pertinentiza as unidades semânticas que julga relevantes e as cadeias de seus interpretantes (p. 116).

Toda a elaboração do modelo semântico reformulado com as suas seleções contextuais e circunstanciais está baseada nas Valencias semânticas das expressões em relação a ângulos de pertinentização. Todo o discurso final sobre semiótica da ideologia está fundamentado na definição de ideologia como priorização, com base numa prática social, de alguns aspectos do conteúdo em detrimento de outros, sem dar-se conta de que uma mesma situação pode comportar outras e contraditórias pertinências.

Diz-nos Prieto que se tenho, sobre a mesa, um cinzeiro de cristal, um copo de papel e um martelo, e a prática que me norteia é a exigência de recolher líquidos, então cinzeiro e copo de papel formam ambos um conjunto em relação ao martelo; e se minha prática me impuser que eu busque um projétil para lançar sobre Nanni toda vez que minhas argumentações não o convençam, então martelo e cinzeiro formam conjunto contra o copo de papel. Mas nunca, jamais, em tempo algum, poderia eu, à luz da prática número um, pertinentizar o martelo como objeto continente. E à luz da prática número dois, a pertinentização do copo de papel é possível, mas modifica a prática: transforma um gesto de ofensa física em gesto de ofensa simbólica.

A pertinência depende do modo como uma cultura encara um objeto sob o ponto de vista de uma prática, mas o objeto não justifica todas as escolhas de pertinência, e sim seleciona-as, admite algumas delas e exclui outras. Nanni suspeita disso na p. 356, mas crê que Prieto queira dizer que nem todas as culturas conseguem ter interesse crítico pelas mesmas obras. Não, Prieto *não* diz que as culturas possam estar desinteressadas de certos objetos. Diz que certos objetos não permitem ser vistos em relação a uma pertinência que *não podem* materialmente exibir.

Passemos agora de Prieto a um filósofo inimigo das constâncias indutivas e com o qual Popper aprendeu muita coisa. Referimo-nos a David Hume, que, num belo ensaio intitulado "A Regra do Gosto", narra um episódio do *Dom Quixote*.

Dois conhecidos provadores são convidados a degustar o vinho de uma mesma cuba, e eis que um deles diz ter sentido gosto de ferrugem, enquanto o outro, sabor de couro velho. Quando, tempos depois, esvazia-se a cuba, descobre-se que, muitos anos atrás, caíra em seu fundo uma chave presa a uma correia de couro. Os gostos são vários, mas há uma regra do gosto. Tivesse alguém decidido que aquele vinho sabia a fel, admitindo-se que usasse a linguagem de modo apropriado, isto é, tencionasse referir-se ao sabor que a maioria dos indivíduos detecta quando bebe fel, livre estaria ele para não gostar do vinho em questão, mas livres também estariam os outros para concordarem sobre o fato de que, à luz dos nossos conhecimentos químicos, aquele líquido continha mosto, álcool, mais algumas moléculas de ferro e couro. O que justificava as duas primeiras degustações com uma certa segurança intersubjetiva e obrigava, quando mais não seja, a suspender o juízo sobre a terceira.

Voltemos agora à minha ideia de idioleto. O idioleto não é a afirmação de que o vinho sabe a ferro, o que já é uma leitura e um juízo crítico. É a afirmação de que o vinho contém ferro, isto é, que exibe um aspecto reconhecível intersubjetivamente, de tal forma que justifica o fato de que *alguém* (e não necessariamente qualquer pessoa) nele identifique um sabor de ferro.

8. Nanni repete várias vezes que, entre uma reflexão filosófica sobre a arte, que é a que em seguida também ele desenvolve em sua *pars construens*, e a pluralidade das leituras críticas, não existe espaço para qualquer coisa que se assemelhe à poética praguense. Não percebe que ao fazê-lo joga fora a única coisa que poderia assemelhar-se aquela proposta de teorias científicas sujeitas à falsificação, que com tanto ardor ele defende em razão de seus *idola theatri*.

O que ora proponho são três polaridades ideais, que posteriormente poderão, na prática, fundir-se de várias maneiras. Trata-se de uma proposta antes de mais nada filosófica, segundo a qual a obra--objeto se institui como matriz de pertinências possíveis. Isto é: proponho que ela deva ter uma regra para as suas próprias manipulações da linguagem, a possibilidade de exibir aos olhos do leitor não apenas pertinências, mas relações contextuais entre tais pertinências. Trata-se de um postulado, de uma ideia reguladora e, nesse sentido, o idioleto postulado jamais é descrito. E a pura possibilidade da descrição conjectural de um objeto físico material, que pode ou não ser visto como algo que exibe pertinências. Ainda não é um idioleto conjecturado, é a proposta de que se devem conjecturar idioletos, isto é, teorias do objeto.

Segue-se uma atividade que eu poderia também chamar de semiótica da arte, não fora pensar que, bem ou mal, esse tipo de atividade ocorre igualmente em outros horizontes metodológicos onde não se faz uso de instrumentos semióticos. Chamemo-la, para irritar Nanni, de "poética", no sentido praguense: análise e descrição de estruturas. Uma análise que nos diga que a cuba contém vinho, ferro, couro. Que o cinzeiro é pesado, profundamente côncavo e de cristal lapidado. E que o conjunto em seu todo individue oposições, pois sem oposição não há pertinência, e vice-versa.

Essa análise jamais poderá ser neutra nem tampouco pura ou ingênua: certamente, estará atenta para pertinentizações possíveis, especialmente se se exercitar sobre convenções semióticas. Essa análise, no entanto, não deve dizer-me quais as pertinências otimais. Deve mostrar-me a estratégia acionada pela obra como matriz de pertinências possíveis.

Vêm, por fim, as leituras individuais ou coletivas, feitas justamente para escolher as pertinências que lhes forem convenientes.

Onde está a crítica? A esta altura, em toda a parte: há formas de crítica, diria eu dogmáticas, que focalizam a obra segundo o traçado de pertinência que lhes é próprio, negando as outras; e há formas de crítica que, no intuito de privilegiarem os aspectos de polivalência de uma obra, incluem em seu próprio trajeto vários aspectos da polaridade semiológico-poética.

A leitura de *Sarrazine* feita por Barthes é uma forma de crítica que é também um exemplo de poética, à maneira praguense, ou de semiologia da literatura. Enquanto leio *S/Z*, posso compreender por que *Sarrazine* pode ser lida de maneira diferente, visto que Barthes me mostra a estratégia textual que permite diferentes percursos interpretativos. A leitura de Maupassant feita por Greimas tem mais a ver com uma análise de poética do que com uma leitura crítica. O modo como Longhi lê o *Sonho de Constantino*, de Piero, representa uma boa página crítica, mas também me dá uma chave para compreender de quantos modos diferentes pode o afresco ser abordado, dependendo de que se pertinentizem as relações geométricas, ou se privilegiem as referências iconográficas, ou de que se dê atenção à cor.

E no entanto, malgrado as comissões práticas, os três polos têm estatutos epistemológicos distintos. Porque o primeiro, no qual se assume a presença de um idioleto como ideia reguladora, não permite falsificações. O terceiro não representa senão uma série de leituras alternativas, nas quais, em princípio, uma equivale à outra. E no polo do meio que se impõem alguns dos requisitos próprios da ciência. Porque hipotizar uma regra construtiva é propor uma teoria explicativa das várias leituras possíveis. E podem intervir leituras que revelem o quanto é insuficiente o idioleto hipotizado.

Nesse sentido, não se espante Nanni ao ver-me falar do idioleto como de algo a ser encontrado, mas que é definido através de um número infinito de aproximações. Aquilo que a ele parece uma contradição é, muito pelo contrário, o que acontece com as teorias científicas de que fala Popper, para quem: (a) uma teoria deve ser proposta; (b) existem várias teorias e elas competem entre si: (c) o número de teorias possivelmente verdadeiras permanece infinito (1975, tr. it., p. 34). Mas essas inumeráveis teorias não são as inumeráveis leituras de Nanni: são as descrições do objeto como possibilidades de leituras mesmo contrastantes, inclusive com discriminação das "lunáticas".

Com efeito, Popper admite que um enunciado como *é possível que futuramente se possa fazer tal leitura deste objeto* não é falsificável, embora não seja mau emiti-lo. Mas admite que um enunciado (proposto por Russell) como *sou um ovo encamisado*, dito por um lunático, possa ser falsificado. Pelo quê? Imagino que por observações sobre o indivíduo que enuncia. Assim também, argumento eu, um enunciado como *encontro no texto tal a pertinência tal* pode ser julgado lunático com base num exame do texto.

Diz Virgílio nas *Geórgicas* (III, 82) que, via de regra, os cavalos de cor glauca estão entre os melhores. O dicionário informa que, no latim, *glaucus* estava por azul, azul-verde, cinza-azul. Aulo Gélio, ao comentar esse texto diz, que, em vez de *glaucus*, Virgílio também teria podido usar *caerulus*, que é comumente relacionado com o mar, o céu, mas que em Juvenal também se refere ao pão preto. Será que posso ler Virgílio como se ele transmitisse ou sugerisse uma visão psicodélica do universo ou apresentasse os cavalos à maneira de Franz Marc? No *corpus* virgiliano encontro outras anomalias cromáticas: por exemplo, refere-se aos cabelos de Dido, às folhas da oliveira, às águas do Tibre, ao mármore. Um tradutor de Aulo Gélio traduz *glaucus* como esverdeado, enquanto os intérpretes de Virgílio sugerem que ele se refere a um malhado pardo-cinza. E Virgílio, diz-nos o cotexto, está falando de belos cavalos, mas de cavalos normais, não de visões LSD.

Uma exploração mais acurada do *corpus* virgiliano deveria dizer-me (hipotizo) que Virgílio, em suas descrições cromáticas, jamais se refere a segmentos precisos do espectro, em termos de pigmentação e comprimento de onda, mas a percepções sob condições particulares de luz e, portanto, seus termos cromáticos indicam sempre situações cambiantes, revérberos, suposições de cor. Bom procedimento de desautomatização ou uso ambíguo das expressões para tornar difícil e polivalente a atualização dos conteúdos. Com base em minha conjectura idioletal, o que agora sei não é o modo pelo qual um leitor poderia atualizar as sugestões de Virgílio. Aquele cavalo pode ser interpretado de muitos modos. O que sei é que Virgílio exclui uma leitura espectral, ele não quer dizer-me que aquele cavalo é azul como o azul da bandeira francesa, ou verde como o verde da italiana. Sei que o poeta trabalhou para tornar minha leitura oximórica; tenho, no texto confrontado com a enciclopédia, a chave de ferro que explica o porquê dos sabores que seu vinho pode oferecer, mas também sei que o *glaucus* virgiliano não deve ser entendido como cor pura, fundamental e berrante. Não são as leituras que falsificam o idioleto, são as conjecturas sobre o idioleto que discriminam as leituras.

A diferença entre a conjectura sobre um fenômeno das ciências empíricas e aquele fenômeno que é um objeto artístico está, porém, com frequência, no fato de que uma teoria científica faz conjecturas não só acerca da estrutura de um objeto (o átomo de Bohr) mas também sobre sua existência (os átomos existem?), que é hipotizada apenas por inferência de outros fenômenos. Na arte, ao contrário, *verum ipsum factum*: não só o objeto está materialmente presente na sua materialidade ainda assemiósica, como diz acertadamente Nanni, antes que o nosso olhar o faça falar, como estão presentes também, ainda que apenas num nível de materialidade diversa (o *terceiro mundo* das bibliotecas de que fala Popper, ou seja, a cadeia dos interpretantes e a enciclopédia), as convenções culturais, à luz das quais há que fazer falar o objeto. Quando Dante escreve *luce*, não só está materialmente presente a expressão grafemática, como existem, de forma incontrolável, as interpretações que a cultura medieval dava ao termo *luz*.

Todavia, se bem que intersubjetivamente controlável, a conjectura idioletal é inexaurível: em parte como nas teorias científicas, essa inexauribilidade, essa infinita aproximabilidade qualifica algumas conjecturas como melhores. Diz Popper que "a teoria de Newton contradiz tanto a teoria de Kepler quanto a de Galileu – embora as explique, visto que as contém como aproximações" (1975, trad. it., p. 36).

As que antes pareciam descrições de idioletos tornam-se agora leituras à luz de uma descrição ou teoria mais abrangente. Mas a hipótese heliocêntrica é mais interessante do que a hipótese geocêntrica não só porque explica melhor os fenômenos, mas porque explica também as ilusões perceptivas que induziam os antigos à hipótese geocêntrica.

Exceto que, diante do objeto artístico, temos sobretudo a impressão de que, de um lado, a conjectura idioletal controla as interpretações e, do outro, as interpretações controlam a conjectura, ao passo que, na teoria científica, a falsificação parece vicejar em meio a enunciados observacionais (muito dúbios, aliás, em sua autonomia).

Nanni critica essa posição, acusando-a da circularidade. Exato. O mesmo, ao que parece, ocorre nas ciências humanas; daí por que Spitzer falara em círculo filológico. Panofsky enunciou conceito análogo: o círculo hermenêutico, corretamente entendido, é exatamente isso, e corretamente entendido é até mesmo capaz de discriminar entre leituras possíveis e leituras lunáticas.

Destarte, um idioleto mais abrangente deve substituir outro menos abrangente a fim de justificar também as leituras limitadas que este pressupunha.

As leituras do Paraíso dantesco feitas por De Sanctis e Croce não podiam ter presentes certos textos sobre a cultura medieval que só foram descobertos nos anos quarenta deste século por Edgar de Bruyne. Agora dispomos de maiores conhecimentos sobre a enciclopédia medieval e sobre a reatividade dos medievais a uma metafísica da luz. A esta altura podemos dizer que as leituras romântico-idealistas, que viam mais substância humana no Inferno, eram justificadas e continuam sendo justificáveis para uma época que decida que as emoções e paixões são mais humanas do que a percepção de teofanias e entenda a arte apenas como intuição dessas humanas emoções. Hoje, porém, também sabemos que na Idade Média existiam paixões físicas e teologais, que para a enciclopédia medieval certas oposições de termos cromáticos remetiam a valores abstratos, mas já então dotados de um profundo vinco pulsional, sendo, portanto, também legítima uma leitura do Paraíso que não o veja mais abstrato ou mais retórico ou mais doutrinário do que o Inferno. Nós agora sabemos, sobre as estratégias objetivas do texto *Divina Comédia*, mais do que Croce e De Sanctis, e quiçá um pouco menos do que os contemporâneos de Benvenuto de Imola – razão mais do que suficiente para continuarmos as pesquisas sobre a cultura medieval, individuando, assim, novas pertinências capazes de serem ativadas à luz de outras práticas de leitura.

Por que insisto tanto sobre o dever, e digo "dever", de tentarmos individuar uma regra que justifique a multiplicidade das interpretações? É Nanni quem me diz, à p. 175, que eu tentaria salvar a cabra da linguisticidade da obra de arte e, junto, as couves das diversas pertinências a que a reduz o leitor: se por linguisticidade se entende a asserção de que deve existir uma estratégia do texto estético e que essa estratégia deve poder ser conjecturada, então a acusação é justa, e eu a assumo como título de glória. Que devo fazer, visto que de um lado tenho um objeto material, do outro a pluralidade das leituras e, por sorte, no meio, tenho sistemas de convenções, códigos comuns, normas intertextuais, que me dizem como, à luz de uma determinada enciclopédia, aquele objeto material pode ser transformado numa série de interpretações? Sem o olhar de uma cultura voltado para a obra, diz Nanni, o objeto é pura matéria a-semiósica. De acordo, nem a semiótica jamais disse outra coisa, mas não só a respeito da obra de arte, e sim de qualquer tipo de expressão; já o sabiam até mesmo os estoicos: para o bárbaro que não conhece as convenções linguísticas, o significante é puro som.

Com o olhar de uma cultura, diz Nanni, o objeto transforma-se naquilo que aquela interpretação o faz transformar-se: por isso a *Divina Comédia* de Croce e a de Eliot são dois objetos distintos. Muito bem, é sobre esse ponto que Nanni deve ser contestado. Se a *Divina Comédia* é um objeto interessante, ela o é exatamente porque, sendo um mesmo objeto, pode produzir duas interpretações diferentes. Se é apenas a interpretação que legitima o objeto, por que interessar-me ainda por Dante? Basta que eu me interesse por Croce e por Eliot. Por que então Nanni relê Dante, se é que o faz? Para criar um terceiro objeto do qual só a perspectiva de resenha já me apavora? Ou para ver não apenas se a interpretação de Croce seria mais convincente que a de Eliot, mas se por ventura não estariam ambas bem resolvidas, e graças, exatamente, à flexibilidade da estratégia dantesca?

Nanni sabe muito bem que, tomando o caminho que toma, vamos dar num relativismo niilista que não me parece constar de suas intenções: porque neste ponto, já que nada estabelece a maior ou menor probabilidade de uma interpretação, como discriminarei entre a *Nona* executada por Karajan e a executada pela orquestra municipal de Caixa-Pregos? Não peço que ele escolha entre Karajan e Lorin Maazel, já sei que a resposta seria que uma interpretação vale a outra, com o que concordo inteiramente. Peço-lhe, no entanto, que escolha entre uma ária cantada por Mirella Freni e a mesma ária cantada por uma dona de casa, cheia de ilusões e desafinada, num programa de calouros da tevê. Existe, no horizonte metodológico de Nanni, a noção de má execução? E se existe, qual o parâmetro de discriminação?

Pergunta Nanni: "Que minha mãe não está capacitada para discorrer criticamente sobre os versos de Gertrud Stein? Pode ser, mas parece-me que, para Eco, admiti-lo é excessivamente perigoso". Não sei se é perigoso. Confio, isso sim, na moderação da mãe de Nanni mas, embora sem conhecê-la, deixem-me suspeitar, em princípio, que ela possa *não* estar capacitada. Eu por exemplo, não estou capacitado para discorrer criticamente sobre os versos de Rustaveli porque não leio o georgiano.

Porque se, a essa altura, a gente sai por aí afirmando que não é a obra que conta mas a livre pulsionalidade de suas leituras, a *jouissance* de quem lê, então o jogo da deriva continua. Posição legítima, mas que anula qualquer discurso sobre a arte. Porque, prevalecendo o polo da legitimidade pulsional qualquer que seja o objeto sobre o qual a pulsão se exercita, o que conta é o jogo da pulsão. É isso o que diz Nanni?

Ou então o discurso sobre a arte se anula no sentido de que o assunto em pauta é a série histórica das leituras, vistas como documentos de antropologia cultural. Escolha legítima. Mas não me parece que Nanni queira percorrê-la em profundidade. Ou melhor, percorre-a contraditoriamente, porque em sua *pars construem* parece, de um lado, propender naquela direção quando escreve: "Você não pode dizer, hoje, se uma interpretação crítica de uma obra de arte é mais verdadeira do que outra, tomando como critério de verdade a verdade – note-se – desconhecida da obra mesma" (p. 322). Mas em seguida introduz uma rajada de noções como conjectura, símbolo, necessidade profunda (p. 338) que ligaria o objeto artístico às pertinências em que as leituras o retalham, ligação profunda entre aquilo que vem à luz e aquilo a partir do que algo vem à luz, um sentido que obscurece o objeto a-semiósico mas que o legitima como ressurgido com base numa não menos imprecisa "necessidade poética" (p. 334). E assim, devagarinho, após haver aflorado as praias perigosas mas pelo menos explícitas do relativismo absoluto e da deriva pulsional, Nanni retorna, como *pars construens*, a uma ontologia da obra de arte, onde de um lado está a cabra das infinitas leituras, mas de outro está como sempre, salva *in extremis*, a couve. Só que dessa couve não se pode conjecturar uma regra, e dizer por que nutre a cabra, e por que – caso se submeta a cabra a exames químicos -nela se acharão vestígios de couve e não de caviar. A couve de Nanni não tem regra, mas como nada é puro, ela tem, sei lá eu, um flogisto, uma *virtus dormitiva*, uma *vis movendi* que a anima, mas de que não se deve falar. Por que nos estafarmos empós o pequenino verso? "Melhor faz quem o esquece e não questiona, esse enorme mistério do universo!"

É isso o que quer dizer Nanni? É essa a sua resposta a uma suposta semiótica que se enreda em círculos e não resolve o problema da inefabilidade? Se for, e se achei a citação certa, não há dúvida de que Nanni está na senda de uma das mais veneráveis tradições do ateneu bolonhês. Mas não a única, afortunadamente.

3.3. SOBRE A INTERPRETAÇÃO DAS METÁFORAS

3.3.1. Geração e Interpretação

É difícil proporemos uma teoria gerativa da metáfora que não seja em termos de laboratório (cf., por exemplo, Eco, 1975, 3.8.3.). Como com qualquer outro fenômeno contextual, sempre nos vemos diante da manifestação linear de um texto que *já está ali* (cf., igualmente, Segre, 1974, 5).

Quanto mais original tiver sido a invenção metafórica, tanto mais sua geração terá violado cada um dos hábitos retóricos precedentes. É difícil produzir uma metáfora inédita com base em regras já adquiridas, e toda e qualquer tentativa no sentido de prescreverem-se regras para produzir uma *in vitro fará* com que se gere uma metáfora morta, ou excessivamente banal. O mecanismo da invenção continua para nós, em larga escala, desconhecido, e é frequente um falante produzir metáforas por acaso, levado por uma incontrolável associação de ideias, ou por erro.

Já mais razoável, ao que parece, seria analisar o mecanismo com base no qual as metáforas são *interpretadas*. Só analisando as fases de um procedimento interpretativo é possível elaborar algumas conjecturas sobre as fases de sua geração.

O intérprete ideal de uma metáfora deveria sempre colocar-se na posição do observador que com ela depara pela primeira vez (Henry, 1983, 9). Dada uma catacrese como *a perna da mesa*, só se a considerarmos como se estivesse sendo inventada pela primeira vez é que poderemos compreender por que, nos termos richardsianos, exatamente aquele veículo está para aquele teor – e portanto, por que o inventor da catacrese escolheu *pernas* ao invés de *braços*. Só redescobrindo desse modo a catacrese, somos induzidos, contra cada um dos nossos automatismos linguísticos precedentes, a ver uma mesa humanizada.

É preciso, portanto, que nos aproximemos de uma metáfora ou de um enunciado metafórico partindo do princípio de que existe um *grau zero* da linguagem – em relação ao qual até mesmo a catacrese mais surrada se torna felizmente aberrante. O fato de que uma metáfora esteja morta diz respeito à sua história sociolinguística, não à sua estrutura semiósica, à sua gênese e à sua possível reinterpretação.

3.3.2. Grau Zero e Significado Literal

Mas será mesmo que existe um grau zero, podendo-se, portanto, traçar uma diferença nítida entre significado literal e significado figurativo? Nem todos, hoje, estariam de acordo com uma resposta afirmativa (cf., para os debates mais recentes, Dascal, 1987, pp. 259-269). Outros sustentam que, apesar de tudo, continua sendo possível assumir uma noção estatística de significado literal como um grau zero relativo aos contextos (Cohen, 1966, p. 22; Ricoeur, 1975, pp. 180 e ss.), quiçá construídos artificialmente (Genette, 1966, p. 211; Groupe, 1970, pp. 30 e ss.). Esse grau zero deveria corresponder ao significado aceito em contextos técnicos e científicos. É difícil estabelecermos se *olhos luminosos* deva ser entendido literalmente, mas se perguntarmos a um eletricista ou a um arquiteto o que entendem por *luminoso*, responderão que um corpo luminoso é aquele que emite luz própria e um ambiente luminoso é um espaço que recebe luz solar ou artificial. Não por acaso também os dicionários comunicam um significado do gênero em primeiro lugar e registram acepções figuradas apenas como definições secundárias.

É na presunção de que um significado literal seja identificável que se baseiam Beardsley (1958), Hesse (1966), Levin (1977), Searle (1980) e outros quando sugerem que, para interpretar metaforicamente um enunciado, o destinatário deve reconhecer sua absurdidade: se ele fosse entendido no sentido literal, teríamos um caso de anomalia semântica (*a rosa desmaia*), uma autocontradição (*a fera humana*) ou uma violação da norma pragmática da qualidade e, portanto, uma asserção falsa (*este homem é uma fera*).

É verdade que há casos em que uma expressão metafórica parece apresentar-se como literalmente aceitável. Examinemos, por exemplo, os primeiros versos de *Le cimetière marin*, de Paul Valéry.

> Ce toit tranquille, où marchent des colombes,
> Entre les pins palpite, entre les tombes;
> Midi le juste y compose de feux
> La mer, la mer, toujours recommencée!

Valéry introduz no primeiro verso um enunciado que poderia ser entendido literalmente, visto que não existe nenhuma anomalia semântica na descrição de um telhado sobre o qual andejam pombas. O segundo verso diz que esse telhado palpita, mas a expressão poderia sugerir apenas (desta feita metaforicamente) que o movimento das aves provoca a impressão de um movimento do telhado. E só no quarto verso, quando o poeta afirma encontrar-se em frente ao mar, que o primeiro verso se torna metafórico: o telhado tranquilo é o mar, e as pombas são as velas dos batéis. Porém neste caso está claro que, enquanto a menção ao mar não aparece, ainda não existe metáfora. O contexto, ao introduzir subitamente o mar, estabelece anaforicamente uma implícita similitude, e induz o leitor a reler o enunciado precedente de modo que este se lhe apresente como metafórico.

No início da *Divina Comédia*:

> Nel mezzo del cammin di nostra vita
> mi ritrovai per una selva oscura,
> che la diritta via era smarrita,

o segundo e o terceiro versos podem ser lidos tranquilamente em sentido literal porque não há nada de absurdo no fato de que alguém se perca num bosque.

Mas esses dois versos surgem em primeira instância como perfeitamente gramaticais e semanticamente bem formados porque, na realidade, não constituem uma metáfora, e sim uma alegoria. De fato, é típico das alegorias suportar uma leitura literal (tanto que lemos literalmente muitas alegorias das quais se perdeu a chave interpretativa). Só nos decidimos por interpretar uma sequência de enunciados como discurso alegórico porque, de outro modo, ela violaria a máxima conversacional da relevância (cf. Grice, 1967), visto que o autor narra, com excessiva riqueza de pormenores, eventos que não parecem essenciais ao discurso e, portanto, induz a suspeitar que suas palavras tenham um segundo sentido (a segunda razão pela qual se pode geralmente individuar a alegoria é que o discurso alegórico faz uso de imagens já codificadas, reconhecíveis como alegóricas).

No momento em que a alegoria é reconhecida como tal, são as imagens por ela descritas, e não os signos verbais evocadores dessas imagens, que passam a assumir estatuto metafórico. E eis então por que, no texto dantesco, já agora em pleno universo do suprassentido, ser-nos-á legitimamente concedido o direito de atribuir um valor metafórico também à escura selva. Consequentemente: o terceiro verso permitirá que se interprete *via* como comportamento moral e *diritta* como "segundo a lei divina".

3.3.3. A Metáfora como Fenômeno de Conteúdo e a Enciclopédia

A metáfora não institui uma relação de comparação entre os referentes, e sim de identidade sêmica entre os conteúdos das expressões, e só de modo mediato pode referir-se ao modo pelo qual consideramos os referentes. As tentativas de aplicar à metáfora uma lógica formal dos valores de verdade não explicam seu mecanismo semiótico (cf. Eco, 1984, 3.10). Se a substituição metafórica dissesse respeito a uma relação qualquer entre objetos do mundo, não poderíamos compreender o *Cântico dos Cânticos* quando recita

Teus dentes são como um rebanho de ovelhas a sair do lavadouro,

ou Eliot (*The Waste Land*, 1, 84), quando diz:

I will show you fear in a handful of dust.

O sorriso de uma bela jovem em nada se parece com um rebanho de ovelhas a saírem, balindo, da água onde se banharam, e seria difícil dizer em que sentido o medo que experimento ou que posso ter experimentado seja semelhante a um punhado de pó. A interpretação metafórica trabalha sobre *interpretantes* (cf., também, Eco, 1984), isto é, sobre funções sígnicas que descrevem o conteúdo de outras funções sígnicas. É óbvio que os dentes não são brancos no sentido em que as ovelhas são brancas, mas basta que a cultura interprete ambos através do predicado expresso pela palavra *branco* para que a metáfora possa trabalhar sobre uma similaridade. Trata-se, porém, de similaridade entre propriedades de dois sememas, não de similaridade empírica. Sendo assim, a interpretação metafórica, na medida em que deve hipotizar modelos de descrições enciclopédicas e tornar pertinentes algumas propriedades, não descobre mas *constrói a similaridade* (cf., também, Black, 1962, p. 37; Ricoeur, 1975, p. 246; Lakoff e Johnson, 1980, p. 215). Só depois que a metáfora nos obrigou a procurar alguma semelhança entre o medo e o *handful of dust* é que essa semelhança se realiza. Antes de Eliot, essa semelhança não existia.

A metáfora não substitui referentes, mas tampouco substitui expressões. A retórica clássica falava de metáfora como de substituição de termos e de figura *in verbis singulis*, mas o Groupe μ classificou oportunamente a metáfora entre os metassememas, figuras do conteúdo, opostas a figuras da expressão como os metaplasmos e as metáteses.

A metáfora não substitui expressões porque frequentemente coloca duas expressões, e ambas *in praesentia*, na manifestação linear do texto. O primeiro verso de Dante e o verso de Eliot são quase uma comparação: a vida é como um caminho e o medo é como um punhado de pó.

A interação metafórica ocorre entre os dois conteúdos. A prova desse princípio é fornecida pela forma mais elementar de substituição metafórica, a catacrese. Uma catacrese como *a perna da mesa* serve para fazer de uma função sígnica (expressão + conteúdo) uma expressão para nomear outro conteúdo ao qual a língua não forneceu uma expressão correspondente (seria preciso interpretá-lo através de uma cansativa paráfrase, uma cadeia de instruções técnicas, uma representação visual, ou uma ostensão).

As análises mais desenvolvidas do mecanismo metafórico parecem ser aquelas capazes de descrever o conteúdo em termos de componentes semânticas. O *caminho da vida* é uma metáfora porque *vida* contém uma marca de temporalidade enquanto *caminho* contém uma marca de espacialidade. Graças ao fato de que ambos os lexemas contêm uma marca de "processo" ou de "transição de x a y" (sejam eles pontos do espaço ou momentos do tempo), a metáfora torna-se possível por uma transferência de propriedade (*feature transfer*) ou por uma transferência de categoria (cf. Weinreich, 1966 e Goodman, 1968). A expressão *no meio* não seria metáfora se o caminho fosse entendido num sentido espacial, mas a coocorrência textual de *de nossa vida* impõe a transferência de uma marca espacial para o quadro da categoria da temporalidade – daí por que também o tempo se torna um espaço linear com um ponto mediano e duas extremidades.

Todavia, se a representação semântica existisse apenas sob forma de dicionário, registraria somente propriedades analíticas, excluindo as sintéticas, ou seja, as propriedades que implicam um conhecimento do mundo (cf. Eco, 1984, p. 2). Portanto, *vida* seria definida por um dicionário como "processo que consiste num decurso temporal", com exclusão do fato de que possa ser rica de alegrias ou de dores, e *caminho* como "processo que consiste numa translação espacial", com exclusão do fato de que possa ser aventuroso ou arriscado:

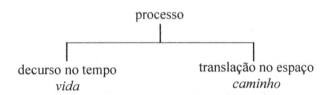

Um dicionário só pode registrar relações entre hipônimos e hiperônimos, ou relações do gênero para a espécie que permitem inferir relações de *entailment*: se há decurso no tempo, então há processo. Todavia, com base nesse modelo só podemos construir sinédoques do tipo *pars pro toto* ou *totum pro parte*.

Compreende-se, assim, por que Katz (1972, p. 433) sustenta que a interpretação retórica só trabalha sobre a representação da estrutura de superfície e sobre sua representação fonética. Para Katz, estruturada mediante dicionário, a representação do significado deve tratar somente de fenômenos como anomalia semântica, sinonímia, analiticidade, *entailment* etc. Nessa teoria do significado, usar o hiperônimo pelo hipônimo não incide sobre o significado profundo do enunciado.

Diferente seria o caso da metáfora que Aristóteles (*Poética*, 1457b 1-1458a 17) chamava de terceiro tipo, na qual temos uma transferência de espécie para espécie (ou de hipônimo para hipônimo) através da mediação do gênero (ou do hiperônimo). Mas mesmo nesse caso a comparação entre *vida* e *caminho* teria unicamente a função de lembrar que a vida é um processo. Com efeito, a comparação torna-se interessante quando pensamos que, para o homem medieval, o conceito de viagem estava sempre associado ao de longa duração, de aventura ou de risco mortal, propriedades essas definíveis como sintéticas, enciclopédicas. De fato, quando os teóricos da metáfora se referem a essa estrutura de três termos dão exemplos como o *dente da montanha*, já que tanto *dente* quanto *cume* pertencem ao gênero "forma pontiaguda e cortante". Está claro, todavia, que esse exemplo não postula uma simples representação mediante dicionário. Na passagem entre *dente* e *cume*, temos alguma coisa além da passagem através do gênero comum. Em termos de dicionário, *dente* e *cume* não têm nenhum gênero comum, e a propriedade de serem "aguçados" não é, de maneira alguma, uma propriedade dicionarial. A metáfora funciona porque se escolheu, entre as propriedades periféricas de ambos os sememas, um traço comum que foi erigido em gênero apenas para aquele contexto em particular.

Mesmo que a metáfora seja interpretada como proporção, ela só pode ser explicada em termos de dicionário em casos como *o caminho de nossa vida* (a viagem está para o espaço assim como a vida está para o tempo). Mas os exemplos interessantes de metáforas de quarto tipo propostos por Aristóteles não são reportáveis a modelos dicionariais. O escudo é *a taça de Ares*; e a taça é *o escudo de Dionísio*, mas em termos de dicionário taça e escudo só seriam intercambiáveis dado ao fato de ambos serem espécies do gênero "objeto", o que não explica a metáfora. Importa, porém, considerar antes de mais nada que – sob certa descrição – ambos são objetos côncavos. Mas nesse ponto o interesse das duas metáforas não reside no fato de que escudo e taça possuem uma marca em comum mas no fato de que, com base nesse traço comum, o intérprete é, em seguida, atingido pela diferença existente entre eles. Com base na similaridade, descobre-se a contradição entre as propriedades de Ares, deus da guerra, e as de Dionísio, deus da paz e da alegria (e não entre as propriedades do escudo, instrumento de batalha e defesa, e as da taça, instrumento de prazer e embriaguez). Só nesse ponto a metáfora permite uma série de inferências que lhe ampliam o sentido. Mas para poder prever ou permitir tais inferências ela deve postular não um dicionário e sim uma enciclopédia. Segundo Black (1962, p. 40), na metáfora *o homem é um lobo*, o leitor não tem tanta necessidade da definição dicionarial de lobo quanto de um sistema de lugares-comuns associados a esse animal.

Dante não diz apenas que a vida é como uma viagem, mas também que ele, Dante, está com 35 anos de idade. A metáfora postula que entre os nossos conhecimentos enciclopédicos sobre a vida também haja uma informação sobre sua extensão média. Bierwisch e Kiefer (1970, pp. 69 e ss.) sugerem representações enciclopédicas onde um item lexical considere um "núcleo" e uma "periferia". Na representação periférica de *colher* deveria também estar registrado o seu formato médio. Só desse modo é possível reconhecer que um enunciado como *tinha uma colher grande como um enxadão* não deve ser entendido em sentido literal, pois representa uma hipérbole.

A propósito dos versos de Salomão, se entendêssemos *ovelha* apenas como "mamífero ovino", não compreenderíamos a beleza da metáfora. Para captá-la cumpre-nos realizar algumas inferências muito complexas: (a) decidir que rebanho é um *mass-noun* que deve registrar uma marca como "pluralidade de indivíduos iguais"; (b) lembrar que para a estética antiga um dos critérios da beleza era a unidade na variedade (a *aequalitas numerosa*); (c) atribuir às ovelhas a propriedade "branco"; (d) atribuir aos dentes a propriedade de serem úmidos. Só nesse ponto, também a umidade dos dentes, brancos e cintilantes de saliva, interage com a umidade das ovelhas que saem da água (marca inteiramente acidental imposta *ad hoc* pelo contexto).

Como vemos, para obter esse resultado interpretativo foi necessário ativar apenas algumas propriedades (entre as mais periféricas), enquanto todas as demais foram narcotizadas (sobre esses processos de magnificação e narcotização de propriedades, empregados em todos os atos de cooperação interpretativa, cf. Eco, 1979). Dado o contexto, escolheram-se alguns traços pertinentes e o intérprete selecionou, enfatizou, suprimiu e organizou aspectos do assunto principal inferindo sobre ele observações que habitualmente se aplicam ao assunto subsidiário (Black, 1962, pp. 44-45)[11].

3.3.4. *Metáfora e Mundos Possíveis*

Definir a metáfora como fenômeno de conteúdo induz a pensar que ela tenha apenas uma relação mediata com a referência, não podendo esta ser assumida como parâmetro de sua validade. Mesmo quando se diz que toda expressão metafórica é identificada como tal porque, interpretada ao pé da letra, pareceria absurda e falsa, não é necessário pensarmos numa falsidade "referencial", e sim numa falsidade (ou incorreção) "enciclopédica". Expressões como *a rosa derrete-se* e *este homem é uma fera* tornam-se inaceitáveis com base nas características que a enciclopédia reconhece como próprias da rosa e dos homens. Até em caso de expressões demonstrativas, como *esse é uma fera*, é só depois de havermos compreendido a referência que inferimos a absurdidade do conteúdo veiculado ("este ser humano é um ser não humano"). Assim também, embora os unicórnios não existam, acharíamos semanticamente anômala a expressão *os unicórnios são cândidas labaredas no bosque*: em nossa enciclopédia os unicórnios têm a propriedade de serem animais e, portanto, é literalmente absurdo dizer que sejam labaredas (sem falar no oxímoro *cândidas*). Só depois dessa reação interpretativa é possível decidir se a leitura do enunciado deve ser metafórica.

Um modo de recuperar o tratamento referencial da metáfora consiste em sustentar (cf., por exemplo, Levin, 1979) que o veículo metafórico deve ser entendido literalmente, mas projetando seu conteúdo sobre um mundo possível – que constitui o seu teor. Interpretar as

---

11. Sobre outras operações exigidas pela interpretação metafórica, cf. Searle, 1980, pp. 103 e ss.

metáforas consistiria em imaginar mundos nos quais as rosas se liquefazem e os unicórnios são labaredas cândidas. Mas, se adotássemos essa tese, a metáfora do *Cântico dos Cânticos* falar-nos-ia de um universo fantástico onde os dentes de uma jovem são *realmente* um rebanho de ovelhas.

Posta de parte a dificuldade da conclusão, o fato é que uma expressão metafórica jamais assume a forma de uma contrafação, nem impõe um pacto ficcional com base no qual se assuma que quem fala não tem a intenção de dizer a verdade. Salomão não diz "se os dentes da jovem fossem um rebanho de ovelhas..." e nem mesmo "era uma vez uma jovem dessa e daquela maneira". Ele diz que os dentes da jovem têm algumas das propriedades de um rebanho de ovelhas e pretende ser levado a sério. Naturalmente, sua afirmação deve ser levada a sério no contexto de um determinado discurso que responde a algumas convenções poéticas mas, dentro desse discurso, Salomão tenciona dizer algo verdadeiro sobre a jovem por ele celebrada. Concordamos em que as propriedades do rebanho de ovelhas a que se refere Salomão não são as mesmas que ele descobriria no decorrer de sua experiência mas aquelas que a cultura poética de seu tempo havia atribuído a um rebanho de ovelhas (símbolo de brancura e de *aequalitas numerosa*), mas por outro lado caberia perguntar se não seriam tais pressupostos culturais que na verdade o induziriam a ver as ovelhas desse modo. "Algumas metáforas tornam-nos capazes de ver aspectos da realidade que a produção mesma de metáforas ajuda a constituir. O que não é, porém, de espantar se pensarmos que o mundo é indubitavelmente o mundo sob uma certa descrição e um mundo visto dentro de uma certa perspectiva. Certas metáforas podem criar tal perspectiva" (Black, 1972, pp. 39-40).

3.3.5. A Metáfora e a Intenção do Autor

Se a metáfora não diz respeito aos referentes do mundo real nem ao universo doxástico dos mundos possíveis, já que para muitos é difícil falar em conteúdo sem levar em conta representações mentais e intenções, o que então prevalece é a tese de que a metáfora lida com algo que concerne à nossa experiência interior do mundo, e aos nossos processos emotivos.

Note-se que isso não significa afirmar que uma metáfora, uma vez interpretada, produza uma resposta emotiva e passional. Fosse esse o caso e o fenômeno seria inegável, constituindo-se em objeto de estudo para uma psicologia da recepção. Mas mesmo assim ainda restaria perguntar com base em que interpretação semântica respondemos emotivamente ao enunciado-estímulo.

A tese que levantamos é mais radical e diz respeito ao percurso gerativo da metáfora. Segundo Briosi (1985), as metáforas criativas nascem de um choque perceptivo, de um ato de intencionamento do mundo que precede o trabalho linguístico e o motiva. Ora, é inegável que, amiúde, metáforas novas são criadas exatamente para relatarem uma experiência interior do mundo nascida de uma catástrofe da percepção. Mas se devemos falar das metáforas como de textos *já dados*, e só através da interpretação delas for possível extrair conjecturas sobre o processo de sua geração, fica difícil dizer se o autor terá tido antes uma experiência psicológica e depois a tenha traduzido em linguagem, ou se terá tido antes uma experiência linguística e em seguida tenha dela extraído uma diferente disposição para ver o mundo. Uma vez interpretada, a metáfora certamente nos dispõe a ver o mundo de modo diverso, mas para interpretá-la cumpre-nos perguntar não *por quê* mas *como* ela nos mostra o mundo desse novo modo.

É indubitável que compreender uma metáfora nos leva também – depois – a compreender por que seu autor a escolheu. Mas esse é um efeito que se segue à interpretação. O mundo interior do autor (como Autor-Modelo) é uma construção resultante do ato de interpretação metafórica, não uma realidade psicológica (inatingível fora do texto) que motiva essa mesma interpretação.

Essas observações induzem-nos a considerar o problema da intenção do emissor. Segundo Searle (1980), a metáfora não depende do *sentence meaning*, mas do *speaker's meaning*. Um enunciado é metafórico porque seu autor entende que assim o seja, não por razões internas de estrutura enciclopédica.

Ora, não há dúvida de que, dados os enunciados *aquilo é cabra de qualidade* e *este é um bom pé de cabra*, depende da intenção de o emissor usá-los para indicar ou um ser humano e uma ferramenta de arrombador, ou um animal e uma de suas patas. Portanto, a interpretação metafórica dependeria de uma decisão quanto à intenção do falante. Mas lidos para um ouvinte de nível médio, num fragmento de carta fora de todo contexto, esses dois enunciados já seriam expressões abertas a duas interpretações, uma literal e outra metafórica.

Ninguém põe em dúvida que o falante que usa uma das duas expressões citadas, em um de seus respectivos sentidos, tenha a intenção de encorajar ou não sua leitura metafórica. Isso, porém, não significa que a intenção do falante seja discriminante para o reconhecimento da metaforicidade de um enunciado. *Sherlock Holmes é um cão de fila* prevê uma leitura metafórica por força do hábito conotativo (e nesse caso certamente também porque, se o entendêssemos literalmente, incorreríamos numa anomalia semântica), independentemente das intenções do falante. Já numa história de Walt Disney, o fato de a expressão *Pluto é um cão de fila* poder ser enunciada em sentido literal dependerá do mundo possível de referência (e no caso teríamos não uma metáfora mas uma assertiva literal), e não das intenções de Mickey Mouse.

A interpretação metafórica nasce da interação entre um intérprete e um texto metafórico, mas o resultado dessa interpretação é permitido tanto pela natureza do texto quanto pelo quadro geral dos conhecimentos enciclopédicos de uma certa cultura e, em linha de princípio, não lida com as intenções do falante. Um intérprete pode tomar a decisão de considerar metafórico qualquer enunciado, desde que sua competência enciclopédica lho permita. Portanto, é sempre possível interpretar *Toda manhã João come sua maçã* como se João cometesse de novo, e diariamente, o pecado de Adão. O critério de legitimação só pode ser dado pelo contexto geral no qual o enunciado aparece. Se o *topic* for a descrição de uma refeição matinal ou uma série de exemplos para uma dieta, a interpretação metafórica será ilegítima. Mas o enunciado possui, potencialmente, um significado metafórico.

Para melhor esclarecermos esse ponto, voltemos ao exemplo de Valéry. Havíamos dito que só no quarto verso o leitor, mediante atos de cooperação interpretativa, descobre que aquele telhado tranquilo, sobre o qual sejam pombas, é o mar, salpicado de brancas velas (note-se, finalmente, que a chave que justifica a interpretação das pombas como velas só é fornecida pelo último verso da composição, *Ce toit tranquille où picoraient des focs!*). Uma interpretação do gênero não nos leva apenas a reconsiderar a superfície marinha (não mais como fundo em relação à abóbada celeste, mas como cobertura de outros espaços): como um harmônico à interpretação de base, nasce também uma diferente percepção do telhado.

Ao adquirir algumas características do mar, esse telhado parece-nos emanar reflexos argênteos, metálicos, azulíneos ou plúmbeos[12]. Para um leitor italiano, o choque perceptivo é, certamente, mais forte do que para um leitor francês. De fato, o leitor italiano pensa nos telhados italianos, que são vermelhos. Só refletindo um pouco é que percebemos que, embora Valéry descreva uma paisagem mediterrânica, a metáfora funcionará se o mar tiver as propriedades dos telhados franceses, que são de ardósia. Não nos compete indagar no que pensava o autor e que telhados teria sob os olhos enquanto escrevia (os parisienses, provavelmente). Não só a comparação com os telhados de ardósia funciona melhor, como também o leitor-modelo francês (a quem a poesia é destinada por escolha linguística)

---

12. A interpretação sustenta-se pelo contexto. Embora o meio-dia componha sobre o telhado as suas fogueiras, sob este *voile de flamme* o mar manifesta *tant de summeil* e surge como *diamant*, se bem que refulgente de reflexos dourados.

deve estar dotado de um conhecimento enciclopédico básico (fortalecido, neste caso em particular, pela experiência) segundo o qual os telhados são cinza-metálico. Pelas mesmas razões se num romance que descreva o Midwest americano for mencionada uma igreja, o leitor está autorizado a pensar numa construção de madeira e não numa catedral gótica.

É o texto mais a enciclopédia pressuposta por esse texto que propõe ao leitor-modelo o que uma estratégia textual sugere; curiosa seria a *intentio lectoris* de quem imaginasse o mar de Valéry de um vermelho flamejante, e inútil o esforço de quem investigasse sobre os telhados em que Valéry (como autor empírico) estaria pensando naquele dia.

Em conclusão, a metáfora não é necessariamente um fenômeno intencional. É possível conceber um computador que, compondo ao acaso sintagmas de uma língua, produza expressões como *no meio do caminho de nossa vida*, às quais em seguida um intérprete atribuirá significado metafórico. Se, ao contrário, o operador do mesmo computador produzisse, com a ingênua intenção de fazer uma metáfora, *sansalsalhada de pezunhos fritos*, teríamos dificuldade em dar disso uma interpretação metafórica adequada, no estado atual dos nossos conhecimentos linguísticos e da tradição intertextual. Daí por que Burchiello fazia "burchielladas" e não metáforas.

3.3.6. Metáfora como Espécie da Conotação

Se aceitarmos a distinção proposta por Richards (1936) entre veículo e teor, precisaremos admitir que o veículo é sempre representado por uma função sígnica completa (expressão mais conteúdo), a qual remete a um outro conteúdo que poderia estar eventualmente representado por uma ou por várias outras expressões (ou por nenhuma, como no caso da catacrese). Dentro dessa linha, a metáfora parece ser um caso específico de conotação.

Em Dante, a função sígnica em sua totalidade (*caminho* = "movimento de um lugar para outro", ou "senda que leva de um lugar para outro") torna-se expressão do conteúdo "espaço entre o nascimento e a morte". Todavia se considerarmos a conotação como um fenômeno que diz respeito à relação entre duas semióticas (isto é, entre dois sistemas), deveremos necessariamente pensar que as conotações estejam codificadas no sistema – como é o caso do sentido figurado de *caminho*. Em contraposição, podemos imaginar contextos em que as conotações codificadas não suscitam discussão (*Fiz um longo caminho de Roma a Milão*), e contextos em que se instauram pela primeira vez conotações que não só não estão codificadas, como permanecem "abertas" (cf. o exemplo de Eliot em 3.3.3.).

Parece, portanto, mais oportuno considerarmos a conotação não como um *fenômeno de sistema* (salvo em casos limitados, por exemplo com as catacreses e as metáforas hibernadas) e sim como um *fenômeno de processo*, isto é, um fenômeno contextual (cf. Bonfantini, 1987). Todavia, mesmo nesse caso, na relação de conotação, o primeiro sentido não desaparece para produzir o segundo; ao contrário, o segundo sentido é compreendido justamente porque se tem presente, ao fundo, o significado da primeira função sígnica ou pelo menos um aspecto dela.

Para entendermos metaforicamente o primeiro verso de Dante não basta substituirmos o espaço pelo tempo: é mister vermos espaço e tempo contemporaneamente. A vida adquire uma marca de espacialidade e o espaço, uma marca de temporalidade (cf. a *interaction view* de Black, 1962).

É interessante salientar como isso se verifica em geral mesmo nos casos de conotação codificada. *Porco* significa literalmente "mamífero artiodátilo dos suínos" e conotativamente, "pessoa de péssimo comportamento moral e físico". Ora, para que se entenda a expressão *João é um porco*, pressupõe-se um conhecimento dos maus hábitos do porco-animal (e até mesmo da qualificação de impureza que ele recebe em certas religiões). Mas o uso conotativo reverbera aspectos ulteriormente negativos sobre o porco-animal, como nos mostra este trecho de Paracelso: "Os nomes tirados da língua hebraica indicam, ao mesmo tempo, a virtude, o poder e a propriedade desta ou daquela coisa. Por exemplo, quando dizemos este é um porco, indicamos com esse nome um animal torpe e impuro" (*De Natura Rerum 2*, "De Signatura Rerum"). Nesse trecho Paracelso mostra que é vítima do uso conotativo do termo. A conotação corrobora a tal ponto a atribuição de uma marca de negatividade ao sentido literal que chega a induzir o autor a pensar que o nome do porco-animal tenha sido motivadamente dado por Deus porque designa homens desprezíveis.

Dizer que o significado conotado "pressupõe" o significado literal não significa que necessariamente o locutor de uma metáfora deva estar consciente do significado literal para reconhecer o metafórico, especialmente quando se trata de metáforas que já entraram no uso corrente. Muitos jovens italianos hoje definem determinada situação como *un casino* sem saberem que a expressão nasceu, conotativamente, graças ao fato de que, até fins dos anos cinquenta, um cassino era, na Itália, uma casa de tolerância considerada como palco de comportamentos desabridos, barulhentos e confusos (o mesmo poder-se-ia dizer quanto à expressão *bordello*, que, em certos ambientes populares, é usada, na Itália, para indicar barulho e confusão, sem que por isso o locutor, quiçá dos mais escrupulosos e pudicos, pense em referir-se a um lugar de incontinência sexual). Se, todavia, quiséssemos explicar em termos de sistema linguístico por que o locutor queria entender com aquelas expressões uma situação de fragorosa desordem, ver-nos-íamos obrigados a reportar-nos ao significado literal subjacente, talvez esquecido, mas nem por isso semanticamente menos operante.

Portanto, a metáfora é fenômeno conotativo em razão de seu mecanismo semiósico, que atua dentro de uma dada língua num dado momento de sua evolução, e não em razão das intenções do locutor.

3.3.7. Interpretação como Abdução

Aristóteles (*Retórica*, III, 10, 1410) observava que as metáforas nos fazem conhecer algo: de fato, dizer que a velhice é como colmo significa conhecer através do gênero, pois ambos são coisas murchas. Mas o que induzia Aristóteles a individuar em "ser murcho" o chamado gênero comum a ambas as entidades? Aristóteles comportava-se não como quem devesse criar a metáfora mas como quem devesse interpretá-la.

Indubitavelmente, achar uma conexão, ainda obscura, entre a velhice e os colmos levanta um problema interpretativo, problema esse que, segundo Peirce, requeria uma abdução.

É fácil ver a afinidade existente entre o conceito de abdução, princípio de uma lógica da descoberta, e o conceito de modelo proposto tanto por Black (1962) quanto por Hesse (1966). Em ambos os casos, a lógica da descoberta científica apresenta aspectos comuns à lógica da interpretação metafórica. Dentro dessa perspectiva, a interpretação metafórica, a descoberta científica e o discurso teológico inscrevem-se, os três, sob o gênero do raciocínio por analogia (cf., também, Ricoeur, 1975; Eco, 1984).

No uso de modelos científicos, assim como na interpretação metafórica, escolhem-se traços pertinentes sobre os quais operar e o modelo possui apenas as propriedades que lhe foram atribuídas por convenção linguística. A relação entre metáfora e modelo deveria ser aprofundada também sob o ângulo do modelo analógico (cf. a teoria dos grafos existenciais de Peirce e a relação de *ratio difficilis* em Eco, 1975, 3.4.9.). Esses pontos concernem, em particular, a metáforas não verbais. Coube a Kuhn (1979) dar uma contribuição essencial à relação entre metáfora e descoberta científica, mesmo porque a interpretação metafórica é afim com a proposta de um novo paradigma científico. Um dos traços relevantes da moderna metaforologia está em haver insistido não tanto sobre a relação entre metáfora e poesia quanto sobre a relação entre metáfora e descoberta científica e, em geral, entre metáfora e conhecimento.

Poderíamos dizer que a abdução científica hipotiza uma lei como um quadro de referência que permite explicar um fenômeno curioso, mas em seguida procede por verificações experimentais (se a lei estiver certa então deverá acontecer isto e aquilo). Já a interpretação metafórica descobre o quadro de referência que permite a interpretação da metáfora, mas não pretende individuar uma lei universal. Deve, todavia, pretender que, no caso de ser satisfatória, a interpretação terá não só que justificar o enunciado metafórico mas todo o contexto em que aparece (podemos assumir metaforicamente um enunciado quando o resto do contexto justifica aquela interpretação). Em outros termos, a interpretação metafórica busca leis válidas para contextos discursivos, a descoberta científica busca leis para mundos. Isso implica o fato de a interpretação metafórica permitir liberdade de escolha fora do texto interpretado. Se aceito a analogia de Bohr, sou obrigado a continuar vendo os átomos como um sistema solar, se aceito a analogia do *Cântico dos Cânticos*, sou obrigado a ver o sorriso da jovem como um rebanho de ovelhas, mas apenas dentro daquele texto.

3.3.8. Contextualidade e Intertextualidade

Todavia, toda metáfora bem realizada pressupõe um contexto de referência, e de releitura, muito amplo. A metáfora aparece como um fenômeno lexical mas não depende exclusivamente do sistema do léxico. Às vezes um termo torna se veículo metafórico desde que inserido num sintagma minimal: é o que acontece com *caminho de nossa vida* ou com *punhado de pó*. Mas mesmo nesse sentido, ainda que fenômeno semântico, a metáfora já tem bases sintáticas (cf. Brooke-Rose, 1958, pp. 206-249). Geralmente, porém, é o contexto mais amplo do enunciado, e do texto na íntegra, que permite hipotizar o *topic* discursivo e as isotopias – com base nos quais podemos iniciar o trabalho interpretativo.

Mais amiúde o princípio de contextualidade amplia-se para um princípio de intertextualidade. Consideremos um problema frequentemente debatido, isto é, saber se a relação metafórica é ou não reversível (cf., por exemplo, Mininni, 1986, pp. 79-89). Se a manhã está para o dia assim como a juventude está para a vida, é lícito dizermos tanto que a manhã é a juventude do dia quanto que a juventude é a manhã da vida. Por que então – visto que a viagem está para o espaço assim como a vida para o tempo – parecerá lícito dizer que a vida é uma viagem no tempo, mas menos lícito dizer que uma viagem é a vida no espaço? A resposta é que a juventude e a manhã pertencem ao mesmo universo categorial (tempo), ou seja, realizam-se numa isotopia homogênea, ao passo que viagem e vida se referem a dois diferentes universos categoriais.

Mas por que falamos de diferentes universos categoriais? A razão deve ser buscada na organização que toda uma enciclopédia intertextual atingiu dentro de uma cultura específica. Lakoff e Johnson (1980) lembram-nos que nosso sistema conceitual encoraja metáforas espaciais para exprimir durações temporais, e não o contrário. Seria interessante reconstruir as razões histórico-psicológicas dessa situação, mas basta observar que, numa cultura que tivesse adquirido como matéria de conhecimento comum o paradoxo de Langevin, seria talvez possível dizer que uma viagem à velocidade da luz é uma vida (para quem permanece na Terra).

Existem, portanto, metáforas que podem funcionar num dado universo cultural e intertextual mas são inconcebíveis num universo diferente. O pecado para Dante pode ser uma selva porque toda a tradição patrística e medieval via a *silva* como labirinto, lugar perigoso habitado por monstros diabólicos e por ladrões, e de onde era difícil sair. E havia uma forte conotação de risco associada à noção de viagem por um bosque. Mas o princípio de interação contextual também permite considerar de modo novo o conceito de viagem: como modelo em miniatura da própria existência terrena, como prova.

A metáfora obriga a que nos interroguemos sobre o universo da intertextualidade e, ao mesmo tempo, torna ambíguo e multiinterpretável o contexto. E da intertextualidade também fazem parte as metáforas precedentes, de tal sorte que podem ocorrer *metáforas de metáforas* – interpretáveis apenas e tão-somente à luz de um suficiente conhecimento intertextual.

Levin (1977, p. 24) faz uma análise de transferência de propriedade examinando a expressão *the rose melted*[13], mas sua análise pareceria um tanto grosseira a um leitor que traduzisse a metáfora literalmente como *a rosa derreteu*. Para saborearmos a metáfora em inglês, cumpre-nos ter presente que *to melt* também assume conotações (registradas pelos dicionários) de desfazimento, evanescência, dissolução de algo que desapareça ao passar de um estado para outro; daí ser possível dizer (como o faria também o italiano) que o mar parece fundir-se com o céu, mas também que *her grief melted our hearts* (o equivalente traduzido, *sua dor nos derreteu / liquefez o coração*, seria um tanto tolo). Só em tais condições (lendo a metáfora como jogo sobre metáforas precedentes) podemos interpretar o estado

---

13. "One can construe rose as comprising a feature (+ liquid), transferred from melted yelding a reading, say, of its dew evaporating, or one can construe melted as comprising a feature (+ plant), transferred from rose, and yelding a reading in wich the rose is losing its leaves or petals."

da rosa como um dissolver-se ou evaporar-se em orvalho, ou um desfazer-se por consumpção, pétala a pétala.
Que dizer então do eliotiano *handful of dust*? A tentativa de sair no encalço de propriedades comuns entre o pó e o medo obriga o intérprete a uma verdadeira e autêntica viagem intertextual, ao término da qual ele sempre se encontrará diante de múltiplas interpretações. Caberia no caso falarmos de metáfora "aberta", se isso não induzisse a considerar como "fechadas" as metáforas dantescas (parafraseáveis). Vimos, porém, que depende da capacidade do intérprete manter ativado, à luz do contexto, um jogo de inferências tal que mesmo a mais "fechada" das metáforas possa reencontrar um novo viço e produzir uma cadeia de inferências metafóricas de tal maneira complexas que deixariam de ser parafraseáveis em sua globalidade. A metáfora não faz com que duas ideias, e sim com que dois sistemas de ideias interajam (Black, 1972, p. 28).

3.3.9. Metáfora e Paráfrase

Uma das razões que leva a definir a metáfora como artifício poético é o fato de ela não ser parafraseável, ponto, aliás, bastante controverso (cf., por exemplo, Black, 1972, p. 237, e Searle, 1980, p. 121). Se a metáfora tem valor cognitivo, deveria ser parafraseável. Parece, todavia, que a prova da paráfrase demonstra se uma metáfora é criativa ou morta. É fácil parafrasear *João é um porco* como "João é um mau sujeito", ao passo que parece impossível parafrasear o primeiro verso de Valéry sem produzir um texto mais longo do que sua poesia e fundamentalmente tolo ("o mar é como o telhado de um tempo das profundezas marinhas, que palpita sob a luz do Sol que ilumina suas ondas, e enquanto o vento riça as velas das barcas...) Todavia, um esplêndido ensaio crítico como o de Weinrich (1971), sobre a metáfora do pêndulo em Walter Benjamin, é um exemplo de paráfrase crítica (cf. também Eco, 1984, p. 3). É verdade que a metáfora criativa parece ser compreendida intuitivamente, mas o que chamamos intuição nada mais é que um movimento rapidíssimo da mente que cumpre à teoria semiótica saber decompor em cada um de seus passos (cf. Eco, 1971)[14].

As metáforas altamente originais e criativas só podem ser parafraseadas sob forma de narrativa (aventurosa, cansativa e interminável) das suas interpretações – ou melhor, da narrativa de como são elas interpretáveis de modos diversos. O fato de que uma me-

---

14. Está claro que a diferença entre compreensão intuitiva e paráfrase crítica deve ser reportada à distinção (traçada no ensaio 1.4. deste livro) entre leitura "semântica" e leitura "crítica".

táfora criativa só possa ser interpretada por uma paráfrase crítica que descreva os passos dados pelo leitor a fim de compreendê-la e fazê-la frutificar leva-nos a pensar que ela seja inexprimível. Mas uma coisa é dizer que o resultado da potenciação de determinado algarismo só pode ser descrito com a utilização de milhares de páginas, e outra dizer que esse resultado não é exprimível.

3.3.10. *Metáfora e Estética*

Como não estamos diante de uma substituição entre duas expressões é difícil estabelecer, com base numa semântica da metáfora, por que uma metáfora seria mais poética do que outra. Sob o ângulo metafórico, o verso dantesco poderia ser reformulado como *nel mezzo del cammin di vita nostra*; no entanto, sob o ângulo poético, essa inversão sintática – que diz respeito à expressão, não ao conteúdo – produz resultados desastrosos.

Não há dúvida de que a metáfora torna o discurso multiinterpretável, solicitando a atenção do destinatário para o artifício semântico que permite e estimula tal polissemia. Parece assim exibir, pelo menos de forma mínima, as duas características que Jakobson (1964) atribui ao discurso poético: ambiguidade e autorreflexividade. Mas para o efeito poético concorrem também fenômenos típicos da expressão como ritmo, rima, valores fono-simbólicos etc. Sob o ponto de vista metafórico, não existem diferenças entre os versos de Dante e suas traduções mas, sob o ponto de vista poético, eles são indubitavelmente diferentes (por exemplo, muitas traduções renunciam à rima).

Esse ponto é importante porque frequentemente costumamos enfrentar a metáfora como fenômeno eminentemente poético e estético, quando na verdade ficou visto que uma atividade metafórica está presente tanto no pensamento científico quanto na linguagem cotidiana (cf., em particular, Lakoff e Johnson, 1980, bem como Lakoff, 1987).

Isso não significa que uma reflexão semiótica sobre a metáfora não tenha nenhuma utilidade para a estética. Antes de tudo – e não seria esta a primeira vez, pelo menos de Viço em diante –, trataríamos de individuar uma quota de "esteticidade" presente mesmo nas metáforas cotidianas mais desgastadas. Em segundo lugar, poderíamos explicar por que certas metáforas parecem mais originais, inéditas e "criativas" do que outras – e, por conseguinte, mais "belas" (cf. também o ensaio sobre a metáfora em Eco, 1984).

Desde os bancos de escola nos têm ensinado a execrar (como exemplo de conceptismo exasperado) aquele soneto de Giuseppe Artale em que – após haver dito que os olhos de Maria Madalena resplandecem como dois sóis, e como um rio fluem seus cabelos (e até aí nada de mau, se bem que também nada de bom) –, depois que a

Arrependida chora sobre os pés do Redentor, e os enxuga com sua cabeleira, eis que ("maravilha!"):

> prodígio tal não mais verá natura:
> banhar com os sóis e enxugar com os rios.

É inegável o mal-estar que experimentamos ante tanta argúcia, mas é justamente nos termos de uma pragmática da metáfora que o podemos explicar, e reportando-nos particularmente ao que já foi dito, isto é, que para podermos interpretar corretamente um enunciado é necessário reconhecer que, entendido ao pé da letra, ele redundaria num absurdo semântico.

Ora, o que acontece com Artale é que ele cria e mata duas metáforas em apenas três versos. Porque é absurdo pensar que os olhos são sóis e os cabelos um rio, e apenas do reconhecimento dessa absurdidade é que nasce a interpretação metafórica (de outro modo, incorreríamos no erro de pensar que a metáfora representa mundos possíveis). Uma vez, porém, aceita a interpretação metafórica, olhos e coma transformaram-se em sóis e rios, mas apenas sob um certo aspecto e por transferência de algumas propriedades, não de todas. Se, ao contrário, o poeta decide que eles assim o sejam sob quaisquer aspectos (e que, portanto, os olhos devam ser também incandescentes como sóis, e os cabelos úmidos como rios), o que faz é assumir a metáfora ao pé da letra, introduzindo-nos num universo disparatado e pondo a perder o efeito da primeira e cauta metaforização.

Artale comporta-se como alguém que, havendo definido Aquiles como um leão, ponha-se a nele procurar também a cauda; ou como se o autor do *Cântico dos Cânticos*, havendo definido os dentes como um rebanho de ovelhas, se mostrasse ansioso por tosquiá-los. Assumíssemos ao pé da letra a metáfora de Artale e as consequências seriam comicamente infinitas: os olhos de Madalena teriam que intrometer-se até mesmo na gravitação universal e seus cabelos que parecer piscosos e navegáveis, secos no verão e torrenciais quando vem o degelo.

A metáfora de Artale cai poeticamente por razões semióticas, e ao cair nos lembra que, mesmo para as metáforas, existem limites da interpretação[15].

15. Outro belo exemplo de metáfora assumida ao pé da letra aparece (e o vezo era evidentemente barroco) na sétima *lettre amoureuse* de Cyrano de Bergerac. Aqui o amante diz ter dado seu coração à dama (primeira metáfora, ou melhor, metonímia); em seguida, pede à dama que lho devolva, ou melhor, que ela lhe entregue de volta, em lugar do dele, o dela. Mas paciência: o jogo retórico ainda funciona. Por fim, o passo em falso: "Je vous conjure... puisque pour vivre vous n'avez pas besoin de deux coeurs, de m'envoyer le vostre..." A figura foi assumida ao pé da letra, daí nascendo a grotesca imagem da amada provida – num barroco transplante – de dois músculos cardíacos.

3.4. FALSOS E CONTRAFAÇÕES[16]

Em termos de linguagem natural, todos, ao que parece, sabemos o que são um "falso" ou uma contrafação. Quando muito se admite que frequentemente é difícil reconhecer um objeto falso como tal, mas para isso confiamos nos peritos, isto é, naqueles que têm a capacidade de reconhecer as contrafações simplesmente porque sabem como detectar a diferença entre um "falso" e o seu original. De fato, as definições de termos como "falso", contrafação, pseudoepígrafe, falsificação, fac-símile, espúrio, pseudo, apócrifo e outros, são bastante controvertidas. É justo suspeitar que muitas das dificuldades experimentadas ao definirmos esses termos provenham da dificuldade que temos em definir a própria noção de "original" ou de "objeto autêntico".

3.4.1. Definições Preliminares

3.4.1.1. Definições correntes

Eis algumas definições extraídas do Zingarelli:

Falso (adj.): que foi falsificado, alterado com intenção dolosa... Sin.: enganoso. Contr.: autêntico... Que não é o que aparenta ser... Sin: ilusório.

Falso (s.m.): falsificação, falsidade... Obra de arte, selo, documento e sim. falsificado.

Falsificare: contrafazer, deformar, alterar com a intenção e a consciência de cometer um crime.

Falsificazione: ação, efeito de falsificar... Sin.: alteração, contrafação... Documento ou ato artificiosamente produzido para subs-

---

16. A primeira versão deste ensaio foi apresentada em setembro de 1986 como discurso inaugural do congresso sobre *Fälschungen im Mittelalter* organizado em Munique pelos Monumenta Germaniae Historica (*Fälschungen im Mittelalter*, Monumenta Germaniae Historica Schriften, ed. 33, 1, Hanover, Hahnsche, 1988). Publicada em *VS* 46 (1987), a presente versão registra a discussão travada no decorrer de um seminário sobre a semiótica dos *falsos* realizado na Universidade de Bolonha, 1986-1987. A presente versão já havia sido escrita quando tive ocasião de ler *Faking it: Art and the Policy of Forgery* de Ian Haywood (New York, Saint Martin's Press, 1987); referências a esse livro foram introduzidas em notas de rodapé.

tituir um original perdido ou inutilizado ou para criar um testemunho doloso.

Contraffare: alterar a voz, o aspecto e sim., espec. para induzir em erro... Falsificar.

Facsimile: reprodução exata, na forma da escrita e em todos os particulares, de manuscrito, impresso, gravura, assinatura... Pessoa ou coisa bastante semelhante a outra.

Pseudo-: em palavras compostas da terminologia douta e científica, significa genericamente "falso"... Em vários casos indica analogia exterior, qualidade aparente, simples semelhança puramente extrínseca, ou alguma afinidade com tudo quanto estiver designado pelo segundo componente...

Spurio: ilegítimo... Não genuíno, não autêntico... Falso.

Apócrifo: diz-se do texto, espec. o literário, falsamente atribuído a uma época ou a um autor. Sin.: espúrio.

Breve inspeção em outros territórios linguísticos certifica-nos de que nada há a acrescentar como ajuda satisfatória. Ademais o termo *apócrifo* (etimologicamente: secreto, oculto) designava, no início da era cristã, os livros não canônicos excluídos do Antigo Testamento, ao passo que as pseudepígrafes eram escritos atribuídos falsamente a personagens bíblicas. Para os protestantes, os apócrifos são, de modo geral, quatorze livros da versão dos setenta considerados não canônicos. Em todo caso, como os católicos aceitam no cânone romano onze desses quatorze livros, chamando-os de deuterocanônicos, e chamam de apócrifos os três restantes, consequentemente para os protestantes os livros deuterocanônicos católicos costumam ser designados como apócrifos, e os apócrifos católicos como pseudepígrafes (cf., também, Haywood, 1987, pp. 10-18).

É evidente que todas essas definições só podem funcionar desde que sejam devidamente interpretados termos como *enganoso, ilusório, alterado* ou então *genuíno, autêntico, semelhante* e assim por diante. Cada um desses termos é obviamente crucial para uma teoria semiótica, dependendo todos eles de uma definição semiótica "satisfatória" do que sejam Verdade e Falsidade.

Parece, todavia, bastante difícil, quando procuramos partir de uma definição de Verdade e Falsidade, chegar, em seguida (depois de alguns milhares de páginas ocupadas com uma completa revisitação do inteiro percurso da filosofia do Oriente e do Ocidente), a uma definição "satisfatória" do que sejam os *falsos*. A única solução é, portanto, tentar uma definição provisória, inspirada no senso comum, de *contrafação* e de *falso* – e que nos leve a pôr em dúvida algumas de nossas definições de Verdade e Falsidade.

3.4.1.2. Primitivos

Para podermos delinear uma definição provisória do falso e da contrafação, será preciso que assumamos como primitivos os conceitos sobre o tipo de similaridade, semelhança e iconismo (conceitos esses discutidos em Eco, 1975, 3.5, 3.6).

Outro conceito que assumiremos como primitivo é o de *identidade* (entendido como critério da identidade das coisas, e não de termos, conceitos ou nomes). Tomemos como ponto de partida a lei de Leibniz da *identidade dos indiscerníveis*: se, dados dois objetos A e B, tudo o que é verdadeiro sobre A é verdadeiro também sobre B, e vice-versa, e se não existe nenhuma diferença discernível entre A e B, então A é idêntico a B. Como muitas "coisas" podem ser verdadeiras sobre qualquer A e qualquer B, isto é, inúmeras "propriedades" podem ser predicadas a respeito do mesmo objeto, assumamos que, mais do que a predicação daquelas propriedades substanciais discutidas por Aristóteles (*Met.*, V, 9, 1018a: "as coisas cuja matéria é formal ou numericamente una, e as coisas cuja substância é uma, definem-se como sendo a mesma coisa"), o que nos interessa é a predicação de uma propriedade "acidental" crucial: duas coisas que se supunham distintas são reconhecidas como a mesma coisa se conseguem ocupar, no mesmo momento, a mesma porção de espaço. (Sobre a identidade espaço-temporal, cf. Barbieri, 1987, 2. Sobre a identidade através dos mundos, cf. Hintikka, 1969; Rescher, 1973; Eco, 1979, 8.6, 8.7.)

Essa prova, todavia, é insuficiente para as contrafações, porque normalmente falamos de contrafação quando algo que está presente é exibido como se fosse o original, enquanto o original (se existir) está em algum outro lugar. Não somos, portanto, capazes de provar que existem dois abjetos diferentes que ocupam ao mesmo tempo dois espaços diferelyvis. Se, por acaso, estivermos em posição que nos possibilite perceber ao mesmo tempo dois objetos diferentes embora semelhantes, então seremos seguramente capazes de constatar que cada um deles é idêntico a si mesmo e que eles não são indiscernivelmente idênticos entre si. Mas nenhum critério de identidade poderá ajudar-nos a identificar o original.

Assim, embora partamos dos conceitos primitivos acima elencados seremos obrigados a delinear critérios adicionais para distinguirmos os objetos autênticos dos falsos. Os numerosos problemas suscitados por essa tentativa levantarão algumas dúvidas embaraçosas sobre várias noções filosóficas e semióticas correntes, por exemplo a originalidade e a autenticidade, bem como sobre os conceitos mesmos de identidade e diferença.

3.4.2. Replicabilidade de Objetos

As definições acima parecem levar à conclusão de que falsos, contrafações e símiles digam respeito a casos em que ou (i) existe um objeto físico que, por via de sua semelhança com algum outro objeto, pode ser trocado por este último, ou (ii) um dado objeto é falsamente atribuído a um autor de quem se diz que fez – ou supõe-se que fosse capaz de fazer – objetos semelhantes.

Todavia nem sequer se cogita se esses erros são causados por alguém que tivesse a intenção de enganar ou se seriam acidentais e fortuitos (cf. o item 3.4.3.). Nesse sentido, uma contrafação" não é um exemplo de mentira através de objetos. No máximo, quando um falso é apresentado como se fosse o original com a intenção explícita de enganar (não por erro), temos uma mentira emitida a propósito daquele objeto.

Uma semiótica da mentira tem indubitavelmente enorme importância (cf. Eco, 1975, 0.1.3), mas quando nos ocupamos de falsos e contrafações não temos que lidar diretamente com mentiras. Temos que lidar, antes de mais nada, com a possibilidade de trocar um objeto por outro com o qual ele partilhe alguns traços em comum.

Em nossa experiência cotidiana, o caso mais comum de erros ocasionados pela semelhança é aquele em que sentimos dificuldade para distinguir entre duas ocorrências do mesmo tipo, como quando, no decorrer de uma festa, havendo deixado nosso copo em algum lugar, perto de outro, vemo-nos incapaz de identificá-lo.

3.4.2.1. Duplos

Definimos como *duplo* uma *ocorrência* física que possui todas as características de uma outra *ocorrência* física, pelo menos sob um ângulo prático, no caso em que ambas possuem todos os atributos essenciais prescritos por um *tipo* abstrato. Nesse sentido, duas cadeiras do mesmo modelo ou duas laudas para datilografia são, cada uma, o duplo da outra, e a homologia completa entre os dois objetos é estabelecida pela referência ao tipo desses objetos.

Um duplo não é idêntico (no sentido da indiscernibilidade) ao seu gêmeo, isto é, dois objetos do mesmo tipo são fisicamente distintos um do outro: são, todavia, considerados *intercambiáveis*.

Dois objetos são duplos um do outro quando, para dois objetos O_a e O_b, o suporte material de ambos manifesta as mesmas características físicas (no sentido da disposição das moléculas) e a forma de ambos é a mesma (no sentido matemático de "congruência"). O tipo é o que determina quais os traços que devem ser reconhecidos como semelhantes.

Mas quem *julgará* o critério para a semelhança ou para a identidade? Embora aparentemente ontológico, o problema dos duplos é, eminentemente, um problema pragmático. E ao usuário que cabe decidir quanto à "descrição" sob a qual, segundo um dado escopo prático, certas características devem ser levadas em consideração no ato de determinar se dois objetos são "objetivamente" semelhantes e, por conseguinte, intercambiáveis.

Basta considerarmos o caso das falsificações produzidas industrialmente e disponíveis no mercado: a reprodução não possui todos os traços do original (o material empregado pode ser de qualidade inferior, a forma pode não ser precisamente a mesma), mas o comprador manifesta certa flexibilidade na avaliação das características essenciais do original e considera – quer por razões econômicas, quer por indiferença – a cópia adequada a suas exigências. O reconhecimento dos duplos é um problema pragmático, porque depende de assunções culturais.

3.4.2.2. *Pseudoduplos*

Casos há em que a ocorrência isolada de um tipo adquire para alguns usuários um valor particular, por uma ou várias das seguintes razões:

(i) Prioridade temporal. Para um museu ou para um colecionador fanático, a primeira ocorrência do Modelo T produzido por Ford é mais importante do que a segundo. A cobiçada ocorrência não difere das outras e sua prioridade só pode ser demonstrada com base em provas externas. Em certos casos há uma diferença formal proveniente de traços imperceptíveis (e de outro modo irrelevantes); por exemplo, quando somente a primeira cópia ou algumas antigas cópias de um incunábulo famoso estão afetadas por uma estranha imperfeição tipográfica, que, por ter sido em seguida corrigida, prova a prioridade temporal daquela ou dessas cópias.

(ii) Prioridade legal. Consideremos o caso de duas cédulas de cem mil liras com o mesmo número de série. Evidentemente, uma delas é falsa. Suponhamos estar diante de um caso de contrafação "perfeita" (nenhuma diferença encontrável na impressão, no papel, nas cores e na filigrana). Seria preciso estabelecer qual das duas foi produzida num dado e preciso momento por um ente autorizado. Suponhamos agora que ambas foram produzidas no mesmo momento e no mesmo lugar pelo diretor da casa da moeda, uma por conta do governo e outra para escopos privados e fraudulentos. Paradoxalmente, bastaria destruir qualquer uma delas e atribuir prioridade legal à sobrevivente.

(iii) Associação evidente. Os bibliófilos atribuem particular valor aos exemplares que trazem a assinatura do autor ou qualquer outro sinal que indique atribuição de posse a pessoa famosa (obviamente, esses elementos podem, por sua vez, ser contrafeitos). Normalmente, duas cédulas de papel-moeda com a mesma denominação são consideradas, pelo cidadão comum, como intercambiáveis, mas se determinada cédula, marcada com o número de série X, foi roubada no decorrer de um assalto a banco, essa cédula, e somente essa, torna-se significativa para um investigador que queira provar a culpa de alguém.

(iv) Associação presuntiva. Uma ocorrência torna-se famosa graças à sua suposta (mas não fisicamente evidente) conexão com pessoa famosa. Uma taça que, pelo aspecto exterior, é intercambiável com inúmeras, outras, mas que tenha sido aquela usada por Jesus Cristo na Última Ceia, torna-se o Santo Graal, objetivo de uma procura mística. Mas se o Graal é legendário, já as várias camas em que Napoleão dormiu por uma única noite são reais e acham-se efetivamente expostas em muitos lugares.

(v) Pseudo-associação. É o caso em que um duplo funciona como pseudoduplo. Grande número de ocorrências do mesmo tipo industrial (sejam bolsas, camisas, gravatas, relógios e assim por diante) são objeto de procura por portarem *griffe* de produtor famoso. Toda ocorrência é naturalmente intercambiável com qualquer outra da mesma espécie. Pode, todavia, acontecer que uma indústria "pirata" produza ocorrências perfeitas do mesmo tipo, sem nenhuma diferença detectável na forma e na matéria e com uma *griffe* falsa que reproduz a original. Qualquer que fosse a diferença deveria ela interessar apenas aos advogados (trata-se de um caso típico de mera prioridade legal), todavia muitos adquirentes, quando se dão conta de terem comprado a ocorrência "errada", sentem-se decepcionados como se tivessem adquirido um objeto em série em lugar de um objeto único.

3.4.2.3. *Objetos únicos com traços irreproduzíveis*

Há objetos tão complexos, no material e na forma, que nenhuma tentativa de reproduzi-los pode duplicar todas as características reconhecidas como essenciais: é o caso de um quadro a óleo executado com cores especiais sobre tela especial, de maneira que as sombras, a estrutura da tela e as pinceladas, elementos todos eles essenciais na fruição do quadro como obra de arte, jamais possam ser completamente reproduzidas. Em casos do gênero, um objeto único torna-se *o tipo de si mesmo* (cf. o item 3.4.5. e a diferença entre artes *autográficas* e *alográficas*). A noção moderna de obra de arte como irreproduzível e única atribui um estatuto especial tanto à origem da obra quanto à sua complexidade formal e material, que, juntas, constituem o conceito de *autenticidade autoral*.

Frequentemente, na prática dos colecionadores, a prioridade temporal torna-se mais importante do que a presença de traços irreproduzíveis. Assim na escultura, onde por vezes é possível produzir uma cópia que possua todos os traços do original, a prioridade temporal desempenha papel crucial, mesmo que o original possa ter perdido alguns de seus traços (por exemplo, o nariz está quebrado) enquanto a cópia é exatamente como o original era originalmente. Nesses casos, diz-se que o fetichismo artístico prevalece sobre o gosto estético (cf. o item 3.3.3.1.4. e a diferença entre o Partenão de Atenas e o de Nashville).

3.4.3. Contrafação e Falsa Identificação

Sob um ponto de vista legal, mesmo os duplos podem ser contrafeitos. Mas as contrafações tornam-se semiótica, estética, filosófica e socialmente relevantes quando dizem respeito a objetos irreproduzíveis e pseudoduplos, considerado o fato de que ambos possuem pelo menos uma propriedade "única", externa ou interna. Por definição, de um objeto único é impossível fazer duplos. Consequentemente, qualquer cópia dele é ou rotulada honestamente como fac-símile, ou aceita (erroneamente) de boa-fé como indiscernivelmente idêntica a seu modelo. Poder-se-ia, portanto, expressar uma definição mais rigorosa de contrafação da seguinte maneira: temos uma contrafação quando um objeto é produzido – ou, uma vez produzido, utilizado ou exibido – com a intenção de levar alguém a crer que ele é indiscernivelmente idêntico a outro objeto único.

Para podermos falar em contrafação, é necessário, embora não suficiente, que um dado objeto pareça absolutamente semelhante a outro objeto (único). Pode acontecer que uma força natural modele um rochedo de tal maneira que o transforme numa cópia perfeita ou num fac-símile indistinguível do *Moisés* de Miguel Ângelo, mas ninguém, em termos de linguagem natural, chamaria isso de contrafação. Para reconhecê-lo como tal, é indispensável que alguém afirme que essa rocha é a estátua "verdadeira".

Assim, as condições *necessárias* para uma contrafação são que, dada a existência efetiva ou suposta de um objeto O_a, produzido por A (seja ele um autor humano ou outro agente qualquer) em circunstâncias históricas específicas T_1, exista um objeto diverso O_b, produzido por B (autor humano ou qualquer outro agente) em circunstâncias T_2, que, sob determinada descrição, manifesta uma forte semelhança com Oa (ou com uma imagem tradicional de O_a). A condição *suficiente* para uma contrafação está em que seja declarado por algum Pretendente que O_b é indiscernivelmente idêntico a O_a.

A noção corrente de contrafação implica geralmente uma intenção *dolosa*. Mas a questão de se B, o autor de O_b, teria ou não teria tido intenções dolosas é irrelevante (mesmo quando B for autor humano). B sabe que O_b não é idêntico a O_a, e pode tê-lo produzido sem qualquer intenção de enganar, mas por exercício ou por brincadeira, ou mesmo por acaso. Melhor: devemos ocupar-nos com qualquer Pretendente que declare O_a idêntico a (ou substituível por) O_b – mesmo que naturalmente o Pretendente possa coincidir com B.

De qualquer maneira, nem mesmo o dolo do Pretendente é indispensável, visto que este pode honestamente acreditar na identidade por ele afirmada.

Portanto, uma contrafação só é considerada como tal aos olhos de um observador externo – o Juiz – que, sabedor de que O_a e O_b são dois objetos diferentes, compreende que o Pretendente, quer por malícia quer de boa-fé, realizou uma Falsa Identificação.

Presumivelmente o *Constitutum Constantini* (talvez o mais famoso "falso" da história do Ocidente) foi inicialmente produzido não como documento falso mas como exercício retórico. Só no decorrer dos séculos seguintes foi levado a sério por defensores ingênuos ou fraudulentos da Igreja Romana (De Leo, 1974). Embora não fosse, de início, uma contrafação, contrafação se tornou em seguida, sendo como tal contestado posteriormente por Valla.

Uma coisa, portanto, não é um falso em razão de suas propriedades internas, mas em virtude de uma *pretensão de identidade*. Daí serem as contrafações, antes de tudo, um problema pragmático.

Naturalmente, o Juiz, o Pretendente e ambos os Autores são papéis abstratos, ou *actantes*, e pode acontecer que o mesmo indivíduo os personifique a todos em tempos diferentes. Por exemplo, o pintor X produz como Autor A um objeto O_a; copia, em seguida, essa primeira obra, produzindo um segundo Objeto O_b, e pretende que o Objeto O_b seja o Objeto O_a. Mais tarde, X confessa a fraude e, agindo como Juiz da contrafação, demonstra que o Objeto O_a era a pintura original.

3.4.4. Pragmática da Falsa Identificação

Deveríamos excluir de uma tipologia da identificação os seguintes casos:

(i) Pseudonímia. Usar um pseudônimo significa mentir (verbalmente) acerca do autor de uma dada obra, e não sugerir a identidade entre duas obras. A pseudonímia difere da identificação pseudepigráfica (cf. a seção 3.4.3.), na qual o Pretendente atribui uma dada obra O_b a um autor histórica ou legendariamente famoso.
(ii) Plágio. Ao produzir um O_b, que copia inteira ou parcialmente um O_a, B procura esconder a semelhança entre os dois Objetos e não procura provar a identidade deles. Quando um Pretendente diz que os dois Objetos são semelhantes, age como Juiz e o diz não para enganar alguém, mas para desvendar a manobra de B. Quando B torna clara sua dependência em relação à obra de A, não temos um plágio mas uma paródia, um pasticho, uma homenagem, uma citação intertextual – e nenhum deles se constitui em exemplo de *falso*. Uma variação desses exemplos de pseudoplágio são as obras feitas *à la manière de* (cf. a seção 3.4.4.3.).
(iii) Decodificação aberrante (cf. Eco, 1975, p. 198). É o que ocorre quando um texto O foi escrito segundo um código C1 e é interpretado segundo um código C2. Exemplo típico de decodificação aberrante é a leitura oracular de Virgílio feita durante a Idade Média ou as interpretações errôneas dos hieróglifos egípcios por Athanasijs Kircher. Estamos lidando aqui não com a identificação entre dois Objetos, mas com interpretações diferentes de um Objeto isolado.
(iv) O *falso* histórico. Em diplomática, existe uma distinção entre *falso histórico* e *falso diplomático*. Enquanto este último é um caso de contrafação (cf. a seção 3.4.4.3.1.), o primeiro é um caso de simples mentira. O falso histórico verifica-se quando, num documento original, produzido por um autor a quem se reconheceu o direito de fazê-lo, afirma-se algo contrário ao estado dos fatos. Um falso histórico não difere de uma notícia falsa e tendenciosa publicada em jornal. Nesse caso (cf. a seção 3.4.5.), o fenômeno fere o conteúdo mas não a expressão da função sígnica[17].

Consideremos agora três categorias importantes de falsa identificação, a saber: a contrafação radical, a contrafação moderada e a contrafação *ex nihilo*.

---

17. Ver Haywood, 1987, 2, sobre os *falsos* literários. Nesse sentido, todo romance que for apresentado como a transcrição de um manuscrito original, coletânea de cartas e assim por diante, poderia ser entendido como *um falso* histórico. Mas fosse assim, todos os romances em geral seriam um *falso* histórico, considerando-se que, por definição, o romance "finge" narrar eventos realmente acontecidos. O que distingue os romances dos *falsos* é uma série de "sinais de gênero", mais ou menos perceptíveis, que convidam o leitor a firmar um *pacto ficcional* e aceitar os fatos narrados *como se* fossem verdadeiros.

3.4.4.1. Contrafação radical

Devemos pressupor que O_a exista em algum lugar, que seja o único objeto original e que O_b não seja o mesmo que O_a. Não há dúvida de que essas assunções soam um tanto impositivas sob um ponto de vista ontológico, mas nesta seção estamos nos ocupando com aquilo que o Pretendente sabe, e a nós compete considerar esse saber como dado. Somente na seção 3.4.6. faltaremos a esse compromisso ontológico, discutindo os critérios de identificação usados pelos Juízes.

Os requisitos adjuntos são estes:

(i) o Pretendente sabe que O_a existe e conhece – ou presume conhecer, ainda que baseado numa descrição vaga – o aspecto de O_a (se um Pretendente encontra *Guernica* e acredita ter encontrado a *Gioconda* – que ele jamais viu ou a respeito da qual não tem ideias claras – então temos um simples caso de denominação errada);
(ii) os destinatários do Pretendente devem com ele partilhar, a respeito de O_a, um conhecimento mais ou menos equivalente (se um Pretendente conseguir convencer alguém de que uma cédula cor-de-rosa com o retrato de Gorbachov é dinheiro válido nos EUA, não existe contrafação, e sim, ludibrio de incapaz).

Uma vez satisfeitos tais requisitos, temos uma contrafação radical quando o Pretendente declara, de boa ou má-fé, que O_b é idêntico a O_a, cuja existência e cujo valor são conhecidos.

3.4.4.1.1. Falsa identificação deliberada

O Pretendente sabe que O_b é apenas uma reprodução de O_a. Declara, todavia, com a intenção de enganar, que O_b é idêntico a O_a. Temos aqui uma contrafação no sentido mais estrito – oferecer uma cópia da *Gioconda* como original, ou pôr em circulação cédulas falsas (cf., em Haywood, 1987, pp. 91 e ss., a questão dos falsos restos fósseis).

3.4.4.1.2. Falsa identificação ingênua

O Pretendente não está ciente de que os dois objetos não são idênticos. Acredita, portanto, de boa-fé, que O_b seja o original genuíno. É o caso daqueles turistas que em Florença, no pátio externo do Palazzo Vecchio, admiram fetichisticamente a cópia do *Davi* de Miguel Ângelo (sem saberem que o original está guardado em outro lugar).

3.4.4.1.3. Cópias de autor

Depois de haver completado o objeto O_a, o mesmo autor produz da mesma maneira um perfeito duplo O_b, impossível de distinguir exteriormente de O_a. Ontologicamente falando, os dois objetos são física e historicamente distintos, mas o autor – mais ou menos honestamente – crê, sob o ponto de vista estético, que eles tenham igual valor. Cabe aqui lembrar a polêmica sobre os quadros "falsificados" de De Chirico, que, segundo a opinião de muitos críticos, foram pintados pelo próprio De Chirico. Casos do gênero obrigam a que se questione criticamente a veneração fetichista do original artístico.

3.4.4.1.4. Alteração do original

Verifica-se uma variante do caso precedente quando B altera O_a para obter O_b. Manuscritos originais têm sido alterados, livros antigos e raros têm sido modificados: mudam-se as indicações sobre a origem e a posse, acrescentam-se colofões falsos, inserem-se páginas de uma edição mais tardia para tornar completa a cópia incompleta de uma primeira edição. Pinturas e estátuas são restauradas de maneira tal que se altera a obra: partes do corpo sujeitas à censura são cobertas ou eliminadas, partes da obra são removidas ou um políptico é desmembrado nas partes que o compõem (cf. Haywood, 1987, pp. 42 e ss., sobre a interferência editorial).

Alterações do gênero podem ser executadas de boa ou de má-fé, conforme se acredite ou não que O_b ainda seja idêntico a O_a, isto é, que o objeto tenha sido alterado de acordo com a *intendo auctoris*. Com efeito, obras antigas, alteradas substancialmente pela passagem do tempo e pelas intervenções humanas, são vistas por nós como originais e autênticas: há que tolerar a perda de extremidades, os restauros, as cores esmaecidas. A essa categoria pertence o sonho neoclássico de uma arte grega "branca", quando, na verdade, estátuas e templos eram na origem fortemente coloridos.

Num certo sentido, todas as obras de arte sobreviventes da Antiguidade deveriam ser consideradas contrafações. Mas, já que qualquer material está sujeito a alterações físicas e químicas a partir do momento mesmo de sua produção, então todo e qualquer objeto deveria ser visto como uma permanente contrafação de si mesmo. A fim de evitar esse comportamento paranoico, nossa cultura elaborou critérios flexíveis para decidir a respeito da integridade física de um objeto. Um livro numa livraria continua sendo um exemplar novo em folha, mesmo se tiver sido aberto por muitos clientes, até o momento em que – segundo o gosto médio – aparecer manifestamente amarrotado. Do mesmo modo, existem critérios para decidir quando um afresco tem necessidade de ser restaurado – mesmo que o debate contemporâneo sobre a legitimidade do restauro da Capela Sistina nos mostre o quanto tais critérios são controvertidos.

A fragilidade desses critérios provoca, em muitos casos, situações paradoxais. Por exemplo, sob um ponto de vista estético, é comum afirmar-se que uma obra de arte vive de sua própria integridade orgânica, que ela perde se for privada de uma de suas partes. Mas sob um ponto de vista arqueológico e histórico, é costume pensarmos que – embora essa mesma obra de arte tenha perdido algumas partes – ela ainda é autenticamente original, contanto que seu suporte material – ou pelo menos parte dele – tenha permanecido indiscernivelmente o mesmo através dos anos. Assim a "integridade estética" depende de critérios diferentes daqueles empregados para afirmarmos a "genuinidade arqueológica". No entanto, essas duas noções de autenticidade e genuinidade interferem de vários modos, e frequentemente de maneira inextricável.

O Partenão de Atenas perdeu suas cores, uma grande quantidade de seus traços arquitetônicos originais e parte de suas pedras; mas as que restam são – presuntivamente – as mesmas ali colocadas pelos construtores originais. O Partenão de Nashville, no Tennessee, foi construído segundo o modelo grego tal como este se apresentava em seus tempos de esplendor; está formalmente completo e foi colorido como deveria ter sido provavelmente o original. Sob o ângulo de um critério puramente formal e estético, o Partenão grego deveria ser considerado uma alteração ou uma contrafação do de Nashville. Entretanto, a metade de templo que se encontra sobre a Acrópole é considerada não só mais "autêntica" como mais "bela" do que seu fac-símile norte-americano[18]"

A prova de quão inextricável é o nó que amarra a estética à arqueologia está no sentimento que presumivelmente todos experimentam diante da Vênus de Milo: ficaríamos embaraçados se alguém encontrasse os braços da estátua e os recolocasse no lugar. A Vênus agora é

---

18. Para Goodman (1968, p. 122), "uma contrafação de obra de arte é um objeto que falsamente pretende ter a história de produção própria do original (ou de um original) da obra". Assim, o Partenão de Nashville seria um falso (ou mera cópia) porque não tem a mesma história do de Atenas. Isso, porém, não seria o bastante para podermos avaliá-lo esteticamente, visto que Goodman admite que a arquitetura pode ser considerada uma arte alográfica. Dado um preciso objeto (*type*) do Empire State Building, não haveria qualquer diferença entre uma ocorrência daquele tipo construída em Midtown Manhattan e outra ocorrência construída no deserto de Nevada. Com efeito, o Partenão grego é "belo" não apenas em razão de suas proporções e de outras qualidades formais (drasticamente alteradas no decorrer dos últimos dois mil anos), mas também em razão de seu ambiente natural e cultural, de sua posição elevada, de todas as conotações literárias e históricas que sugere.

"bela" assim como está, e assim como está nós a consideramos como obra internacional de um Autor-Modelo onde se somam a personalidade de um artista, a magia do tempo, a história da recepção da obra.

3.4.4.2. Contrafação moderada

À semelhança do que fizemos em relação à contrafação radical, assumamos que O_a exista ou tenha existido no passado, e que o Pretendente tenha algum conhecimento disso. Os destinatários sabem que O_a existe, ou existiu, mas não têm ideias claras a respeito. O Pretendente sabe que O_a e O_b são diferentes, mas decide que em particulares circunstâncias e com particulares escopos ambos têm igual valor. O Pretendente declara não que sejam idênticos mas que são intercambiáveis, visto que tanto para o Pretendente quanto para os destinatários os confins entre identidade e intercambialidade são muito flexíveis.

3.4.4.2.1. Entusiasmo gerador de confusão

O Pretendente sabe que O_a não é idêntico a O_b, visto este último ter sido produzido mais tarde como cópia, mas não é sensível a questões de autenticidade. O Pretendente pensa que os dois objetos são intercambiáveis no que diz respeito a valor e função, e usa ou desfruta de O_b como se este fosse O_a, sugerindo, assim, implicitamente, a identidade de ambos.

Os patrícios romanos contentavam-se esteticamente com a cópia de uma estátua grega, e pediam uma assinatura falsificada do autor original. Há turistas que, em Florença, admiram a cópia do *Davi* de Miguel Ângelo sem se preocuparem com o fato de não ser o original. No Getty Museum, de Malibu, Califórnia, estátuas e pinturas originais acham-se inseridas em ambientes "originais" muito bem reproduzidos, e muitos visitantes nem se interessam em saber quais são os originais e quais as cópias (cf. Eco, 1977, pp. 42-46).

3.4.4.2.2. Pretensa descoberta de intercambialidade

Esse é geralmente o caso das traduções, pelo menos sob o ponto de vista do leitor comum. Era também o caso das cópias medievais de manuscrito para manuscrito, em que o copista frequentemente fazia alterações deliberadas, abreviando ou censurando o texto original (sempre na convicção de estar transmitindo a "verdadeira" mensagem). Na livraria do Museum of the City, de Nova York, está à venda um fac-símile do contrato de compra de Manhattan. A fim de conferir-lhe (grosseiramente) uma aura de antiguidade, aromatizaram-no com especiarias. Só que esse contrato, redigido em caracteres pseudoantigos, está em inglês, ao passo que o original era em holandês.

3.4.4.3. Contrafação ex nihilo

Catalogamos sob esse rótulo: (i) obras executadas *à la manière de*, (ii) apócrifos e pseudepígrafes, (iii) contrafações criativas (cf., também, Haywood, 1987, 1).

Devemos pressupor (suspendendo temporariamente qualquer compromisso ontológico; ver a seção 3.4.4.1.) que O_a não existe -ou se, conforme relatos incertos, tivesse existido no passado, que esteja agora irremediavelmente perdido. O Pretendente declara, de boa ou de má-fé, que O_b é idêntico a O_a. Em outras palavras, o Pretendente atribui falsamente O_b a um dado autor. Para poder tornar crível essa falsa atribuição, é necessário ter conhecimento de um conjunto *a* de objetos diferentes (O_{a1}, O_{a2}, O_{a3}...), todos eles produzidos por um Autor *A*, cuja fama se propagou através dos séculos. Da totalidade do conjunto *a* podemos derivar um tipo abstrato, que não leva em conta todos os traços dos membros individuais de *a*, mas apresenta uma espécie de regra gerativa que se supõe ser a descrição do modo pelo qual *A* produziu cada um dos membros de *a* (estilo, tipo de material empregado e assim por diante). Como O_b parece ter sido produzido segundo esse tipo, declaramos que ele é um produto de *A*. Quando admitimos abertamente a natureza imitativa do objeto, temos uma obra produzida *à la manière de* (como homenagem ou como paródia).

3.4.4.3.1. Falso diplomático

Neste caso, o Pretendente coincide com o Autor *B*, ocorrendo duas possibilidades: (i) o Pretendente sabe que O_a nunca existiu; (ii) o Pretendente crê de boa-fé que O_a tenha existido mas sabe que está irremediavelmente perdido. Em ambos os casos o Pretendente sabe que O_b é uma nova produção, mas julga que ele possa desempenhar todas as funções desenvolvidas por O_a, e consequentemente apresenta O_b como se fosse o autêntico O_a.

Enquanto o falso histórico diz respeito a um documento formalmente autêntico que contém informações falsas (como acontece com uma confirmação autêntica de um privilégio falso), o falso diplomático oferece uma confirmação falsa de privilégios supostamente autênticos. Exemplos de falso diplomático são os documentos contrafeitos produzidos por monges medievais que desejavam antedatar os direitos de propriedade de seus mosteiros. É-nos lícito supor que o fizessem por acreditarem firmemente que em determinada época seu mosteiro tivesse recebido genuinamente aquelas confirmações. Considerava-se correto fornecer um documento falso para atestar uma tradição "verdadeira".

Os autores medievais privilegiavam a tradição no tocante aos documentos, e tinham uma noção muito particular do que fosse autenticidade. A única forma de documento digna de crédito que possuíam era a notícia tradicional. Eles podiam confiar apenas no testemunho do passado, passado esse dotado de coordenadas cronológicas bastante vagas. Le Goff (1964, pp. 397-402) observou que a forma do conhecimento medieval é a mesma do folclore: "La preuve de vérité, à l'époque féodale, c'esf l'existence 'de toute éternité' ". Le Goff aduz como exemplo uma disputa legal ocorrida em 1252 entre os servos da gleba do capítulo de Notre-Dame de Paris, em Orly, e os cônegos. Os cônegos baseavam sua reivindicação do pagamento dos dízimos no fato de que a Fama assim o provava; o habitante mais velho da região foi interrogado sobre o assunto e respondeu que assim havia sido "a tempore a quo non estat memoria". Outra testemunha, o arquidiácono João, disse ter visto na casa capitular antigos documentos que confirmavam a usança, e que os cônegos consideravam tais documentos como autênticos em virtude de sua escrita. Ninguém pensou que fosse necessário provar a existência desses documentos, recuperá-los e controlar seu conteúdo: bastava a notícia de que teriam existido durante séculos.

3.4.4.3.2. Contrafação ex nihilo deliberada

O Pretendente sabe que O_a não existe. Se o Pretendente coincidir com o Autor B, então o Pretendente sabe que O_b é de fabricação recente. Em qualquer dos casos, o Pretendente não acredita que O_a e O_b sejam o mesmo objeto. Todavia o Pretendente declara, plenamente ciente de não ter o direito de fazê-lo, que os dois objetos -um real e um imaginário – são idênticos, ou que O_b é genuíno, e faz tudo isso com a intenção de enganar.

Esse é o caso das contrafações modernas de documentos antigos, de muitos quadros falsos (por exemplo, o falso Vermeer pintado neste século por van Meegeren), de árvores genealógicas contrafeitas, destinadas a demonstrar uma genealogia por outros meios indemonstrável, e de escritos apócrifos produzidos deliberadamente, como por exemplo os diários de Hitler. (Sobre van Meegeren, ver Haywood, 1987; Goodman, 1968; Barbieri, 1987.)

É também o caso do poema *De Vetula*, que no século XIII foi atribuído a Ovídio. Cabe supor que a pessoa que pôs em circulação o *Corpus Dyonysianum* no século IX e o atribuiu a um discípulo de São Paulo estivesse ciente de que a obra fora composta muito mais tarde; no entanto, decidiu-se por atribuí-la a uma autoridade indiscutível. Ligeiramente semelhante ao caso relatado na seção 3.4.4.1.3. é o fenômeno das contrafações estilísticas de autor, como quando um pintor, famoso por suas obras dos anos vinte, pinta nos anos cinquenta uma obra que parece uma obra-prima inédita do primeiro período.

3.4.4.3.3. Falsa atribuição involuntária

O Pretendente não coincide com B e não sabe que O_a não existe. O Pretendente declara de boa-fé que O_b é idêntico a O_a (do qual o Pretendente ouviu falar através de relatos incertos). Foi o que aconteceu com todos aqueles que receberam e tomaram o *Corpus Dyonysianum* por uma obra de um discípulo de São Paulo, com aqueles que acreditaram e ainda acreditam na autenticidade do Livro de Enoque, e com os neoplatônicos renascentistas que atribuíram o *Corpus Hermeticum* não a autores helenistas mas a um mítico Hermeto Trismegisto que teria vivido antes de Platão, no tempo dos egípcios, sendo presumivelmente identificado com Moisés. Neste século, Heidegger escreveu um comentário sobre uma gramática especulativa que ele atribuía a Duns Escoto, embora se tenha demonstrado um pouco mais tarde que a obra fora composta por Tomás de Erfurt. Esse também parece ser o caso da atribuição da obra *Do Sublime* a Longino[19].

3.4.5. O Falso como Falso Signo

A tipologia acima sugere alguns interessantes problemas semióticos. Antes de mais nada, será que um falso é um signo? Consideremos primeiramente os casos de contrafação radical (em que O_a existe em algum lugar).

Se um signo é – segundo Peirce (*CP*: 2.228) – "algo que está para alguém por alguma coisa sob algum aspecto ou capacidade", então cumpriria dizer que O_b está para o Pretendente por O_a. E se um ícone – sempre segundo Peirce (2.276) – "pode representar seu

---

19. Cf. os capítulos dedicados por Haywood ao caso Schliemann, visto por ele como uma complexa teia de diferentes casos de contrafação *ex nihilo*. "Não só Schliemann não descobriu a legendária cidade de Príamo (mas uma muito mais antiga), como, segundo foi revelado recentemente, a descoberta por parte de Schliemann do fabuloso tesouro que conquistou fama mundial era uma burla... A maior parte do tesouro era genuína no sentido de ser genuinamente antiga... O tesouro era uma contrafação porque sua proveniência era falsa. Schliemann chegou mesmo a inserir a narração fictícia da descoberta em seu diário... As partes eram genuínas mas o todo era imaginário. Schliemann contrafez a autenticação e inventou um contexto" (1987, pp. 91-92).

objeto principalmente através de sua similaridade", então cumpriria dizer que O_b é um ícone de O_a. O_b consegue substituir O_a desde que reproduza o complexo das propriedades de O_a. Morris (1946, 1.7) sugere que um "signo completamente icônico" não é mais um signo porque "seria ele mesmo um *denotatum*". Isso quer dizer que, se existisse um signo *completamente* icônico de mim mesmo, ele coincidiria comigo. Em outras palavras, o iconismo completo coincide com a indiscernibilidade ou identidade, e uma definição possível de identidade é "iconismo completo".

Mas na contrafação existe apenas uma identidade suposta: O_b pode ter todas as propriedades de O_a exceto aquela de ser o próprio Oa e a de encontrar-se, no mesmo momento, no mesmo lugar em que se encontra O_a. Por ser icônico de maneira incompleta, O_b pode ser tomado como signo de O_a? Se pudesse, estaríamos diante de uma curiosíssima espécie de signo: conseguiria ele ser um signo apenas até que alguém já não o reconhecesse como tal e todos o trocassem pelo seu *denotatum*; mas, tão logo o reconhecessem como signo, tornar-se-ia ele algo semelhante a O_a – um fac-símile de O_a – e não mais seria confundido com O_a. Com efeito, os fac-símiles são signos icônicos mas não são falsos.

Como definiremos um signo que funciona como tal só se for trocado pelo seu *denotatum*? O único modo de defini-lo é designá-lo como um *falso*. Com o que voltaríamos à questão inicial: que gênero de objeto semiótico é um *falso*?

A pergunta que faz o Pretendente ao encontrar-se diante de O_b não é "O que significa?" mas sim, "O que é?" (e a resposta, que reproduz uma falsa identificação, é "O_b é O_a"). O_b é confundido com O_a porque dele é ou parece ser um ícone.

Em termos peircianos, um ícone ainda não é um signo. Como simples imagem, é uma Primidade. Somente os *representamina* icônicos, ou hipoícones, são signos, isto é, exemplos de Tercidade. Embora esse ponto seja em Peirce bastante controverso, podemos compreender a diferença no sentido de que um mero ícone não é interpretável como signo. Obviamente O_b, para poder ser reconhecido como semelhante a O_a, deve ser interpretado perceptivamente, mas assim que o Pretendente o percebe, logo o identifica como O_a. Esse é um caso de *má interpretação perceptiva*.

Há um processo semiósico que leva ao reconhecimento perceptivo de um dado som emitido como uma certa palavra. Se alguém emitir ∫*ip* e o destinatário entender ∫*i:p*, o destinatário estará certamente trocando ∫*ip* por uma ocorrência do tipo lexical " ∫*i:p*". Não diríamos, porém, que o ∫*ip* emitido seria signo do ∫*i:p* ouvido. Estaríamos simplesmente diante de uma confusão fonética ou então de um equívoco entre duas diferentes substâncias da expressão, consideradas ambas ocorrência do mesmo tipo de forma da expressão. Assim também, quando a ocorrência O_b é trocada, por razões de semelhança, com a ocorrência O_a (que, em caso de contrafação radical, seria o tipo de si mesma), temos um fenômeno de interpretação errônea de expressão para expressão.

Na semiose verificam-se casos nos quais ficamos mais interessados pelos traços físicos de uma expressão-ocorrência do que por seu conteúdo – por exemplo, quando ouvimos uma frase e ficamos mais interessados em estabelecer se ela foi emitida por determinada pessoa do que em interpretar o seu significado; ou quando, para poder identificar o *status* social do falante, o ouvinte está mais interessado na sua entonação de voz do que no conteúdo proposicional do enunciado. Semelhantemente, na falsa identificação, temos que lidar principalmente com expressões, e expressões podem ser contrafeitas. Já os signos (como funções que estabelecem correlação entre uma expressão e um conteúdo) podem, no máximo, ser mal interpretados.

Lembremos a distinção feita por Goodman (1988, pp. 99 e ss.) entre artes "autográficas" e "alográficas", a distinção de Peirce entre legi-signos, sin-signos e quali-signos (*CP*: 2.243 e ss.) e o tratamento dado por mim às réplicas (Eco 1975, pp. 240 e ss.). Existem (i) signos cujas ocorrências podem ser produzidas indefinidamente segundo seu tipo (livros ou partituras musicais), (ii) signos cujas ocorrências, embora produzidas segundo um tipo, possuem certa qualidade de unicidade material (duas bandeiras da mesma nação podem ser diferenciadas com base em suas respectivas épocas de glória), e (iii) signos cuja ocorrência é o tipo desses signos (como as obras autográficas de uma arte visual). Dentro dessa perspectiva, somos induzidos a traçar uma simples distinção entre diferentes tipos de contrafação.

As contrafações radicais só podem afetar os signos (ii) e (iii). E impossível produzir um falso *Hamlet* senão compondo uma tragédia diferente ou publicando uma versão mutilada ou alterada da peça. E possível produzir uma contrafação da primeira edição *in folio* de Shakespeare porque, nesse caso, o que se está contrafazendo não é a obra de Shakespeare mas a do impressor original. As contrafações radicais não são signos: são apenas expressões que têm o aspecto de outras expressões – e só poderão tornar-se signos se as virmos como fac-símiles.

Já os fenômenos de contrafação *ex nihilo* parecem ser semiosicamente mais complicados. É certamente possível declarar que uma estátua O_b é indiscernivelmente o mesmo objeto que a legendária estátua O_a produzida por um grande artista grego (a mesma pedra, a mesma forma, a mesma conexão original com as mãos do seu autor); mas também é possível atribuir um documento escrito O_b a um Autor A sem necessidade de atentar para a sua substância da expressão. Antes de Tomás, um texto latino notoriamente traduzido de uma versão árabe, o *De Causis*, era atribuído a Aristóteles. Não que alguém houvesse identificado falsamente um dado pergaminho ou uma dada caligrafia (porque se sabia que o suposto objeto original estava em grego). O *conteúdo* é que fora considerado (erroneamente) aristotélico.

Em casos do gênero, O_b foi antes visto como signo de algo a fim de que esse algo pudesse, em seguida, ser reconhecido como absolutamente intercambiável com O_a (no sentido acima examinado, seção 3.4.4.2.2.). Na contrafação radical (e no caso das artes autográficas), o Pretendente faz uma declaração sobre a autenticidade, genuinidade ou originalidade da expressão. Nas contrafações *ex nihilo* (que dizem respeito tanto às artes autográficas quanto às alográficas), a declaração do Pretendente pode dizer respeito tanto à expressão quanto ao conteúdo.

Nas contrafações radicais, o Pretendente – vítima de (ou especulando sobre) uma interpretação perceptiva errônea com relação a duas substâncias da expressão – declara que O_b é o famoso O_a que todos consideram autêntico. No segundo caso, o Pretendente – para poder identificar ou induzir a identificar O_b com o legendário O_a -deve antes de tudo afirmar (e provar) que O_b é autêntico (se for um exemplo de obra autográfica) ou que O_b é a expressão de um dado conteúdo que em si mesmo é idêntico ao conteúdo genuíno e autêntico da legendária expressão alográfica O_a[20].

Em ambos os casos, todavia, percebe-se algo de estranho. Uma abordagem ingênua dos falsos e das contrafações leva a pensar que o problema, no tocante aos falsos, se resume em acatar sem discussão

---

20. Se um Autor *B* copia um livro O_a e diz: "Este é O_a, feito pelo Autor A", estará dizendo então algo verdadeiro. Se, ao contrário, um Autor *B* copia um quadro ou uma estátua O_a e diz: "Este é O_a, feito pelo Autor *A*", então está dizendo certamente algo falso. Se ambos dissessem que O_b é obra própria, fruto inteiramente de sua invenção, seriam ambos culpados de plágio. Mas será verdade que um Autor *B*, que copiou irrepreensivelmente um O_a e o apresenta como obra própria, está afirmando algo descaradamente falso? Visto que as obras autográficas são tipo de si mesmas, imitá-las perfeitamente confere à imitação uma indiscutível qualidade estética. O mesmo acontece na contrafação *ex nihilo*, quando, por exemplo, um Autor *B* produz um quadro *à la moniere de*. Assim *Os Discípulos de Emaús*, pintado por van Meegeren – e falsamente atribuído a Vermeer -, era indubitavelmente uma contrafação sob o ponto de vista ético e legal (pelo menos após van Meegeren ter declarado que fora executado por Vermeer). No entanto, como obra de arte, era um "bom" quadro. Se tivesse sido apresentado por van Meegeren como uma homenagem a Vermeer, teria sido elogiado como uma esplêndida obra pós-moderna. Sobre essa teia de critérios contrastantes, ver Haywood (1987, p. 5), e esta citação, extraída de Frank Arnau, *Three Thousand Years of Deception in Art and Antiques* (London, Cape, 1961, p. 45): "Os confins entre o admissível e o inadmissível, a imitação, o plágio estilístico, a cópia, a réplica e a contratação permanecem nebulosos".

ou colocar em dúvida o fato de que alguma coisa e um objeto supostamente autêntico sejam uma única e mesma coisa. Mas, ao que tudo indica, o problema real está em decidirmos sobre que entendemos por "objeto autêntico". Paradoxalmente, o problema dos falsos não está em sabermos se O_b é ou não um falso, mas sim se O_a é autêntico ou não, e baseados em quê podemos tomar essa decisão.

Portanto, o problema crucial para uma semiótica dos falsos não é o de uma tipologia dos erros do Pretendente, mas sim, de um elenco dos critérios por meio dos quais o Juiz decide se o Pretendente tem ou não razão.

3.4.6. Critérios para o Reconhecimento da Autenticidade

A tarefa do Juiz (se existe) é verificar ou falsificar a declaração de identidade feita pelo Pretendente. Seu método deve mudar conforme suspeite ele estar diante de uma contrafação radical ou de uma contrafação *ex nihilo*.

(i) Em caso de contrafação radical sabe-se que O_a existe, competindo ao Juiz apenas provar que O_b não é idêntico a O_a. Para tanto, o Juiz conta com uma alternativa: ou consegue colocar O_b diante de O_a, mostrando assim que não são indiscernivelmente idênticos, ou confronta os traços de O_b com os celebrados e bem conhecidos traços de O_a para mostrar que o primeiro não pode ser trocado pelo segundo.

(ii) Em caso de contrafação *ex nihilo*, a existência de O_a é mera matéria de tradição e jamais alguém o viu. Quando não existem provas razoáveis da existência de alguma coisa, é de supor-se que aquela coisa ou não exista ou tenha desaparecido. Mas o O_b recém-descoberto é geralmente apresentado pelo Pretendente como a prova que faltava da existência de O_a. Num caso desses, o Juiz deveria provar ou confutar a autenticidade de O_b. Se O_b é autêntico, então ele é apenas o O_a original (considerado perdido). Portanto, a autenticidade de alguma coisa supostamente semelhante a um original perdido só pode ser demonstrada se for provado que O_b é o original.

O segundo caso parece mais complicado que o primeiro. No caso (i) – para podermos demonstrar a autenticidade de O_b – parece ser suficiente mostrar que O_b é idêntico ao O_a original, e que o O_a original representa uma espécie de parâmetro incontestável. No caso (ii) não há parâmetro algum. Consideremos, porém, mais a fundo o caso (i).

Um Juiz só poderá saber, acima de qualquer dúvida, que O_a e O_b não são idênticos se alguém mostrar uma cópia perfeita, digamos, da

Gioconda no momento mesmo em que se encontrar diante do original no Louvre e declarar que os dois objetos são indiscernivelmente idênticos – isto é, que existe um único objeto (o que parece manifestamente delirante). Mas mesmo num caso tão implausível desses, persistiria a sombra de uma dúvida: talvez O_b seja de fato o objeto genuíno, e O_a uma contrafação.

E eis-nos então diante de uma curiosa situação. As contrafações são casos de falsa identificação. Se o Juiz provar que os objetos são dois, e confutar a falsa pretensão de identificação, ele certamente terá provado que houve um caso de contrafação. Mas ainda assim não terá provado qual dos dois objetos é o original. Não é suficiente provar que a identificação é impossível. Cumpre ao Juiz fornecer uma *prova de autenticação* para o suposto original.

À primeira vista, o caso (ii) parecia mais difícil porque, na ausência do suposto original, seria preciso demonstrar que o suspeitado *falso* é o original. Na realidade, o caso (i) é muito mais difícil: quando o original está presente, ainda resta demonstrar que o original é verdadeiramente o original.

Não basta dizer que O_b é um falso porque não possui todos os traços de O_a. O método utilizado pelo Juiz para identificar os traços de qualquer O_b é o mesmo que o leva a tomar uma decisão sobre a autenticidade de O_a. Em outras palavras, para podermos dizer que uma reprodução não é a *Gioconda* genuína, é necessário termos examinado a *Gioconda* genuína e confirmado sua autenticidade com as mesmas técnicas que empregamos para dizer que a reprodução difere do original. A filologia moderna não se contentaria nem mesmo se um documento afirmasse que a *Gioconda* foi pendurada no Louvre pelo próprio Leonardo logo depois de havê-la pintado, porque permaneceria em aberto a questão da autenticidade do documento.

Para poder provar que um O_b é um falso, um Juiz deve provar que o O_a correspondente é autêntico. Assim, o Juiz deve examinar o quadro presumivelmente genuíno *como se fosse um documento*, para poder decidir se seus traços materiais e formais permitem a assunção de que ele tenha sido autenticamente pintado por Leonardo.

A ciência moderna baseia-se em algumas assunções:

(i) Um documento confirma uma crença tradicional, e não vice-versa.
(ii) Os documentos podem ser: (a) objetos produzidos com uma explícita intenção de comunicação (manuscritos, livros, lápides, inscrições e assim por diante), nos quais se podem reconhecer uma expressão e um conteúdo (ou um significado intencional); (b) objetos que, primariamente, não tinham a intenção de comunicar (como achados pré-históricos, instrumentos de uso cotidiano em culturas arcaicas e primitivas) e são

interpretados como signos, sintomas, vestígios de eventos passados; (c) objetos produzidos com uma explícita intenção de comunicar x, mas tomados como sintomas não intencionais de y (sendo y o resultado de uma inferência sobre a origem e autenticidade desses objetos).
(iii) Autêntico significa historicamente original. Provar que um objeto é original significa considerá-lo *como um signo das suas próprias origens*.

Portanto, se um falso não é um signo, para a filologia moderna é o original que, para poder ser confrontado com a sua cópia falsa, deve ser interpretado como signo. A falsa identificação é uma rede de interpretações semiósicas equivocadas e mentiras deliberadas, ao passo que qualquer esforço para efetuar uma autenticação "correta" é um caso claro' de interpretação semiósica ou de *abdução*.

3.4.6.1: Provas fundamentadas no suporte material

Um documento será um falso se seu suporte material não remontar ao tempo de suas supostas origens. Esse gênero de prova é bastante recente. Ocupados em buscar as fontes de uma precedente sabedoria oriental, os filósofos gregos raramente tinham ocasião de compulsar os textos originais na língua original. Os tradutores medievais geralmente trabalhavam com manuscritos que se achavam a uma considerável distância do arquétipo. No que respeita às maravilhas artísticas da Antiguidade, só se conheciam durante a Idade Média ruínas trituradas ou vagos boatos sobre lugares desconhecidos. Os pareceres correntes na Alta Idade Média sobre a questão de um documento produzido como prova num processo ser ou não genuíno limitavam-se, no melhor dos casos, a investigar a autenticidade do sinete. Mesmo durante a Renascença, os próprios sábios que começavam a estudar o grego e o hebraico, quando o primeiro manuscrito do *Corpus Hermeticum* foi levado a Florença e atribuído a um autor remoto, não se preocuparam com o fato de que a única prova física que tinham – o manuscrito – remontasse apenas ao século XIV.

Hoje em dia existem técnicas físicas ou químicas reconhecidas para determinar a idade e natureza de um suporte (pergaminho, papel, tecido, madeira e assim por diante), e tais meios são considerados suficientemente "objetivos". Nesses casos, o suporte material – que é um exemplo de substância da expressão – deve ser examinado na sua estrutura física, isto é, como uma forma (ver Eco, 1975, 3.7.4. sobre a "hipercodificação da expressão"). De fato, a noção genérica de suporte material deve ser analisada ulteriormente em subsistemas e em subsistemas de subsistemas. Por exemplo, num manuscrito, a escrita representa a substância linguística, a tinta é o suporte da manifestação grafêmica (vista como forma), o pergaminho é o suporte da disposição da tinta (vista como forma), os traços fisicoquímicos do pergaminho são o suporte de suas qualidades formais, e assim por diante. Num quadro, as pinceladas são o suporte da manifestação icônica, mas tornam-se, por sua vez, a manifestação formal de um suporte pigmentário, e assim por diante.

3.4.6.2. Provas fundamentadas na manifestação linear do texto

A manifestação linear do texto de um documento deve estar conforme com as regras normativas da escrita, da pintura, da escultura etc., válidas no momento de sua suposta produção. A manifestação linear do texto de um dado documento deve, portanto, ser confrontada com tudo o que se conhece sobre o sistema da forma da expressão de um dado período – bem como com o que se conhece do estilo pessoal do suposto autor.

Agostinho, Abelardo e Tomás viram-se diante do problema de determinar a credibilidade de um texto pelas suas características linguísticas. No entanto, Agostinho, cujo conhecimento do grego era mínimo, e que não conhecia o hebraico, aconselha, num trecho sobre a *emendado*, que, quando se trata de textos bíblicos, conviria confrontar um certo número de diferentes traduções latinas para poder alguém estar apto a conjecturar a tradução "correta" de um texto. Tinha como objetivo estabelecer um "bom" texto, não um texto "original", e rejeitava a ideia de usar o texto hebraico porque o considerava falsificado pelos judeus. Como observa Marrou (1958, pp. 432-434), "aqui ressurge o antigo *grammaticus*... Nenhum de seus comentários pressupõe um esforço preliminar no sentido de estabelecer criticamente o texto... Nenhum trabalho preparatório, nenhuma análise da tradição manuscrita, do valor exato dos diferentes testemunhos, de suas relações, de suas filiações: Santo Agostinho contenta-se em pôr na mesa o maior número de manuscritos, em levar em consideração no seu comentário o maior número de variantes". A última palavra cabe não à filologia, mas ao honesto desejo de interpretar e à crença na validade do conhecimento assim transmitido. Somente no decorrer do século XIII é que os estudiosos começaram a interrogar os hebreus convertidos a fim de obterem informações sobre o original hebraico (Chenu, 1950, pp. 117-125, 206).

São Tomás volta sua atenção para o *usus* (que entende como o uso lexical da época a que um dado texto se refere; ver *Summa Th.*, 1.29.2 a 1). Levando em consideração o *modus loquendi*, argumenta que, em determinados trechos, Dionísio e Agostinho empregam determinadas palavras porque estão seguindo o uso dos platônicos. Em *Sic et Non*, Abelardo argumenta que seria mister desconfiarmos de um texto supostamente autêntico no qual as palavras são usadas com significados insólitos, e que a corrupção textual pode ser um sinal de contrafação. Mas a prática era incerta, pelo menos até Petrarca e os proto-humanistas.

O primeiro exemplo de análise filológica da forma da expressão é dado no século XV por Lorenzo Valla (*De Falso Credita et Ementita Constantini Donatione Declamatio*, XIII) quando mostra que o emprego de certas expressões linguísticas era absolutamente implausível no início do século IV d.C. De modo semelhante, no início do século XVII, Isaac Casaubon (*De Rebus Sacris et Ecclesiasticis Exercitationes*, XIV) prova que o *Corpus Hermeticum* não era uma tradução grega de um antigo texto egípcio porque não apresenta nenhum vestígio de expressões idiomáticas egípcias. Os filólogos modernos demonstram analogamente que o *Asclepius* hermético não foi traduzido, como anteriormente se assumia, por Mario Vittorino porque Victorinus, em todos os seus textos, sempre colocava *etenim* no começo da frase, ao passo que no *Asclepius* essa palavra comparece em segunda posição em 21 dos 25 casos.

Hoje recorremos a muitos critérios paleográficos, gramaticais, iconográficos e estilísticos baseados num vasto conhecimento da nossa herança cultural. Exemplo típico de técnica moderna empregada na atribuição de autoria aos quadros foi o de Morelli (ver Ginzburg, 1979), baseado nos traços mais marginais, como a maneira de representar as unhas ou o lobo da orelha. Sem serem irrefutáveis, tais critérios constituem, ainda assim, base satisfatória para as inferências filológicas.

3.4.6.3. Provas fundamentadas no conteúdo

Para essas provas é necessário determinar se as categorias conceptuais, as taxonomias, os modos de argumentação, os esquemas iconológicos e outros que tais são coerentes com a estrutura semântica (a forma do conteúdo) do ambiente cultural dos supostos autores – bem como com o estilo conceptual pessoal desses autores (extrapolado de suas obras).

Abelardo tenta estabelecer quando varia o significado das palavras em determinados autores e recomenda – como fizera Agostinho no *De Doctrina Christiana* – o uso da análise contextual, princípio, porém, que ele de pronto limita com a recomendação paralela de, em caso de dúvida, dar-se preferência à autoridade mais importante.

Quando Tomás põe em dúvida a falsa atribuição do *De Causis* a Aristóteles, descobre (confrontando-o com uma tradução recente da *Elementatio Theologica*, de Proclo) que o conteúdo do texto presuntivamente aristotélico é, na verdade, manifestamente neoplatônico. Trata-se, no caso, indubitavelmente, de atitude filosófica das mais maduras mas, habitualmente, Tomás não procura estabelecer se seus autores pensavam e escreviam segundo a visão do mundo do tempo deles e, sim, se era "correto" pensar e escrever daquele modo, e se, portanto, o texto poderia ser atribuído a autoridades doutrinais infalíveis por definição.

Tomás emprega repetidamente o termo *authenticus*, mas para ele (como para toda a Idade Média em geral) a palavra não significa "original" e sim "verdadeiro". *Authenticus* denota o valor, a autoridade, a credibilidade de um texto, não sua origem: sobre uma passagem do *De Causis* se diz "ideo in hac materia non est authenticus" (*Il Sent.*, 18.2.2. a 2.). Mas o motivo é que aí o texto entra irreversivelmente em litígio com Aristóteles.

Como diz Thurot (1869, pp. 103-104), "ao explicarem o texto que têm em mãos, os glosadores não buscam compreender o pensamento do autor, mas transmitir a ciência mesma que se supunha estar aí contida. Um autor *autêntico*, como então se dizia, não pode nem enganar-se, nem contradizer-se, nem seguir um plano defeituoso, nem estar em desacordo com outro autor autêntico".

Em contraposição, vamos encontrar uma abordagem moderna para a forma do conteúdo em Lorenzo Valla, quando este mostra que um imperador romano como Constantino não teria podido pensar o que dizia o *Constitutum* (a ele falsamente atribuído).

De maneira semelhante, o argumento de Isaac Casaubon contra a antiguidade do *Corpus Hermeticum* é o de que, se nestes textos fossem encontrados ecos de ideias cristãs, então eles teriam sido escritos nos primeiros séculos da nossa era.

Todavia, mesmo hoje, critérios do gênero (embora baseados num conhecimento adequado das visões do mundo dominantes em diferentes períodos históricos) dependem em larga medida de suposições e abduções abertas à contestação.

3.4.6.4. *Provas fundamentadas em fatos externos (referente)*

Segundo esse critério, um documento é *um falso* se os fatos externos por ele relatados não puderem ter sido conhecidos à época de sua produção. Para poder aplicar tal critério é mister que se possua um conhecimento histórico adequado, mas é preciso igualmente admitir como não plausível a possibilidade de que o suposto autor houvesse possuído o dom da profecia. Antes de Casaubon, já Ficino e

Pico della Mirandola haviam lido o *Corpus Hermeticum* violando esse princípio: ambos consideravam os escritos herméticos como de inspiração divina porque "antecipavam" algumas concepções cristãs.

Na Idade Média, alguns opositores da Doação de Constantino tentam reconstruir os fatos e rejeitam o texto como apócrifo por contradizer o que eles conhecem do passado. Numa carta a Frederico Barba-Roxa, de 1152, Wezel, sectário de Arnaldo de Bríxia, argumenta que a Doação é um *mendacium* porque contradiz testemunhos da época segundo os quais Constantino teria sido batizado em outras circunstâncias e em outro momento.

A crítica torna-se mais rigorosa no início da era humanística: por exemplo, no *Liber Dialogorum Hierarchie Subcelestis*, de 1388, e no *De Concordantia Catholica* de Nicola Cusano, o autor procura estabelecer a verdade histórica por meio de uma avaliação acurada de todas as fontes.

Lorenzo Valla produz outras provas históricas inconfutáveis: prova, por exemplo, que a Doação fala de Constantinopla como de um patriarcado quando, na suposta época de sua redação, Constantinopla não existia com esse nome e ainda não era um patriarcado.

Estudos recentes sobre um suposto intercâmbio epistolar entre Churchill e Mussolini mostraram que, não obstante a genuinidade do papel utilizado, a correspondência deve ser considerada falsa porque contém contradições factuais evidentes. Uma das cartas foi escrita de uma residência na qual, àquela data, Churchill já não vivia há anos; outra trata de acontecimentos ocorridos após a data da carta.

3.4.7. Conclusões

Nossa cultura moderna parece, portanto, ter delineado critérios "satisfatórios" para provar a autenticidade e desmascarar as identificações falsas. De qualquer maneira, todos os critérios acima citados só parecem ser utilidade quando um Juiz está diante de *falsos* imperfeitos. Existirá um *falso* perfeito (cf. Goodman, 1968) que resista a qualquer critério filológico dado? Ou há casos em que não existe nenhuma prova externa disponível, e ao mesmo tempo as internas são altamente discutíveis?

Imaginemos o seguinte:

Em 1921, Picasso afirma ter pintado um retrato de Honorio Bustos Domeq. Fernando Pessoa escreve que viu o retrato e o elogia como a maior obra-prima até então produzida por Picasso. Vários críticos procuram o retrato, mas Picasso diz que este foi roubado.

Em 1945, Salvador Dali anuncia haver redescoberto esse retrato em Perpignan. Picasso reconhece formalmente o retrato como obra original sua. O retrato é vendido ao Museum of Modern Art como: "Pablo Picasso, *Retrato de Bustos Domeq*, 1921".

Em 1950, Jorge Luis Borges escreve um ensaio ("El Omega de Pablo") no qual afirma que:

1. Picasso e Pessoa mentiram porque, em 1921, ninguém pintou um retrato de Domeq.
2. Em todo caso, nenhum Domeq podia ter sido retratado em 1921 porque essa personagem foi inventada por Borges e Bioy Casares durante os anos quarenta.
3. Picasso, na realidade, pintou o retrato em 1945 e o datou falsamente de 1921.
4. Dali roubou o retrato e o copiou (irrepreensivelmente). Imediatamente depois, destruiu o original.
5. Obviamente, o Picasso de 1945 imitou perfeitamente o estilo do primeiro Picasso e a cópia de Dali era indistinguível do original. Tanto Picasso quanto Dali usaram tela e tintas produzidas em 1921.
6. Portanto, a obra exposta em Nova York é *o falso deliberado de um falso deliberado de autor* de um *falso histórico*.

Em 1986, é achado um texto inédito de Raymond Queneau que afirma:

1. Bustos Domeq existiu realmente, só que seu nome verdadeiro era Schmidt. Alice Toklas, em 1921, apresentou-o maliciosamente a Braque como Domeq, e Braque o retratou sob esse nome (de boa-fé), imitando o estilo de Picasso (de má-fé).
2. Domeq-Schmidt morreu durante o bombardeio de Dresden e todos os seus documentos de identidade foram destruídos naquela circunstância.
3. Dali redescobriu realmente o retrato em 1945 e o copiou. Mais tarde, destruiu o original. Uma semana depois, Picasso fez uma cópia da cópia de Dali; em seguida, a cópia de Dali foi destruída. O retrato vendido ao MOMA é um falso quadro de Picasso que imita um falso quadro de Dali que imita um falso quadro de Braque.
4. Ele (Queneau) soube disso tudo pelo descobridor dos diários de Hitler.

Todos os indivíduos envolvidos nessa história imaginária estão agora mortos (realmente). Fosse a história verdadeira, o único objeto que teríamos à disposição seria a obra exposta no MOMA.

É evidente que nenhum dos critérios filológicos elencados no item 3.4.6. poderia ajudar-nos a estabelecer a verdade. Mesmo que alguém perfeitamente entendido no assunto soubesse distinguir imponderáveis diferenças entre a mão de Dali e a mão de Picasso, ou entre as duas mãos de Picasso em diferentes períodos históricos, qualquer informação sua poderia ser contestada por outros peritos.

De qualquer maneira, uma história do gênero não é tão paradoxal quanto possa parecer. Ainda hoje nos perguntamos se o autor da *Ilíada* é o mesmo da *Odisseia*, se um deles (ao menos) seria Homero, e se Homero seria uma só pessoa.

A noção corrente de "falso" pressupõe um original "verdadeiro" com o qual o falso deveria ser confrontado. Vimos, porém, que todos os critérios empregados para estabelecer se alguma coisa é o falso de um original coincidem com os critérios que usamos para estabelecer se o original é autêntico. Por conseguinte, o original não pode ser utilizado como parâmetro para desmascarar suas contrafações, a menos que aceitemos cegamente sem discussão que aquele objeto que nos é apresentado como o original seja indiscutivelmente tal – o que se contraporia, no entanto, a qualquer critério filológico.

As provas fundadas no suporte material dizem-nos que um documento é um falso se seu suporte material não remonta à época de sua suposta origem. Esse método de verificação pode evidentemente provar que uma tela produzida por um tear mecânico não pode ter sido pintada durante o século XVI, *mas não pode provar que uma tela produzida no século XVI e recoberta com tintas quimicamente semelhantes às produzidas naquela época tenha sido realmente pintada durante o século XVI*.

As provas fundadas na manifestação linear do texto dizem-nos que um texto é falso se sua manifestação linear não está conforme com as regras normativas da escrita, pintura, escultura etc., válidas no momento de sua suposta produção. Mas o fato de que um texto satisfaça todos esses requisitos *não prova que ele seja original* (prova, no máximo, que o falsário foi muito hábil).

As provas fundadas no conteúdo dizem-nos que um texto é um *falso* se suas categorias conceptuais, suas taxionomias, seus modos de argumentação, seus esquemas iconológicos etc., não forem coerentes com a estrutura semântica (a forma do conteúdo) do ambiente cultural do suposto autor. *Mas não há modo algum de demonstrar que um texto tenha sido escrito originalmente antes de Cristo somente porque não contém ideias cristãs*.

As provas fundadas em fatos externos dizem-nos que um documento é um falso se os fatos externos que relata não puderem ter sido conhecidos à época de sua produção. *Mas não há modo algum de demonstrar que um texto que relata eventos ocorridos à época de sua suposta produção seja – por essa única razão – original*.

Assim, um exame semiótico dos falsos mostra como são teoricamente frágeis os critérios por nós utilizados nas decisões relativas à autenticidade[21].

Apesar disso, mesmo que nenhum critério isolado seja 100% satisfatório, comumente confiamos em conjecturas razoáveis que se baseiem numa avaliação equilibrada dos vários métodos de verificação. E como num processo, onde uma testemunha pode parecer não confiável, mas três testemunhas que concordem são levadas a sério; um indício pode parecer lábil, mas três indícios compõem um sistema. Em todos esses casos, fiamo-nos em critérios de *economia da interpretação*. Os juízos de autenticidade são fruto de raciocínios suasórios, fundados em provas verossímeis ainda que não de todo inconfutáveis, provas essas que aceitamos porque é mais sensatamente econômico aceitá-las do que perder tempo com levantar dúvidas a respeito.

Só colocamos em dúvida a autenticidade socialmente aceita de um objeto quando uma prova contrária vem perturbar nossas crenças estabelecidas. Não fora assim, seria mister examinarmos a *Gioconda* toda vez que fôssemos ao Louvre, visto que sem uma verificação de autenticidade não haveria prova alguma de que a *Gioconda* vista hoje é indiscernivelmente idêntica à que vimos na semana passada.

Mas uma verificação desse tipo seria necessária para cada juízo de identidade. De fato, não existe nenhuma garantia ontológica de que o Paulo com quem hoje me encontro seja o mesmo com quem me encontrei ontem, porque Paulo sofre modificações físicas (biológicas) muito mais do que um quadro ou uma estátua. Além disso, Paulo poderia disfarçar-se intencionalmente com o escopo de passar por Pedro.

De qualquer maneira, para que no dia-a-dia possamos reconhecer Paulo, nossos pais, maridos, mulheres e filhos (bem como para decidir se a Torre Eiffel que vejo hoje é a mesma que vi no ano passado), fiamo-nos em certos procedimentos instintivos baseados principalmente na concordância social, procedimentos esses de comprovada confiabilidade, visto que foi usando-os que nossa experiência conseguiu sobreviver por milhões e milhões de anos, e essa prova, baseada na adaptação ao ambiente, nos basta. Jamais levantamos dúvidas sobre tais procedimentos porque é muito raro que um ser humano ou um edifício sejam contrafeitos (as raras exceções a essa regra constituem matéria de interesse apenas para novelas policiais

---

21. Sobre a fragilidade de todo critério – se assumido como único parâmetro –, ver as intervenções de Rossana Bossaglia, Filiberto Menna e Alberto Boatto na discussão sobre a "Atribuição e Falso", *Alfabeta*, 67, dezembro de 1984.

ou de ficção científica). Mas, em princípio, Paulo não é mais difícil de contrafazer do que a *Gioconda*; ao contrário, é mais fácil alguém ser bem-sucedido no disfarce de um indivíduo do que na cópia de um quadro.

Os objetos, os documentos, o papel-moeda e as obras de arte são contrafeitos com frequência, não porque sejam particularmente fáceis de contrafazer, mas por motivos meramente econômicos. E o fato de serem tão frequentemente contrafeitos que nos obriga a fazer uma série de indagações acerca dos requisitos que um original deveria preencher para poder ser definido como tal – ao passo que não temos o hábito de refletir sobre os demais casos de identificação.

Seja como for, a reflexão sobre esses objetos mais comumente contrafeitos deveria dizer-nos quão arriscados são os nossos critérios gerais para a identidade, e alerta-nos sobre a excessiva circularidade com que alternativamente se definem conceitos como Verdade e Falsidade, Autêntico e Falso, Identidade e Diferença.

3.5. PEQUENOS MUNDOS

3.5.1. Mundos Narrativos

Parece óbvio dizer que, no mundo narrativo concebido por Shakespeare, verdadeiro é Hamlet ser solteiro e falso é ele ser casado. Os filósofos, prontos a objetar que os enunciados narrativos carecem de referente e por isso são falsos – ou que os dois enunciados sobre Hamlet teriam o mesmo valor de verdade (Russell, 1919, p. 169) –, não levam em conta o fato de haver gente que, ao tratar da falsidade ou verdade de semelhantes afirmações, põe em jogo seu próprio futuro. Um estudante que afirmasse que Hamlet era casado com Ofélia seria reprovado em literatura inglesa, e não poderíamos sensatamente criticar seu professor por ter-se fiado em tão sensata noção de verdade.

Para poderem reconciliar o senso comum com os direitos da lógica aléctica, muitas teorias da narratividade tomaram de empréstimo à lógica modal a noção de mundo possível. Soa correto dizer que, no mundo narrativo inventado por Robert Louis Stevenson, Long John Silver (i) alimenta uma série de esperanças e crenças, e assim delineia um mundo doxástico onde consegue pôr as mãos (ou seu único pé) no ambicionado tesouro da Ilha epônima e (ii) executa certas ações com o fito de fazer corresponder o curso futuro dos eventos do mundo real ao estado de seu mundo doxástico.

Todavia, cabe suspeitar que (i) a noção de mundo possível sustentada por uma semântica de mundos possíveis (ou teoria dos modelos de mundos possíveis) nada tenha em comum com a noção homônima sustentada pelas várias teorias da narratividade; e que (ii), independentemente desta última objeção, a noção de mundo possível nada de interessante acrescente à compreensão dos fenômenos narrativos[22].

3.5.2. Mundos Vazios versus Mundos Mobiliados

Numa teoria dos modelos, os modelos possíveis dizem respeito a conjuntos, não a indivíduos, e uma semântica de mundos possíveis não pode ser uma teoria da compreensão da linguagem psicolinguisticamente realista: "É a estrutura fornecida pela teoria dos mundos possíveis que deverá desenvolver o trabalho, e não a escolha de um determinado mundo possível, admitindo-se que esta última opção tenha algum sentido" (Partee, 1989, p. 118). "Um jogo semântico não se joga com um modelo único, mas com um espaço de modelos sobre o qual são definidas relações de alternatividade adequadas" (Hintikka, 19189, p. 58). Os mundos possíveis de uma teoria dos modelos devem ser *vazios*. Vêm à baila simplesmente tendo em vista um cálculo formal que considera as intensões como funções oriundas de mundos possíveis de extensões.

Em contraposição, parece evidente que, dentro do quadro de uma análise narrativa, ou consideramos mundos dados já *mobiliados* e não vazios ou não haverá diferença alguma entre uma teoria da narratividade e uma lógica dos contrafatuais[23].

Todavia, há algo em comum entre os mundos da semântica de mundos possíveis e os mundos de uma teoria da narratividade. Já de início, a noção de mundo possível, tal como é tratada pela teoria dos modelos, é uma metáfora que provém da literatura (no sentido de que todo mundo sonhado, ou resultante de um contra-

---

22. Esses os temas do Nobel Symposium on Possible Worlds in Humanities, Arts and Sciences ocorrido em Lidingo, arredores de Estocolmo, em agosto de 1986 (Allen, 1989), onde epistemólogos, historiadores das ciências, lógicos, filósofos analíticos, semióticos, linguistas, narratólogos, críticos, artistas e cientistas encontraram-se para discutir o assunto. Minha presente reflexão depende dos muitos informes apresentados ao simpósio e da discussão que se seguiu.

23. A melhor solução seria considerar os mundos possíveis de uma teoria da narratividade simplesmente como objetos linguísticos, isto é, descrições de estados e eventos que se verificam num dado contexto narrativo. Nesse sentido, todavia, dever-se-ia aceitar a objeção levantada por Partee (1989, pp. 94, 158) a propósito das descrições de estado de Carnap: sendo conjuntos de enunciados, não são mundos possíveis, porque os mundos possíveis "são parte das estruturas-modelo em cujos termos as línguas são interpretadas"; os mundos possíveis são modos alternativos de como as coisas teriam podido ser, e não descrições desses modos. Do contrário, dizer que um texto narrativo delineia um ou mais mundos possíveis seria apenas uma maneira mais sofisticada de dizer que todo texto narrativo conta histórias sobre eventos irreais.

fatual, é um mundo narrativo). Um mundo possível é aquilo que é descrito por um romance completo (Hintikka, 1967 e 1969). Além disso, toda vez que a teoria dos modelos fornece um exemplo de mundo possível, ela o faz sob forma de um mundo mobiliado individual ou de uma parcela dele (se César não tivesse atravessado o Rubicão...).

Segundo Hintikka (1989, pp. 54 e ss.), numa teoria dos modelos, os mundos possíveis são instrumentos de uma *linguagem do cálculo*, que é independente da linguagem-objeto por ela descrita, mas não poderiam ser utilizados no quadro de uma *linguagem como medium universal*, que só pode falar de si mesma. Numa teoria da narratividade, ao contrário, os mundos possíveis são estados de coisas descritos nos termos da mesma linguagem falada pelo texto narrativo. De qualquer forma (segundo propus em Eco, 1979), essas descrições podem ser traduzidas analogicamente em matrizes de mundos que, sem permitirem nenhum cálculo, oferecem a possibilidade para que se confrontem diferentes estados de coisas *sob uma determinada descrição* e para que fique claro se tais estados podem ser mutuamente acessíveis ou não, e como se diferenciam. Dolezel (1989, pp. 228 e ss.) demonstrou convincentemente que uma teoria dos objetos narrativos pode produzir mais frutos se abandonar um "modelo de mundo" para adotar uma abordagem de mundos possíveis.

Assim, ainda que uma teoria da narratividade não nasça de uma apropriação mecânica do sistema conceitual de uma semântica de mundos possíveis, tem ela algum direito a existir. Dizemos que a noção de mundo possível de uma teoria da narratividade deve dizer respeito a mundos mobiliados nos termos das seguintes características:

(i) Um mundo possível narrativo é descrito por uma série de expressões linguísticas que os leitores são levados a interpretar como se elas se referissem a um possível estado de coisas no qual se p é verdadeiro então não p é falso (requisito este flexível, visto que também existem, como veremos, mundos possíveis impossíveis).
(ii) Esse estado de coisas é constituído por indivíduos dotados de propriedades.
(iii) Essas propriedades são governadas por certas leis, de maneira tal que certas propriedades possam ser mutuamente contraditórias e que uma dada propriedade x possa implicitar a propriedade y.
(iv) Os indivíduos podem sofrer mudanças, perder ou adquirir novas propriedades (nesse sentido, um mundo possível é também um curso de eventos e pode ser descrito como uma sucessão de estados temporalmente ordenada).

Os mundos possíveis podem ser vistos ou como estados de coisas "reais" (cf., por exemplo, a abordagem realista em Lewis, 1980) ou como construções culturais, matéria de estipulação ou de produção semiótica. Seguirei a segunda hipótese, segundo a perspectiva delineada em Eco, 1979. Por ser uma construção cultural, um mundo possível não pode ser identificado com a *manifestação linear do texto* que o descreve. O texto que descreve esse estado ou curso de eventos é uma estratégia linguística destinada a fazer detonar uma interpretação por parte do Leitor-Modelo. Essa interpretação (embora expressa) representa o mundo possível delineado no curso da interação cooperativa entre o texto e o Leitor-Modelo.

Para confrontarmos mundos, também precisamos considerar o mundo real ou atual como uma construção cultural. O chamado mundo atual é o mundo a que nos referimos – corretamente ou não –como aquele descrito pela *Enciclopédia Treccani* ou pelo *Corriere della Sera* (mundo onde Madri é a capital da Espanha, Napoleão morreu em Santa Helena, dois mais dois são quatro, é impossível sermos pais de nós mesmos, e Pinóquio jamais existiu – a não ser como personagem literária). O mundo atual é o que conhecemos através de uma multidão de imagens do mundo ou de descrições de estado, e essas imagens são mundos epistêmicos que amiúde se excluem alternativamente. O complexo das imagens do mundo atual é a sua enciclopédia potencialmente maximal e completa (sobre a natureza puramente reguladora dessa enciclopédia potencial, ver Eco, 1979 e 1984). "Os mundos possíveis não são descobertos em algum depósito remoto, invisível ou transcendente, mas são *construídos* por mentes e mãos humanas. Essa explicação foi dada explicitamente por Kripke: 'Os mundos possíveis são estipulados, e não descobertos com possantes microscópios'" (Dolezel, 1989, p. 236).

Embora o mundo real seja considerado uma construção cultural, mesmo assim nos é dado indagar sobre o estatuto ontológico do universo descrito. Esse problema não existe para os mundos possíveis narrativos. Por serem delineados por um texto, fora desse texto eles só existem como resultado de uma interpretação, e têm o mesmo estatuto ontológico de qualquer outro mundo doxástico (sobre a natureza cultural de todo e qualquer mundo, ver as recentes observações de Goodman e Elgin, 1988, p. 3).

Hintikka (1989, p. 55), quando fala dos mundos possíveis tal como são considerados por uma teoria dos modelos, diz que, ao descrevermos um mundo possível, estamos livres para escolher o universo de discurso ao qual ele poderá ser aplicado. Daí por que os mundos possíveis são sempre *pequenos mundos*, "isto é, um curso relativamente breve de eventos locais em algum canto do mundo atual". O mesmo vale para os mundos narrativos: para poder levar seus leitores a conceberem um mundo narrativo possível, um texto deve convidá-los a uma tarefa "cosmológica" relativamente fácil – como veremos nas próximas seções, sobretudo nas seções 3.5.5. e 3.5.6.

3.5.3. Abordagem Técnica versus Abordagem Metafórica

A noção de mundo possível mobiliado mostra sua utilidade no estudo de muitos fenômenos atinentes à criação artística. Seria, todavia, conveniente não abusar. Há casos em que falar de mundos possíveis não passa de mera metáfora.

Quando Keats diz que a Beleza é Verdade e a Verdade é Beleza, exprime apenas sua visão pessoal do mundo atual. Podemos simplesmente dizer que ele está certo ou errado, mas tratar sua visão do mundo em termos de mundos possíveis só seria justificável caso a confrontássemos com as ideias de São Bernardo, para quem, neste mundo, a Beleza Divina era verdadeira, ao passo que a Artística era mendaz.

Mesmo nesse caso, todavia, estaríamos falando de dois modelos teóricos construídos com a finalidade de explicar o mundo atual. Os *entia rationis* e as construções culturais, utilizados na ciência e na filosofia, não são mundos possíveis. Podemos dizer que as raízes quadradas, os *universalia*, ou *o modus ponens* pertencem a um Terceiro Mundo no sentido de Popper, mas um Terceiro Mundo (admitindo-se que exista), mesmo que o interpretemos como um Reino Platônico Ideal, não é um mundo "possível". É tão real quanto o mundo empírico. Talvez até mais.

A geometria euclidiana não descreve um mundo-possível. É uma descrição abstrata do mundo atual. Só poderia ser a descrição de um mundo possível se a tomássemos como descrição da Flatland de Abbott.

Os mundos possíveis são construções culturais, mas nem todas as construções culturais são mundos possíveis. Por exemplo, ao desenvolvermos uma hipótese científica – no sentido das abduções de Peirce – formulamos leis possíveis que, se valessem, poderiam explicar muitos fenômenos inexplicáveis. Mas essas aventuras de nossa mente têm como único alvo demonstrar que as leis "imaginadas" valem também no mundo "real" – ou no mundo que construímos como mundo real. A possibilidade é um meio, não um fim em si mesma. Exploramos a pluralidade dos *possibilia* para encontrar um modelo adequado aos *realia*.

Do mesmo modo, parece arriscado sustentar que as metáforas delineiem mundos possíveis (como assume, por exemplo, Levin, 1979, pp. 124 e ss.; cf., neste livro, a seção 3.3. sobre a interpretação das metáforas). Na sua forma mais simples, uma metáfora é uma comparação abreviada: *Paulo é um leão* ou *Pedro é um desastre* significam que Paulo ou Pedro, sob determinada descrição, exibem algumas das propriedades de um leão (digamos, a força e a coragem) ou de um desastre (a instabilidade e a turbulenta desordem). Naturalmente, se assumirmos as metáforas ao pé da letra, constatamos um caso de comunicação infeliz, ou pelo menos de inconsistência semântica, visto ser impossível – no mundo atual – ser ao mesmo tempo um homem e uma besta-fera ou um fenômeno geológico. Mas se as assumirmos como figuras retóricas e as interpretarmos de acordo, então elas nos dirão que *no mundo real* Paulo ou Pedro têm (presuntivamente) tais propriedades. Uma vez desambiguadas, essas metáforas podem apresentar-se como afirmações falsas a propósito do mundo atual (alguém poderá negar que Paulo seja verdadeiramente corajoso ou Pedro deveras tão desastrado), mas não como afirmações verdadeiras a propósito de mundos possíveis. Mesmo se – eu disser que, no mundo possível de Homero, Aquiles é um leão, estarei dizendo que naquele mundo Aquiles é deveras corajoso e não que naquele mundo Aquiles tem as características morfológicas de um *felis leo*. Nem a metáfora mais obscura delineia um mundo alternativo: ela simplesmente sugere, de maneira obscura, que certos indivíduos do mundo de referência deveriam ser vistos como caracterizados por propriedades inéditas.

É útil usarmos a noção de mundo possível quando com ela nos referimos a um estado de coisas, mas só quando for preciso confrontar dois estados de coisas alternativos. Se alguém diz que o Pato Donald é uma invenção de Disney, e que poucas probabilidades temos de topar com ele no Sunset Boulevard, está certamente dizendo que o Pato Donald pertence a um mundo de fantasia, mas não é necessária nenhuma específica teoria dos mundos possíveis para que possamos descobrir ou provar semelhante banalidade. Quando, ao contrário, analisamos um filme muito particular como *Uma Cilada para Roger Rabbit*, onde os desenhos animados interagem com as personagens apresentadas como "reais", então os problemas de acessibilidade recíproca através de mundos diferentes podem ser discutidos legitimamente.

Se Tom diz que espera comprar um grande barco, seu enunciado exprime uma atitude proposicional que, como tal, delineia o mundo possível dos desejos de Tom; mas só teremos necessidade de uma noção de mundo possível se tivermos que confrontar pelo menos duas atitudes proposicionais. Permitam-me citar um famoso diálogo (mencionado em Russell, 1905):

TOM (*olhando pela primeira vez o barco de John*): Pensava que seu barco fosse-
   maior do que é.
JOHN: Não, meu barco não é maior do que é.

O quebra-cabeças é facilmente explicado pela Fig. 1. Tom, no mundo W_t da sua imaginação, pensa que o barco de John (B_1) tem, digamos, 10 metros de comprimento. Posteriormente, Tom, no mundo atual W_0 de sua experiência, vê o verdadeiro barco B_2 e observa que ele tem cinco metros de comprimento. Em seguida, confronta o B_1 do seu mundo doxástico com o B_2 do mundo real e observa que B_1 era maior do que B_2.

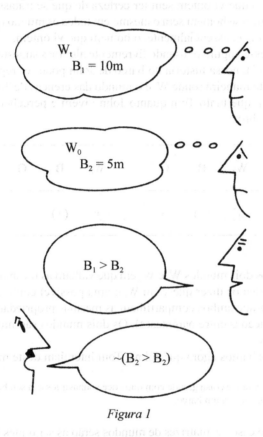

Figura 1

A dúvida está em saber se John é um idiota e jamais estudou lógica modal, ou se cria de propósito o quiproquó para dar uma lição em Tom que exagerou na avaliação de seu barco. Em qualquer um dos casos ele confunde os mundos e trata B_1 e B_2 como se pertencessem ambos ao mesmo W_0. Qualquer que seja a interpretação que dermos ao diálogo, a noção de mundo possível explica, com a ambiguidade conversacional, as razões mesmas pelas quais a história vira uma piada: põe em cena a interação entre dois indivíduos, um dos quais – ou por, estultice ou por malícia – mostra-se incapaz de discriminar entre mundos incompatíveis.

3.5.4. Mundos Possíveis e Teoria da Narratividade

Suponhamos que John e Tom vivam num mundo muito simples dotado apenas de um par de propriedades, isto é, Barco e Grande. Podemos decidir que, sob determinada descrição, algumas propriedades são essenciais e outras acidentais. Para definir uma propriedade como textualmente essencial, Hintikka (1969) disse que se falo de um homem que vi ontem sem ter certeza de que se tratasse de Tom ou de John, esse homem será o mesmo em todos os mundos possíveis, visto que ele é, essencialmente, o homem que vi ontem.

Sob esse ângulo (e usando livremente algumas sugestões de Reseller, 1973), nossa história do barco de John pode ser representada da seguinte maneira (onde W_t é o mundo das crenças de Tom e W_0 o mundo em que tanto Tom quanto John vivem e percebem o barco atual de John):

W_1	B	G
x	(+)	+

W_0	B	G
y	(+)	−

Dados dois mundos W_t e W_0 em que valham as mesmas propriedades, podemos dizer que x em W_t é uma possível contraparte de y em W_0 porque ambos compartilham as mesmas propriedades essenciais (indicadas entre parênteses). Os dois mundos são mutuamente acessíveis.

Suponhamos agora que John e Tom interajam deste modo:

TOM: Pensei que a coisa grande com que você sonhava fosse o seu barco.
JOHN: Não, não era um barco.

Nesse caso, as matrizes de mundos serão as seguintes (onde S = o objeto de um sonho):

W_t	S	B	G
x_1	(+)	(+)	+

W_j	S	B	G
x_2	(+)	(−)	+
y	−	(+)	−

No mundo doxástico de Tom (W_t) existe um x_1 que é o suposto objeto dos sonhos de John, e que é um barco grande; no mundo doxástico de John (W_j) há duas coisas, isto é, um barco pequeno y, que jamais o importunou em sonhos, e uma coisa grande x_2, que era o objeto de seu sonho e que infelizmente não é um barco; x_1, X_2 e y serão reciprocamente *supranumerários* (indivíduos diversos); não haverá identidade através de mundos, mas esses dois mundos mesmo assim serão reciprocamente acessíveis. Manipulando-se a matriz de W_t, é possível designar tanto x_2 quanto y, e manipulando-se a matriz de W_j é possível designar x_1. Podemos dizer que cada um dos mundos é "concebível" sob o ponto de vista do mundo alternativo.

Suponhamos agora que em W_t valha a propriedade Vermelho (mas John é daltônico e não distingue as cores) e suponhamos que o diálogo soe desta maneira:

TOM: Vi seus barcos. Quero comprar o vermelho.
JOHN: Qual?

Para Tom, Vermelho é – naquele contexto – uma propriedade essencial de x_1. Tom quer comprar somente barcos vermelhos. John não pode conceber o mundo de Tom do mesmo modo que os habitantes de Flatlândia não podem conceber uma esfera. John distingue seus barcos apenas pelo comprimento, não pelas cores:

W_t	B	G	V	W_j	B	G
x_1	(+)	+	(+)	y_1	(+)	(+)
x_2	(+)	–	(–)	y_2	(+)	–

John não pode conceber o mundo de Tom, mas Tom pode conceber o W_j de John como um mundo no qual – nos termos da matriz de W_t – as cores permanecem indeterminadas. Tanto y_1 quanto y_2 podem estar designados em W_t como:

W_t	B	G	V
y_1	(+)	+	?
y_2	(+)	–	?

Ao analisarmos a narrativa, precisamos amiúde decidir em que sentido – com base no nosso conhecimento do mundo atual – podemos avaliar os indivíduos e eventos de um mundo imaginário (diferenças entre *romance* e *novel*, entre realismo e *fantasy*, se o Napoleão de Tolstói é idêntico ao histórico ou diferente deste, e assim por diante).

Uma vez que em cada estágio de uma história as coisas podem prosseguir de diferentes maneiras, a pragmática da leitura baseia-se em nossa capacidade de fazer previsões a cada disjunção narrativa. Lembremos o caso extremo das histórias policiais, em que o autor quer suscitar previsões falsas por parte dos leitores para depois poder frustrá-las.

Também nos interessa convalidar as afirmações verdadeiras sobre a narrativa. Asseverar que é verdadeiro que – no mundo descrito por Conan Doyle – Sherlock Holmes era solteiro não interessa apenas como resposta a um *quiz*, mas pode tornar-se relevante quando se estejam contestando casos irresponsáveis de *misreading*. Um texto narrativo tem uma ontologia própria dele que deve ser respeitada.

Há, contudo, outra razão pela qual o confronto entre mundos pode tornar-se importante na narrativa. Muitos textos narrativos são sistemas de mundos doxásticos encaixados. Suponhamos que num romance o autor diga que p, depois acrescente que Tom crê que não p e que John crê que Tom acredite erroneamente que p. É preciso que o leitor decida até que ponto essas várias atitudes proposicionals são reciprocamente compatíveis e acessíveis.

Para esclarecermos esse ponto, devemos compreender que a necessidade narrativa é diferente da necessidade lógica. A necessidade narrativa é um princípio de identificação. Se John é narrativamente o filho de Tom, John deve ser sempre identificado como o filho de Tom, e Tom como o pai de John. Em Eco, 1979, chamei esse tipo de necessidade de propriedade S-necessária, isto é, uma propriedade que é necessária no interior de um dado mundo possível em virtude da definição recíproca dos indivíduos em jogo. Em alemão, o significado de *Holz* é determinado por seus confins estruturais com o significado de *Wald*; no mundo narrativo W_n de *Madame Bovary* não existe outra maneira de se identificar Emma a não ser como a mulher de Charles, o qual, por sua vez, foi identificado como o jovem conhecido do narrador logo no início do romance. Qualquer outro mundo onde Madame Bovary fosse a mulher do mais calvo de todos os reis da França seria um outro mundo (não flaubertiano), mobiliado com indivíduos diferentes. Portanto, a propriedade S-necessária que caracteriza Emma é a relação eMc (onde e = Emma, c = Charles e M = ser mulher de).

A fim de vermos todas as consequências que podemos tirar dessa abordagem, consideremos os dois mundos que dominam o *Édipo Rei*, de Sófocles; o W_e das crenças de Édipo e o Wf dos conhecimentos de Tirésias que conhecia a *fábula* – sendo que a *fábula* é assumida por Sófocles como o relato do curso real dos eventos. Consideremos as seguintes relações: A = assassino de; F = filho de; M = marido de. Por economia, o sinal menos indica a relação inversa (vítima de, genitor de, mulher de).

W_e	eAx	yAl	zFg	zFl	eMg
E	+			+	
L		−		−	
G			−		−
X	−				
Y		+			
Z			+	+	

W_f	eAl	eFl	eFg	eMg
E	+	+	+	+
L	−	−		
G			−	−

Em W_e estão: Édipo, que assassinou um viandante desconhecido X e desposou Jocasta; Laio, que foi assassinado por um viandante desconhecido Y e era o pai de um Z perdido; Jocasta, que era a mãe de um Z perdido e atualmente é a mulher de Édipo. Em W_f – ao contrário – X, Z e Y estão desaparecidos. O mundo atual da *fábula* (convalidado por Sófocles) apresenta – ai de mim! – menos indivíduos do que o mundo ilusório das crenças de Édipo. Mas, do momento em que nos mundos narrativos os indivíduos são caracterizados por propriedades relacionais (S-necessárias) diferentes, não há qualquer identidade possível entre os indivíduos meramente homônimos dos dois mundos.

Édipo Rei é a história de uma trágica inacessibilidade. Édipo provoca a própria cegueira porque foi incapaz de ver que estava vivendo num mundo ao qual o mundo real não podia ter acesso. Para compreender sua tragédia, cumpre ao Leitor-Modelo reconstruir *a fábula* (a história, o que realmente aconteceu) como um curso de eventos temporalmente ordenado e – ao mesmo tempo – delinear os diferentes mundos representados pelos diagramas acima.

A noção de mundo possível é útil para uma teoria da narratividade porque ajuda a decidir em que sentido uma personagem narrativa não pode comunicar com as suas contrapartes do mundo atual. O problema não é tão extravagante quanto parece. Édipo não pode conceber o mundo de Sófocles – do contrário não teria desposado a própria mãe. As personagens narrativas vivem num mundo *handicapado*. Quando compreendemos verdadeiramente seus destinos, começamos a suspeitar que também nós, como cidadãos do mundo atual, amiúde nos sujeitamos ao nosso destino unicamente porque pensamos no nosso mundo do mesmo modo como as personagens narrativas pensam no delas. A narrativa sugere que talvez nossa visão do mundo atual seja tão imperfeita quanto a das personagens narrativas. Eis por que as personagens narrativas de sucesso se tornam exemplos supremos da "real" condição humana.

3.5.5. Pequenos Mundos

Segundo Dolezel (1989, pp. 233 e ss.), os mundos narrativos são *incompletos* e *semanticamente não homogêneos*: são mundos *handicapados* e *pequenos*. Sendo deficiente, um mundo narrativo não é um estado de coisas maximal e completo. No mundo real, se é verdadeiro que John mora em Paris, também é verdadeiro que John vive na capital da França, que vive ao norte de Milão e ao sul de Estocolmo, e que vive numa cidade cujo primeiro bispo foi São Diniz. Essa série de requisitos não vale para os mundos doxásticos. Se é verdadeiro que John crê que Tom viva em Paris, isso não significa que John creia que Tom viva ao norte de Milão.

Os mundos narrativos são tão incompletos quanto os doxásticos. No início de *The Space Merchants*, de Pohl e Kornbluth (ver Delaney, 1980), lemos:

> Esfreguei no rosto o sabão depilante e enxaguei com as poucas gotas que caíam da torneira de água doce.

Num enunciado referido ao mundo real, ouviríamos *doce* como uma redundância, visto que todas as torneiras de todas as pias costumam distribuir água doce. Não apenas suspeitamos que essa frase esteja descrevendo um mundo narrativo como percebemos que está fornecendo informações indiretas acerca de um mundo onde a torneira de água doce se opõe à de água salgada (no nosso mundo a oposição é fria-quente). Mesmo que a história não fornecesse informações ulteriores, os leitores infeririam que se está descrevendo um mundo de ficção científica onde há carência de água doce.

De qualquer maneira, até que o romance não dê outras informações, somos levados a pensar que tanto a água doce quanto a salgada são H_2O. Nesse sentido, os mundos narrativos parecem ser mundos parasitários, pois, se as propriedades alternativas não são especificadas, aceitamos como ponto pacífico as propriedades que valem no mundo real.

3.5.6. Requisitos para a Construção de Pequenos Mundos

Para poder delinear um mundo narrativo onde muitas coisas devem ser aceitas sem discussão e outras muitas devem ser aceitas ainda que supinamente discutíveis, um texto parece dizer a seu Leitor-Modelo: "Confie em mim. Não seja sutil em demasia e assuma o que digo como se fosse verdadeiro". Nesse sentido, um texto narrativo tem uma natureza performativa. "Um estado de coisas possível não atualizado torna-se um existente narrativo pelo fato de ser convalidado num ato linguístico literário feliz em sua emissão" (Dolezel, 1989, p. 237). Essa convalidação assume, de hábito, a forma de um convite à cooperação para a construção de um mundo *concebível* em troca de uma certa flexibilidade ou superficialidade.

Existem diferenças entre mundos possíveis críveis, verossímeis e concebíveis. Barbara Hall Partee (1989, p. 118) sugere que os mundos concebíveis não são a mesma coisa que os mundos possíveis: alguns estados de coisas concebíveis poderiam ser de fato impossíveis, e certos mundos possíveis poderiam achar-se além de nossa capacidade de concepção. Consideremos uma série de casos:

(i) Existem mundos possíveis que parecem *verossímeis* e críveis, e podemos concebê-los. Por exemplo, posso conceber um mundo futuro em que este ensaio possa ser traduzido para o finlandês, e posso conceber um mundo passado em que Lorde Trelawney e o doutor Livesey tenham realmente navegado com o capitão Smollett em busca da Ilha do Tesouro.

(ii) Existem mundos possíveis que se nos afiguram *inverossímeis* e escassamente críveis sob o ponto de vista de nossa experiência atual; por exemplo, os mundos onde os animais falam. No entanto, posso conceber mundos desse tipo reajustando flexivelmente a experiência do mundo em que vivo: basta imaginar que os animais possam ter órgãos fonadores semelhantes aos humanos e uma estrutura cerebral mais complexa. Esse tipo de cooperação requer flexibilidade e superficialidade: para poder conceber cientificamente animais com características fisiológicas diferentes, eu teria que reconsiderar o curso inteiro da evolução, concebendo assim uma grande quantidade de leis biológicas diferentes – coisa que certamente não faço quando leio *Chapeuzinho Vermelho*. Para poder aceitar o fato de que um lobo fale com uma menina, concebo um mundo pequeno, local e não homogêneo. Ajo como um observador presbita em condições de isolar formas macroscópicas mas incapaz de analisar seus pormenores. Posso fazê-lo porque estou habituado a fazer o mesmo no mundo da minha experiência atual: falo e aceito como concebível o fato de ser capaz de falar, mas – por via da divisão social do trabalho científico – dou de barato que existam razões evolutivas desse fenômeno, sem conhecê-las. Do mesmo modo posso conceber mundos que – a uma investigação mais severa – pareceriam incríveis e inverossímeis.

(iii) Existem *mundos inconcebíveis* – sejam eles possíveis ou impossíveis – além de nossa capacidade de concepção, porque seus supostos indivíduos e propriedades violam nossos hábitos lógicos e epistemológicos. Não podemos conceber mundos mobiliados com círculos quadrados que se compram com uma quantidade de dólares correspondente ao maior número par. Todavia, como ficou evidente nas linhas precedentes, esse mundo pode ser *mencionado* (impossível discutir aqui a razão pela qual possa ser mencionado, isto é, a razão pela qual a linguagem possa nomear entidades não existentes e inconcebíveis). Em tais casos o Leitor-Modelo é solicitado a exercitar uma flexibilidade e uma superficialidade exageradamente generosas, obrigado que está a dar de barato algo que nem sequer pode conceber. A diferença entre assumir um mundo como mencionado e assumi-lo como concebível talvez possa ajudar a traçar os confins entre *romance* e *novel, fantasy* e realismo.

(iv) Os mundos inconcebíveis são provavelmente um exemplo extremo de *mundos possíveis impossíveis*, isto é, mundos que o Leitor-Modelo é levado a conceber apenas quanto baste para compreender que é impossível fazê-lo. Dolezel (1989, pp. 238 e ss.) fala, a propósito, de *textos autodestrutivos* (*self-voiding texts*) e de *metanarrativa autorreveladora* (*self-disclosing meta-fiction*).

Nesses casos, de um lado as entidades possíveis parecem ser levadas à existência narrativa, uma vez que são aplicados procedimentos convencionais de convalidação; do outro, o estatuto dessa existência torna-se incerto, porque os fundamentos mesmos do mecanismo de convalidação estão minados. Esses mundos narrativos impossíveis incluem contradições internas. Dolezel dá o exemplo de *La maison de rendez-vous*, de Robbe-Grillet, onde um mesmo evento é introduzido em diferentes versões conflituais, um mesmo lugar é e não é a ambientação do romance, os eventos estão ordenados em sequências temporais contraditórias, uma mesma entidade narrativa é representada de diferentes modos existenciais.

Para melhor compreendermos como funciona a metanarrativa autorreveladora, deveríamos considerar a distinção entre interpretação *semântica* e interpretação *crítica* (cf., neste livro, a seção "Intentio Lectoris"). A interpretação semântica é o resultado do processo mediante o qual o leitor, posto diante de uma manifestação linear texto, preenche-a com um dado significado. Já a interpretação crítica é uma atividade metalinguística que visa a descrever e explicar por quais razões formais um dado texto produz uma dada resposta. Nesse sentido, todo texto é suscetível de ser interpretado seja semanticamente seja criticamente, mas apenas poucos textos preveem conscientemente ambos os tipos de Leitor-Modelo. Muitas obras literárias (os romances policiais, por exemplo) apresentam uma estratégia narrativa astuta, que gera um Leitor-Modelo ingênuo pronto a cair nas ciladas do narrador (apavorar-se ou suspeitar do inocente), mas também costumam prever um Leitor-Modelo crítico apto a apreciar, com uma segunda leitura, a estratégia narrativa que configurou o leitor ingênuo de primeiro nível. O mesmo acontece com a narrativa autodestrutiva. Num primeiro nível de interpretação, dá ela, ao mesmo tempo, tanto a ilusão de um mundo coerente quanto a sensação de certa impossibilidade inexplicável. Num segundo nível interpretativo (o nível crítico), o texto pode ser compreendido na sua natureza autodestrutiva.

Um exemplo visual de um mundo possível impossível é o famoso desenho de Penrose (figura 2, um arquétipo de muitos *impossibilia* pictóricos como as gravuras de Escher). À primeira vista, essa figura parece representar um objeto "possível" mas, se acompanharmos suas linhas em seu curso orientado espacialmente, perceberemos que semelhante objeto não pode existir: um mundo no qual um objeto do gênero possa existir será talvez possível, mas estará seguramente além de nossa capacidade de concepção, por mais flexíveis e superficiais que nos possamos decidir a ser. O prazer que haurimos dos mundos possíveis impossíveis é o prazer de nossa derrota lógica e perceptiva – ou o prazer de um texto autorrevelador que fala de sua própria incapacidade para descrever *impossibilia* (sobre esse ponto, cf. também Danto, 1989, e Régnier, 1989).

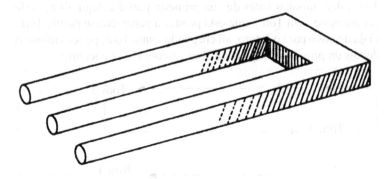

Figura 2

Um mundo impossível é apresentado por um discurso que mostra por que uma história é impossível. Um mundo possível impossível não menciona simplesmente algo de inconcebível. Constrói as condições mesmas de sua própria inconcebibilidade. Tanto a figura de Penrose quanto o romance de Robbe-Grillet são materialmente possíveis como textos visuais ou verbais, mas parecem referir-se a algo que não pode ser.

Há uma diferença entre os mundos possíveis impossíveis visuais e os verbais, decorrente das diferentes estratégias de apelo comunicativo levadas a efeito pela manifestação linear do texto. Uma ilusão visual é um processo de curto prazo, pois os sinais visuais são exibidos espacialmente todos juntos – ao passo que com as linguagens verbais, a linearidade temporal (ou espacial) dos significantes dificulta o reconhecimento da inconsistência. Percebida de imediato como um todo, a figura de Penrose encoraja uma observação imediata e mais analítica, de tal modo que sua inconsistência pode ser constatada quase de pronto.

Já num texto verbal, a escansão linear e temporalmente ordenada (passo a passo) torna mais difícil uma análise global do texto como um todo – que requer uma ação combinada de memória de curto e de longo prazo. Assim, nos textos verbais, a representação de mundos possíveis impossíveis pode ser superficialmente aceita como concebível por páginas e páginas, antes que a contradição que esses textos exibem seja captada. A fim de tornarem cada vez mais embaraçosa essa sensação de desequilíbrio, podem esses textos utilizar diversas estratégias sintáticas.

Como exemplo de ilusão de longo prazo (e da estratégia linguística que a possibilita) gostaria de citar uma típica situação de ficção científica exemplificada por muitos romances – e recentemente tomada de empréstimo por um filme, *De Volta para o Futuro*.

Imaginemos uma história em que uma personagem narrativa (chamemo-la de Tom_1) viaja para o futuro aonde chega como Tom_2 e, em seguida, retrocede no tempo, retornando ao presente como Tom_3, dez minutos antes de sua primeira partida. Aqui Tom_3 pode encontrar-se com Tom_1, que está prestes a partir. Nesse ponto, Tom_3 viaja de novo para o futuro, ali chegando como Tom_4 poucos minutos depois da primeira chegada de Tom_2, e com ele se encontra.

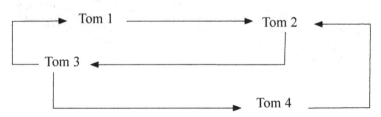

Figura 3

Se transformarmos a história num diagrama visual (figura 3), veremos que ele evoca o desenho de Penrose. É impossível aceitar uma situação em que a mesma personagem se cinde em quatro diferentes Tom. Mas no decorrer do discurso narrativo, a contradição desaparece em razão de um simples artifício linguístico: o Tom que diz "eu" é sempre o de expoente mais alto.

Quando essa história se transforma em filme – organizado temporalmente como um relato verbal – a câmera enquadrará sempre a situação sob a perspectiva do Tom "mais alto". É só por meio de maquinismos linguísticos e cinematográficos do gênero que um texto dissimula parcialmente as condições de sua própria impossibilidade referencial.

A metanarrativa autorreveladora mostra como os mundos impossíveis são impossíveis. A ficção científica, ao contrário, constrói mundos impossíveis que dão a ilusão de serem concebíveis.

3.5.7. Boa Vontade Cooperativa

Até agora, a flexibilidade e a superficialidade apareceram como qualidades cooperativas requeridas para a configuração de estados de coisas escassamente críveis. Todavia, à luz das observações precedentes, cumpriria dizer que, também para os estados de coisas verossímeis e críveis, sempre se faz necessária uma certa flexibilidade.

De fato, ao Leitor-Modelo, mesmo quando convidado a delinear um mundo muito pequeno, jamais são fornecidas informações satisfatórias. Mesmo quando convidado a extrapolar de uma suposta experiência do nosso mundo atual, essa experiência é, o mais das vezes, simplesmente postulada[24].

Vejamos o início de um romance (por mero acaso escolhi *The Mysteries of Udolpho*, de Ann Radcliffe, 1794).

> Em 1584, às risonhas margens do Garona, na província de Gasconha, erguia-se o castelo de Monsieur St. Aubert. Das janelas descortinava-se a paisagem pastoril da Guiena e da Gasconha a estender-se em direção ao rio, recamada de bosques luxuriantes, vinhedos e olivais.

Impossível afirmar que um leitor inglês de fins do século XVIII soubesse o suficiente sobre o Garona, sobre a Gasconha e sobre a paisagem correspondente. Todavia, mesmo um leitor não informado seria capaz de inferir do lexema *margens* que o Garona é um rio (e além do mais, menciona-se um rio justamente no período que vem

---

24. Devo tal sugestão a Bas van Fraassen, que me enviou em comunicação pessoal sobre *Lector in Fábula*.

imediatamente a seguir). Provavelmente caberia ao Leitor-Modelo imaginar um típico ambiente da Europa meridional com vinhas e oliveiras, mas não se pode ter como certo que um Leitor, que vivesse em Londres e jamais tivesse deixado a Grã-Bretanha, seria capaz de conceber um panorama do gênero, verde-claro e azul. Não importa. O Leitor-Modelo de Radcliffe era convidado a fazer de conta que conhecia tudo isso. O Leitor-Modelo era e é convidado a comportar--se como se as colinas francesas lhe fossem familiares. Provavelmente o mundo por ele delineado é diverso daquele que Ann Radcliffe tinha em mente enquanto escrevia, mas isso não tem importância. Para os fins da história, qualquer concepção estereotipada de uma paisagem francesa pode funcionar.

Os mundos narrativos são os únicos nos quais poderia valer uma teoria da designação rígida. Se o narrador diz que existia um lugar chamado Ilha do Tesouro, o Leitor-Modelo é convidado a confiar numa misteriosa cadeia batismal em decorrência da qual alguém batizou uma dada ilha com aquele nome. No mais, o Leitor é convidado a atribuir àquela ilha todas as propriedades estandardizadas que seria levado a atribuir a qualquer ilha dos mares do Sul, o que, para os fins da narração, será suficiente.

Dizia eu há pouco (seção 3.5.4.) que num texto narrativo Emma Bovary pode ser identificada somente por propriedades S-necessárias, isto é, pelo fato de que era a mulher do único indivíduo mencionado pelo narrador no início do romance. Mas essas propriedades S-necessárias são muito vagas.

Analisemos o seguinte trecho de *Quatre-vingt-treize*, de Hugo. O Marquês de Lantenac está enviando o marinheiro Halmano para avisar a todos os sequazes da revolta vandeana e lhe dá estas instruções:

– Ecoute bien ceci. Voici l'ordre: *Isurgez-vous. Pas de quartier*. Donc, sur la lisière du bois de Saint-Aubin tu feras l'appel. Tu le feras trois fois. A la troisième fois tu verras un homme sortir de terre.
– D'un trou sous les arbres. Je sais.
– Cet homme, e'est Planchenault, qu'on appelle aussi Coeur-de-Roi. Tu lui montreras ce noeud. Il comprendra. Tu iras ensuite, par les chemins que tu inventeras, au bois d'Astillé; tu y trouveras un homme cagneux qui est surnommé Mousqueton, et qui ne fait miséricorde à personne. Tu lui diras que je l'aime, et qu'il mette en branle ses paroisses. Tu iras ensuite au bois de Couesbon qui est à une lieu de Ploërmel. Tu feras l'appel de la chouette; un homme sortira d'un trou; c'est M. Thuault, sénéchal de Ploërmel, qui a été de ce qu'on appelle l'Assemblée Constituante, mais du bon côté. Tu lui diras d'armer le chateau de Couesbon qui est au marquis de Guer, émigré. Ravins, petits bois, terrain inégal, bon endroit. M. Thuault est un homme droit et d'esprit. Tu iras ensuite à Saint-Ouen-les-Toits, et tu parleras à Jean Chouan, qui est à mes yeux le vrai chef. Tu iras ensuite au bois de Ville-Anglose, tu y verras Guitter, qu'on appelle Saint-Martin, tu lui diras d'avoir l'oeil sur un certain Courmesnil, qui est gendre du vieux Goupil de Préfeln et qui mène la jacobinière d'Argentan. Retiens bien tout. Je n'ecris rien parce qu'il ne faut rien écrire. La

Rouarie a écrit une liste; cela a tout perdu. Tu iras ensuite au bois de Rougefeu ou est Miélette qui saute par-dessus les ravins en s'arc-boutant sur une longue perche.

A lista continua por várias páginas. Obviamente, não interessava a Hugo descrever lugares e pessoas definidos, mas apenas sugerir as dimensões e a complexidade da rede antirrevolucionária. Não compete ao Leitor-Modelo saber o que quer que seja sobre a posição da floresta de Saint-Aubin ou sobre a vida de Planchenault; não fora assim, a *Encyclopedic Larousse* inteira seria insuficiente para compreendermos o que acontece no romance. Ao Leitor-Modelo compete ver todos esses nomes como designadores rígidos relacionados com cerimônias batismais imprecisas. O leitor desejoso de substituir cada um deles por uma descrição teria à disposição apenas expressões como "um lugar na França setentrional" ou "um conhecido de Lantenac".

Não cabe ao Leitor-Modelo ter em mente a representação de todos os lugares e indivíduos mencionados pelo romance. Basta que *faça de conta que crê conhecê-los*. Não se pede apenas ao Leitor-Modelo que exercite uma flexibilidade e uma superficialidade enormes, a ele também se pede que exercite uma consistente *boa vontade*.

Caso o Leitor-Modelo se comporte de acordo, poderá fruir da história. Do contrário, será condenado a uma eterna pesquisa enciclopédica. Pode acontecer de existirem leitores que se perguntem quantos habitantes poderia ter Saint-Ouen-les-Toits, ou como se chamaria o avô de Charles Bovary. Mas meticulosos leitores desse jaez não seriam aqueles Leitores-Modelo. Estão em busca de mundos maximais, ao passo que a narrativa só pode sobreviver jogando com pequenos mundos.

4. As Condições da Interpretação

4.1. AS CONDIÇÕES MINIMAIS DA INTERPRETAÇÃO[1]

No início de nosso encontro senti-me no dever de adiantar uma série de razões que, respaldadas em minha posição teórica pessoal e em meus conhecimentos elementares sobre imunologia, desencorajavam uma aplicação direta da semiótica à imunologia. À medida que o encontro prosseguia, mudei de ideia. Ainda me sinto incapaz de dizer se a semiótica pode ajudar a imunologia mas descobri que a imunologia pode ajudar a semiótica. Se esse resultado pode parecer insatisfatório para meus amigos imunologistas, a mim me parece muito produtivo. Por um caso feliz de serendipidade, nosso encontro fez algo pelo Progresso do Saber.

Na primeira parte deste ensaio resumirei meus argumentos introdutórios. Como, nesse ínterim, Patrizia Violi apresentou seu ensaio, acatarei sem discussão muitas das coisas que ela disse sobre os requisitos a serem satisfeitos para podermos definir qualquer sistema como semiótico, e simplesmente desenvolverei alguns ou-

1. Explanação realizada no simpósio "The Semiotics of Cellular Communication", que se instalou em Luca, no mês de setembro de 1986 (cf. Sercarz, 1988). Para esclarecer devidamente os termos dessa intervenção, cumpre lembrar que o simpósio foi organizado pelos imunólogos a fim de propor a um grupo de estudiosos de semiótica algumas teorias segundo as quais o sistema imunológico pode ser visto como um fenômeno de comunicação entre linfócitos (imunossemiótica).

tros pontos de vista sobre o mesmo argumento, complementares ao dela. Na segunda parte desenvolverei algumas observações que me foram inspiradas pelas discussões com os amigos imunólogos.

Fui muito cauteloso no decorrer da minha apresentação introdutória ao simpósio porque durante muito tempo a semiótica foi considerada uma disciplina imperialista cujo objetivo era explicar o universo em todos os seus aspectos. Acho que muitos aspectos do universo, mesmo não sendo de per si semiósicos, podem ser examinados sob um ponto de vista semiótico. Mas é igualmente importante estabelecer o que a semiótica pode explicar e o que – segundo meu modo de ver – não pode.

Minha opinião não representa a opinião de toda a comunidade semiótica: alguns de meus colegas são mais otimistas e mais ecléticos em suas abordagens. Todavia, no meu *Trattato* (Eco, 1975), tracei limiares para a semiótica, um superior e um inferior, declarando que, a meu ver, a semiótica devia tratar apenas dos argumentos contidos entre esses dois limiares.

4.1.1. Semiose e Semiótica

Antes de mais nada, quero traçar uma distinção entre semiose e semiótica. A semiose é um fenômeno, a semiótica é um discurso teórico sobre os fenômenos semiósicos. Segundo Ch. S. Peirce (*CP*: 5.484), a semiose é "uma ação ou influência que é, ou implica, uma cooperação de *três* sujeitos, o signo, seu objeto e seu interpretante, tal que essa influência tri-relativa de modo algum se pode resolver em ações entre pares". Já a semiótica é "a disciplina da natureza essencial e das variedades fundamentais de toda possível semiose" (*CP*: 5.488). O importante na definição de semiose elaborada por Peirce é que ela não toma em consideração nenhum intérprete ou sujeito consciente.

Para resumir, *grosso modo*, o assunto todo, somos testemunhas de um processo semiósico quando: (i) um dado objeto ou estado do mundo (nos termos de Peirce, o Objeto Dinâmico), (ii) é representado por um representâmen e (iii) o significado desse representâmen (nos termos de Peirce, o Objeto Imediato) pode ser traduzido num interpretante, isto é, num outro representâmen.

O Objeto Dinâmico também pode ser um objeto ideal ou imaginário ou um estado de um mundo meramente possível. Quando representado, pode estar, e costumeiramente está, fora do alcance de nossa percepção.

O representâmen é uma expressão material, como uma palavra ou qualquer outro signo – ou melhor, é o tipo geral de muitas ocorrências produzíveis daquele signo.

O interpretante pode ser uma paráfrase, uma inferência, um signo equivalente que pertença a um diferente sistema de signos, todo um discurso, e assim por diante.

Em outras palavras, temos um fenômeno semiósico quando, no interior de um dado contexto cultural, um dado objeto pode ser representado pelo termo *rosa* e o termo *rosa* pode ser interpretado por *flor vermelha*, ou pela imagem de uma rosa, ou por toda uma história que narre como se cultivam as rosas.

4.1.2. Significação e Comunicação

O intérprete – como protagonista ativo da interpretação – está certamente pressuposto no curso de um *processo de comunicação* (eu digo *rosa* para alguém e esse alguém compreende que quero dizer "flor vermelha"). Esse intérprete, porém, não é necessário num *sistema de significação*, isto é, num sistema de instruções que manda corresponder "flor vermelha", como interpretante correto, à expressão *rosa*.

Li nos artigos de imunologia muitos termos que seguramente têm a ver com a semiótica, a saber, significado biológico, reconhecimento, comunicação, sistema de signos, sintaxe, gramática, percepção sígnica, e assim por diante. À luz de minhas observações precedentes deveria estar claro que algumas dessas expressões se referem a processos de comunicação e algumas outras à existência de um sistema de signos. Esses dois problemas devem ser diferenciados com cuidado.

É possível existir um sistema de signos de que ninguém efetivamente se utilize para comunicar (uma linguagem privada projetada para fins experimentais, ou um novo tipo de esperanto sem adeptos) e é possível existir um processo de comunicação que ocorra sem um sistema de signos preexistente: seria o caso, por exemplo, de um explorador europeu A que comece a interagir com um informante nativo B, quando A adivinha o que B tem em mente mediante um processo de prova e erro, sendo ambos incapazes de referir-se a um código preexistente em condições de possibilitar sua interação (cf. Quine, 1960).

4.1.3. Sistemas e Sistemas Semióticos

Vi o termo *sistema* utilizado com frequência. Mas a noção de sistema é mais ampla do que a noção de sistema de signos. Consideremos o caso dos sistemas sintáticos. Em sua forma mais simples, uma sintaxe é um algoritmo que gera cordões de elementos e discrimina entre os aceitáveis e os inaceitáveis.

Imaginemos um sistema sintático ALFA constituído por um conjunto de elementos, uma regra combinatória e três restrições:

Elementos: +, –, *, %.
Regra: um cordão é composto por 3 elementos, nem mais nem menos.
Restrição 1: + nunca pode ser precedido por um –.
Restrição 2: nem * nem % podem ser seguidos por uma sequência do tipo + – ou então – +.
Restrição 3: nenhum elemento pode comparecer duas vezes no mesmo cordão.

Exemplo de cordões aceitáveis	Exemplo de cordões inaceitáveis
+ – %	* + –
% * +	% – +
+ – *	+ + –
+ % –	– + *

Uma sintaxe do gênero pode governar diversos fenômenos, por exemplo o crescimento de uma árvore. Dizemos que o crescimento de uma árvore obedece a regras sintáticas. Mas não podemos dizer que o crescimento de uma árvore obedeça às regras de um sistema de signos, porque um sistema de signos é composto por uma sintaxe e também por uma semântica (para não falarmos em possíveis regras pragmáticas).

Para termos um sistema de signos precisamos associar os cordões do sistema sintático ALFA a cordões de outro sistema (por exemplo, um sistema BETA que organiza quatro "elementos"):

+	–	%	está por Água
%	*	+	está por Fogo
+	–	*	está por Ar
+	%	–	está por Terra

4.1.4. Interpretação

Quando associamos um sistema sintático com um sistema semântico, todos os cordões permitidos pelo sistema sintático podem ser interpretados. Podem ser interpretados porque é possível dizer que + – % significa "água", mas também porque "água" pode, por sua vez, ser interpretado por "H_2O", por "líquido potável transparente", pôr um exemplar de água, ou por uma imagem que represente a água. Num sistema semiótico, qualquer conteúdo pode, por sua vez, tomar-se uma nova expressão, suscetível de ser interpretada ou substituída por outra expressão.

Quero sublinhar que na interpretação, além do fato de que (i) uma expressão pode ser substituída por sua interpretação, também acontece que (ii) esse processo é teoricamente infinito, ou pelo menos indefinido, e que (iii) quando usamos um dado sistema de signos podemos tanto *recusar-nos* a interpretar suas expressões quanto *escolher* as interpretações mais adequadas segundo os diferentes contextos.

Nos meus escritos precedentes (por exemplo, Eco, 1975) dizia eu que um sistema de signos é governado pela reversibilidade: *água* está por "H_2O" assim como H_2O está por "água". Sustentava mesmo que é essa reversibilidade que distingue os fenômenos simiósicos dos meros fenômenos de estímulo-resposta. Em meus últimos escritos (por exemplo, Eco, 1984) vejo a reversibilidade apenas como uma espécie de efeito "óptico" decorrente do fato de que, na semiose, todo conteúdo pode, por sua vez, tornar-se a expressão de um conteúdo ulterior, e que tanto a expressão quanto o conteúdo podem soçobrar nessa troca de papéis. Mas quando venho a saber que *água* significa "H_2O", aprendo algo diverso daquilo que aprendo quando venho a saber que H_2O significa "água". Seja como for, o Objeto Imediato é interpretado sob dois diferentes "aspectos" ou descrições, ou pontos de vista.

Dizia eu há pouco que se um sistema sintático ALFA governa o crescimento de uma árvore, isso não significa que ALFA seja um sistema de signos. Alguém poderá objetar que, se conhecemos a regra que governa o crescimento de uma árvore, podemos inferir a idade da árvore com base em uma de suas seções. Temos, com efeito, como um princípio semiótico (ou pelo menos da minha semiótica), que todo fenômeno pode ser entendido como semiósico quando o tomamos como signo de alguma outra coisa (por exemplo, podemos inferir *se há fumaça, há fogo* – onde a fumaça é tomada como o signo de um fogo que, de outra maneira, seria imperceptível). Mas dizer que todo fenômeno pode ser entendido como semiósico não significa que todo fenômeno seja semiósico. Posso, certamente, dizer que se um cão agita a cauda isso significa que está feliz ou que se, vejo manchas vermelhas no rosto de uma pessoa, isso significa que aquela pessoa está com sarampo: mas nem o cão nem a pessoa seguem as regras de um sistema de signos. Se existe um sistema de signos, este pertence à *minha* competência e representa uma regra semiótica de que me valho para interpretar eventos *como se* eles me estivessem comunicando alguma coisa.

Imagino que se um imunólogo vê (admitindo-se que isto seja possível) um dado linfócito que se comporta de uma certa maneira, estará em condições de daí inferir que acontecerá ou que tenha acontecido alguma coisa. Esse princípio, porém, é comum a toda pesquisa científica, bem como à experiência normal da nossa vida cotidiana. O fato de construirmos, com base em fenômenos recorrentes, regras quase automáticas de inferência não significa que – como disse Constantin Bona em sua intervenção – não seja mais necessário fazer-se uma distinção entre uma semiótica do dicionário imunológico e a semiótica do sistema imunitário.

Nesse sentido, a semiótica do dicionário genético sabe que, na passagem entre DNA e RNA mensageiro,

$$A \rightarrow U$$
$$T \rightarrow A$$
$$G \rightarrow C$$
$$C \rightarrow G$$

Mas daí a dizer que essa regra possa ser considerada como um "código" genético seria arriscar uma afirmação ainda altamente controversa. Os nucleótides *não sabem* que A "significa" U. Eles simplesmente reagem substituindo A por U. Não podemos dizer que os nucleótides se comportem semiosicamente, porque não estamos em condições de demonstrar que possam abster-se de interpretar ou que possam escolher interpretações alternativas.

4.1.5. Estímulo-Resposta

Consideremos dois casos distintos: (i) aperto um botão e soa uma campainha; (ii) digo *rosa* e alguém responde "entendi uma flor vermelha". Ao apertar o botão aciono um processo que só pode terminar com o som da campainha, ao passo que, ao emitir *rosa*, aciono um processo que pode terminar com estas (ou outras) diferentes respostas, a saber: "entendi o particípio passado feminino do verbo italiano *rodere*", "você está citando uma palavra usada por Gertrude Stein", "não compreendo por que me diz isso".

O primeiro fenômeno baseia-se num mecanismo de estímulo-resposta, o segundo requer um confronto entre a expressão recebida e um dado sistema de signo, mais a decisão de interpretar a expressão.

Um processo de estímulo-resposta é *diádico*: A provoca B e deve estar presente para poder estimular B (igualmente presente). Compreendo que o requisito da copresença seja muito ambíguo. Um processo de estímulo-resposta é, certamente, uma sequência causal, e conhecemos muitas sequências de causa-efeito em que o lapso de tempo entre A e B é muito consistente.

Gostaria de dizer que aqui pretendo considerar apenas os casos em que esse lapso de tempo é suficientemente pequeno para permitir-nos detectar e registrar a presença física tanto de A quanto de B no curso do mesmo experimento. Os casos mais complicados podem fazer nascer um problema semiótico, mas esse problema nada tem a ver com o processo de estímulo-resposta, e sim com a nossa capacidade de reconhecê-lo. Em outras palavras, posso decidir que o atual câncer de um paciente X se deve a uma estimulação remota de suas células por parte de certas radiações. Como não "vejo" as radiações passadas, infiro a existência delas no passado pelo efeito que produzem. Tomo o efeito como signo ou sintoma de sua causa agora ausente. Mas, se minha conjectura está correta, o que houve foi um processo regular de causa-efeito, iniciado com as radiações e terminado com a resposta celular através de uma cadeia ininterrupta de estados físicos. A radiação é, de certa maneira, o Objeto Dinâmico ausente representado pela situação celular presente, mas essa situação semiósica diz respeito à minha própria competência, e não à imaginária competência semiósica da célula. É possível alguém fulminar um homem na Califórnia mandando um sinal elétrico de um planeta a bilhões de anos-luz da Terra, e somos atingidos pelos raios solares oito minutos depois de sua emissão, mas em ambos os casos temos o direito de considerar A e B como copresentes.

Já um processo semiósico é sempre *triádico*: ou A ou B está ausente, e é possível ver um dos dois como signo do outro com base num terceiro elemento C, digamos o código, ou o processo de interpretação acionado através do recurso ao código.

Bato no joelho de um paciente com um martelinho e ele move a perna como se quisesse dar um chute. Ao que parece, exceto nos casos patológicos, o paciente comumente não pode abster-se desse movimento reflexo. O processo é diádico. Mas suponha agora que eu bata no joelho do paciente em 1980 e ele mova a perna em 1985. Ainda vou dizer que o golpe A é a causa do reflexo tardio B? Durante esse lapso de tempo, teria o paciente podido decidir livremente que se absteria de mover a perna?

Não estou em condições de responder a essa pergunta. Mas, como semiótico, estou em condições de responder a pergunta semelhante. Se digo a alguém *por favor, mova a perna*, e depois espero, é-me impossível prever como responderá o destinatário. Poderíamos dizer que o lapso de tempo entre minha ordem e sua resposta é preenchido por muitos passos intermédios, e que o meu problema atual não é, pois, tão diferente daquele que diz respeito à ligação entre uma radiação remota e um câncer presente. É possível objetar que mesmo no caso da radiação a célula teria podido responder ou não responder como o fez. No entanto sei que nos processos semiósicos humanos temos à nossa disposição outras provas indiscutíveis. Se eu pedisse a dez pessoas diferentes que movessem a perna, obteria com toda a probabilidade dez interpretações diferentes de minha ordem. E o que é ainda mais relevante, poderia igualmente obter muitas interpretações diferentes dessas dez interpretações, bastando um simples cálculo fatorial para informar quantas interpretações podem ser produzidas pela minha expressão inicial.

Não é necessário opormos um comportamento alto (humano") a um baixo (biológico). Basta que nos refiramos a dois diferentes modelos abstratos: (i) um modelo triádico, em que entre A e B existe uma série impredizível e potencialmente infinita de C, e (ii) um modelo diádico, no qual A provoca B sem nenhuma mediação. C é um *espaço da escolha* e da suposta indeterminação, ao passo que o não espaço entre A e B é um espaço de cega necessidade e de determinação inevitável. Muitos dos nossos assuntos humanos são governados pelo modelo (ii). Não terei dificuldade alguma em aceitar a ideia de que muitos processos biológicos sejam governados pelo modelo (i), admitindo-se que isso possa ser demonstrado.

4.1.6. O Espaço C

Talvez um dia a ciência demonstre que o espaço C é apenas uma ficção como o éter, pressuposta para preencher um intervalo "vazio" onde ocorrem fenômenos de cunho determinista que escapam ao nosso conhecimento atual. Mas enquanto esse momento não chega, força é que nos ocupemos com os espaços C. Sabemos, em todo caso, que no espaço C ocorre um fenômeno que é relevável semioticamente: os contextos comunicativos. Os seres humanos não emitem signos no vazio, ele "falam" em meio a e para outros sujeitos que, por sua vez, também falam. Na minha semiótica, um bom sistema de signos é aquele que também abrange seleções contextuais. Este, o seu formato: "a expressão *x* está por um conteúdo que no contexto 1 será *y* e no contexto 2 será *k*".

Semelhante formato *de instruções* representa o tipo de competência que nos permite interpretar um sinal de "pare" no cruzamento de duas ruas perpendiculares:

```
            ┌─ se automobilista: primeiro pare, e depois ─┬─ sem ninguém à vista, atravesse
            │                                             └─ com outro carro à direita, espere
STOP ───────┤
            │
            └─ se pedestre ──────────── primeiro olhe com atenção e depois atravesse
```

AS CONDIÇÕES DA INTERPRETAÇÃO

O modelo pode ser complicado ulteriormente, considerando as consequências legais e físicas decorrentes da recusa em obedecer às instruções. Nesse caso, o espaço C no qual são interpretadas as instruções poderia também ser caracterizado pelos seguintes traços:

– o receptor pode, apesar de tudo, suspeitar que o emissor esteja mentindo;
– o receptor não conhece o código;
– o receptor compreende a mensagem e decide ignorá-la.

De qualquer forma, esses traços pressupõem um sujeito consciente e, segundo observa Celada em seu ensaio, fui eu mesmo que admiti, em minha apresentação ao simpósio, não ser a consciência um pré-requisito da semiose. Gostaria de desenvolver um pouco mais esse ponto, uma vez que o vejo como um possível terreno de encontro entre semióticos e imunólogos.

4.1.7. Semiose sem Consciência

Minhas instruções para parar (ver acima) também podem ser inseridas num computador – desde que este esteja dotado de um dispositivo que lhe permita perceber estados do mundo externo tais como a passagem de automóveis. Nesse caso, poder-se-ia objetar que o suposto processo triádico se transforma num processo diádico no qual a cadeia de estímulo-resposta está simplesmente segmentada numa série de escolhas binárias rigidamente determinadas. A instrução Basic "if-then-else" é simplesmente um processo de estímulo-resposta de estrutura binaria. Um processo do gênero poderia estar constituído por bilhões de disjunções binárias necessárias e ainda assim seria uma série cega de escolhas inevitáveis. Mas um *personal computer* normal não é um bom exemplo de inteligência artificial.

Suponhamos a instalação de um sistema constituído por três torres colocadas no cimo de três colinas, cada uma distante três quilômetros da outra. Sobre a torre 1 coloquemos um dispositivo mecânico 1 que emite um sinal elétrico A quando alguém entra na torre. Sobre a torre 2 coloquemos um dispositivo 2 que acende uma lâmpada quando uma fotocélula recebe o sinal emitido pelo dispositivo 1. Essa relação é uma relação necessária, o dispositivo 2 recebe o sinal emitido pelo dispositivo 1 e reage de uma única maneira possível. Era seguida, coloquemos sobre a torre 3 um dispositivo 3 dotado das seguintes instruções:

Quando vir uma lâmpada que se acende sobre a torre 2, destrua com um raio laser a torre 1, mas só no caso de:

(i) ser segunda-feira
(ii) Hamlet estar incerto sobre ser ou não ser
(iii) o verbo "ser" ser entendido como na terceira hipótese do *Parmênides* de Platão
(iv) você haver tomado anteriormente as decisões acima citadas sem conseguir destruir a torre 1.

Todos concordarão em reconhecer que o dispositivo 3 foi incumbido de tomar uma série de decisões bastante difíceis com base numa série de instruções bastante ambíguas e que, para compreendê-las, o dispositivo 3 tem que extrapolar a partir de um complexo de informações precedentemente adquiridas. Com efeito, pediu-se ao dispositivo 3 que identificasse contextos inéditos e reestruturasse seu sistema de instruções (em outras palavras, que produzisse um novo código para cada nova situação). Quando o dispositivo 3 tem condições de fazê-lo, falamos de inteligência artificial.

Para que possa levar a cabo sua tarefa, o dispositivo 3 é solicitado a efetuar *abduções*.

4.1.8. A Abdução

A abdução é um processo inferencial (também chamado hipótese) que se opõe à dedução, visto que a dedução parte de uma regra, considera um caso daquela regra e infere automaticamente um resultado necessário. Vejamos um bom exemplo de dedução:

(i) toda vez que A bate, B move a perna
(ii) mas A bateu
(iii) então B moveu a perna

Suponhamos agora que eu não saiba nada de tudo isso e que veja B mover a perna. Fico surpreso com aquele estranho resultado (iii). Com base em experiências precedentes realizadas em campos diversos (por exemplo, notei que os cães latem quando lhes puxamos o rabo), tento formular uma regra ainda desconhecida (i). Se a regra (i) valesse e se (iii) fosse o resultado de um caso (ii), então (iii) já não causaria surpresa.

Obviamente minha hipótese terá que ser testada para poder ser transformada em lei, mas existem (na semiose) muitos casos em que não estou buscando Leis Universais e sim uma Explicação capaz de desambiguar um evento comunicativo isolado!" Alguém diz *rosa* e eu não sei se se refere a uma flor vermelha ou à forma feminina do particípio passado do verbo italiano *rodere*. Hipotizo que o falante seja um floricultor e aposto na primeira interpretação. Tanto melhor se a abdução for encorajada pelo contexto (um contexto como *cultivei uma rosa* constituiria indício seguro). Resumindo: a abdução é um procedimento típico mediante o qual, na semiose, nos vemos em condições de tomar decisões difíceis quando diante de instruções ambíguas.

O problema dos imunólogos é decidir se – quando lidam com os linfócitos – estarão diante de fenômenos do gênero ou não.

4.1.9. Reconhecimento

Os imunólogos empregam frequentemente a palavra *reconhecimento*. Vou andando, ponho o pé num buraco e tropeço. Diria que "reconheço" o buraco? Acho que a maioria dos fenômenos "estéricos" considerados pela genética pertencem a este gênero de meros processos de estímulo-resposta. Como se reconhecem mutuamente os protagonistas do chamado sistema imunológico?

Suponhamos que estamos ensinando um chimpanzé a calçar luvas e lhe damos alguns pares delas, de diversos tamanhos. O animal experimentará todas até encontrar as que se adaptam a seus dedos. Não diremos que o chimpanzé "reconhece" suas luvas. Ele simplesmente pega as que lhe *vão bem*.

Porém suponhamos agora que lhe estamos ensinando a reconhecer as luvas no tamanho certo por meio de alguns traços morfológicos (por exemplo, elas devem ser marrom e estar marcadas com uma estrela dourada). Na segunda-feira o animal aprende os traços de suas luvas pessoais, na terça-feira ele vê um par com esses mesmos traços e reconhece as luvas como dele.

O que acontece quando um chimpanzé ou um ser humano reconhecem alguma coisa ou alguém? Eles relacionam tanto a sua percepção atual X_1 quanto a memória de uma percepção passada X_2 a um tipo abstrato X. Passam de uma presença (percepção atual), através de um modelo, a uma ausência (percepção passada). O reconhecimento é sempre um processo triádico porque é sempre o confronto entre duas ocorrências (uma atual e outra lembrada) e um tipo. Vejo um lápis, recordo-me do lápis que usei ontem e decido que ambos são o mesmo lápis porque os confronto com o meu tipo mental X. O processo é triádico porque não é necessário que todos os traços do lápis que conservo na memória coincidam com os traços do lápis percebido atualmente. Provavelmente, nesse ínterim, alguém o usou fazendo com que ele diminuísse no comprimento, mas se o lápis tipo X for de talhe redondo, cor amarela e tiver a marca de uma estrela na base, e a ocorrência que percebo atualmente apresenta os mesmos traços pertinentes, o comprimento tornar-se-á irrelevante.

Esse é o único mecanismo por meio do qual somos capazes de reconhecer hoje alguém com quem nos tenhamos encontrado dez anos atrás mesmo que seu peso, a quantidade de pelos de sua barba, as rugas em seu rosto ou o número de seus dentes tenham mudado. Reconheço X_1, objeto de minha percepção atual, como sendo o mesmo que X_2, objeto de minha percepção passada, se eu tiver conservado na memória um tipo abstrato X que levou em conta apenas alguns traços pertinentes. Do contrário, não seríamos capazes de reconhecer hoje um certo Paulo com quem nos tenhamos encontrado vinte anos atrás, quando ele mesmo ainda estava nos seus vinte anos (e amiúde não o conseguimos, pois em nossa memória e segundo nossos critérios emocionais, o "nosso" Paulo era um homem de bastos cabelos negros).

Não há regra geral para estabelecer os critérios de pertinência. Estes dependem de várias exigências práticas. Um comandante que necessite mandar três soldados atacar o inimigo, requer poucos traços pertinentes para reconhecer um soldado: presumivelmente idade mediana, sexo masculino e um uniforme. O comandante não está interessado nas diferenças entre Paulo, Pedro ou José. Já um jovem apaixonado que procura reconhecer a amada depois de muitos anos, exige um número maior de traços pertinentes (se amava Sophia Loren, não pode confundi-la com Ornella Muti).

Nos processos semiósicos, o critério para o reconhecimento muda segundo os diferentes contextos. Poderão os imunólogos dizer que o mesmo acontece com os linfócitos?

4.1.10. Modelos e Metáforas

Se a resposta à pergunta precedente for negativa, isso não significa que os imunólogos devam evitar o jargão semiótico. Significa apenas que podem usar os modelos semióticos unicamente como modelos.

É frequente dizer-se que em ciência não se deveriam usar metáforas. Mas Max Black (1962) estabeleceu de modo bastante convincente uma distinção entre o uso linguístico das metáforas e o uso científico dos modelos, podendo haver tanto modelos em escala quanto modelos analógicos. Em ambos os casos, um modelo seleciona um conjunto de traços pertinentes do objeto que ele reflete ou mapeia. Os modelos em escala visam a reproduzir a forma do objeto original, ao passo que os modelos analógicos visam a reproduzir apenas estruturas abstratas ou sistemas de relações do objeto original. Mais: reproduzem o objeto original em suporte diferente e por meio de uma rede diferente de relações. Assim, um circuito elétrico pode ser usado como modelo para um fenômeno hidráulico ou para um problema matemático (e vice-versa). Um mapa geográfico é um modelo em escala com alguns elementos de um modelo analógico. Nesse sentido o funcionamento de uma língua humana pode ser tomado como modelo para fenômenos biológicos, ou vice-versa. Mas pelo menos duas condições teriam de ser respeitadas: (i) é mister que se saiba que o mapa não é o território e (ii) as propriedades do modelo deveriam ser melhor conhecidas do que as propriedades do objeto a ser definido.

Não sei quanto e até que ponto o segundo requisito é satisfeito por uma abordagem semiótica da imunologia. Não sei o quanto sabem os senhores a respeito dos sistemas imunológicos, mas infelizmente sei quão pouco sabem os semióticos a respeito da semiose e dos sistemas de significação.

Provavelmente o segundo requisito não será tão taxativo quanto parece. É costume acreditarmos que o mais complexo deve ser explicado por meio do mais simples. Essa estrada tem um nome: reducionismo. Se por ela enveredar, um semiótico poderá tentar explicar a linguagem usando o código genético à guisa de modelo. Não ponho muita fé em caminhos desse tipo.

Já uma alternativa profícua pode ser a de explicarmos o mais simples por meio do mais complexo. Essa ideia me agrada mais. É audaciosa mas pode ser produtiva. Nesse sentido não desencorajarei os imunólogos quanto ao emprego de modelos semióticos.

Todavia, ao iniciar este ensaio, dizia eu que talvez a imunologia pudesse auxiliar a semiótica. Permitam-me evitar a questão de saber se os fenômenos imunológicos devam ser considerados mais simples que os semióticos. Depois de nosso simpósio dei-me conta de que os senhores se ocupam com algo, ao que parece, altamente complicado.

O que aprendi, porém, com o nosso encontro é que entre o momento em que um linfócito encontra um antígeno e o momento em que ele reage, existe um *espaço*, e que nesse espaço há escolhas contextuais a fazer. Minha impressão é de que o espaço C dos senhores parece mais simples do que o nosso. De qualquer maneira, continua sendo um espaço.

Caracterizar-se-á um processo triádico mais pela imprevisibilidade do seu espaço C ou pela simples e dramática existência de *um* espaço? Caso aceitemos a segunda resposta (e acho que Giorgio Prodi também vai por aí), então a existência mesma de um fenômeno semiósico está garantida pela existência mesma de um espaço C, e não pela possível complexidade ou pela imprevisibilidade desse espaço. Isso significa que é na profundidade dos processos biológicos que se aninha o mecanismo elementar do qual mana a semiose.

Resta esclarecer se a amplitude e a imprevisibilidade de um espaço C representam ou não o limiar entre os processos biológicos altos e os mais baixos – ou se a complexidade do espaço C não seria apenas um efeito "óptico" resultante dos limites do nosso conhecimento. Essa pergunta diz respeito ao dramático problema dos confins entre espírito e matéria, cultura e natureza.

4.2. CHIFRES, CASCOS, SAPATOS: TRÊS TIPOS DE ABDUÇÃO[2]

4.2.1. Chifres

4.2.1.1. Aristóteles e os ruminantes

Nas *Segundas Analíticas* (II, 98, 15 e ss.) Aristóteles, ao tratar do problema do tipo de divisão requerido para a formulação de uma definição correta, dá um exemplo singular:

> Agora, no entanto, falamos baseados nos nomes comuns tradicionais: cumpre, todavia, não considerar apenas estes, mas sim procurar discernir se subsiste qualquer outra determinação comum e, em caso afirmativo, assumi-la, observando em seguida de quais objetos advém tal determinação e quais as noções que dela advêm. Por exemplo, dos animais dotados de chifres advém a posse de um terceiro estômago e a dentadura limitada a uma só maxila. Sabido isto, é preciso por outro lado considerar de que animais advém a posse dos chifres.

Definir um dado item significa, para Aristóteles, prover de um gênero e de uma *diferença específica*: gênero e *diferença* circunscrevem a espécie.

Uma definição é diferente de um silogismo: "quem define não prova a existência do *definiendum*" (*Segundas Analíticas*, II, 92b 20), pois uma definição diz *o que* é um objeto, e não *que* ele é. Todavia, dizer o que é um objeto significa dizer também *por que* ele é, isto é, conhecer *a causa* de sua existência (*ibidem*, II, 93a 4). Essa causa será o termo médio na dedução subsequente capaz de inferir a existência do objeto definido (*ibidem*, II, 93a 5 e ss.).

Suponhamos que uma dada espécie S possa ser definida como M (sendo M uma definição em termos de gênero mais diferença específica). M deveria então ser a razão pela qual S também possui

---

2. Esta seção (que reelabora dois escritos anteriores: "Il Cane e il Cavallo: Un Testo Visivo e Alcuni Equivoci Verbali", *VS*, 25, 1980; e "Guessing: From Aristotle to Sherlock Holmes", *VS*, 30, 1981) já apareceu em italiano em *Il Segno dei Tre*, a cure di U. Eco e T. A. Sebeok, Milano, Bompiani, 1983. É aqui republicada por fornecer alguns pressupostos teóricos do conceito de interpretação.

as características de ser P: por exemplo, os animais com chifres S têm uma só fileira de dentes (P) porque são M (definição a ser encontrada). Se, em seguida, inserimos M como termo médio de um silogismo demonstrativo, pode-se consequentemente formular o seguinte exemplo de escorreita dedução em língua bárbara:

(1) todos os M são P
 todos os S são M
 todos os S são P

Ao usarmos o esquema dedutivo como instrumento de previsão, estamos em condições de averiguar se as consequências deduzidas realmente ocorrem.

Assim, definição e silogismo, embora radicalmente diferentes, acham-se de algum modo interligados. A definição não pode ser demonstrada como conclusão de um silogismo (visto que é apenas postulada), todavia é um subsequente silogismo que nos permite ver se existe uma relação correspondente *nos fatos*.

Aristóteles deve, portanto, fornecer uma boa definição para animal com chifres. Ele conhece bem esse problema ao qual dedicou duas longas dissertações em *Partes dos Animais*. São os seguintes os pontos incontestes por ele recolhidos:

(2) Todos os animais com chifres têm uma só fileira de dentes -isto é, faltam-lhes os incisivos superiores (663b-664a).
(3) Os animais sem chifres possuem outros meios de defesa (663a--664a). Isso vale para os animais com dentes ou presas, mas também para o camelo (que, como veremos, tem muitas características em comum com os animais com chifres), protegido pela massa enorme de seu corpo.
(4) Todos os animais com chifres têm quatro estômagos (674a, b).
(5) Nem todos os animais de quatro estômagos têm chifres, exemplo: a cerva e o camelo (*ibidem*.).
(6) Todos os animais com quatro estômagos não têm os incisivos superiores (674a).

Estes são, sem dúvida, "fatos surpreendentes" e Aristóteles quer estabelecer se a definição fornece uma causa que possa funcionar como termo médio num possível silogismo. Busca então uma hipótese capaz "de substituir um grande número de predicados que, em si, não formam uma unidade, um predicado único que os compreenda a todos" (Peirce, *CP*: 5.276).

Em *Partes dos Animais*, Aristóteles adianta algumas explicações: para fornecer proteção aos animais, o material mais necessário à formação dos chifres (terrestre e sólido) é obtido a expensas dos incisivos superiores. Na evolução biológica, supõe ele, é a causa final que, dentre as famosas quatro causas (formal, material, eficiente e final), desempenha o papel privilegiado, sendo os chifres o objetivo que a natureza preestabelece para si própria: ela desvia para o alto da cabeça a matéria dura formadora da maxila superior a fim de produzir os chifres. Os chifres são, portanto, causa final da falta dos incisivos superiores. Por isso podemos dizer que os chifres causam a falta de dentes (663b 31 e ss.).

Por conseguinte, a ausência dos incisivos superiores é que produziu a formação de um terceiro estômago a fim de que esses animais possam ruminar aquilo que não mastigaram suficientemente (674b 10 e ss.).

Em suma, podemos dizer que para Aristóteles a necessidade de proteção é a causa dos chifres, os chifres são a causa do desvio da matéria dura da boca para a testa, o desvio é a causa da falta dos dentes, e esta última é a causa eficiente do crescimento de mais de um estômago. Aristóteles também diz que, desprovidos de chifres dor estarem protegidos pelo próprio tamanho, os camelos poupam a matéria dura e a transformam numa cartilagem dura na maxila superior tendo em vista que precisam comer vegetais espinhosos.

Com base nessas ideias, Aristóteles deveria sair de novo a campo para tentar uma definição para animais com chifres (definição que nas *Segundas Analíticas* é proposta mas não elaborada). Definir, porém, significa isolar o termo médio (a causa), e escolher o termo médio significa decidir sobre o que deve ser explicado.

Digamos que Aristóteles deva explicar antes de tudo por que os animais de chifres não têm os incisivos superiores. Cumpre-lhe estabelecer uma regra tal que, se o resultado que ele quer explicar fosse um caso dessa regra, esse resultado já não seria surpreendente. Daí supor que provavelmente a matéria dura foi desviada da boca a fim de formar os chifres. Estabeleçamos que:

(7) M = animais desviantes (isto é, animais que desviaram a matéria dura da boca para a testa)
P = animais desprovidos dos incisivos superiores
S = animais com chifres.

Se "temos hipótese quando encontramos alguma circunstância muito estranha que se explicaria na suposição de que fosse o caso de uma determinada regra geral, e por isso adotamos tal suposição" (*CP*: 2.624), então Aristóteles pode tentar o seguinte silogismo:

(8) *Regra* = Todos os animais desviantes são desprovidos dos incisivos superiores.
Caso = Todos os animais com chifres desviaram.
Resultado = Todos os animais com chifres são desprovidos dos incisivos superiores.

O resultado é explicado como caso de uma regra, e a causa do resultado é o termo médio do silogismo, resultante da definição (hipotética): "os animais com chifres S são aqueles que são M, isto é, que desviaram a matéria dura da boca para a testa". Essa natureza essencial M pode ser considerada causa em dois sentidos: (i) ou faz com que os animais com chifres pertençam ao gênero superior P daqueles que não têm os incisivos superiores (gênero que, não obstante, também compreende animais sem chifres como o camelo); (ii) ou então faz com que compartilhem a propriedade P. Sobre esse ponto Aristóteles mostra-se vago (cf. Bal.ne, 1975) mas, para nossos escopos, essa ambiguidade não tem importância.

Assim, todos os S que são P são M. Se por acaso, no curso de subsequentes observações, acontecer de encontrarmos um S que não é um P (isto é, um animal com chifres e com os incisivos superiores), a hipótese representada pela definição estará falsificada.

"No que respeita ao fenômeno dos quatro estômagos, vale lembrar que tal caráter parece, conforme o suposto, estar ligado à ausência de incisivos superiores, de modo que, provavelmente, dado o gênero de animais que desenvolveram um aparelho digestivo diferenciado (que abrange não só os ruminantes mas também as aves), a alguns deles isso aconteceu por serem desprovidos dos incisivos superiores. A definição será então válida: os ruminantes são aqueles animais dotados de um aparelho digestivo diferenciado por causa da falta dos incisivos superiores.

Sobre essa base, podemos elaborar o seguinte silogismo:

(9) *Regra* = Todos os animais desprovidos dos incisivos superiores têm um aparelho digestivo diferenciado.
Caso = Todos os ruminantes são desprovidos dos incisivos superiores.
Resultado = Todos os ruminantes têm um aparelho digestivo diferenciado.

Cumpre dizer que Aristóteles se atrapalha um bocado quando procura explicar a situação peculiar do camelo, o que prova o quanto é difícil delinear uma "boa" divisão subjacente a um sistema global de definições correlatas (como fica claro em *Partes dos Animais*, 642b 20-644a 10).

4.2.1.2. Peirce e os feijões

É evidente a semelhança entre as citadas inferências (8) e (9), reguladas todas pelo modelo (1), e o conhecidíssimo problema dos feijões brancos proposto por Peirce (*CP*: 2.623). Diante do fato surpreendente representado por alguns feijões brancos, Peirce, com efeito, os define como "os feijões brancos que provêm deste saco". *Provenientes deste saco é* o termo médio, o mesmo que opera na lei proposta e no subsequente silogismo:

(10) *Regra* = Todos os feijões que provêm deste saco são brancos.
Caso = Estes feijões provêm deste saco.
Resultado = Estes feijões são brancos.

Não há diferença entre o que Peirce chama de hipótese ou abdução e o esforço mediante o qual, segundo Aristóteles, formulamos uma definição, dizendo *o que* um objeto é com o explicar, a título hipotético, *por que* esse objeto é como é, exibindo, assim, todos os elementos capazes de estabelecer uma dedução segundo a qual, se a regra estiver certa, todo resultado provará *que* esse objeto é.

Seria interessante perguntar por que Aristóteles dedica algumas observações à *apagoge*, que ele considera como a inferência obtida "quando o primeiro termo inere com clareza ao termo médio, mas a relação do termo médio com o terceiro termo é incerta, embora sendo tão provável quanto ou até mais provável do que a conclusão" (*Primeiras Analíticas*, II, 69a 20), mas aparentemente não identifica a *apagoge* com a atividade definitória. É bem verdade que a seu ver a definição era um procedimento científico que tinha como objetivo exprimir uma verdade irrefutável, em que o *definiens* fosse totalmente intercambiável com o *definiendum*; mas nem por isso estava ele menos consciente do fato de que se podem dar muitas definições do mesmo fenômeno fazendo referência a causas diferentes (*Segundas Analíticas*, II, 99b), conforme o tipo de pergunta feita, isto é, conforme a identificação (ou escolha) do fato realmente *mais surpreendente*. Tivesse Aristóteles reconhecido explicitamente as consequências dessa admissão, o caráter experimental e abdutivo de *todas* as definições científicas ter-lhe-ia parecido absolutamente claro.

Peirce, ao contrário, não tem dúvidas: não só identifica a abdução com a *apagoge* como também sustenta que a abdução regula todo tipo de conhecimento, inclusive a percepção (*CP*: 5.181) e a memória (*CP*: 2.625).

Todavia é evidente que, para Aristóteles, definir fatos surpreendentes (ver os casos do eclipse e do trovão) significa estabelecer uma hierarquia de ligações causais por meio de uma espécie de hipótese, a qual só pode ser confirmada quando dá lugar a um silogismo dedutivo que age como previsão de verificações subsequentes.

À luz das precedentes observações, necessário se faz rever a definição peirciana de abdução. Em *CP*: 2.623, diz Peirce que, enquanto a indução é a inferência de uma regra com base num caso e num resultado, a hipótese é a inferência do caso com base numa regra e num resultado. Segundo Thagard (1978), há uma diferença entre a hipótese como *inferência de um caso* e a abdução como *inferência de uma regra*. Examinaremos melhor esse aspecto em 4.2.1.4; por ora é importante, contudo, sublinhar que o verdadeiro problema não está em encontrar antes o caso ou antes a regra, e sim em como conseguir regra e caso *ao mesmo tempo*, visto que ambos são reciprocamente correlatos, estando interligados numa espécie de quiasmo – onde o termo médio é o fecho de abóbada do inteiro movimento inferencial.

O termo médio é o dispositivo desencadeador de todo o processo. No exemplo dos feijões, Peirce teria podido estabelecer que o fator fundamental não era *de onde* proviriam aqueles feijões mas, digamos, *quem* os havia trazido até ali; ou então podia presumir que os feijões proviessem de uma gaveta ou de uma xícara próximas ao saco. Do mesmo modo, Aristóteles teria podido estabelecer que os elementos fundamentais de seu problema não eram o desvio da matéria dura (explicação deveras muito sofisticada) ou a necessidade de proteção, mas alguma outra causa. A invenção de um bom termo médio, essa é a ideia genial.

Obviamente existem regras tão evidentes que de pronto sugerem o modo para buscar o termo médio. Imaginemos que numa sala haja apenas uma mesa, um punhado de feijões brancos e um saquinho. A identificação "provenientes daquele saquinho" como elemento crucial seria bastante fácil. Se eu encontrar sobre uma mesa um prato com atum em conserva e, a pouca distância, uma latinha de atum, aberta e vazia, a hipótese consequente é quase automática: mas é o *quase* que faz esse raciocínio automático ser ainda uma hipótese.

Assim, mesmo em casos em que a regra é evidente e a inferência concerne apenas ao caso, uma hipótese nunca produz certeza. Peirce (2.265) afirma que, quando achamos restos fósseis numa região interiorana, podemos supor que houve um tempo em que o mar cobriu aquelas terras. Toda a precedente tradição paleontológica parece encorajar semelhante abdução. Mas por que não privilegiar outra explicação, ou seja, a de que algum monstro alienígena tenha ali deixado os restos de um piquenique, ou de que algum cineasta tenha preparado a cena para rodar *O Homem de Neanderthal Ataca Novamente? Caeteris paribus* (se por aquelas paragens não houver atores nem outra gente de cinema, se os jornais não tiverem recentemente noticiado fenômenos misteriosos provocados pela ação provável de invasores alienígenas, e assim por diante), a explicação paleontológica ainda será a mais econômica. Sabemos, porém, de várias explicações científicas falsas que pareciam muito econômicas (por exemplo o paradigma geocêntrico, o flogístico e outras), e que não obstante foram substituídas por algo aparentemente menos "regular" ou menos "normal".

4.2.1.3. Leis e fatos

Por mais paradoxais que possam parecer, os problemas acima expostos fazem-nos pensar em dois tipos de abdução: o primeiro parte de um ou mais fatos particulares surpreendentes e termina com a hipótese de uma lei geral (o que parece ser o caso de todas as descobertas científicas), ao passo que o segundo parte de um ou mais fatos particulares surpreendentes e termina com a hipótese de outro fato particular que se supõe seja a causa do primeiro ou dos primeiros (o que parece ser o caso da investigação criminal). No exemplo precedente, serão os fósseis o caso de uma lei geral ou o efeito de uma bizarra causa particular (que de fato poderia ser definida como uma violação de normas vigentes)?

Poderíamos dizer que o primeiro tipo de abdução diz respeito à natureza dos *universos*, ao passo que o segundo diz respeito à natureza dos *textos*. Com "universo" defino, intuitivamente, os mundos cujas leis os cientistas têm por hábito explicar; com "texto", uma série coerente de proposições interligadas por um *topic* ou tema comum (cf. Eco, 1979). Nesse sentido, mesmo a sequência de eventos sobre os quais investiga o detetive pode ser definida como um texto: não só por poder ser reduzida a uma sequência de proposições (um conto policial ou o relatório oficial de uma investigação autêntica não passam disso), mas também porque os textos verbais ou pictóricos, bem como os casos de crime, requerem, para serem reconhecidos como unidades coerentes e autoexplicativas, uma "regra idioletal", um código próprio deles, uma explicação que opere através e dentro deles e que não pode ser transportada para outros textos.

Essa distinção, todavia, é pouco convincente. Se a abdução é um princípio geral que regula todo o conhecimento humano, não deveriam existir diferenças substanciais entre esses dois tipos de abdução. Para explicarmos um texto muito amiúde usamos regras intertextuais, não apenas regras de gênero nos textos literários, mas também normas comuns, *endoxa* retóricos (como a regra "cherchez la femme" num caso criminal). De maneira análoga, para explicarmos os universos, frequentemente recorremos a leis que funcionam apenas para porções específicas de um universo, sem serem *ad hoc*: é o caso do princípio de complementaridade em Física.

Penso que o mecanismo geral da abdução só poderá ficar claro se resolver tratar os universos como se fossem textos, e os textos como se fossem universos. Dentro dessa perspectiva, a diferença entre os dois tipos de abdução desaparece. Quando um fato isolado é tomado como hipótese explicativa de outro fato isolado, o primeiro funciona (dentro de uma dado universo textual) como lei geral que explica o segundo. Não é preciso dizer que também as leis gerais, na medida em que são passíveis de falsificação e se colocam potencialmente em conflito com leis alternativas que poderiam explicar igualmente bem os mesmos fatos, deveriam ser consideradas fatos de natureza particular, ou modelos gerais de certos fatos que causam a explicação dos fatos.

Além disso, na descoberta científica, as leis são formuladas através da descoberta intermédia de outros fatos e, na interpretação textual, identificam-se novos fatos relevantes pressupondo-se certas regras gerais (intertextuais).

Muitas são as pesquisas contemporâneas que têm identificado a abdução com os procedimentos conjecturais de médicos e historiadores (cf. Ginzburg, 1979). "Um médico procura tanto leis gerais quanto causas específicas e particulares, um historiador trabalha na identificação tanto de leis históricas quanto de causas particulares de particulares eventos. Em ambos os casos, médicos e historiadores fazem conjecturas sobre a qualidade textual de uma série de elementos aparentemente desconexos. Operam, assim, a *reductio ad unum* de uma pluralidade. As descobertas científicas e médicas, as investigações criminais, as reconstruções históricas, as interpretações filológicas de textos literários (atribuição a determinado autor com base em chaves estilísticas, "fair guesses" referentes a palavras ou frases perdidas) são, todas, casos de *pensamento conjectural*. Daí por que acredito que a análise dos procedimentos conjecturais na investigação criminal possa lançar nova luz sobre os procedimentos conjecturais na ciência, e a descrição dos procedimentos conjecturais em filologia possa lançar nova luz sobre as diagnoses médicas.

4.2.1.4. *Hipótese, abdução, metabdução*

Como sugerimos em 4.2.1.2. (cf. as importantes observações de Thagard, 1978), Peirce provavelmente pensava em dois tipos de raciocínio inferencial: a *hipótese*, com a qual isolamos uma regra já codificada à qual um caso é correlacionado por inferência; e a *abdução*, que é a adoção provisória de uma inferência explicativa passível de verificação experimental e que visa a encontrar, juntamente com o caso, também a regra.

Talvez seja melhor (ignorando os termos de Peirce) distinguirmos três tipos de abdução. Seguirei algumas indicações dadas por Bonfantini e Proni (1983), muitas das propostas de Thagard, e acrescentarei à lista o novo conceito de metabdução.

a) *Hipótese ou abdução hipercodificada*. A lei é dada de maneira automática ou semiautomática. Chamamos a esse tipo de lei: *lei codificada*. É importante assumir que também a interpretação através de códigos pressupõe um esforço abdutivo, por mínimo que seja. Suponhamos que eu saiba que *uomo* em italiano significa "macho humano adulto" (caso perfeito de codificação linguística), e suponhamos que eu *creia* ouvir a expressão *uomo*; *para* que eu possa captar-lhe o significado, devo em primeiro lugar assumir que se trata da ocorrência (*token*) de uma palavra italiana (*type*). Ao que parece, esse trabalho de interpretação é, o mais das vezes, realizado automaticamente, mas basta vivermos num ambiente internacional onde todos falem línguas diferentes para nos darmos conta de que nossa escolha não é de todo automática. Reconhecer um dado fenômeno como o *token* de um dado *type* pressupõe algumas hipóteses sobre o contexto expressivo e sobre o cotexto discursivo. Segundo Thagard, esse tipo (que para ele corresponde à hipótese) aproxima-se de minha noção de *hipercodificação* (cf. Eco, 1975, 2.14) como caso-inferência direcionado para a melhor explicação.

b) *Abdução hipocodificada*. A regra deve ser selecionada dentre uma série de regras equiprováveis postas à nossa disposição pelo conhecimento corrente do mundo (ou enciclopédia semiótica, cf. Eco, 1979). Nesse sentido, temos sem dúvida inferência de uma regra, ao que Thagard chama de "abdução" *stricto sensu* (note-se que, em Thagard, a noção de abdução cobre também o meu terceiro tipo de abdução). Visto que a regra é selecionada pelo fato de ser a mais plausível entre muitas, embora sem a certeza de ser a "correta", a explicação é apenas *levada em consideração*, à espera das verificações subsequentes. Quando Kepler descobriu a elipticidade da órbita de Marte, topou, a princípio, com um fato surpreendente (as posições iniciais do planeta), tendo, em seguida, que escolher entre várias curvas geométricas, cujo número não era, no entanto, infinito – e algumas assunções precedentes sobre a regularidade do universo sugeriram-lhe que buscasse apenas curvas fechadas não transcendentais (os planetas não dão saltos casuais no espaço nem se movem em espirais ou sinusoides). O mesmo acontece em relação a Aristóteles: não apenas sua mentalidade de orientação finalista, mas também uma multidão de opiniões preestabelecidas convenceram-no de que a necessidade de proteção era uma das causas finais mais plausíveis da evolução biológica.

c) *Abdução criativa*. A lei deve ser inventada *ex novo*. Inventar uma lei não é tão difícil, desde que nossa mente seja suficientemente "criativa". Como veremos em 4.2.3.1., essa criatividade também compreende aspectos estéticos. Em todo caso esse tipo de invenção obriga-nos (mais do que nos casos de abdução hiper ou hipocodificada) a realizar uma metabdução. Encontram-se exemplos de abdução criativa naquelas descobertas "revolucionárias" que mudam um paradigma científico estabelecido (Kuhn, 1962).

d) *Metabdução*. Consiste em decidir se o universo possível delineado pelas nossas abduções de primeiro nível é o mesmo universo da nossa experiência. Nas abduções hiper e hipocodificadas, esse metanível de inferência não é indispensável, visto que extraímos a lei de uma bagagem de experiência de mundos efetivos já controlados. Em outras palavras, estamos autorizados pelo conhecimento do mundo comum a pensar que a lei já foi reconhecida como válida (cabendo apenas decidir se é a lei certa para explicar aqueles resultados). Nas abduções criativas não temos esse tipo de certeza. Nossa tendência é fazer previsões não só em relação à natureza do resultado (sua causa) mas também acerca da natureza da enciclopédia (de modo tal que, caso a nova lei seja comprovada, nossa descoberta acarretará uma mudança de paradigma).

Como veremos, a metabdução é fundamental não só nas descobertas científicas "revolucionárias" mas também (e normalmente) na investigação criminal.

As hipóteses precedentes serão agora averiguadas num texto que, segundo pareceres amplamente documentados, ostenta muitas analogias com os métodos de Sherlock Holmes e que, ao mesmo tempo, representa um exemplo perfeito (ou um modelo alegórico) da investigação científica: o terceiro capítulo do *Zadig* de Voltaire.

4.2.2. Cascos

4.2.2.1. O texto de Voltaire

Zadig deu-se conta de que o primeiro mês de casamento, como está escrito no Zendavesta, é a lua-de-mel e que o segundo é a lua-de-absinto. Pouco tempo depois, viu-se obrigado a repudiar Azora que se tornara intratável, e lá foi ele buscar a felicidade no estudo da natureza. "Ninguém é mais feliz", dizia, "do que o filósofo que lê no grande livro colocado por Deus sob os nossos olhos. As verdades que descobre lhe pertencem todas; ele nutre e eleva sua alma; vive tranquilo; nada teme dos homens, e a meiga esposa não lhe vem cortar o nariz".

Imbuído dessas ideias, retirou-se para uma casa de campo às margens do Eufrates. Não cuidava ali de calcular quantas polegadas de água por segundo escorrem sob as arcadas de uma ponte, ou se no mês do rato cai um milímetro cúbico de chuva a mais do que no mês do carneiro. Sequer lhe passava pela cabeça fazer seda com teias de aranha, ou porcelana com garrafas quebradas; mas estudou sobretudo as propriedades dos animais e das plantas, logo adquirindo uma perspicácia tal que lhe permitia descobrir mil diferenças onde os outros homens só viam uniformidade.

Um dia, enquanto passeava junto a um bosquezinho, viu aproximar-se um eunuco da rainha, seguido de vários oficiais que pareciam tomados de grande agitação e corriam de um lado para o outro como homens desnorteados em busca de algo perdido e de valor inestimável.

"Rapaz", disse-lhe o primeiro eunuco, "por acaso não viste o cão da rainha?"

Zadig modestamente respondeu: "Trata-se de uma cadela e não de um cão".

"Tens razão", admitiu o primeiro eunuco.

"É uma cadelinha espanhola muito pequena", acrescentou Zadig, "pariu há pouco, manca com a pata esquerda da frente e tem orelhas muito compridas".

"Então tu a viste", disse, a ofegar, o primeiro eunuco.

"Não", respondeu Zadig, "jamais a vi nem nunca soube que a rainha tivesse uma cadela".

Exatamente no mesmo momento, por uma dessas costumeiras extravagâncias da fortuna, o mais belo cavalo da estrebaria do rei fugira das mãos de um palafreneiro para as planícies da Babilônia. O caçador-mor e todos os outros oficiais corriam atrás dele numa agitação semelhante àquela do primeiro eunuco no encalço da cadela. O caçador-mor voltou-se para Zadig e perguntou-lhe se teria visto passar o cavalo do rei.

"Esse cavalo", respondeu Zadig, "de todos é o que melhor galopa; tem cinco pés de altura, e o casco pequeniníssimo; a cauda mede três pés e meio de comprida; os tachões do freio são de ouro de vinte e três quilates, as ferraduras de fina prata".

"Que caminho tomou? Onde está?", perguntou o caçador-mor.

"Na verdade, eu não o vi", respondeu Zadig, "e jamais sequer ouvi falar dele".

O caçador-mor e o primeiro eunuco não duvidaram um instante de que Zadig tivesse roubado o cavalo do rei e a cadela da rainha; ordenaram então que fosse levado ante a assembleia do grande *desterham* que o condenou ao knut e a passar o resto dos seus dias na Sibéria. Mal havia terminado o processo, foram encontrados o cavalo e a cadela. Os juízes viram-se na dolorosa necessidade de modificar a sentença; mas condenaram Zadig a pagar quatrocentas onças de ouro por ter dito que não havia visto o que vira. Foi preciso, antes de mais nada, pagar a multa; depois do que, permitiu-se a Zadig que perorasse sua causa ante o conselho do grande *desterham*; assim falou ele:

"Estrelas de justiça, abismos de ciência, espelhos de verdade, que tendes o peso do chumbo, a dureza do ferro, o esplendor do diamante e muitas afinidades com o ouro, já que me é permitido falar diante desta augusta assembleia, juro-vos por Ormazd que jamais vi a respeitável cadela da rainha, nem o sagrado cavalo do rei dos reis. Eis o que me aconteceu. Passeava eu próximo a um pequeno bosque onde depois encontrei o venerável eunuco e o ilustríssimo caçador-mor. Vi na areia as pegadas de um animal e facilmente compreendi que eram as de um cãozinho. Sulcos leves e prolongados, impressos sobre pequenas elevações de areia entre os traços das patas, fizeram-me compreender que se tratava de uma cadela com as tetas pendentes e que, portanto, devia ter dado cria há poucos dias. Outros traços em sentido diferente, que pareciam ter constantemente alisado a superfície da areia ao lado das patas anteriores, puseram-me em condições de saber que suas orelhas eram muito compridas; e havendo observado que a marca de uma pata era sempre menos profunda do que a das outras três, compreendi que a cadela da nossa augusta rainha era, se me atrevo a dizê-lo, um pouco coxa.

No que, em seguida, diz respeito ao cavalo do rei dos reis, devo dizer-vos que, passeando pelas trilhas daquele bosque, percebi as marcas das ferraduras de um cavalo; estavam todas a igual distância umas das outras. Eis um cavalo, pensei, dono de um galope perfeito. A poeira das árvores, numa estradinha que não tem mais de sete pés de largura, fora tirada um pouco à direita outro pouco à esquerda a três pés e meio da linha central da estrada. Esse cavalo, disse eu, tem uma cauda de três pés e meio que, com os seus movimentos para a direita e para a esquerda, varreu a poeira. Debaixo das árvores que formavam como que um caramanchão de cinco pés de altura vi as folhas caídas de pouco: compreendi que foi o cavalo que as arrancara, e que portanto ele devia ter cinco pés de altura. Quanto ao freio, deve ser de ouro de vinte e três quilates porque ele raspou seus tachões contra uma pedra que reconheci como sendo uma pedra de toque, e que examinei. Por fim, pelas marcas que as ferraduras deixaram sobre alguns seixos de outra espécie, descobri que ele estava ferrado com prata fina".

Todos os juízes admiraram o sutil e profundo engenho de Zadig. A notícia chegou até o rei e a rainha. Todos só falavam de Zadig nas antecâmaras, na câmara e no gabinete; e embora vários magos opinassem que era preciso queimá-lo como feiticeiro, o rei ordenou que lhe fosse restituída a multa de quatrocentas onças de ouro a que fora condenado. O escrivão, os meirinhos, os procuradores foram procurá-lo com grande pompa para restituir-lhe as suas quatrocentas onças; limitaram-se a ficar com trezentas e noventa e oito para as custas judiciais; e em seguida seus fâmulos cobraram-lhe honorários. Zadig viu o quanto às vezes é perigoso ser demasiado sábio e prometeu a si mesmo que na primeira ocasião teria o cuidado de não dizer o que vira.

A ocasião não se fez esperar. Um preso político escapou da cadeia; passou sob as janelas de Zadig. Interrogado, este nada respondeu; provaram-lhe, porém, que ele havia olhado pela janela. Por esse delito foi condenado a pagar quinhentas onças de ouro e, segundo o costume vigente na Babilônia, agradeceu aos juízes por sua indulgência.

"Grande Deus", disse para si mesmo, "coitado de quem passeia num bosque por onde passaram a cadela da rainha e o cavalo do rei! Como é perigoso ficar à janela! E como é difícil ser feliz nesta vida!"

4.2.2.2. Abduções hipercodificadas

Não é por acaso que Zadig chama a natureza de "grande livro": está interessado na natureza como um sistema de signos codificados. Não perde seu tempo calculando quantos centímetros de água passam sob uma ponte (atividade que seria do agrado tanto de Holmes quanto de Peirce) e não procura extrair porcelana de cacos de garrafa (atividade para a qual Peirce teria procurado adquirir o hábito certo). Zadig estuda "as características dos animais e das plantas", busca relações gerais de significação (quer saber se todo S é P) e não parece muito interessado na verificação extensional de seu conhecimento.

Quando Zadig vê rastros de animais na areia, reconhece-os como rastros de um cão e de um cavalo. Ambos os casos (cão e cavalo) ostentam o mesmo mecanismo semiótico, mas o caso do cavalo é mais complexo e será mais profícuo analisarmos atentamente este último. Zadig, portanto, reconhece as marcas deixadas por um cavalo.

Estar em condições de isolar rastros como ocorrências (*token*) de um rastro-*type*, reconhecendo-os, assim, como significantes relativamente a uma certa classe de animais, significa compartilhar uma competência precisa (codificada) acerca das *marcas* (cf. Eco, 1975, 3.6.).

As marcas representam o caso mais elementar de produção sígnica, visto que a expressão, correlacionada com um dado conteúdo, não é geralmente produzida como signo até o momento em que é reconhecida e em que decidimos assumi-la como signo (existem mesmo marcas de eventos naturais, como os rastros deixados por uma avalanche – e veja-se que, no caso do cavalo do rei, o animal não tinha a intenção de produzir um signo). Interpretar uma marca significa correlacioná-la com uma possível causa física. A causa física só é possível a partir do momento em que podemos reconhecer um evento--marca nas páginas de um manual dos escoteiros: uma experiência precedente produziu um hábito, segundo o qual uma dada *forma-type* se refere por remissão à classe de suas causas possíveis. Nessa relação semiótica de *type para type*, os indivíduos concretos ainda não são chamados à cena. Podemos ensinar um computador a reconhecer a marca de um copo de vinho tinto sobre uma mesa, dando-lhe instruções precisas, a saber, que a marca deve ser circular, que o diâmetro do círculo deve oscilar entre dois e sete centímetros e que esse círculo é formado por uma substância líquida vermelha cuja fórmula química pode ser fornecida juntamente com os dados espectrais da esfumatura de vermelho requerida. Uma expressão-*type* nada mais é do que essa série de instruções. Note-se que esse modo de definir a expressão *type* corresponde ao tipo de definição fornecida como norma por Peirce a propósito de *lítio* (*CP*: 2.330).

Uma vez provido dessa definição da expressão *type*, o computador deve ser programado com as instruções relativas ao conteúdo--*type* correlato, tornando-se, nesse ponto, apto a reconhecer todas as marcas desse tipo.

Um código das marcas compreende, todavia, inferências sinedóticas, visto que a marca de um copo não reproduz visualmente a forma do copo mas, quando muito, a forma da base desse copo; do mesmo modo o signo de um casco reproduz a forma do fundo do casco e só pode ser correlacionada com a classe dos cavalos mediante ulterior ligação. Além do mais, o código pode catalogar marcas em diferentes níveis de pertinência, isto é, uma marca pode ser correlacionada ou com um gênero ou com uma espécie. Zadig, por exemplo, não apenas reconhece "um cão", como também "um *spaniel*", e não apenas "um cavalo", como também (graças a uma inferência baseada na distância entre os traços dos cascos) "um garanhão".

Mas Zadig descobre também outros modos de produção sígnica, a saber, *sintomas* e *indícios* (cf. Eco, 1975,3.6.2.). Nos sistemas, a expressão-*type* é uma classe de eventos físicos que remetem para a classe de suas causas possíveis (manchas vermelhas no rosto indicam sarampo); mas diferem das marcas tendo em vista que a forma de uma marca é a projeção dos traços pertinentes da *forma-type* do possível produtor dela, exatamente onde não existe nenhuma correspondência ponto por ponto entre um sintoma e sua causa. A causa de um sintoma não é um traço da forma de sua expressão *type*, mas um traço do seu conteúdo *type* (a causa é um traço ou componente do semema correlato a uma dada expressão-sintoma). Zadig reconhece sintomas quando descobre que a poeira em cima das árvores foi removida à direita e à esquerda, um metro distante do centro da estrada. A posição da poeira é o sintoma de que alguma coisa causou seu deslocamento. O mesmo vale para as folhas que caíram dos ramos. Pelo código, Zadig sabe que ambos os fenômenos são sintomas de uma força externa que agiu sobre uma matéria resistente, mas o código não lhe fornece nenhuma informação sobre a natureza da causa.

Os indícios, por outro lado, são objetos deixados por um agente externo no local onde algo acontece, sendo de algum modo reconhecidos como fisicamente relacionados com aquele agente; daí por que, de sua presença efetiva ou possível, é possível deduzirmos a presença passada, efetiva ou possível, do agente.

A diferença entre sintomas e indícios está no fato de que, para os sintomas, a enciclopédia registra uma contiguidade, presente ou passada, *necessária* entre efeito e causa, e a presença do efeito remete para a necessária presença da causa, exatamente onde, para os indícios, a enciclopédia registra apenas uma contiguidade passada *possível* entre o possuidor e o possuído, e a presença do possuído remete para a possível presença do possuidor. Os indícios são, em certo sentido, sintomas complexos, visto que é preciso primeiramente constatar a presença necessária de um agente causador indeterminado e, em seguida, considerar esse sintoma como indício que remete a um agente possivelmente mais determinado, convencionalmente reconhecido como o mais provável possuidor do objeto deixado no local. Esse o motivo por que uma novela policial é, geralmente, mais complicada e, por conseguinte, mais atraente do que a diagnose de uma pneumonia.

Zadig reconhece indícios quando descobre, pelo ouro e pela prata que ficaram, respectivamente, na pedra e nos seixos, que o freio do cavalo era de ouro de vinte e três quilates e as ferraduras tinham revestimento de prata. O código, todavia, diz a Zadig apenas que, se havia ouro e prata nas pedras então seria porque algum portador de ouro e de prata ali os deixara, mas nenhuma informação enciclopédica pode dar-lhe a certeza de que o possuidor fosse um cavalo, e, em particular, aquele cavalo significado pelas marcas na areia.

Por isso, à primeira vista, o ouro e a prata agem ainda como sintomas e não de imediato como indícios: o que a enciclopédia no máximo lhe pode dizer é que também os cavalos, entre outros agentes possíveis, podem ser os portadores de acessórios de ouro e prata.

Até aí, todavia, Zadig sabe apenas as regras que já conhecia, isto é, que certas marcas, sintomas e indícios se referem a uma certa classe de causas. Ainda está ligado a abduções hipercodificadas. Contudo, havendo descoberto aqueles rastros *naquele bosque* e *naquele* preciso momento, pode considerá-lo como ocorrência concreta da enunciação indicial "um cavalo esteve aqui". Passando do *type* ao *token*, Zadig passa do universo das intensões ao universo das extensões. Também nesse caso ainda estamos assistindo a um esforço abdutivo hipercodificado: decidir, ao produzir-se uma enunciação indicial, que ela foi produzida com o escopo de mencionar estados do mundo da nossa experiência é, ainda uma vez, uma questão de convenção pragmática.

Depois de realizadas, uma após outra, todas essas abduções decodificantes, Zadig, porém, não conhece nada além de fatos surpreendentes desconexos, a saber:

– um X, que é um cavalo, passou por aquele lugar;
– um Y (não identificado) quebrou os ramos;
– um K (não identificado) arrastou um objeto de ouro de encontro a uma pedra;
– um J (não identificado) deixou rastros de prata em alguns seixos;
– um Z (não identificado) varreu a poeira que havia em cima das árvores.

4.2.2.3. Abduções hipocodificadas

As várias enunciações visuais com que Zadig tem de lidar podem representar uma *série* descorexa ou então uma *sequência* coerente, isto é, um texto.

Reconhecer uma série como sequência textual significa encontrar um *topic* textual que estabeleça uma relação coerente entre dados textuais diferentes e ainda desconexos. A identificação de um *topic* textual é um caso de esforço abdutivo hipocodificado. Muitas vezes não sabemos se o *topic* que hipotizamos é o "bom" ou não, e a atividade de interpretação textual pode terminar em atualizações diferentes e semanticamente conflituais. Isso prova que todo intérprete de um texto realiza abduções para escolher entre as muitas leituras possíveis desse texto. E é o que faz Zadig.

Uma vez que assumiu uma série de convenções intertextuais gerais codificadas ou *frames*, segundo as quais (i) os cavalos costumam levantar poeira com a cauda, (ii) os cavalos usam freios de ouro e ferraduras de prata, (iii) as pedras habitualmente retêm pequenos fragmentos dos corpos de metal maleável que com elas colidam violentamente, e assim por diante, nesse ponto exato (mesmo que muitos outros fenômenos pudessem ter produzido os mesmos efeitos) Zadig está em condições dê experimentar sua reconstrução textual.

Forma-se uma imagem geral coerente: uma história com um só sujeito, ponto de referência de diferentes sintomas e indícios, está definitivamente delineada. Zadig teria podido tentar uma reconstrução completamente distinta. Por exemplo: que um cavaleiro com couraça de ouro e esporas de prata, ao despencar de seu cavalo, quebrara os ramos e arrastara sua armadura nas pedras... Zadig certamente não escolheu a interpretação "correta" em virtude de um misterioso "instinto divinatório". Em primeiro lugar vêm as razões de economia: um cavalo sozinho é mais econômico do que um cavalo mais um cavaleiro. Além disso, Zadig conhecia muitos *frames* intertextuais análogos (histórias tradicionais de cavalos fugidos de estrebarias) e assim, através de uma abdução hipocodificada, selecionou, entre muitas leis intertextuais possíveis, a mais verossímil.

Só que isso não basta. Voltaire não é explícito sobre este ponto, mas suponhamos que Zadig tenha considerado em sua mente muitas hipóteses alternativas e tenha escolhido a final apenas quando encontrou os homens da corte em busca de um cavalo. Somente então Zadig se arrisca a ensaiar sua metabdução final, como em breve veremos.

Inútil seria acrescentar que tudo o que foi dito a propósito do cavalo vale também para a cadela.

Poder-se-ia finalmente dizer que a imagem final foi realizada através de esforços abdutivos hipocodificados, sem qualquer recurso a abduções criativas. No fim das contas, Zadig constrói para si uma história "normal".

4.2.2.4. *No limiar da metabdução*

Zadig não possui a certeza científica de que sua hipótese textual seja *verdadeira*: ela é apenas *textualmente verossímil*. Zadig pronuncia, por assim dizer, um juízo *teleológico*. Decide interpretar os dados que reuniu *como* se fossem harmoniosamente interconexos. *Sabia* de antemão que havia um cavalo e outros quatro agentes não identificados. *Sabia* que esses cinco agentes eram indivíduos do mundo efetivo de sua experiência. Agora ele crê que exista um cavalo de longa cauda, quinze palmos de altura, com freio de ouro e ferraduras de prata. Mas esse cavalo não pertence necessariamente ao mundo real da experiência de Zadig. Pertence ao mundo textual possível que Zadig construiu, ao mundo das crenças fortemente motivadas de Zadig, ao mundo de suas atitudes proposicionais. As abduções hipocodificadas – para não falarmos das criativas – são mecanismos criadores de mundos. É importante reconhecermos a natureza *modal* da abdução textual de Zadig para compreendermos o que acontece em seguida.

O chefe das cavalariças do rei e o chefe eunuco não têm grande sutileza semiótica. Estão interessados apenas nos dois indivíduos que conhecem e que *nomeiam* por meio de descrições pseudodefinidas (ou "nomes próprios degenerados") como "*o* cão da rainha" e "*o* cavalo do rei". E porque buscam dois indivíduos precisos, empregam corretamente artigos determinativos: "*o* cão, *o* cavalo".

Para responder à pergunta que lhe fazem, Zadig tem duas alternativas. Pode aceitar o jogo extensional: tendo de lidar com gente interessada na identificação de indivíduos, pode tentar uma metabdução, isto é, está na posição de "adivinhar" (ou hipotizar) que, tanto o cavalo quanto o cão de *seu* mundo textual sejam os mesmos conhecidos pelos funcionários do rei. Esse tipo de abdução que um detetive sói elaborar: "O indivíduo possível que delineei como habitante do mundo das *minhas crenças* é o mesmo indivíduo do *mundo real* que alguém está procurando". Tal o procedimento normalmente adotado por Sherlock Holmes. Mas Holmes e seus colegas estão interessados exatamente naquilo que não interessa a Zadig: saber quantos centímetros de água correm sob uma ponte, e como fazer porcelana com cacos de garrafa.

Tendo-se dedicado exclusivamente ao estudo do livro da natureza, Zadig deveria escolher a segunda alternativa. Poderia responder: "De acordo com o mundo das *minhas* hipóteses *creio* firmemente que *um* cavalo e *um* cão tenham estado aqui – mas *não sei* se são idênticos ou não aos indivíduos a que *vós* vos referias".

Zadig começa com a primeira alternativa. Como bom Sherlock Holmes, blefa: "Vosso cão é na realidade uma cadela e vosso cavalo é o melhor galopador das cavalariças..." No papel de doutor Watson, os funcionários estão atordoados: "É verdade!" A investigação foi coroada de êxito. Zadig poderia estar orgulhoso de sua vitória. Mas quando os funcionários, compreensivelmente, aceitam sem discussão que Zadig saiba onde foram parar os animais e lhe perguntam onde estão eles, Zadig responde que não os viu e jamais ouviu falar deles. Dá as costas à sua própria metabdução justamente quando está seguro de que ela está correta.

Provavelmente se sente tão orgulhoso com sua habilidade em construir mundos textuais que não quer empenhar-se num jogo puramente extensional. Nele digladiam-se seu imenso poder de criar mundos possíveis e seu êxito prático. Gostaria de ser celebrado como mestre da abdução e não como portador de verdades empíricas. Em outras palavras: está mais interessado numa *teoria* da abdução do que na descoberta científica. Naturalmente nem os funcionários nem os juízes podem compreender esse interessante caso de esquizofrenia epistemológica. E portanto condenam Zadig "por negar ter visto aquilo que [sem dúvida alguma] viu". Eis um esplêndido modelo de diálogo entre um homem de boas intensões e outros de limitada extensão.

Zadig todavia não se dá conta de ter entrado no jogo dos adversários ao aceitar o jogo linguístico dos artigos determinativos e dos pronomes como operadores de identidade (durante a conversa com os funcionários, refere-se constantemente aos animais por meio de pronomes e artigos com função determinativa, que aparecem explícitos sobretudo no texto francês: "e/a é uma cadela... *ela* tem orelhas muito compridas... *sua* cauda... *o* cavalo..."). Esses índices referiam-se (para ele) a seu mundo possível, para os oficiais, ao mundo "real" deles. Presa de sua esquizofrenia, Zadig não é suficientemente hábil ao manipular a linguagem. Incapaz de aceitar seu destino de Sherlock Holmes, Zadig apavora-se com a metabdução.

4.2.3. Sapatos

4.2.3.1. Abduções criativas

Muitas das chamadas "deduções" de Sherlock Holmes são casos de abdução criativa. Por exemplo, em *The Cardboard Box* Holmes descobre o que Watson está remoendo com seus botões, lendo-lhe o curso dos pensamentos através das feições. O episódio é típico dos procedimentos de Holmes e merece esta longa citação:

> Ao ver Holmes absorto demais para conversar, pus de lado o estéril papel e, afundando na cadeira, mergulhei em meus devaneios. Súbito, a voz de meu companheiro interrompeu-me os pensamentos. "Tem razão, Watson", disse. "Este me parece um modo verdadeiramente absurdo de apaziguar uma disputa".
> "Absurdo, realmente!", exclamei e, em seguida, dando-me conta, de repente, de que ele percebera os mais remotos pensamentos de minh'alma, pulei na cadeira e o encarei com atônito estupor. "O que está acontecendo, Holmes?", murmurei. "Isso vai além de toda imaginação..."
> Ele riu gostosamente diante de minha perplexidade. "Você há de lembrar", disse, "que algum tempo atrás, quando li para você o trecho de uma cena de Poe em que um raciocinador pertinaz segue os pensamentos tácitos do companheiro, sua tendência foi considerar o fato apenas como um *tour de force* do autor. Quando o fiz ver que eu cultivava o mesmo hábito, você manifestou sua incredulidade".
> "Oh não!"

"Talvez não com palavras, meu caro Watson, mas com as sobrancelhas. Foi assim que ao vê-lo abandonar o papel e mergulhar em seus pensamentos, fiquei contente de ter a oportunidade de lê-los, de penetrar, enfim, em seu íntimo, dando prova do fato de que estava em contato com você."

Quanto a mim, porém, estava longe de me sentir satisfeito. "No trecho que você leu para mim", disse, "o raciocinador tirava suas conclusões das ações do homem por ele observado. Se bem me lembro, esse indivíduo havia caído sobre um monte de pedras, de olhos postos no alto fitava as estrelas, e por aí afora. Mas eu estava aqui, sentado na minha cadeira... que indícios posso ter-lhe dado?"

"Você não se tem na devida conta. As feições do homem são os meios com os quais ele exprime as próprias emoções, e as suas o servem fielmente."

"Quer dizer com isso que leu o curso de meus pensamentos através de minhas feições?"

"Das feições e, em especial, dos olhos. Consegue lembrar-se de como teve início seu devaneio?"

"Não, não faço a menor ideia..."

"Pois então eu lhe digo. Depois de haver abandonado o papel, ato que chamou minha atenção para a sua pessoa, você ficou sentado por meio minuto com uma expressão vazia. Em seguida seus olhos pousaram sobre um retrato recém-emoldurado do general Gordon, e vi, pela mudança em sua expressão, que uma nova série de pensamentos se havia iniciado. Mas não o levaram muito longe. Seu olhar deslocou-se para o retrato ainda não emoldurado de Henry Ward Beecher, pousado sobre seus livros. Em seguida, desviou-se para a parede acima, e o significado era naturalmente óbvio. Você estava pensando que, se o retrato estivesse emoldurado, cobriria exatamente aquele espaço vazio e faria par com o de Gordon do outro lado."

"Você me seguiu maravilhosamente!", exclamei.

"Até aí era difícil perder o rastro. Mas agora seus pensamentos voltaram para Beecher, e você o examinava detidamente como que para estudar-lhe o caráter através do semblante. Em seguida pôs de lado o olhar aguçado, mas continuando a examiná-lo com ar pensativo. Retornavam-lhe à memória os episódios da carreira de Beecher. E eu sabia que isso você não poderia fazer sem pensar na missão que ele empreendera a mando do Norte, no tempo da Guerra Civil, pois lembro-me de tê-lo ouvido referir-se, indignadíssimo, ao modo como fora ele recebido pelos mais turbulentos dos nossos. Seus sentimentos a respeito eram tão fortes que eu sabia que você não teria podido pensar em Beecher sem pensar naquele episódio. Quando, imediatamente depois, vi seus olhos desviarem-se do retrato, suspeitei que o pensamento se tivesse dirigido agora para a Guerra Civil, e quando vi seus lábios cerrarem-se, os olhos brilharem e os punhos fecharem, fiquei certo de que você estava pensando na nobreza que ambas as partes haviam demonstrado naquela luta desesperada. Mas depois o rosto entristeceu de novo e eu vi que meneava a cabeça. Detivera-se você a pensar na tristeza e no horror e no inútil desperdício de vidas humanas. A mão lentamente deslizou até o velho ferimento e um sorriso relampejou-lhe nos lábios, revelando-me que em sua mente brotava o pensamento sobre quão ridículo era esse método de apaziguar disputas internacionais. Foi nesse ponto que concordei com você sobre o absurdo do fato, e regozijei-me ao descobrir que todas as minhas deduções estavam certas."

"Absolutamente certas!", disse eu. "E agora que tudo está explicado, confesso que continuo pasmo como antes."

O fato de que o curso dos pensamentos, reconstruído por Holmes, coincida perfeitamente com o curso efetivo dos pensamentos de Watson é a prova de que Holmes inventou "bem" (ou melhor, de acordo com um certo curso "natural"). Apesar disso, ele *inventou*.

Etimologicamente, "invenção" é o ato de descobrir algo que já existia em algum lugar, e Holmes inventa no sentido assumido por Miguel Ângelo quando este diz que o escultor descobre na pedra a estátua que já está circunscrita e oculta na matéria sob o mármore em excesso ("supérfluo").

Watson põe de parte o papel e, em seguida, fita o retrato emoldurado do general Gordon. Este é, sem dúvida, *um fato*. Contempla, em seguida, outro retrato (não emoldurado), o que é outro *fato*. A possibilidade que existe de ter pensado na relação entre os dois retratos pode ser um caso de abdução hipocodificada, baseada no conhecimento de Holmes sobre o interesse de Watson em decoração. Mas quando, a partir desse momento, Watson pensa nos acontecimentos da carreira de Beecher, estamos, sem sombra de dúvida, diante de uma abdução criativa. Watson teria podido valer-se de um episódio da Guerra Civil para comparar aquela contenda cavalheiresca com os horrores da escravidão. Ou teria podido pensar nos horrores da guerra no Afeganistão, sorrindo ao dar-se conta de que seu ferimento era, no fundo, um preço aceitável pela sobrevivência.

Note-se que, no universo dessa história – regido por uma espécie de cumplicidade entre o autor e suas personagens –, Watson só poderia ter pensado o que efetivamente pensou, de tal modo que temos a impressão de que Holmes isola os únicos traços possíveis do "stream of consciousness" de Watson. Mas se o mundo da história fosse o mundo "real", o "stream of consciousness" de Watson poderia ter tomado muitas outras direções. Holmes está certamente procurando imitar o modo como Watson deveria ter pensado (*ars imitatur naturam in sua operatione!*) mas é obrigado a escolher, dentre os muitos possíveis percursos mentais de Watson (que ele provavelmente imagina todos juntos concomitantemente), aquele que mostra maior coerência estética, ou mais "elegância". Holmes inventa uma história. Simplesmente acontece que essa história possível é análoga à real.

Os mesmos critérios estéticos guiaram a intuição copernicana do heliocentrismo do *De Revolutionibus Orbium Coelestium*. Copérnico sentia a deselegância do sistema ptolomaico, sua falta de harmonia, como numa pintura em que o pintor tivesse reproduzido todos os membros sem compô-los num corpo único. O Sol, portanto, *devia estar*, para Copérnico, no centro do universo porque só assim podia manifestar-se a admirável simetria do criado. Copérnico não observou as posições dos planetas como Galileu ou Kepler. Imaginou um mundo possível, cuja garantia residia no fato de ser bem estruturado, "gestalticamente" elegante.

Acompanhemos agora o curso de pensamentos que leva Holmes (em *The Sign of the Four*) a inferir que Watson foi até o correio de Wigmore Street para passar um telegrama.

"Você acabou de falar em observação e dedução. Não há dúvida de que, numa certa medida, uma implica a outra."

"De modo algum", respondeu, acomodando-se confortavelmente em sua poltrona e soltando densas baforadas do cachimbo. "Por exemplo, a observação me mostra que esta manhã você esteve no correio de Wigmore Street, mas a dedução permite-me saber que dali você passou um telegrama."

"Correto", disse eu. "Corretos ambos os pontos. Mas devo confessar que não consigo compreender como chegou até eles. Essa foi uma decisão repentina de minha parte, e não falei dela a ninguém."

"Simplíssimo!", rebateu, rindo do meu espanto, "tão absurdamente simples que toda explicação se torna supérflua; e todavia com ela poder-se-iam definir os confins entre observação e dedução. A observação me diz que a gáspea de seus sapatos está suja de lama avermelhada. Exatamente diante do correio de Wigmore Street arrancaram a calçada e amontoaram a terra de tal modo que você, para entrar, viu-se obrigado a pisar nela. Essa terra é de uma cor avermelhada muito particular que não se acha, que eu saiba, em nenhum lugar aqui por perto. Até aqui, trata-se de observação. O resto é dedução."

"E como fez então para deduzir o telegrama?"

"Diabo, naturalmente eu sabia que você não escrevera uma carta porque o tivera na minha frente durante toda a manhã. Vejo em seguida que há uma folha de selos e um belo pacote de cartões postais em sua escrivaninha aberta. Então o que teria ido você fazer num correio se não passar um telegrama? Eliminados os outros fatores, o que resta deve ser a verdade."

O único fato surpreendente era aquele pouco de lama avermelhada na gáspea dos sapatos de Watson. É evidente que na Londres do século XIX, não asfaltada e insuficientemente calçada, esse fato não devia ser tão surpreendente assim. Holmes volta sua atenção para os sapatos de Watson porque já tem alguma ideia em mente. Todavia, confiemos em Conan Doyle e admitamos que esse fato seja, de per si, suficientemente surpreendente.

A primeira abdução é hipercodificada: uma pessoa com sapatos enlameados esteve andando em lugares não calçados etc.

A segunda abdução é hipocodificada: por que Wigmore Street? Porque a terra que aí se encontra tem aquela tonalidade particular. Mas por que não supor que Watson tenha tomado um coche dirigindo-se a um local mais distante? Porque a escolha da rua mais próxima se inspira em sensatos critérios de economia. Elementar. Mas essas duas abduções (que no jargão de Conan Doyle e Holmes são chamadas apenas de "observações") ainda não dizem que Watson se tenha dirigido até ali para ir ao correio.

Note-se que, se é verdade que Holmes estava, com base em seu conhecimento do mundo, em condições de pensar no correio como a mais provável meta de Watson, toda evidência era *contrária* a essa suposição: Holmes sabia com certeza que Watson não tinha necessidade nem de selos nem de cartões postais. Para imaginar a última probabilidade (telegrama) Holmes deve ter previamente decidido que Watson queria enviar um cabograma! Holmes faz-nos pensar num juiz que, tendo chegado à certeza de que o acusado não estava, no momento exato, presente no palco do crime, conclui que, *por isso*, estava ele cometendo, no mesmo instante, um outro crime em outro lugar. Visto que faltam a Watson 93% dos motivos que o levariam até o correio, Holmes (ao invés de concluir que, portanto, essa hipótese não é plausível) decide que, exatamente por isso, Watson lá chegou levado pelos 7% dos motivos restantes. Solução a 7%, curiosamente alucinatória. Para dar plausibilidade a tão frágil probabilidade, Holmes deve ter assumido que Watson é um *habitue* das agências de correio. Só com essa condição a presença de selos e cartões postais pode ser assumida como prova de que Watson passou um telegrama. Holmes, portanto, não escolhe entre probabilidades sensatas, o que representaria um caso de abdução hipocodificada: ao contrário, aposta contra todos os prognósticos, inventa por puro amor à elegância.

4.2.3.2. As metabduções

Passar de uma abdução criativa à metabdução é típico de uma mente racionalista, no estilo do racionalismo dos séculos XVII e XVIII. Para raciocinarmos como Holmes precisamos estar firmemente convencidos de que *ordo et connexio idearum idem est ac ordo et connexio rerum* (Espinosa, *Ethica*, II, 7) e de que a validade de um conceito complexo consiste na possibilidade de analisá-lo em suas partes mais simples, cada uma das quais deve apresentar-se como racionalmente *possível*: um trabalho de livre configuração de conceitos que Leibniz chamava de "intuição" (*Nouveaux essais sur l'engende-menthumain* IV, 1,1; cf. Gerhardt, 1875-1890, V, 347). Para Leibniz a expressão pode ser *semelhante* à coisa expressa desde que se observe uma certa analogia entre as respectivas estruturas, visto que Deus, autor tanto das coisas quanto da mente, esculpiu em nossa alma uma faculdade de pensamento que pode operar em concordância com as leis da natureza (*Quid Sit Idea*; cf. Gerhardt, VII, 263): "Definitio realis est ex qua constat definitum esse possibile nec implicare contradictionem [...] Ideas quoque rerum non cogitamus, nisi quatenus earum possibilitatem intuemur" (*Specimem Inventorum de Admirandis Naturae Generalis Arcanis*; cf. Gerhardt, VII, 310).

Holmes pode tentar sua metabdução apenas e tão-somente porque pensa que suas abduções criativas são justificadas por uma forte ligação entre a mente e o mundo externo. Provavelmente é sua formação racionalista que explica por que ele insiste tanto em chamar de "dedução" a esse tipo de raciocínio. Num universo governado por um inato paralelismo entre *res extensa* e *res cogitans* (e por uma harmonia preestabelecida), o conceito completo de uma substância individual implica todos os seus predicados passados e futuros (Leibniz, *Primae Veritates*; cf. Couturat, 1903, pp. 518-523).

Peirce fala dos símbolos como de leis ou regularidades do futuro indefinido (*CP*: 2.293) e diz que toda proposição é um argumento rudimentar (2.344); em muitas circunstâncias mostra certa confiança na existência de um *lume natural* como afinidade entre mente e natureza (1.630; 2.753 e ss.; 5.591; 5.604; 6.604). Mas mesmo ao asseverar que "os princípios gerais realmente operam na natureza" (5.501), pretende ele fazer uma afirmação "realista" (no sentido escotista), mostrando-se, em várias passagens, bastante crítico em relação ao racionalismo de Leibniz (cf., por exemplo, 2.370).

Peirce sustenta que as conjecturas são formas de inferência válidas desde que alimentadas por uma observação prévia, ainda que *possam* antecipar todas as suas remotas consequências ilativas. A confiança que Peirce deposita num tal acordo entre a mente e o curso dos eventos tem um caráter mais evolucionista do que racionalista. A certeza oferecida pela abdução não exclui o *falibilismo*, que domina toda pesquisa científica (1.9), "porque o falibilismo é a teoria segundo a qual nossa consciência nunca é absoluta, nadando, por assim dizer, num *continuum* de incerteza e indeterminação" (1.171).

Holmes, ao contrário, nunca erra. Diferentemente de Zadig, Holmes não hesita em metapostar que o mundo possível por ele traçado seja efetivamente o mundo "real". Tem o privilégio de viver num mundo construído por Conan Doyle para satisfazer-lhe as necessidades egocêntricas, daí por que não faltam as provas imediatas da sua perspicácia. Watson (narrativamente) só existe para verificar-lhe as hipóteses: "O que está acontecendo, Holmes? Isso vai além de toda imaginação" (*Cardboard*). "[...] não consigo compreender como chegou a eles" (*The Sign of the Four*). Watson representa a incontestável garantia de que as hipóteses de Holmes já não podem ser falsificadas.

Privilégio que Karl Popper não tem, o que lhe propicia (essa falta de privilégio) a ocasião de construir uma lógica da descoberta científica... Enquanto nas *detective stories* um Deus onipotente está eternamente verificando as hipóteses, já na pesquisa científica "real" (como na investigação criminal, médica e filosófica), as metabduções são uma questão preocupante. *Zadig* não é uma *detective story* mas um conto filosófico exatamente porque seu verdadeiro argumento é exatamente a vertigem da metabdução. Para escapar dessa vertigem, Peirce estabelece uma estreita ligação entre as fases da abdução e da dedução:

A retrodução não dá segurança. A hipótese deve ser verificada. Para ser logicamente válida, essa verificação deve principiar honestamente, não como principia a retrodução, com o escrutínio dos fenômenos, mas com o exame da hipótese e uma revista de todos os tipos de consequências experimentais na experiência de que resultariam, fosse a hipótese verdadeira. Esse constitui o segundo passo da pesquisa (*CP*: 6.470).

Essa nítida consciência do que deveria ser uma pesquisa científica não exclui que em muitas circunstâncias o próprio Peirce aceite o jogo metabdutivo. A todo momento somos obrigados a fazer abduções na vida cotidiana, e frequentemente não nos é dado esperar pelas verificações subsequentes. Veja-se por exemplo o caso do homem do baldaquim:

Certa vez desembarquei no porto de uma província turca. Ao dirigir-me ao lugar que devia visitar, deparei com um homem a cavalo, rodeado por outros quatro cavaleiros que sustentavam um baldaquim sobre sua cabeça. Visto que o governador da província era a única personagem que eu podia imaginar como alvo de tanta honraria, inferi que se tratasse exatamente dele. Esta foi uma hipótese (*CP*: 2.265).

Na realidade, Peirce fez aqui duas inferências. A primeira é uma hipótese ou uma abdução hipercodificada: ele conhecia a regra geral segundo a qual um homem com um baldaquim sobre a cabeça, na Turquia, só pode ser uma autoridade, e imaginou que o homem encontrado representasse um caso daquela regra incontestável. A segunda é uma abdução hipocodificada: entre as várias autoridades que podiam encontrar-se naquele lugar (por que não um ministro em visita a Istambul?), o governador da província era a mais plausível. Desse ponto em diante, Peirce mantém a segunda abdução como se fosse o caso, e age de acordo. A metabdução de Peirce consiste em apostar no resultado final sem esperar pelas verificações intermédias.

Provavelmente a verdadeira diferença entre as abduções de fato para lei e as abduções de fato para fato reside na flexibilidade metabdutiva, isto é, na coragem de desafiar sem ulteriores verificações o falibilismo básico que governa o conhecimento humano. Eis o motivo por que na vida "real" os detetives estão, mais frequentemente (ou de modo mais visível) do que os cientistas, sujeitos a cometer erros. Os detetives são remunerados pela sociedade pela impudência com que arriscam suas metabduções, ao passo que os cientistas são remunerados por sua paciência em verificar as abduções que fazem. Naturalmente, para terem a força moral e intelectual de verificar, para exigirem nova verificações, e para manterem obstinadamente uma abdução antes de esta ser definitivamente verificada, também os cientistas têm necessidade da metabdução.

A diferença entre os cientistas e o detetive está na recusa dos primeiros em impor suas crenças como dogmas, na firmeza com que não repudiam as conjecturas motivadas. *Galileu Galilei*, de Bertolt Brecht, é a história da dificuldade que sente um homem em manter, contra o parecer de todos, as próprias abduções (como também é a história da contínua tentação que o incita a abandonar tal *unfair guess*).

Nos mundos possíveis da fantasia, as coisas acontecem de modo mais tranquilo. Nero Wolfe inventa elegantes soluções para situações inextricáveis, em seguida reúne todos os suspeitos em seu escritório e conta a "sua" história *como se* as coisas tivessem acontecido exatamente daquela maneira. Rex Stout é tão bonzinho com ele que chega a permitir que o verdadeiro culpado reaja, admitindo desse modo a própria culpa e reconhecendo a superioridade mental de Wolfe. Note-se que bastaria ao culpado responder "mas você está doido!" e nada mais provaria que Wolfe estivesse com a razão. Nem Galileu nem Peirce jamais alcançaram tamanho êxito, e deve haver também uma razão epistemológica para as suas desventuras.

Assim, enquanto a história dos sapatos era uma história de infalibilidades e a história dos cascos uma história de ansiedades ante a vertigem da infalibilidade, a história dos chifres e dos feijões era e ainda é a história da falibilidade humana. Num ponto ao menos, Peirce e Conan Doyle (através de Voltaire) não a contam da mesma maneira.

4.3. SEMÂNTICA, PRAGMÁTICA E SEMIÓTICA DO TEXTO[3]

Certa vez Jakobson observou que estudar a língua apenas sob um ponto de vista sintático equivale a definir um vagão-leito como aquele que habitualmente (e distribucionalmente) se acha entre dois vagões de passageiros. Eu acrescentaria que estudar a língua apenas sob um ponto de vista semântico significa, para muitos autores, definir um vagão-leito como um veículo ferroviário no qual os viajantes têm direito a compartimento individual. Embora tal definição pareça aceitável, não sei o que sucederia a um indigente que a levasse a sério.

Talvez minha ideia de semântica seja exageradamente liberal, mas sinto necessidade de enriquecer este meu verbete dicionarial com a informação de que os vagões-leitos são caros. Infelizmente, alguns objetariam que o sintagma *todos os vagões-leitos são veículos*

---

3. Uma diferente versão deste ensaio foi apresentada à International Pragmatic Conference, 1985, Viareggio, e subsequentemente publicada em J. Vershueren e M. Bertuccelli (eds.), *The Pragmatic Perspective*, Amsterdam, Benjamins, 1987.

exprime uma verdade analítica, ao passo que *todos os vagões-leitos são caros* veicula elementos de conhecimento do mundo e, por esse motivo, só deveria ser estudado pela pragmática. Se eu pretendesse favorecer o meu indigente, teria de dizer-lhe que, para evitar aborrecimentos, seria melhor que estudasse pragmática em lugar de semântica. Podendo ignorar a sintaxe, já que ninguém lhe pede que identifique um vagão-leito.

Suponho que se acrescentasse ao meu dicionário a verdade evidente de que – pelo menos na Europa – viajar de vagão-leito é também um *status symbol*, certamente um semântico aborrecido me diria que isso é matéria para a sociologia.

Haja departamentos, com efeito! Existirá um nome para esse tipo de competência que possibilita a seres humanos abastados e cansados, numa noite nevoenta em que os aeroportos estão fechados, viajarem confortavelmente de Milão a Paris sabendo o que é um vagão-leito, quem se acha em posição de poder embarcar num, como reconhecer um exemplar dele na estação ferroviária, e como tomar o Trans Europ Express em vez do Orient Express? Sugiro que, neste caso, estamos diante de um exemplo de competência semiósica geral, que nos permite interpretar signos verbais e visuais e extrair inferências desses signos, unindo ao conhecimento de fundo a informação por eles fornecida.

4.3.1. Objetos e Dimensões

Foi Charles Morris o primeiro a delinear uma divisão da semiótica em sintática, semântica e pragmática. Essa sua tentativa de caracterizar o domínio da semiótica revelou-se estimulante e frutífera, mas ao mesmo tempo perigosa. *Foundations of a Theory of Signs*, escrito dentro do quadro de uma Enciclopédia da Ciência Unificada, sugere que a pragmática, tanto quanto a semântica e a sintática, é uma ciência: "Com o termo 'pragmática' designamos a ciência da relação dos signos com seus intérpretes" (1938, V. l).

Visto que toda ciência tem um objeto específico, a definição precedente corre o risco de transformar a semiótica numa mera confederação de três ciências independentes, voltada cada uma delas para o estudo de três objetos independentes. Nesse sentido, a semiótica torna-se um rótulo geral do tipo "ciências naturais" (Morris estava ciente desse risco: cf. 1946, VIII. 1).

Conhecemos, ou nos sentimos em condições de definir o objeto específico da mineralogia, da zoologia e da astronomia, mas já não nos parece tão fácil definir o objeto das ciências naturais. Mais do que como um objeto pode ele – no máximo – ser definido como um método, um modo de conhecer determinados aspectos do nosso ambiente físico através de leis explicativas gerais que, uma vez conjecturadas com base em certos dados relevantes, podem ser provadas ou confutadas por meio de certos experimentos. Mas mesmo que tal método exista, sabemos que os dados que é preciso buscar para dizermos de onde vêm os gatos diferem em espécie e disponibilidade daqueles que coligimos para explicar a origem dos diamantes.

Se Morris tivesse dito apenas que a pragmática é a ciência da relação dos signos com seus intérpretes, toda a sua teoria dos signos achar-se-ia envolvida num círculo vicioso. Definir o objeto de uma ciência x como a relação entre a e b significaria que a definição de a é independente da definição de b. Ao contrário, em *Foundations*, Morris afirma explicitamente que "uma coisa é um signo somente quando e enquanto for interpretada como signo de alguma outra coisa... A semiótica, portanto, não se ocupa com o estudo de um particular tipo de objetos, mas com objetos comuns enquanto (e tão--somente enquanto) partícipes da semiose" (na trad. ital., pp. 13-14).

Se a relação com o intérprete é crucial para a definição mesma de um signo, e se o objeto da pragmática é essa relação com um intérprete que caracteriza um signo como tal, então em que sentido a pragmática diferirá da semiótica?

Suponhamos que as três províncias da semiótica não sejam ciências, mas, mais que tudo, dimensões do (ou descrições com as quais é possível abordar o) fenômeno da semiose; e assumamos, em termos peircianos, que a semiose seja "uma ação ou influência que é, ou implica, uma cooperação de três sujeitos, o signo, seu objeto e seu interpretante, de maneira tal que essa influência tri-relativa não possa, de nenhum modo, resolver-se em ações entre pares" (CP: 5.484).

Sob esse ponto de vista, a relação entre a semiótica e suas três províncias já não é do mesmo tipo daquela que se estabelece entre as ciências naturais como gênero e a zoologia, a mineralogia e a astronomia como espécies desse gênero. Assemelha-se mais à relação entre a filosofia da ciência, ou a epistemologia geral, e três problemas epistemológicos, a saber: como elaborar uma hipótese, como recolher dados relevantes e como falsificar uma teoria científica. Não é preciso dizer que (i) a noção mesma de dado relevante só pode ser estabelecida com base numa hipótese assumida, (ii) uma hipótese só pode ser elaborada para tentar justificar algo que tenha sido considerado experimentalmente como dado relevante, (iii) um procedimento para submeter uma explicação a verificação só pode ser projetado para lançar dúvidas sobre uma hipótese dada, e (iv) frequentemente falsificar uma hipótese significa demonstrar que os dados relevantes que haviam sido isolados não eram relevantes.

Dentro da mesma linha, a pragmática não pode ser uma disciplina dotada de um objeto próprio dela, distinto dos objetos da semântica e da sintática. As três províncias da semiótica tratam do mesmo "objeto" disciplinar, objeto esse infelizmente diferente dos objetos das ciências naturais, que são *gêneros naturais*, se é que isso existe. O objeto da pragmática é aquele mesmo processo de semiose que também a sintática e a semântica focalizam sob ângulos diferentes. Mas um processo social e quiçá biológico como a semiose jamais pode ser reduzido a um, e apenas um, de seus perfis possíveis.

A geometria plana fornece uma representação abstrata da realidade física. Com exceção da Flatland de Abbott, não existem universos físicos de duas dimensões. Existem corpos, e relações entre eles. Os corpos estão sujeitos à lei da gravidade, o que não acontece com as figuras da geometria plana. Podemos usar as figuras da geometria plana para desenhar, por exemplo, um paralelogramo de forças, representando assim, de certa maneira, alguns dos fenômenos que dependem da gravidade; mas os corpos, que são tridimensionais, caem por razões que a geometria plana não está em condições de explicar. O paralelograma bidimensional das forças traçado para calcular a trajetória de uma bala de canhão pode apenas representar, como um diagrama, um fenômeno que a geometria deve assumir como ponto pacífico.

Dizer que a pragmática é uma dimensão da semiótica não significa privá-la de um objeto. Significa, pelo contrário, que a abordagem pragmática tem a ver com a totalidade da semiose, a qual, para ser plenamente compreendida, deve ser tratada também sob um ponto de vista pragmático. A sintática e a semântica, quando em isolamento esplêndido, transformam-se – como sugere Parret (1983) – em disciplinas "perversas".

4.3.1.1. *Língua versus outros sistemas*

No intuito de reservar um domínio específico para a pragmática, Morris (1938, V.1) sugere que o único elemento intrínseco à pragmática encontra-se naqueles termos que, embora não sendo estritamente semióticos, não podem ser definidos pela sintática ou pela semântica. Se por tais termos Morris entendia aquelas estratégias textuais que nem mesmo a semântica mais liberal pode prever – tais como estratégias de implicadura conversacional, insinuações sobre o significado compreendido –, então a área da pragmática se faz exageradamente reduzida. Se entendia fenômenos tais como a dêixis e a pressuposição, penso que esses fenômenos podem e devem ser estudados também sob um ponto de vista semântico. Se entendia o domínio de uma teoria dos atos linguísticos, penso ainda que muitos tipos de ato linguístico possam ser explicados também pela sintática e pela semântica (já que as ordens, por exemplo, podem assumir formas imperativas sintaticamente reconhecíveis, e algo deveria haver, na representação do significado de *prometer*, que caracterizasse sua natureza performativa).

Suspeito, todavia, que, por "termos não estritamente semióticos" Morris entendesse os elementos contextuais que desempenham um papel numa interação linguística, tais como posição física do falante/ouvinte, expressões faciais, tempo e lugar da emissão e assim por diante. Infelizmente, tal assunção contraria o complexo da semiótica de Morris. Sua semiótica trata não apenas dos fenômenos linguísticos, mas de todos os sistemas de signos.

Uma abordagem pragmática da interação verbal deve levar em conta as relações entre as emissões linguísticas e gestos, expressões faciais, posturas corpóreas, sons tonêmicos e pausas, interjeições, e assim por diante. Mas as disciplinas semióticas como a paralinguística, a cinésica, a prossêmica e similares desenvolveram ou estão desenvolvendo uma sintática e uma semântica próprias. O estudo pragmático do contexto da interação verbal não pode ser enriquecido por uma semântica das linguagens não verbais. Sem falar no fato de que a pragmática, em si mesma, não pode ser exclusivamente o estudo da interação linguística, uma vez que existem exemplos interessantes de abordagem pragmática com relação ao teatro, ao cinema, à pintura...

Portanto, também ao longo do eixo que opõe a língua a outros sistemas não verbais, a pragmática – mais que ser uma ciência com o seu próprio objeto exclusivo – é uma das dimensões de uma pesquisa semiótica mais geral.

4.3.1.2. *Semântica e pragmática: uma rede semiótica*

A semiótica estuda tanto a estrutura abstrata dos *sistemas* de significação (tais como a linguagem verbal, os jogos de cartas, os sinais viários, os códigos iconológicos e assim por diante) quanto os *processos* no curso dos quais os usuários aplicam na prática as regras desses sistemas com o fim de comunicar, isto é, de designar estados de mundos possíveis ou de criticar e modificar a estrutura desses mesmos sistemas.

Sentimo-nos tentados a dizer que a semântica diz respeito principalmente aos sistemas de significação enquanto a pragmática trata dos problemas de comunicação. Todavia, a oposição significação/comunicação não corresponde à oposição semântica/pragmática, mas caracteriza, isso sim, vários tipos de teorias semânticas, bem como diferentes tipos de fenômenos pragmáticos.

4.3.1.2.1. Três teorias semânticas

Morris (1946) diz que a semântica é o ramo da semiótica que trata da "significação" dos signos. Sabemos, no entanto, que Morris distingue o *significatum* do *denotatum*. Assim, é sempre importante especificar se estamos falando de semântica como teoria dos sistemas de significação ou como teoria dos atos de referência ou menção – que são processos de comunicação. A chamada semântica estrutural trata do significado e, portanto, de uma teoria da significação, ao passo que a filosofia da linguagem anglo-saxônica fala de semântica a propósito de uma abordagem ligada às condições de verdade das proposições. Essas duas abordagens devem ser diferenciadas com cuidado, embora possam ambas recair sob uma noção mais liberal de semântica.

Além disso, uma semântica das condições de verdade cobre dois problemas ou fenômenos diferentes: enunciados que são verdadeiros em virtude de um conjunto de postulados de significado, e enunciados que são verdadeiros em decorrência daquilo que é o caso. Assim, de um lado,

(1) todos os solteiros são machos
(2) todos os homens são bípedes

são considerados verdadeiros com base nos postulados de significado assumidos por um dado sistema de significação (independentemente do fato de que – segundo uma tradição venerável – *(1)* é analiticamente verdadeiro ao passo que *(2) é* sinteticamente verdadeiro). Por outro lado,

(3) isto é um lápis
(4) este lápis é preto

são verdadeiros apenas se forem enunciados numa dada circunstância, na qual ocorre o caso de o objeto indicado ser um lápis, e preto.

São dois os campos de uma semântica das condições de verdade: um estuda os requisitos que uma proposição deve satisfazer para ser (lógica ou semanticamente) verdadeira ou falsa com base num sistema de postulados de significado, o outro estuda os requisitos que uma proposição deve satisfazer para ser (fatualmente) verdadeira ou falsa com base naquilo que é efetivamente o caso.

Vemos então que existem pelo menos três tipos de teorias suscetíveis de serem rotuladas como "semânticas", isto é:

(i) uma teoria da verdade para expressões indexicais, tais como os atos de menção (para distinções ulteriores, cf. Eco, 1975, 3.1.-3.3.);
(ii) uma teoria da verdade para expressões não indexicais, ou para proposições eternas:
(iii) uma teoria do significado, ou uma teoria da competência semântica, ou seja, uma semântica cognitiva.

Nenhuma dessas três semânticas pode evitar a dimensão; pragmática. Isso é certo sobretudo para (iii), e toda a seção 4.3.2. irá sugerir em que sentido uma teoria cognitiva do significado não pode evitar a dimensão pragmática. Contudo, para além de suas intenções expressas, tampouco o podem evitar as teorias (i) e (ii).

4.3.1.2.1.1. *Objeções à teoria (i)*

Devemos concordar com Strawson (1950) quando diz que "'mencionar' ou 'referir-se a' não é algo que uma expressão faça; é algo que alguém pode fazer empregando uma expressão para tal fim" (na trad. ital., p. 204). Se parece evidente que "as expressões indexicais são tratadas normal e naturalmente com um aparato de condições de verdade" (Gazdar, 1979, 2), é igualmente evidente que a verdade das expressões indexicais depende das circunstâncias de enunciação, da natureza tanto do emissor quanto do destinatário (pronomes pessoais), bem como da natureza do objeto indicado. Assim, o problema pragmático da dêixis encontra-se exatamente no cerne daquele tipo de semântica que pretende ser a mais antipragmática. Concluindo, fomos testemunhas da tentativa de Montague para estender a abordagem das condições de verdade a uma linguagem formal que contenha termos indexicais.

Mas a dimensão pragmática não pode tampouco ser ignorada pela recente teoria da designação rígida, que devemos identificar como uma teoria (iii), pois liga as condições de uso de um nome próprio às relações indexicais originais entre aquele nome e um exemplar individual de um gênero natural. Ao assumir que os nomes estão ligados diretamente à essência dos gêneros naturais por eles rotulados, e ao interpretar tal essência como uma núcleo sólido de propriedades ontológicas que sobrevivem a qualquer ameaça contrafatual, a teoria de designação rígida parece excluir inteiramente qualquer tipo de conhecimento contextual. Todavia, para usarmos propriamente esses nomes, faz-se necessária uma cadeia cultural, uma cadeia de *informações boca a boca* (descrita bastante obscuramente pela teoria) em virtude da qual nos é garantido que o nosso modo de usar um nome ainda é aquele estabelecido durante a cerimônia batismal de origem.

O único modo de tornar compreensível e coerente uma teoria da designação rígida seria assumir a dimensão pragmática como ponto pacífico. Mas para resolver seu problema semântico, a teoria teria, ao contrário, de garantir um alicerçamento teórico da dimensão pragmática. Se houvesse dito anteriormente o que é a essência transmitida, poderia ignorar o processo mediante o qual é transmitida. Mas como a definição essencial é identificada apenas como a que sobrevive durante o processo de transmissão, a teoria deveria pelo menos tentar descrever esse processo.

Visto que o círculo é irremediavelmente vicioso, a teoria não é nem semântica nem pragmática e fica sendo, suspeito eu, uma fascinante narrativa mítica sobre as origens da linguagem.

A teoria causal dos nomes próprios só poderia funcionar se (i) assumíssemos como ponto pacífico que é possível ensinar e aprender o nome de um objeto X por ostensão direta e (ii) se a ostensão ocorresse diante de um objeto que esteja em condições de sobreviver àquele que o nomeia.

Portanto, é possível imaginarmos uma pessoa A que, diante do Monte Everest, diz a uma pessoa B *eu decido chamar isto de Everest*. Em seguida, a pessoa B diz a uma pessoa C *este é o Everest*, e C transmite a informação a D, e assim por diante através dos séculos... Mesmo nesse caso, a necessidade de usar traços indexicais e o fato de que tanto o emissor quanto o destinatário devam achar-se na circunstância de terem a montanha diretamente à sua frente introduzem elementos pragmáticos no processo. Além do mais, essa explicação exclui o caso em que um viajante relate ter visto o Everest ou ter ouvido falar dele. Ainda assim, porém, seria possível dizer que há um liame causal que determina a transmissão do nome. Mas o que acontece quando alguém dá nome a um indivíduo humano, digamos, Parmênides? A cadeia causal rompe-se quando Parmênides morre. Desse ponto em diante, o falante W que diz ao ouvinte Y algo sobre Parmênides deve introduzir alguma descrição definida (por exemplo, *o filósofo que disse que nada se move* ou *aquele homem, filho deste e daquela, que morreu ontem*), o falante Y tem de aprender a usar o nome *Parmênides* segundo o conjunto de instruções contextuais fornecidas por W, e será obrigado a recorrer a elementos contextuais toda vez que quiser estabelecer que o nome está sendo usado no sentido correto: *Parmênides? Você quer dizer o filósofo?*

É verdade que as instruções fornecidas por W "causam" a competência de Y, mas sob esse ponto de vista toda teoria da linguagem é causal. Já que a língua é coisa que se aprende, não há dúvida alguma de que todas as mães "causam" o fato de que seus filhos a aprendam, assim como todo dicionário causa o fato de que seus usuários aprendam o uso das palavras. Nos mesmos termos, a Constituição italiana "causa" o fato de que todo cidadão italiano conheça seus direitos e deveres. É exatamente essa forma de causalidade indireta e não física que requer uma explicação pragmática do processo.

4.3.1.2.1.2. Objeções à teoria (ii)

Duas páginas após haver proposto sua primeira definição de pragmática, Morris (1938, V.1; trad. ital., pp. 87-89) escreve:

> Graças à semiose... dado o veículo sígnico como objeto de uma resposta sua, o organismo espera por uma situação de determinado tipo; dotado dessa expectativa, está em condições de preparar-se antecipadamente, pelo menos em parte, para o que pode acontecer. Sob o ângulo biológico, responder às coisas por meio dos signos é, portanto, um ulterior desenvolvimento daquele mesmo processo que, nas formas animais superiores, levou os sentidos de distância a precederem os sentidos de contato no controle do comportamento... Com tal orientação, alguns dos termos anteriormente usados aparecem sob nova luz. A relação de um veículo sígnico com o seu *designation* é o fato de que o intérprete, ao responder ao veículo sígnico, dá-se conta da existência de uma classe de coisas; os *designata* são exatamente as coisas de que ele se dá conta desse modo. A regra semântica tem como correlato na dimensão pragmática o hábito de o intérprete usar o veículo sígnico em certas circunstâncias e, de contrapartida, esperar que as coisas estejam de um certo modo no momento em que o signo é usado. As regras de formação e transformação correspondem às combinações e transposições sígnicas de que o intérprete efetivamente se serve, ou às estipulações para o uso dos signos que ele impõe a si mesmo (de modo análogo, todos tendemos a dominar também outros aspectos de nosso próprio comportamento em relação a pessoas e coisas). Considerada sob o ângulo da pragmática, uma estrutura linguística é um sistema de comportamento: aos enunciados analíticos correspondem as relações entre certas respostas sígnicas e outras, mais amplas, das quais as primeiras são fragmentos; aos enunciados sintéticos correspondem aquelas relações entre respostas sígnicas que não são relações da parte com o todo.

Embora extrapoladas de sua moldura comportamentista, essas afirmações parecem-me extremamente importantes. Mostram como a dimensão pragmática está estreitamente inter-relacionada com uma semântica das condições de verdade para as expressões não indexicais. Morris era efetivamente um pioneiro quando aproximava em termos pragmáticos até mesmo a venerável distinção entre enunciados analíticos e sintéticos. A noção de analiticidade é o argumento mais forte que uma semântica das condições de verdade pode usar para afirmar sua própria independência dos chamados conhecimento do mundo, conhecimento de fundo, informação enciclopédica, contextos, circunstâncias e assim por diante. Uma semântica das condições de verdade, que opõe um puro conhecimento dicionarial ou lexical a qualquer outro tipo de competência adquirida, pode assumir que "a pragmática tem como objeto aqueles aspectos do significado das emissões linguísticas impossíveis de serem representados por meio de uma referência direta às condições de verdade do enunciado emitido" (Gazdar, 1979, 2).

A fragilidade dessa distinção está esplendidamente demonstrada por Quine em seu ensaio "Dois Dogmas do Empirismo" (1951): as verdades analíticas, bem como as sintéticas, dependem de um sistema de assunções culturais, isto é, representam o núcleo mais resistente – mas de maneira alguma eterno – de um sistema de expectativas sociais. É interessante observar que a mesma afirmação aparece com outras palavras, na página de *Foundations* há pouco citada.

4.3.1.2.2. A pragmática entre significação e comunicação

Também a pragmática assume sem discussão muitos elementos que, embora digam respeito à relação entre os signos e seus emissores ou intérpretes, e embora em ampla medida pertençam ao processo de comunicação, dependem de uma regra semântica precedente. Tomemos os dois enunciados analisados por Gazdar (1979, 3):

(5) o cachorrinho de Tom matou o coelhinho de Jane
(6) o cão de Tom matou o coelho de Jane.

O falante-ouvinte ideal de língua portuguesa inferirá que o autor de (5) é ou uma criança ou alguém que se finge de criança, mas essa inferência é independente das circunstâncias de enunciação. Apesar disso, qualquer teoria semântica que sustente estar em posição de explicar a diferença entre (5) e (6) só poderá fazê-lo se estiver em condições de incluir em seu arsenal semântico marcas que, de algum modo, descrevem o *status* (quer se trate de idade, sexo ou papel social) do emissor ideal de um dado elemento lexical.

Deveríamos conceber duas diferentes abordagens pragmáticas: uma pragmática da significação (como representar num sistema semântico fenômenos pragmáticos) e uma pragmática da comunicação (como analisar os fenômenos pragmáticos que ocorrem durante um processo comunicativo). Fenômenos como a correferência textual, o *topic*, a coerência textual, a referência a um conjunto de conhecimentos colocado idioletalmente por um texto como atinente a um mundo narrativo, a implicadura conversacional e muitos outros dizem respeito a um processo de comunicação efetivo e não podem ser previstos por nenhum sistema de significação. Outros fenômenos, tais como a pressuposição, a previsão de contextos ordinários, as regras para as condições de felicidade e assim por diante, podem, como veremos, ser considerados no estudo de um sistema de significação codificado, para cuja descrição a abordagem semântica e a abordagem pragmática estão estreita e inextricavelmente inter-relacionadas.

4.3.2. A Semântica Avança rumo à Pragmática

Os exemplos mais interessantes de pesquisa semântica no último decênio são representados pelas teorias que tentam formular um modelo para a representação do significado em formato de enciclopédia. Tais tentativas não se opõem apenas a um modelo puramente dicionarial, mas também à identificação do âmbito da semântica com o âmbito de uma semântica das condições de verdade. É evidente que todas essas tentativas não podem ser efetuadas simplesmente com a introdução, no quadro de uma teoria semântica, de um amontoado de fenômenos pragmáticos idealizados.

Segundo Levinson (1983), a pragmática foi praticada até 1955 sem ostentar esse nome. Em geral, como Morris foi o primeiro a observar (1938, V.1), uma referência constante ao intérprete e à interpretação é comum nas definições clássicas dos signos. A retórica grega e a latina, bem como toda a teoria linguística dos sofistas, podem ser reconhecidas como formas de pragmática do discurso. Mas também nas mais abstratas definições clássicas de significação existem elementos pragmáticos: de Aristóteles a Agostinho, e em outros além deles, todas as definições do signo levam em conta não apenas a relação entre expressão e conteúdo, mas também aquela entre a expressão e a reação mental do intérprete. Abelardo discute cuidadosamente o problema da desambiguação do significado em dados contextos, e o problema da intenção do falante é um tema comum na teoria medieval dos signos, de Agostinho a Rogério Bacon. Occam fornece instigantes observações sobre o conhecimento de fundo do interprete em relação aos signos icônicos (como reconhecer a iconicidade de uma estátua sem conhecer o modelo que a estátua reproduz?). Se os primeiros livros do *Ensaio* de Locke tratam da relação entre os termos e as ideias, já o seu livro *On Words* trata das condições de uso social dos termos linguísticos.

Schlieben-Lange (1975, 2) elenca entre os precursores da pragmalinguística não apenas Peirce e Morris mas também Mead, o Círculo de Viena, a filosofia da linguagem ordinária, Wittgenstein, Apel, Habermas, muitos marxistas entre os quais Klaus, o interacionismo simbólico, para não falarmos em Austin, Ryle, Grice e Searle.

Daí por que a última reviravolta na discussão semântica, exemplificada por diferentes – mas fundamentalmente compatíveis – tentativas de fornecer modelos para uma representação do significado em formato de enciclopédia, não representa uma revolução num paradigma científico mas surge, isso sim, como um retorno às raízes mesmas da filosofia da linguagem.

Todos esses exemplos introduzem de algum modo elementos pragmáticos em âmbito semântico.

Para podermos formular uma noção liberal de semântica precisamos assumir uma noção liberal de pragmática. Consideraria como tal a noção proposta por Bar-Hillel (1968, p. 271), para quem a pragmática diz respeito não só ao fenômeno da interpretação (de signos, enunciados, textos ou das expressões indexicais) mas também à "dependência essencial da comunicação, na linguagem natural, em relação ao falante e ao ouvinte, ao contexto linguístico e ao contexto extralinguístico, à disponibilidade do conhecimento de fundo, à presteza na obtenção desse conhecimento de fundo e à boa vontade dos participantes do ato comunicativo". Alguns dos fenômenos arrolados por Bar-Hillel provavelmente também devem ser estudados por várias outras disciplinas. É, todavia, matéria de evidência bibliográfica que muitos deles, e quiçá outros, tornaram-se objeto de teorias semânticas liberais bem como daquele ramo da semiótica comumente rotulado como semiótica do texto ou do discurso.

4.3.2.1. Interpretação

O primeiro exemplo de semântica liberal é a teoria do significado (como Objeto Imediato) e dos *interpretantes*, de Peirce. No quadro da filosofia da semiose ilimitada de Peirce,

(i) toda expressão deve ser interpretada por uma outra expressão, e assim por diante, *ad infinitum*;
(ii) a própria atividade de interpretação é o único modo de definir os conteúdos das expressões;
(iii) no curso desse processo semiósico, o significado socialmente reconhecido das expressões *cresce* através das interpretações a que elas são submetidas em diferentes contextos e diferentes circunstâncias históricas;
(iv) o significado completo de um signo não pode ser senão o registro histórico do trabalho pragmático que acompanhou cada uma de suas aparições contextuais;
(v) interpretar um signo significa prever – idealmente – todos os contextos possíveis em que ele pode ser inserido. A lógica dos relativos de Peirce transforma a representação semântica de um termo num texto em potencial (todo termo é uma proposição rudimentar e toda proposição é um rudimentar argumento). Em outras palavras, um semema é um texto virtual e um texto é a expansão de um semema.

4.3.2.2. Dêixis

Cumpre acrescentar que, segundo sugere Peirce, uma lógica dos relativos (que representa um exemplo de semântica orientada para o contexto) pode ser desenvolvida não só para termos categoremáticos mas também para termos sincategoremáticos tais como preposições e advérbios. Essa proposta foi aventada pela primeira vez por Agostinho (De *Magistro*), tendo sido reconsiderada recentemente por autores contemporâneos como Leech (1969) e Apresjan (1962).

Em Eco, 1975 (2.11.5.), propus um modelo semântico para a representação do conteúdo ideal dos índices (sejam eles palavras, gestos ou imagens) numa situação ideal de referência efetiva.

4.3.2.3. Contextos e circunstâncias

Uma semântica orientada para o contexto toma frequentemente o formato de uma semântica de instruções (ver Schmidt, 1973, e, para a relação entre pragmática e semântica de instruções, Schlieben--Lange, 1975). Conviria igualmente consultar Greimas (1973, p. 174), para quem uma dada unidade semântica como "pescador" é, em sua própria estrutura semêmica, um programa narrativo em potencial: "O *pescador* traz em si, evidentemente, todas as possibilidades do seu fazer, tudo aquilo que é possível esperar de seu comportamento. Sua colocação no interior de uma isotopia discursiva permite-lhe tornar-se uma categoria temática utilizável pela narrativa..." (trad. ital., p. 61).

Em meus trabalhos precedentes (1975), propunha eu que se distinguisse o contexto da circunstância. O contexto é o ambiente no qual uma dada expressão ocorre juntamente com outras expressões pertencentes ao mesmo sistema de signos. Uma circunstância é a situação externa em que uma expressão, juntamente com seu contexto, pode ocorrer. Em seguida (1979), defini como contexto uma série de possíveis textos ideais, cuja ocorrência pode ser prevista por uma teoria semântica em conexão com uma dada expressão, ao mesmo tempo que reservei o nome de cotexto para o ambiente efetivo de uma expressão no curso de um efetivo processo de comunicação. Assim, diria eu que a expressão *ordeno-lhe* pode ocorrer normalmente naqueles contextos (ou classes de textos) em que o emissor é caracterizado por uma posição de superioridade em relação ao destinatário, ou em circunstâncias onde vige a mesma relação social, e que tal expressão ocorre no cotexto do romance Tal e Tal.

Em Eco, 1975 (2.11.) delineei um modelo semântico capaz de prever diferenças de significado que dependem de contextos e circunstâncias habituais possíveis; em Eco, 1984 (2.5.4.), tentei uma representação de preposições e advérbios onde as seleções contextuais interagem com o *topic* (como conjectura cotextual que uma teoria semântica não pode prever mas que lhe cumpre idealmente levar em conta).

Também a noção de "classema" em Greimas (1966) enriquece as representações semânticas com uma seleção contextual.

4.3.2.4. Condições de felicidade e força ilocutiva

Dentro do quadro da semântica gerativa, muitos autores sentiram a necessidade de formular uma representação orientada para o contexto. Lakoff (1975) sugere que as condições de felicidade devam ser dadas como postulados de significado, por exemplo

Requer (x, y, p) → tenta (x, causa (y, p))

Muitas outras condições de felicidade podem, ser registradas semanticamente.. Por exemplo, na representação de um verbo como *reprovar*, deveria, e pode, ser registrada uma marca orientada pragmaticamente como "R > D", onde R é o remetente, D o destinatário, e > está por uma relação de superioridade social, ou um operador hierárquico.

4.3.2.5. Papéis contextuais

A gramática dos casos, de Fillmore, ao introduzir na representação lexical casos como Agente, Propósito, Instrumento, Resultado e assim por diante, liga a interpretação da forma lexical, mesmo a partir de dentro dela, à co-ocorrência de um contexto – contexto que é dado virtualmente pela representação semântica dos significados, não dependendo, portanto, do simples conhecimento do mundo extralexical. Em outras palavras, *esquemas gerais de conhecimento do mundo* são assumidos como parte da informação lexical. Na mesma linha, gostaria de lembrar aqui os modelos semânticos de Bierwisch (1970 e 1971), por exemplo, a representação de *matar*.

Xs causa (Xd transforma em (~ Vivo Xd)) + (Animado Xd)

Ulteriores melhoramentos podem levar uma representação como essa a registrar a diferença entre os verbos ingleses *to kill* e *to assassinate*, introduzindo uma condição de felicidade ideal que estabelece o papel político de Xd.

4.3.2.6. Conhecimento de fundo

No que respeita ao conhecimento de fundo – tão energicamente questionado por Bar-Hillel como fenômeno pragmático -, existem, sem dúvida, casos de interpretação textual em que o conhecimento do mundo idioletal do destinatário não pode ser previsto por nenhuma representação semântica. Tomemos o caso da ironia como espécie de implicadura: para garantir o êxito comunicativo de um enunciado irônico *p*, o emissor deve assumir que o destinatário saiba que não ocorre o caso *que p*. Este é um exemplo típico de fenômeno comunicativo que nenhuma teoria semântica pode manter sob controle. Todavia, os estudos sobre inteligência artificial demonstraram de maneira convincente que há certos *frames*, *scripts* ou *goals* padronizados, suscetíveis de serem registrados como parte da competência média de um grupo social. Nesse sentido, tais *frames* podem ser registrados por uma enciclopédia ideal, e são efetivamente registrados como parte da competência semântica de uma máquina inteligente (cf. Petöfi, 1976a; Schank, 1975 e 1979; Schanck e Abelson; 1977; Minsky 1974 e outros).

Outra tentativa de registrar uma parte do conhecimento de fundo como parte da competência semântica é a noção de "estereótipo", que encontramos em Putnam (1975) e, de maneira mais refinada, completa e ambiciosa, no trabalho de Petöfi em geral, assim como em Neubauer e Petöfi (1981).

Todos os estudos que breve e indicativamente arrolei inserem, de algum modo, a pragmática no quadro de uma semântica orientada para a enciclopédia. Inútil dizermos que a esta altura seria ocioso estabelecer se é a semântica que está "devorando" a pragmática ou vice-versa. O que não passaria de mera questão nominalista, relevante, quando muito, para disputas acadêmicas. Estamos diante de uma nova abordagem semiótica unificada à dialética entre significação e comunicação.

Resta-nos, neste ponto, falar sobre um assunto que sempre pareceu postar-se, sobranceiro, entre o território da semântica e o da pragmática: *o problema das pressuposições*. Mas a esse tema está inteiramente dedicada a seção 4.4.

4.3.3. Nomes, Coisas e Ações: Nova Versão de um Velho Mito

A separação artificial das três províncias da semiótica deve-se, penso eu, ao fantasma do mito de Adão tal como tem sido contado durante tanto tempo. Se toda ciência é dominada por uma metafísica influente, a semântica perversa tem sido e ainda é dominada por uma narrativa mitológica simplificada sobre as origens da linguagem.

Segundo o mito, Adão (na versão grega, o original *nomothètes*, "criador de nomes") olhava as coisas e lhes dava um nome. A situação cômica do primeiro homem que, sentado debaixo de uma árvore, aponta um dedo na direção de uma flor ou de um animal e declara *esta será Margarida, este será Crocodilo* tornou-se dramática com os primeiros filósofos da linguagem a quem coube decidir se esses nomes teriam sido dados segundo uma convenção ou segundo a natureza das coisas. Escolher Nomos ao invés de Physis significava ignorar todos os casos de onomatopeia, para não falarmos do iconismo sintático. Escolher Physis ao invés de Nomos significava ignorar todos os casos de manifesta arbitrariedade, isto é, a maioria dos termos linguísticos.

Como propõe este ensaio, uma semântica liberal analisa as expressões por meio de primitivos atômicos só como *extrema ratio* e como dispositivo estenográfico por razões de economia. Definições como "*tigre* = mamífero carnívoro ou grande gato amarelo rajado" só são consideradas seriamente em ambiente acadêmico. Ao levar em conta a dimensão pragmática, uma semântica liberal fornece, também, *frames* e esquemas de ação.

Segundo um exemplo de Peirce (*CP*: 2.330), o lítio não se define apenas por uma posição na tábua periódica dos elementos e por um número atômico, mas também pela descrição das operações que devem ser executadas para daí produzirmos ou individuarmos um espécime. Se admitimos, para os fins da história, que Adão haja conhecido e nomeado o lítio, também devemos admitir que ele não tenha simplesmente dado um nome a cada coisa. Formulou uma dada expressão como "gancho" onde pendurar toda uma série de descrições, e essas descrições representavam, juntamente com a sequência de ações por ele executadas sobre e com o lítio, a série dos contextos nos quais encontrara e esperava encontrar o lítio.

Segundo minha versão revista a respeito do mito, Adão não viu os tigres como exemplares de um gênero natural. Viu certos animais, dotados de certas propriedades morfológicas, apenas enquanto convolvidos em certos tipos de ação, interagirem com outros animais e com seu ambiente natural. Em seguida estabeleceu que o sujeito x, que agia habitualmente contra certos antissujeitos para atingir certos escopos, e que habitualmente comparecia em tais e tais circunstâncias, era apenas parte de uma história p – sendo a história inseparável do sujeito e o sujeito uma parte indispensável da história. Somente nesse estágio de conhecimento do mundo pode este sujeito *x-em-ação* ser batizado, como *tigre*.

À luz dessa versão do mito, podemos compreender melhor todos os argumentos arrolados por Platão em seu *Cratilo* para defender a teoria sobre a origem motivada dos nomes. Todos os exemplos de motivação dados por ele dizem respeito ao modo pelo qual as palavras representam, não uma coisa em si mesma, mas a origem ou o resultado de uma ação. Tomemos o exemplo de Júpiter. Diz Platão que a estranha diferença entre o nominativo e o genitivo do nome *Zeus-Dios* deve-se ao fato de o nome original ter sido um sintagma que exprimia a ação habitual do rei dos reis: *di òn zen*, "aquele através do qual a vida é dada".

Assim também o homem, *ànthropos*, é visto como a corrupção de um sintagma precedente que significava *aquele que é capaz de reconsiderar o que viu*. A diferença entre o homem e os animais é que o homem não apenas percebe, mas além disso raciocina, pensa sobre o que foi percebido. Somos tentados a levar a sério a etimologia de Platão quando nos lembramos de que Tomás, diante da definição clássica de homem como animal racional, afirmava que "racional" (a *differentia* que distingue o homem de todas as outras espécies de animais mortais) não é um acidente atômico, como comumente se crê. É o nome que damos a uma sequência de ações ou comportamentos dos quais inferimos que os seres humanos têm uma certa forma substancial que, não fora assim, passaria despercebida e permaneceria fundamentalmente ignorada. Constatamos que os humanos são racionais porque inferimos a existência de tal qualidade – do mesmo modo pelo qual uma causa é inferida de seus sintomas habituais – considerando a atividade humana de conhecer, pensar e falar (*Summa th.*, I, 79.8). Conhecemos as nossas humanas potencialidades espirituais "ex ipsorum actuum qualitate", através da qualidade das *ações* das quais elas são a origem (*Contra Gentiles*, 3.46; cf. Eco, 1984, 2.4.4.).

Mitos são mitos, mas precisamos deles. Eu simplesmente opus um mito ruim a um bom, no qual a cerimônia batismal não batiza coisas mas contextos – não indivíduos destinados a suportar histórias sem qualquer relação com o nome deles, mas histórias à luz das quais possamos descobrir a definição que identifica seus atores.

Espero que meu mito revisto não seja considerado tão perverso quanto as pseudociências separadas que critiquei. Quis apenas dar uma forma narrativa aceitável a meu apelo para uma colaboração entre semântica, pragmática e semiótica do texto.

4.4. SOBRE A PRESSUPOSIÇÃO[4]

4.4.1. Pressuposições e Semiótica Textual

Conclui-se do ensaio precedente que falar é encenar histórias. Será também possível ver nesses termos o problema da pressuposição? E incorreria isso obrigatoriamente em considerarmos a pressuposição como um fenômeno semântico, pragmático ou de semiótica textual?

Faz tempo (cf. Eco, 1975, 1979, 1984) que se busca superar uma distinção nítida entre semântica e pragmática, de um lado, e semiótica dos sistemas de significação e semiótica dos processos de comunicação e produção dos textos. Uma semântica em forma de enciclopédia deveria igualmente considerar (sob forma de instruções) seleções contextuais ou circunstanciais e, consequentemente, o modo pelo qual um termo deve ou pode ser usado em certos contextos ou circunstâncias de enunciação. Sigamos por esse caminho também para as pressuposições.

4.4.1.1. O universo das pressuposições

A pressuposição parece ser uma categoria esfumada, ou um termo guarda-chuva que cobre fenômenos semióticos díspares[5]. Na linguagem corrente o uso da palavra "pressuposição" é muito amplo, ao passo que o conceito técnico de pressuposição se restringe a certos tipos de inferências ou de assunções, que de algum modo são estimuladas por expressões dotadas de características específicas, suscetíveis de serem identificadas mediante um teste de negação. Por exemplo o verbo *limpar* pressuporia que o objeto a limpar estivesse sujo e isso ele continuaria a pressupor mesmo que se asseverasse que aquele objeto não fora limpo.

Todavia, mesmo que essa primeira distinção entre uso corrente e uso técnico da palavra delimite o domínio de aplicação, excluindo

---

4. Este ensaio representa a reelaboração de um escrito quase duas vezes mais longo, publicado com assinatura minha e de Patrizia Violi: "Instructional Semantics for Presuppositions", *Semiótica*, 64, 1/2 (1987), pp. 1-39. Nesta nova versão, além de eliminar várias discussões e exemplos, também inclui variações terminológicas e conceituais (levando em conta, para alguns casos, úteis sugestões de Bruno Bassi). Assumo, portanto, a responsabilidade da presente versão, mas quero deixar claro que a substância do trabalho remonta à pesquisa que nos ocupara durante alguns anos, que muitas destas páginas traduzem textos escritos por Patrizia Violi e que, portanto, esta proposta sobre as pressuposições é o resultado de um trabalho executado a quatro mãos. Agradeço igualmente a Patrizia Violi por ter-me permitido esta reutilização de um labor comum.

5. A bibliografia sobre pressuposições é muito vasta. As compilações mais completas são as de Sag é Prince (1979) e de Oh e Dinneen (1979).

toda influência e implicadura que dependam do conhecimento geral do mundo da informação cotextual, a definição precisa do problema não está, de modo algum, clara. Na literatura especializada, grande número de estruturas sintáticas e unidades lexicais têm sido associado com fenômenos pressuposicionals.

(i) Descrições definidas. Até os clássicos trabalhos de Frege (1982), Russell (1905) e Strawson (1950), as pressuposições de existência estiveram ligadas à natureza da referência e das expressões referenciais, isto é, nomes próprios e descrições definidas: *João encontrou o homem do chapéu vermelho* pressupõe que exista um homem com um chapéu vermelho.

(ii) Alguns verbos particulares, isto é:
a. verbos factivos (Kiparsky e Kiparsky, 1970): *João não gostou que Maria fosse embora* pressupõe que Maria tenha ido embora.
b. verbos implicativos (Karttunen, 1971): *Maria conseguiu ir embora* pressupõe que Maria tenha tentado ir embora (mais, como se verá adiante, uma pressuposição de dificuldade).
c. verbos de mudança de estado (Sellars, 1954; Karttunen, 1973): *João deixou de beber* pressupõe que João antes bebesse.
d. verbos de julgamento, extensivamente discutidos em Fillmore (1971): *João acusou Maria de ser rica* pressupõe que é mau sermos ricos (ou que João pense assim).

(iii) "Cleft sentences" (Prince, 1978; Atlas e Levinson, 1981): *Foi Henrique quem abriu a porta* pressupõe que alguém tenha aberto a porta.

(iv) Constituintes acentuados (Chomsky, 1972): *Maria quebrou a estatueta* pressupõe que alguém tenha quebrado a estatueta.

(v) Perguntas introduzidas por "quem", "o que", "onde", "quando", "por que", "qual" etc.: *Quando é que Maria viu João?* pressupõe que Maria tenha visto João.

(vi) Certos advérbios e verbos iterativos: *Ontem novamente João estava bêbado* pressupõe que João tenha estado bêbado anteriormente. Assim também *João voltou a Roma* pressupõe que João tenha estado em Roma anteriormente.

(vii) Condicionais contrafatuais: *Se João tivesse casado com Maria, sua vida teria sido mais feliz* pressupõe que João não tenha casado com Maria.

(viii) Proposições subordinadas temporais: *Antes de João chegar, a festa havia terminado* pressupõe que João tenha chegado.

(ix) Proposições relativas "não restritivas": *O homem que mora na casa ao lado é teu pai* pressupõe que um homem more na casa ao lado.

AS CONDIÇÕES DA INTERPRETAÇÃO 237

Esses são os fenômenos mais tipicamente definidos como pressuposições dentro da teoria linguística. Sobre essa lista, no entanto, não há consenso absoluto; certos casos são excluídos por alguns autores, enquanto outros são acrescentados. Dada a natureza não homogênea de tais fenômenos, seria até sensato contestar uma noção rígida de pressuposição, considerando-a mais um artifício da teoria linguística (Dinsmore, 1981a) do que uma característica específica das expressões linguísticas.

4.4.1.2. Semântica e pragmática

Há uma teoria semântica (vero-funcional) das pressuposições que trata das condições lógicas segundo as quais uma pressuposição pode ser introduzida num enunciado verdadeiro. Como veremos quando da análise dos vários exemplos, a hipótese vero-funcional consegue explicar fenômenos linguísticos que raramente pertencem ao uso comum, sendo representados por frases que gente normal não tem o hábito de pronunciar e que circulam apenas nos livros de linguística e de filosofia da linguagem. São, essas frases, manifestações daquela curiosa linguagem de laboratório chamada "exemplese", em que personagens absurdas, mentalmente instáveis e culturalmente desinformadas asseveram que o atual rei da França é careca e o marido de Lúcia é solteiro. Em contraposição, tal hipótese não consegue explicar outros fenômenos que se verificam no curso da normal interação entre falantes que usam uma linguagem natural.

Sob o ponto de vista pragmático são utilizados dois conceitos fundamentais: de um lado, as condições de felicidade que governam o uso das expressões (e, consequentemente, a adequação pragmática dos enunciados); do outro, o conhecimento recíproco dos participantes do processo comunicativo. Chamemos, a esse par ideal de sujeitos cooperantes, Emissor e Destinatário (daqui em diante, E e D).

A abordagem pragmática parece mais próxima da natureza da atividade pressuposicional própria da comunicação em linguagem natural. Todavia, a noção de condição de felicidade não é de todo adequada para exprimir por inteiro a relação entre unidade lexical e inserção textual. Além disso, quando se descreve a pressuposição como dependente dos conhecimentos e crenças de E, das crenças que E atribui a D, e do acordo entre E e D sobre um conjunto comum de crenças ou assunções de fundo, a abordagem pragmática pura e simples pode dizer o que acontece, não por que acontece.

A noção de pressuposição não parece definir uma série de fenômenos gramaticais homogêneos, mas é, antes de tudo, uma categoria aberta que só pode ser explicada dentro de uma teoria do discurso[6]. Com efeito, uma abordagem textual, que analisa as pressuposições sob o ponto de vista das funções discursivas, permite uma explicação homogênea, uma vez que essa homogeneidade não está mais no nível da estrutura formal e sim no nível das funções discursivas, sendo, portanto, formulada nos termos dos efeitos produzidos sobre D.

Trata-se, por conseguinte, de hipotizar um funcionamento geral da informação no discurso, capaz de explicar todas as diferentes construções pressuposicionais, devendo-se assumir que as construções pressuposicionais estejam registradas no léxico ou então codificadas no sistema linguístico, mas que sejam ativadas – ou narcotizadas – no nível das estratégias de produção e recepção textual. Uma teoria da cooperação textual não foge do problema do significado lexical, mas enfrenta-o nos termos de uma semântica de instruções, concebida como uma série de prescrições para a inserção textual apropriada ou para a interpretação sensata de um dado lexema (cf. Schmidt, 1973; Eco, 1979, 1984).

4.4.1.3. Fundo e relevo

Para podermos distinguir o gênero de fenômeno suscetível de ser sensatamente rotulado como pressuposição, é mister que assumamos como uma característica geral do discurso a organização hierárquica da informação no interior de sua estrutura: as unidades de informação não podem ter todas o mesmo estatuto e a mesma importância, mas terão necessariamente de ser distribuídas segundo uma escala de relevância, e organizadas em diferentes níveis. É a perspectiva textual que nos obriga a ver eventos, personagens ou conceitos de um texto sob um dado ponto de vista. Algumas unidades de informação são mais focalizadas do que outras que aparecem como menos importantes. Em outras palavras, algumas informações são colocadas sobre o fundo do discurso, enquanto a outras se dá especial relevo.

Não é possível evitar que se imponha ao discurso uma ordem de prioridades: somos obrigados a "colocar" os nossos pensamentos na ordem linear de palavras e frases, e a sintaxe permite-nos – e constrange-nos a – estruturar o que queremos comunicar num sistema organizado de proposições principais e subordinadas. As pressuposições são apenas um entre os muitos dispositivos linguísticos que permitem essa distribuição hierárquica do significado.

---

6. Para abordagens semelhantes, ver Dinsmore (1981a, 1981b), Soames (1979), e Schiebe (1979).

AS CONDIÇÕES DA INTERPRETAÇÃO   239

Temos, portanto, um fenômeno pressuposicional quando, ao comunicarem-se informações mediante certas expressões (sejam elas unidades lexicais simples ou inteiros enunciados), são veiculados ao mesmo tempo dois significados que não têm o mesmo estatuto. Em enunciados como (1) ou (2)

(1) João deixou de fumar.
(2) João voltou a Nova York.

são veiculadas duas unidades de informação, respectivamente:

(1a) João não fuma.
(1b) Antes João fumava.

(1a) João foi a Nova York.
(2b) João estivera anteriormente em Nova York.

Essas unidades não pertencem ao mesmo nível de significado. (1b) e (2b), tradicionalmente identificadas como as pressuposições dos enunciados (*1*) e (*2*), não constituem o "caroço" (*focus*) da comunicação, que incide preponderantemente sobre o fato de que João agora não fuma, ou que João foi a Nova York. Recorrendo-se ao teste da negação, diríamos que, se negamos (*1*) e (*2*), então negamos certamente também (*2a*) e (*2a*), mas não (*1b*) e (*2b*).

As pressuposições fazem parte da informação dada por um texto; estão sujeitas a acordo recíproco por parte do falante e do ouvinte, e formam uma espécie de *moldura textual* que determina o ponto de vista com base no qual o discurso será desenvolvido. Essa moldura constitui o *fundo* do próprio texto, e distingue-se das outras informações que representam o *relevo*. Nos enunciados portadores de pressuposições, a moldura de fundo consiste no significado pressuposto do enunciado, que tanto E quanto D devem aceitar implicitamente como verdadeiro, ao passo que o significado asseverado constitui a informação em relevo (ver também o ensaio "Presupposition and Implication" em Black, 1962).

A moldura de fundo não representa a informação já conhecida, mas o que é (ou deve ser) assumido como ponto pacífico pelos participantes. De fato, não é difícil imaginarmos um contexto onde a informação nova veiculada é precisamente aquela pressuposta por um enunciado. Consideremos, por exemplo, uma expressão como:

(3) Lamentamos informá-la de que seu artigo foi rejeitado.

Neste caso a informação nova veiculada pelo enunciado é exatamente a factividade da proposição subordinada, pressuposta pelo factivo *lamentar*. Por outro lado, quando se usam expressões retóricas como *lamento que* ou *A Senhora não merecia que*, costuma-se dizer que elas em geral servem para "dourar a pílula". Justamente, elas pedem a D que assuma como fatalmente ocorrido aquilo que, ao contrário, é enunciado como notícia desagradável e inesperada. Em tal sentido, a informação de fundo é um elemento textual, produzido por traços específicos internos do texto, e como tal deve ser considerada distinta do "conhecimento de fundo" de E e D, bem como de qualquer outro gênero de conhecimento preliminar[7]. É crucial para essa definição que tanto a informação de fundo quanto a informação em relevo sejam fornecidas ou veiculadas ao mesmo tempo pela mesma expressão.

4.4.1.4. Termos-p e pressuposições existenciais

Embora todos os fenômenos de pressuposição contribuam para criar um efeito de fundo-relevo, é mister distinguir duas categorias principais: as pressuposições que se instauram por causa do significado codificado de certos termos (e que, portanto, poderíamos definir como dependentes do *sistema* semântico) e as que decorrem de uma dada estratégia comunicativa e dependem da emissão de um particular enunciado (e que poderíamos definir como dependentes do *processo* comunicativo).

1. Pertencem à primeira categoria as *pressuposições lexicais*. Elas são veiculadas por unidades linguísticas, que chamaremos de termos-p, cujo poder pressuposicional depende de sua representação semântica[8]. Esses termos veiculam a pressuposição como parte do próprio conteúdo, independentemente dos contextos em que aparecem. Todavia, sua representação semântica, prevê contextos discursivos em que algo deve ser assumido como ponto pacífico. Ou seja, a representação semântica de um termo-p considera entre os elementos do conteúdo também um esquema de ações ao qual aquele termo poderia contextualmente referir-se. Por exemplo, *deixar de* pressupõe que a ação a que se põe cobro tivesse sido efetuada anterior-

---

7. Sob a perspectiva de uma teoria do discurso, a noção intuitiva de pressuposições é parcialmente apreendida por conceitos como informação "nova" e "velha", ou informação "dada", que, no entanto, não a explicam completamente.

8. Todos os exemplos de termos-p aqui apresentados serão verbos, visto que até agora os verbos é que têm recebido um tratamento mais consistente na literatura especializada corrente. Não se exclui a possibilidade de identificarem-se outros tipos de termos-p (por exemplo, conjunções, advérbios, preposições); estes, no entanto, são os limites da presente exploração.

mente, e a ação de *deixar de* só pode ser executada num contexto no qual algo era feito anteriormente. Isso significa que compreendemos a unidade lexical com base no mesmo esquema segundo o qual compreendemos a ação de que fala ou falará o enunciado[9].

2. Pertencem à segunda categoria as *pressuposições existenciais* que dependem de um processo de comunicação, no curso do qual, termos que não têm um poder pressuposicional codificado são inseridos em enunciados que comportam uma referência. Típicas em tal sentido são as pressuposições instauradas por nomes próprios e por descrições definidas (ver Russell, 1905 e Strawson, 1950). Nesse sentido, nomes próprios como João e descrições como *o filho de João* não têm poder pressuposicional, mas adquirem-no quando inseridos num enunciado. Se afirmarmos que o filho de João está doente, é de pressupor-se que exista (em algum lugar) um indivíduo que é filho de João.

3. Ao contrário do que fazem outros autores (o caso extremo é o de Zuber, 1972), não pretendemos considerar como pressuposições nem os resultados de inferências lógicas nem a implicitação de propriedades semânticas. Não diríamos, portanto, que (*4*) pressupõe (*5*):

(*4*) Em Yale todos os anglistas são desconstrucionistas.

(*5*) Em Yale alguns anglistas são desconstrucionistas[10].

mas simplesmente que de (*4*) podemos inferir (5). Assim também a expressão *homem* não pressupõe as propriedades "animal bípede implume, racional e mortal" – simplesmente as significa ou as veicula ou as contém, ou então devem elas ser entendidas como seus interpretantes.

Falar em pressuposição em casos do gênero levaria a concluir que tudo na língua é fenômeno pressuposicional. Mas nesse caso o conceito de pressuposição seria coextensivo ao de interpretação, porque interpretar significa indubitavelmente fazer brotar do discurso o

---

9. Existem, contudo, casos mais complexos. Consideremos, por exemplo, o ato de *acusar*. Podemos acusar alguém seja dizendo *Eu o acuso* seja dizendo, num dado contexto, *Foi você*. Neste último caso, nada há, no nível das unidades lexicais, que possa ser descrito como uma acusação. Se, todavia, num dado contexto, aquele enunciado tiver a força ilocutiva de uma acusação, o falante que o usou terá expresso a mesma pressuposição que teria expresso com o enunciado *Eu o acuso*. Em outras palavras, a descrição do termo-p *acusar* é também uma descrição do ato linguístico. Naturalmente, quando uma acusação é veiculada pelo enunciado *Foi você*, a pressuposição desse enunciado só é definível contextualmente, porque o mesmo enunciado, num contexto diferente, poderia tornar-se um ato de louvor.

10. O alto grau de desinteresse pelos valores de verdade que caracteriza a presente abordagem fica patente no uso do exemplo (*4*), que só era verdadeiro em meados dos anos oitenta. Agora, parte dos anglistas desconstrucionistas de Yale transferiu-se para a Califórnia e apenas (5) permanece verdadeiro.

não dito, quando mais não seja no sentido de que com um só termo comunicam-se muitas propriedades que seria redundante explicitar; a língua funciona exatamente porque consegue prescindir de especificações como *aquele homem animal vivo come uma maçã que é um fruto vegetal*. Todavia, se podemos falar de homens, narcotizando sua propriedade de serem mamíferos (e sem pormos em jogo a todo instante sobre esse ponto o destino da interação comunicativa), não podemos falar de alguém que tenha despertado se todos os interlocutores não concordarem com o fato de que antes ele dormisse. Para os fins de uma teoria da interpretação, é interessante definirmos exatamente estes casos em que, se os interlocutores não concordam sobre o pressuposto, a comunicação entra em colapso.

4.4.1.5. Poder posicional e poder pressuposicional

Deveria estar claro que, diferentemente das semânticas vero-funcionais, uma semiótica das pressuposições não está tão interessada em aquilo-que-é-o-caso quanto nas estratégias textuais mediante as quais, considerando as possibilidades oferecidas por um sistema de significação, uma pessoa consegue convencer outra pessoa de que alguma coisa é o caso. Isso significa que o que nos interessa é o poder pressuposicional dos termos-p e dos enunciados ao adquirirem (tão logo sejam emitidos) um *poder posicional*.

Entende-se por *poder posicional* o poder de "pôr" no discurso alguém ou alguma coisa como um dado incontrovertível e previamente aceito (ou que deva ser assumido como incontrovertível e previamente aceito).

Dado o enunciado (6), segundo a literatura especializada corrente, pressupõe-se (6a) e, dado (7), pressupõe-se (7a):

(6) Acusei Maria de ter comprado um vestido novo.
(6a) Comprar um vestido novo é praticar uma má ação.
(7) O filho de João está doente.
(7a) Existe (em algum lugar) um filho de João.

Pode acontecer que ao emitir-se (6) não exista qualquer acordo recíproco entre E e D acerca da avaliação moral do ato de comprar vestidos. Todavia, tão logo (6) é emitido (se E e D compartilham o mesmo sistema de significação, e E está sabendo disso), através do uso de um termo-p como *acusar*, dotado de um preciso poder pressuposicional, E "emoldura" a sequência do discurso, sugerindo a D que (6a) deveria ser assumido como ponto pacífico. Essa pressuposição estabelece o ponto de vista textual; parte da informação (a avaliação desfavorável) é colocada sobre o fundo e outra parte (que Maria comprou um vestido novo), em relevo. Daí em diante, a informação em relevo deverá ser olhada sob o ponto de vista do fundo que foi imposto. Do mesmo modo, a emissão de (7) "emoldura" a continuação do discurso como se existisse (em algum lugar) um filho de João.

Se D, com base em algum conhecimento precedente, não aceita a informação de fundo representada por (6a) e (7a), deverá então contestar o direito de E usar as expressões (6) e (7). Mas sem essa contestação os enunciados (6) e (7) adquiriram poder posicional, isto é, o poder de impor certas pressuposições[11].

A distinção entre poder pressuposicional e posicional permite superar a noção pragmática das pressuposições como condições de felicidade ou precondições a serem satisfeitas para a apropriada consecução pragmática dos enunciados. Segundo tal posição, uma precondição para o uso de um verbo como *acusar* seria uma afirmação negativa precedente acerca da ação em questão, ou um acordo precedente entre E e D sobre uma avaliação negativa. Vimos, porém, no exemplo (6) que podemos usar facilmente um enunciado que contenha o termo-p *acusar* para introduzir no contexto uma assunção negativa que não é necessário considerar como precondição. Poderia mesmo ser uma assunção "falsa" num dado contexto; é o uso do termo-p *acusar* que a estabelece como verdadeira.

Considerar as pressuposições somente como precondições a serem satisfeitas significa ignorar o poder que têm de *criar* um novo contexto. É empobrecedor considerar a relação entre palavra e contexto como uma determinação de sentido único, em que o contexto precedente restringe as escolhas lexicais e seleciona os termos apropriados, definindo suas condições de uso. Mas frequentemente a determinação é invertida, cabendo ao termo-p estabelecer e definir o contexto. A relação entre termo e contexto é uma relação de sentido duplo, do contexto para o termo e do termo para o contexto. Até porque – como já argumentei em Eco, 1979 – todo termo aciona, em virtude de sua representação enciclopédica, um complexo quadro de referência, e o semema pode ser visto como um texto virtual.

No caso das pressuposições, o que D faz, tão logo um termo-p ou uma construção-p são inseridos no discurso, é contextualizar a expressão no contexto apropriado, ou então criar esse contexto, caso não tenha ele sido previamente dado. O contexto apropriado é, naturalmente, um contexto no qual as pressuposições são compatíveis

11. A bem da precisão: o que tem poder posicional é a emissão do enunciado por parte de um falante. O enunciado em si mesmo tem apenas um *poder pressuposicional*. Mas, a partir do momento em que é inserido num dado contexto, o poder posicional é atualizado e as pressuposições tornam-se parte do contexto. Vale dizer que passam a fazer parte do acordo recíproco dos que participam da interação discursiva.

com as outras informações. Por outro lado. E usou uma expressão pressuposicional exatamente para permitir que D assumisse aquela moldura de fundo.

Isso não significa que as pressuposições sejam incontestáveis; dadas certas condições contextuais, elas podem ser suprimidas e, nesse caso, o poder posicional não coincidirá completamente com poder pressuposicional representado no sistema semântico. Todavia, para podermos contestar as pressuposições faz-se necessária uma particular estratégia retórica: D deve contestar o direito de E usar a expressão que usou, servindo-se, portanto, de uma negação metalinguística. Daí por que os termos e os enunciados pressuposicionais só podem ser negados *de dicto* e nunca *de re*.

4.4.1.6. Contestar as pressuposições

As pressuposições podem, portanto, ser negadas. O problema de sua negação foi muito discutido. Para certos autores, que buscam reduzir a relação de pressuposição à implicitação (*entailment*), a possibilidade de negar as pressuposições é considerada um argumento contra a existência delas e um desafio à validade da noção mesma de pressuposição.

Kempson (1975) sustenta que um enunciado como (*8*) não tem pressuposições:

(*8*) Edward não se aborreceu por Margaret ter sido reprovada porque sabia que não era verdade.

Fora do contexto, este é um esplêndido exemplo de "exemple-se". Na espera de que se construa um contexto onde o enunciador de (*8*) não apareça como um mentecapto, considere-se, nesse meio tempo, o enunciado (9):

(9) Edward não se aborreceu por Margaret ter sido reprovada porque ela não lhe era simpática.

Há entre os dois enunciados uma diferença "intuitiva" que só pode ser explicada sob um ponto de vista discursivo. Enquanto é possível que alguém enuncie (*9*) sem referir-se a trechos de diálogo precedentes, já (*8*) só poderia ocorrer como objeção a alguma assunção feita por outro interlocutor numa sequência precedente do diálogo[12]. Mas em tal caso assumiria verossimilmente formas como (*8a*):

---

12. O caráter próprio de um enunciado negativo numa língua natural, de sempre vir em seguida a um enunciado emitido precedentemente a fim de corrigi-lo, é reconhe-

(*8a*) Mas não tem essa de aborreceu nem desaborreceu! Edward estava farto de saber que Margaret passou de ano!

A exemplese não perdoa. Houve quem analisasse seriamente enunciados como (10) ou (11):

(*10*) Visto que o Homem Negro não existe, é impossível que ele te tenha roubado o *skate*.
(*11*) Não sei se Maria tem a permissão de usar meu escritório.

Também aqui, a forma que (10) e (11) assumiriam numa conversa normal e em resposta a um enunciado precedente seria:

(*10a*) O que é que você está dizendo, afinal? Você ainda acredita no Homem Negro? Antes de mais nada: você tem certeza de que realmente roubaram seu *skate?* Nesse caso, vamos descobrir quem podia ter sido...
(*11a*) Ah! Maria teve permissão de usar meu escritório? Todo dia uma novidade... (o que equivale a dizer que o falante não sabia disso antes mas agora sabe, e não gostou).

Em todos esses casos, os interlocutores procuram chegar a um acordo *de dicto* sobre a possibilidade de usar certas expressões, a fim de evitarem o colapso comunicativo. As negações (*8a*), (*10a*) e (77a) impõem uma nova moldura ou um novo ponto de vista ao discurso subsequente. A natureza *de dicto* das contestações (*8a*), (*10a*) e (77a) pode ser observada confrontando tais contestações com a diferente negação *de re* considerada em (*9*). Essa negação parece bastante normal, porque não procura cancelar a pressuposição de desprazer; ao contrário, assume-a como matéria de conhecimento de fundo indispensável e, assim fazendo, aceita a moldura já estabelecida[13].

As pressuposições, como parte da moldura de fundo, só podem ser negadas contestando-se essa mesma moldura. Nesse sentido a

---

cido por vários autores (para referências, ver Gazdar, 1979, p. 67), que, no entanto, não parecem extrair desse ponto todas as conclusões necessárias.

13. Um enunciado como (9) é, aliás, ambíguo porque pode ser usado seja em sentido adjuntivo seja em sentido subtrativo: pode "acrescentar" informações sobre a crueldade de Edward (que se compraz com a infelicidade de uma pessoa de quem não gosta), ou então pode negar a afirmação de que Edward se aborreceu com o fato de Margaret ter sido reprovada, simplesmente porque, para Edward, nem Margaret nem as desventuras de Margaret têm qualquer importância. Já (8), (8a), (*10a*) e (*11a*) podem ser interpretados apenas subtrativamente.

negação de uma pressuposição é uma negação metalinguística porque negar a moldura de fundo significa negar a adequação com que a informação foi apresentada, isto é, a adequação com que as palavras mesmas foram usadas pelo outro interlocutor. Quando a moldura de fundo de um interlocutor é contestada, uma nova pode vir a ser imposta, e é possível haver uma mudança de moldura. Contestar a moldura sempre produz efeitos textuais, porque a mudança de moldura muda a direção do discurso. Assim, a contestação de uma moldura passa a ser uma mudança de *topic* textual.

Depois de um enunciado como (8) já não será mais possível continuarmos a falar na reprovação de Margaret, o que continua, ao contrário, sendo possível depois de (9). Mudar o *topic* do discurso requer uma complexa estratégia metalinguística que só pode ser acionada mediante uma complexa manobra textual, cuja função será a de transformar uma aparente negação *interna* numa negação *externa*, e de transformar a externa numa negação *de dicto*, a fim de preservar as condições de felicidade do intercâmbio comunicativo. Os contraexemplos (*8*), (*10*) e (*11*), bem como suas reformulações (*8a*), (*10a*) e (*11a*), ganhariam tradução mais exata nos termos seguintes: "O que você disse não faz sentido, porque se fizesse, seria necessário impor ao discurso um conhecimento de fundo que não aceito como verdadeiro; por isso, você não tinha o direito de usar a expressão com a qual postulou aquele conhecimento de fundo" (felizmente pessoas normais são menos verbosas).

Se analisarmos melhor os contraexemplos fornecidos pela literatura corrente, veremos que eles são invalidados pela confusão entre poder pressuposicional dos termos-p ou dos enunciados e o modo como são efetivamente usados no interior de estratégias discursivas dirigidas para o desfrute, quiçá malicioso, desse seu poder. Mas numa estratégia discursiva também podemos usar maliciosamente termos sem nenhum poder pressuposicional. Posso dizer com afetuosa ironia *Odeio você* a uma pessoa para dizer que a amo, e isso seria uma estratégia retórica mas que nada teria a ver com o fenômeno da pressuposição.

Vejam-se, a propósito os curiosos contraexemplos propostos por Gazdar (1979, p. 31) para contestar a proposta de Lakoff (1975, p. 268) sobre a representação das condições de felicidade sob forma de postulados de significado. Lakoff analisa *request* (requerer, pedir, pretender) como

request (x, y, p) → *attempt* (x *cause* [y, p])

e Gazdar objeta que, se aceitarmos a representação de Lakoff, então (*12*) deveria pressupor (*12a*):

(*12*) Henry pediu a Jill que se despisse.
(*12a*) Henry tentou induzir Jill a despir-se.

Nesse ponto Gazdar objeta que ficaria difícil discorrer seja sobre (*13*) seja sobre (*14*):

(*13*) Henry pediu a Jill que se despisse porque essa era a melhor maneira de impedir que ela o fizesse.
(*14*) Henry pediu a Jill que se despisse, mas só para provocá-la.

É interessante notar que, enquanto (*12*) e (*12a*) são simples frases, já (*13*) e (*14*) são sequências de frases e, portanto, textos. Essas estratégias textuais têm exatamente como resultado registrar desvios do normal poder pressuposicional de *request* – que em (*12*) foi usado em sentido convencional para pressupor convencionalmente (*12a*).

Já os textos (*13*) e (*14*) são microdramas (que qualquer um preferiria ver analisados por Lacan, Berne ou Bateson, não por linguistas), e esses microdramas implicam os mundos epistêmicos daquilo que Henry desejava, daquilo que Henry presumia que Jill desejasse, e daquilo que Henry esperava que Jill pensasse que Henry desejava.

Um texto reduz ou amplifica o significado convencional de um termo ou de um enunciado. As micro-histórias de (*13*) e (*14*) jogam com o contraste entre *significado convencional* e *significado entendido* (Grice, 1968), e a *intentio operis* desses textos é encenar a interação entre duas pessoas convulsamente atentas em colher a *intentio auctoris* dos enunciados do respectivo parceiro.

Na micro-história narrada por esses textos, Henry finge que faz um pedido, expõe um falso pedido para obter o contrário daquilo que pede.

De certa forma Henry mente, porque diz o contrário do que deseja. Mas isso para obter o que deseja, e nós, leitores, compreendemos. Portanto, há uma diferença entre mentir dizendo o contrário daquilo, que é o caso, e mentir dizendo desejar o contrário daquilo que se deseja que o caso seja. E naturalmente ainda temos um caso diverso quando um locutor conta que Henry diz desejar p, mas para obter q.

Neste vertiginoso jogo de espelhos apenas uma coisa sobrevive: *request* – e Lakoff tinha razão – significa dizer algo com o intuito de que outro alguém faça aquilo que é dito. Se, pois, Henry *pede* formalmente a Jill para que fique nua, mas diz isso exatamente para que Jill não o faça, isso nada tem a ver com o léxico, e sim com a psicologia de Jill (e com a astutamente sádica ou protetora psicologia de Henry, que comete um falso ato linguístico).

Na realidade, a objeção a Lakoff teria de ser outra. Isto é, que *request* é um termo que não sobrevive ao teste da negação. Se Henry, ao pedir a Jill que tire a roupa, certamente (em termos de significado convencional e de regras pragmáticas) manifesta a intenção de *tentar* fazer com que ela se dispa, negar (*12*) não significa continuar a pressupor (*12a*). Em outras palavras, afirmar que *Henry não pediu a Jill que se despisse* (admitindo-se, mais uma vez, que as pessoas costumam brincar de emitir enunciados do gênero sobre todos os seus amigos) não significa que se continue, porém, a pressupor que Henry tentara obter aquele resultado[14].

Que *request* tem entre os seus componentes semânticos uma marca de "tentatividade", quanto a isso não há dúvida mas, se assumimos o texto da negação como teste de tornassol para a pressuposição, então *request* não é um termo-p. O que não significa que o pedido não seja um ato linguístico empregável em múltiplas estratégias persuasivas.

Resumindo, podemos dizer que os dois níveis de significado definidos como fundo e relevo têm estatutos diferentes no que respeita à negação. O relevo representa a informação que está aberta à contestação, e o fundo, a informação que está protegida da contestação do ouvinte (Givon, 1982). Dizer que a informação de fundo está protegida da contestação não significa que não possa ser contestada; D pode, naturalmente, contestar qualquer coisa no discurso. Estamos falando de uma tendência de uso, não de uma regra gramatical. É menos provável, em termos pragmáticos, que o contestado seja o conteúdo pressuposto de uma construção pressuposicional, dada a sua natureza de fundo. Colocar informações em posição de fundo torna menos natural a contestação; por essa razão, uma contestação em nível pressuposicional dá lugar a específicas estratégias textuais, que atingem todo o discurso precedente e impõem que se "redirecione" a interação, redefinindo os termos empregados[15].

14. Naturalmente é possível uma circunstância específica em que Henry deixe que Jill e outros presentes compreendam suas intenções (luz *soft*, disco de Frank Sinatra, uísque *12 years old*, e assim por diante), em que alguém o critique e alguém mais observe que, seja como for, não se lhe pode imputar um pedido específico, com o qual teria expresso formalmente sua vontade de pôr em ação aquela perversa tentativa.

15. A natureza sensível ao contexto, própria das pressuposições, pode também explicar o chamado problema *da projeção*, isto é, a hereditariedade das pressuposições em enunciados complexos. Mas o problema deveria enquadrar-se numa abordagem textual mais geral, e não numa classificação direta de diferentes classes de predicados (*filters*, *plugs*, *holes*, e assim por diante). As pressuposições são construções sensíveis ao contexto e, portanto, é no contexto que devem ser baseados os elementos capazes

4.4.2. Termos-p

A natureza dos termos-p pode ser descrita no quadro de uma semântica de instruções em formato de enciclopédia (cf. Eco, 1975, 1979, 1984). Uma representação enciclopédica dos termos-p deve: (a) levar em conta condições de felicidade codificadas das unidades lexicais; (b) representar um conjunto de instruções para a inserção textual da unidade lexical; (c) prever o resultado do teste de negação.

Semelhante representação semântica deve descrever o poder pressuposicional de uma unidade lexical especificando os elementos pressupostos, de maneira tal que a parte de texto em que o termo-p ocorre os possa atualizar, explorando-lhes o poder posicional potencial. As estratégias retóricas conexas ao uso de um termo-p são predizíveis com base em sua representação semântica.

O modelo representacional que se segue coloca entre colchetes os traços semânticos pressupostos. Tudo o que está representado entre colchetes deveria sobreviver ao teste de negação.

A descrição seja da pressuposição seja do significado asseverado ou posto em relevo leva em conta a diferença entre o mundo atual (o mundo assumido por E e D como o mundo de suas experiências atuais) e mundos possíveis (como mundos epistêmicos e doxásticos, estados de coisas concebíveis mas não atuais).

No interior de um dado mundo, são considerados diferentes estados temporais. A representação considera casos em que um sujeito S quer, espera, projeta ou efetivamente faz algum O (objeto):

S = um sujeito que pode assumir os papéis S_1, S_2, ... S_n, que são *actantes* diferentes mas não necessariamente diferentes atores. Exemplifiquemos: S_1 DIZ S_2 pode significar tanto "x diz a y" quanto "x diz a si mesmo".

QUER, FAZ, SABE, AFIRMA etc. = predicados usados como primitivos. (Deveria ficar claro que numa representação enciclopédica, que se baseia em interpretantes, não existem primitivos, sendo cada interpretante, por sua vez, interpretável; apesar de usados no quadro da presente análise, esses primitivos todavia não serão aqui interpretados por razões de economia.)

W_0 = mundo atual.

---

de bloqueá-las. Assim, para decidirmos que pressuposições sobreviverão num dado texto, precisaremos considerar vários elementos que podem achar-se em contradição: conhecimento compartilhado precedente acerca da falsidade da pressuposição, inconsistência com outras assunções de fundo, implicitações ou implicaturas conversacionais e assim por diante. Abordagens semelhantes encontram-se em Dinsmore (1981b) e, para uma versão mais formal, embora parcial, em Gazdar (1979).

W_j = qualquer mundo possível (onde j = 1, 2, 3, ... n).
t_0 = tempo do discurso (expresso pelo tempo verbal).
t_j = estados temporais precedentes ou subsequentes ao tempo do discurso (onde J = –2, –1, +1, +2, ...).
O = o objeto da ação ou sequência de ações executada pelo sujeito primitivo, isto é, aquilo que o sujeito deveria fazer, querer, saber, e assim por diante; no texto, o objeto pode ser representado por uma proposição subordinada.

4.4.2.1. Representação de termos-p

Eis alguns exemplos de representação, relativos a verbos de julgamento, de mudança de estado, factivos e implicativos. Como veremos, o critério de representação é o mesmo para cada uma das categorias examinadas em 4.4.1.1., e, portanto, essas distinções já não têm nenhuma função. A proposta está obviamente em débito com todas as análises precedentes desses termos.

Acusar: [MAL (Ow_0)] & S_1 $w_0 t_0$ DIZ S_2 ($S_3 w_0 t_{-1}$ CAUSA $(Ow_0 t_{-1})$)

Cf. Fillmore, 1971. A pressuposição é que o objeto é avaliado negativamente no mundo atual (o juízo de negatividade não se limita a uma ação específica executada num tempo específico). O que se diz explicitamente é que S_1, no mundo atual e no tempo de discurso, diz a S_2 que S_3, no tempo t_{-1}, precedente ao tempo do discurso, causou o já mencionado O. Note-se que um primitivo como CAUSA teria de ser interpretado com flexibilidade. Ele registra não apenas causalidade mas também responsabilidade. Só assim se compreende o exemplo dado em 4.4.1.1., *João acusou Maria de ser rica*. Maria poderia ser uma herdeira e não ter tido qualquer influência sobre sua própria situação patrimonial. Mas de qualquer modo é um agente que deve prestar contas da própria riqueza. Não teria cabimento, nesse sentido, acusarmos São Francisco de ser rico, teria cabimento, isso sim, acusá--lo de ser filho de homem rico.

Repreender: [$S_3 w_0 t_{-1}$ CAUSA $(Ow_0 t_{-1})$] & $S_1 w_0 t_0$ DIZ S_2 (MAL Ow_0)

Louvar: [$S_3 w_0 t_{-1}$ CAUSA $(Ow_0 t_{-1})$] & $S_1 w_0 t_0$ DIZ S_2 (BEM Ow_0)

Congratular-se: [$\overbrace{S_2\ w_0 t_{-1}\ \text{CAUSA}\ Ow_0 t_{-1}}^{P}$] & $S_1 W_0 t_0$ DIZ S_2 (BEM [p])

Essa representação parece valer também para expressões como *Congratulo-me com Você pela promoção de Seu filho*. Congratulamo-nos com S_2 por ter sido a causa remota (genética ou pedagógica) daquele Ow_0t_{-1} que é o êxito alcançado por seu filho. Da mesma forma se dissesse (ironicamente) a alguém *Congratulo-me com você por tudo quanto fez o governo*, minha intenção seria colocar como fundo da conversa o pressuposto de que o interlocutor, com seu voto, se tenha tomado corresponsável pela política governamental.

Desculpar-se: [$S_1w_0t_{-1}$ CAUSA ($Ow_{0\,-1}$) & MAL (Ow_0)] & $S_1w_0t_0$ DIZ $S_2 \sim$ ($S_1w_0t_{-1}$ QUER (CAUSAR ($Ow_0\ t_{-1}$) & $S_1W_0t_0$ LAMENTA ($Ow_0\ t_{-1}$)

Quando o uso da palavra é contestado, o cotexto deve esclarecer qual das duas proposições é negada, como nos seguintes enunciados: *Não se desculpe pelo atraso, você chegou antes da hora*; *Não se desculpe pelo atraso, não há mal nenhum em chegar a uma festa meia hora atrasado*. No primeiro caso, nega-se a primeira pressuposição; no segundo, a segunda; em ambos os casos, o verbo *desculpar-se* não é apropriado.

Reprovar: [$S_2w_0t_{-1}$ CAUSA (Ow_0t_{-1})]
& \{$S_1 > S_2$\} & $S_1w_0t_0$ DIZ S_2 (MAL Ow_0t_{-1})

Uma representação em forma de instruções deve também conter restrições pragmáticas. Deveria estar particularmente apta a descrever, quando for o caso, que uma relação hierárquica entre os participantes é pressuposta com base no uso de um determinado termo. Esse tipo particular de pressuposição foi registrada entre chaves. Vê-se que a ação de reprovar é pragmaticamente admitida quando o sujeito reprovador é hierarquicamente superior ao sujeito reprovado.

Desculpar: [$S_2w_0t_{-1}$ CAUSA (Ow_0t_{-1}) & MAL (Ow_0)]
& $S_1w_0t_0$ AFIRMA (PENSA) $\sim$ ($S_2w_0t_{-1}$ QUER (CAUSAR Ow_0t_{-1}))

Perdoar: [$S_2w_0t_{-1}$ CAUSA ($Ow_0\ t_{-1}$) & MAL (Ow_0) & S_2 A SER PUNIDO] & $S_1W_0t_0$ NÃO PUNE S_2

Justificar: [$S_3w_0t_{-1}$ CRÊ ($S_2w_0t_{-2}$ CAUSA (Ow_0t_{-2})) & MAL (Ow_0)]
& $S1W_0t_0$ AFIRMA $S_3 \sim$ ($S_2w_0t_{-2}$ CAUSA (Ow_0t_{-2}))

Deixar de: [Sw_0t_{-1} FAZ (Ow_0t_{-1})] & $Sw_0t_0 \sim$ FAZ (Ow_0t_0)

Começar: [Sw_0t_{-1} ~ FAZ (Ow_0t_{-1})] & Sw_0t_0 FAZ (Ow_0t_0)

Interromper: [$S_1W_0t_{-1}$ FAZ (Ow_0t_{-1})]
& $S_2w_0t_0$ CAUSA $S_1w_0t_0$ ~ (FAZ (Ow_0t_0))

Despertar: [$S_1w_0t_{-1}$ DORME] & $S_2w_0t_0$ CAUSA ($S_1w_0t_0$ ~ DORME)

Deixar de, *começar*, *interromper* e *despertar* são habitualmente considerados verbos de mudança de estado porque pressupõem um estado de fato precedente ao tempo do discurso e uma mudança para um estado subsequente. Para *interromper* e *despertar* temos necessidade de dois diferentes sujeitos, o sujeito da ação de interromper e o sujeito da ação interrompida. Mas como vemos, o critério de representação não muda em relação a outros verbos.

Limpar: [(Ow_0t_{-1}) SUJO] & $S_1w_0t_0$ CAUSA (Ow_0t_0 ~ SUJO)

Se a descrição associada à palavra não se adapta a uma situação específica porque as pressuposições não são satisfeitas, a palavra não será apropriada, e teremos uma negação metalinguística. Pergunta: *Você sabe se Mary limpou o quarto hoje?* Resposta: *Não limpou porque não estava sujo. Fui eu que o limpei ontem, e por isso não havia nada para limpar*.

Lamentar: [Ow_0] & Sw_0t_0 SOFRE (Ow_0) & Sw_0t_0 DESEJA ~ Ow_0

Um verbo modal como *desejar* implica o recurso a mundos possíveis, mas para efeito da presente representação, não parece necessário levar em conta esse fator. Evidentemente, com base na interpretação do primitivo, se o sujeito deseja que não se tenha realizado um dado estado de coisas atual, ele na verdade prefere que o mundo atual seja conforme ao mundo de seus desejos. Mas parece desnecessário complicar nesse sentido a representação. Outros verbos, chamados factivos, têm descrições pressuposicionais semelhantes, por exemplo, *estar ciente de*, *compreender*, *ter em mente*, *levar em consideração*, e assim por diante.

O tipo de representação que se está sugerindo permite que se captem melhor algumas esfumaturas. Por exemplo, para *lembrar-se* e *esquecer-se* parece necessário distinguirmos entre uma acepção (*lembrar-se*$_1$ e *esquecer-se*$_1$) em que o objeto da lembrança é uma ação que o sujeito se empenhou anteriormente em executar, acompanhada da preposição *de* (como em *John lembrou-se / esqueceu-se de fazê-lo*) e uma segunda acepção (*lembrar-se₂* e *esquecer-se₂*) em que o objeto da lembrança é simplesmente uma experiência passada que pode vir acompanhada, conforme o caso, por *que* ou por *de* (como em *John lembrou-se/esqueceu-se que o tinha feito* ou então *John lembrou-se/esqueceu-se de tê-lo feito*).

Lembrar-se₁ e esquecer-se₁ não são verbos factivos, e não pressupõem a verdade da lembrança; pressupõem apenas a vontade que o sujeito tem de lembrar-se, isto é, pressupõem a lembrança de uma determinada ação por parte do sujeito:

$$\overbrace{Lembrar\text{-}se_1\text{: } [Sw_0t_{-2}\text{ QUER (CAUSA Ow}_j\text{ TORNA-SE Ow}_0)\text{ \& POSSÍVEL Sw}_0t_{-1} \sim \text{PENSA p}]}^{P}$$
& Sw_0t_0 PENSA p & Sw_0t_0 CAUSA (Ow_jt_j TORNA-SE Ow_0t_0)

$$\overbrace{Esquecer\text{-}se_1\ [Sw_0t_{-1}\text{ QUER (CAUSA Ow}_j\text{ TORNA-SE Ow}_0)]}^{P}$$ & Sw_0t_0 CIENTE DE p & $Sw_0t_0 \sim$ CAUSA (Ow_jt_j TORNA-SE Ow_0t_0)

A pressuposição é a de que o sujeito que se lembra de fazer algo quer que um certo objeto se transfira de um mundo possível dos seus propósitos para o mundo atual. Além do mais, há uma pressuposição opcional em que o sujeito pode ter (ou não ter) esquecido O em algum momento entre a assunção do empenho e sua conclusão. O conteúdo asseverado é que o sujeito, no mundo atual e no tempo do discurso, está ciente de seu empenho precedente e faz àquilo que se empenhara em fazer. Negar que alguém se tenha lembrado de fazer algo significa afirmar que o sujeito não desenvolveu a ação em questão por não estar ciente do seu empenho precedente, mas não nega esse mesmo empenho precedente.

A descrição de *esquecer-se₁* é semelhante à descrição de *lembrar--se₁* exceto no que diz respeito aos estados temporais: *esquecer--se₁* necessita de dois únicos estados temporais, o tempo do empenho (t₋₁) e o tempo da (falhada) realização. Não é necessário considerar um tempo intermédio, no qual o sujeito teria podido não estar ciente do empenho.

Lembrar-se₂: [(Ow_0t_{-2}) & POSSÍVEL Sw_0t_{-1}
 $\sim$ CIENTE DE (Ow_0t_{-2})] Sw_0t_0 CIENTE DE (Ow_0t_{-2})

Esquecer-se$_2$: [Ow$_0$t$_{-1}$] & Sw$_0$t$_0$ ~ CIENTE DE (Ow$_0$t$_{-1}$)

Lembrar-se$_2$ e *esquecer-se*$_2$ têm uma descrição diferente. Trata-se de construções chamadas factivas, que pressupõem seus objetos proposicionais. O uso de *lembrar-se*$_2$ na primeira pessoa e nos enunciados negativos requer algumas observações. Um enunciado como *Não me lembro de que já nos tenhamos encontrado* parece contradizer a descrição acima exposta. Todavia, emitido fora do contexto, tal enunciado soaria bastante extravagante, uma vez que parece impossível afirmar que não nos lembramos daquilo que estamos dizendo. Mas um enunciado do gênero raramente é emitido na linguagem natural, a não ser para contestar um precedente enunciado alheio, como *Você não se lembra de que já nos tenhamos encontrado?* Em contextos do gênero, quem responde aceita como verdadeira a pressuposição veiculada pelo primeiro interlocutor e afirma não estar ciente dela. Ele *cita* a pressuposição que foi postulada pelo primeiro interlocutor como um elemento de informação indiscutível no interior do discurso.

Conseguir: [Sw$_0$t$_{-1}$ TENTA (Sw$_0$t$_{-1}$ CAUSA Ow$_0$). DIFÍCIL (Ow$_0$)] Sw$_0$t$_0$ CAUSA (Ow$_0$t$_0$)

Ousar: [PERIGOSO (Ow$_j$t$_j$ TORNA-SE Ow$_0$t$_0$)] Sw$_0$t$_0$ CAUSA (Ow$_j$t$_j$ TORNA-SE Ow$_0$t$_0$)

Condescender: [Sw$_0$t$_{-1}$ ~ QUER (Ow$_j$t$_j$ TORNA-SE Ow$_0$t$_0$)] Sw$_0$t$_0$ DEIXA (Ow$_j$t$_j$ TORNA-SE Ow$_0$t$_0$)

Conter-se: [Sw$_0$t$_{-1}$ QUER (Ow$_j$t$_j$ TORNA-SE Ow$_0$t$_0$)] Sw$_0$t$_0$ ~ CAUSA (Ow$_j$t$_j$ TORNA-SE Ow$_0$t$_0$)

Dissuadir: [S$_2$w$_0$t$_{-1}$ QUER (Ow$_j$t$_j$ TORNA-SE Ow$_0$t$_0$)] Sw$_0$t$_0$ DIZ S$_2$ (~ CAUSAR (Ow$_j$t$_j$ TORNA-SE Ow$_0$t$_0$))

Impedir: [S$_2$w$_0$t$_{-1}$ QUER (Ow$_j$t$_j$ TORNA-SE Ow$_0$t$_0$)] S$_1$w$_0$t$_0$ CAUSA (S$_2$w$_0$t$_0$ ~ CAUSA (O W$_j$t$_j$ TORNA-SE Ow$_0$t$_0$))

Conseguir, ousar, condescender, conter-se, impedir, são verbos ditos implicativos, sendo que *conseguir* (*to manage*) foi o que suscitou os maiores problemas para os estudiosos de pressuposições. Dados os enunciados *João beijou Maria* e *João conseguiu beijar Maria*, não há dúvida de que em ambos os casos João tenha beijado Maria, mas é certo que o segundo enunciado sugere (ou pressupõe) que não se tratasse de empresa fácil. E essa diferença é explicada pela representação de *conseguir*. A pressuposição é de que o sujeito, no mundo atual e num tempo t_{-1}, tenha tentado transferir um objeto de um mundo possível (dos seus desejos ou deveres) para o mundo atual, e que essa transferência fosse difícil. O conteúdo asseverado é que o sujeito efetua essa transferência.

Com *ousar* a proposição subordinada não está implicada, mas é asseverada explicitamente. A pressuposição lida com uma ideia de perigo conexa à ação em questão. Se não há perigo em executarmos determinada ação, não há nenhum motivo para empregarmos *ousar*.

Condescender pressupõe que num momento precedente o sujeito não quisesse executar determinada ação e afirma que, no tempo do discurso, ele a executa.

Conter-se pressupõe que num tempo precedente o sujeito queria executar determinada ação e afirma que não a executa.

4.4.2.2. Problemas abertos

Uma particular dificuldade advém dos verbos que exprimem atitudes proposicionais (como *saber, estar ciente de, crer,* e outros). Não costumamos elencá-los entre os possíveis termos-p porque de fato muitos deles absolutamente não o são. Por exemplo, *crer* pode ser representado como

Crer: $Sw_0 t_0$ PENSA ($Ow_j t_j = Ow_0 t_0$)

motivo pelo qual ele não veiculada nenhuma pressuposição. Cabe ao teste de negação fornecer a prova: se alguém não acreditar que hajam existido unicórnios, não se aceitará em absoluto como ponto pacífico que unicórnios tenham existido. Já *saber* comporta-se como um termo-p e pode ser representado como

Saber: $[Ow_0 t_j]$ & $Sw_0 t_0$ PENSA $Ow_0 t_j$,

dado que "o locutor pressupõe que a subordinada exprime uma proposição verdadeira, e faz uma afirmação sobre essa proposição. Todos os predicados que se comportam sintaticamente como factivos têm essa propriedade semântica, o que não acontece com quase nenhum daqueles que se comportam sintaticamente como não factivos" (Kiparsky e Kiparsky, 1970). Todavia, aqueles verbos factivos, que exprimem ao mesmo tempo atitudes proposicionais, afiguram-se embaraçosos no presente contexto por ao menos duas razões.

A primeira é que, para representarmos os outros termos-p, temos de recorrer a certos primitivos que, embora devendo, por sua vez, ser interpretados (fora do âmbito de uma discussão sobre as pressuposições), podem, todavia, desempenhar provisoriamente o papel que lhes cabe – como se já tivessem sido analisados. Nos verbos de atitudes proposicionals, corremos o risco da circularidade, ou da tautologia. *Saber* significa *estar ciente de algo que é o caso*; *estar ciente* significa *saber que algo é o caso*, e assim por diante. Ao que parece, uma atitude proposicional só pode ser interpretada nos termos de outra atitude proposicional.

A segunda é que esses verbos parecem reagir de maneira diferente ao teste de negação, conforme a pessoa verbal em que são expressos. Ao que parece, (75) suscita problemas que (76) não suscita:

(*15*) Eu não sei que p.
(*16*) João não sabe que p.

No caso de (*16*) não há problema. A subordinada é pressuposta e postulada como verdadeira pelo termo-p *saber*, embora se negue que um dado sujeito soubesse que p. Em contraposição, parece esquisito (fora os já deplorados casos de "exemplese") alguém afirmar, na primeira pessoa, que não sabe alguma coisa (da qual, ao falar, está, de certo modo, ciente).

É todavia interessante estabelecermos que tipo de esquisitice (distúrbio mental ou domínio imperfeito da língua) pode ser atribuído a alguém que afirme *Eu não sei que p*.

Provavelmente os verbos que exprimem fenômenos cognitivos não podem ser explicados sob o prisma do uso normal da linguagem natural, dado que esses verbos, nas línguas naturais, são usados de maneira equívoca. Não é por acaso que durante tantos séculos esteve a filosofia obcecada por perguntas como *O que significa conhecer?*, *estar ciente de?*, *ter uma representação mental de?*, e assim por diante. Ao usar esses verbos, a linguagem fala de si própria, ou pelo menos de um fenômeno do qual ela mesma é parte (como causa ou como efeito).

É possível encontrarmos um tratamento plausível para esses verbos dentro do quadro de uma lógica epistêmica e doxástica formalizada, onde as expressões como *saber* ou *crer* são vistas como primitivos cujas condições de uso estão rigorosamente (e estritamente) esclarecidas. Todavia, formalizações do gênero não apreendem o uso comum e cotidiano desses verbos (semanticamente mais "esfumados"). Estes, porém, são os limites das representações formais.

Uma abordagem mais abrangente pode apenas decidir representar (de maneira enciclopédica) os *diferentes* usos dessas expressões. Fosse o presente estudo levado a uma conclusão satisfatória, as representações de *saber, estar ciente,* e assim por diante, seriam muitas e conflituais. No estágio atual da pesquisa, esses verbos só podem ser considerados como primitivos, não sendo aqui analisados por razões de brevidade. A solução do enigma vai indubitavelmente além de uma mera abordagem linguística ou lógica, e coenvolve questões filosóficas e cognitivas mais amplas.

Em todo caso, a diferença entre (*15*) e (*16*) pode ser levada em consideração. Se assumimos – como requisito para o bom funcionamento do intercâmbio conversacional – que o uso da expressão *saber* pressupõe a verdade da proposição subordinada, então em (*16*) E está simplesmente dizendo que João não está ciente do que os outros participantes julgam ser o caso (isto é, que João não pensa aquilo). Assim, E descreve o mundo epistêmico de João como diferente do mundo epistêmico de todos os demais. Já quando E diz que ele mesmo não sabe que p, está usando impropriamente a língua. O erro que comete é mostrado pela versão *sensata* de (*15*), isto é, por (*15a*):

(*15a*) Eu não sabia que p.

Esse enunciado significa que E, no tempo t.-1, cria~ p, e cria que – p (o conteúdo de sua atitude proposicional) fosse o caso. Ora, no tempo da enunciação, E está ciente do fato de que p era o caso e confessa que em t -1 não estava ciente. Mas no momento em que (no tempo da enunciação) E usa *saber*, ele assume que p era o caso. E está fazendo uma afirmação que diz respeito ao estágio de suas crenças num tempo precedente, e admite que no tempo atual ele está disposto a assumir, como todos os demais, que p fosse o caso. Em termos de uma dialética entre fundo e relevo, E está dizendo que:

Fundo	*Relevo*
em t_0 E assume como ponto pacífico que p	E assumia como ponto pacífico em t_{-1} que ~p

Se, ao contrário, E tivesse enunciado (*15*), a representação da relação fundo-relevo mostraria que o relevo contradiz nitidamente o fundo:

Fundo em t_0 E assume como ponto pacífico que p	*Relevo* em t_0 assume como ponto pacífico que p

Naturalmente, essa solução não considera o caso em que E não creia p, e apesar disso "o aceite como verdadeiro para salvar o intercâmbio conversacional. Mas, em casos do gênero, E está retórica ou pragmaticamente mentindo. Está encenando complicadas estratégias e comédias de erros e pode fazê-lo exatamente porque há um acordo mínimo sobre as condições de uso normais de certos termos-p.

4.4.2.3. *Poder posicional dos termos-p*

O uso dos termos-p impõe ao discurso uma certa perspectiva, obrigando D a aceitar certos conteúdos. Esse poder de induzir crenças pode ser definido como *poder posicional* dos enunciados pressuposicionais.

Consideremos o seguinte diálogo entre mãe e filho:

(*17*) *Mãe*: Por favor, Gianni, pare de jogar bela, que você vai quebrar a janela.
Filho (*não para e quebra a janela*)
Mãe: Ah! finalmente você conseguiu!

Ao usar *conseguir* a mãe não só afirma que Gianni quebrou a janela, como pressupõe também que ele quisesse quebrá-la. Uma vez que *conseguir* foi introduzido no discurso, é difícil negar essa pressuposição de intencionalidade. (Gianni deveria usar uma negação metalinguística para contestar o direito de sua mãe usar aquele verbo, mas é pequeno demais e semiosicamente indefeso.)

Se disser

(*18*) Ontem Carlo conseguiu chegar na hora certa,

E estará sugerindo – por meio das pressuposições conexas ao termo-p *conseguir* – que, para Carlo, não era fácil chegar na hora certa. Desse modo, E impõe ao discurso a assunção de que Carlo não seja uma pessoa pontual (ou de que, naquele dia, se achasse numa situação de dificuldade), e essa assunção se torna, para D, parte do contexto. Consideremos o caso seguinte:

(*19*) *E*: Senhor Rossi, acredite, lamento deveras o que aconteceu...
D: Meu Deus! O que foi que aconteceu?

Depois que E usou *lamentar*, D está certo de que algo realmente tenha sucedido, mesmo que ainda não soubesse de nada. O termo-p cria expectativas acerca do contexto subsequente. Visto que as pressuposições são governadas pela estrutura da enciclopédia, elas podem ser impostas a D tendo sido postuladas por E, e devem ser levadas em consideração como elementos do contexto. Nesse sentido, mais do que ser algo suscetível de verificação, a linguagem é um mecanismo capaz de criar crenças e de impor uma realidade asseverada no contexto (cf. o conceito semiótico de *veridicção* em Greimas e Courtès, 1979-1986).

4.4.3. Pressuposições Existenciais

Consideremos agora as pressuposições existenciais associadas às descrições definidas e aos nomes próprios, e a função delas. Esse gênero de pressuposição parece sempre depender da estrutura de tais expressões, e não da descrição de unidades lexicais isoladas. Consequentemente, as pressuposições existenciais não dependem de um sistema de significação, mas são veiculadas diretamente no processo comunicativo, já que alguém emite um enunciado com a intenção de nomear indivíduos pertencentes a um certo mundo. Além do mais, essas pressuposições parecem aplicar-se apenas aos participantes convolvidos no ato comunicativo. O verbo *lamentar* pressupõe a todo momento sua proposição subordinada, mas a existência do indivíduo Giovanni no enunciado

(*20*) Hoje vi Giovanni

é pertinente para os locutores convolvidos na situação comunicativa na qual (*20*) é emitida. Nesse sentido, as pressuposições existenciais são pressuposições contextuais. Sua análise, portanto, deve considerar as condições pragmáticas de inserção textual.

Ducrot (1972) afirmou que as descrições definidas e os nomes próprios, no diálogo e nas situações discursivas, estão sempre conexos ao *topic* da conversa, e portanto implicam um precedente conhecimento de existência por parte dos participantes da interação comunicativa. Em outras palavras, se um enunciado trata de uma entidade qualquer, a existência dessa entidade deve ser assumida como incontrovertível. A afirmação de Ducrot, embora válida para seu escopo – isto é, a análise dos nomes próprios e das descrições definidas em relação com sua situação de enunciação -, requer desdobramentos ulteriores. É possível imaginarmos uma conversa sobre o tema "calvície" em que E emite o enunciado (*21*)

(*21*) Marco é calvo,

mesmo que D não conheça Marco, e Marco não seja o *topic* do discurso. Nesse caso o problema, visto sob o ângulo de D, não será a existência de Marco mas, no caso, a *individuação daquele indivíduo específico*. No tratamento lógico das pressuposições existenciais, a definidez sempre se reduziu à pressuposicionalidade, sem que se prestasse bastante atenção ao problema da colocação de elementos no contexto e do seu eventual aditamento a ele. Para esclarecermos esse ponto, cumpre-nos considerar a diferença entre existência e referência, relativamente às pressuposições existenciais.

Cabe aqui pensarmos em duas diferentes situações discursivas nas quais é possível ocorrer o enunciado (*21*). No primeiro caso, D já sabe da existência do indivíduo chamado Marco e está, portanto, em situação de atualizar a referência com base em seu conhecimento precedente. Aqui não há problema em assumirmos a pressuposição de existência como parte do fundo textual. Mas (*21*) também pode ser emitido num contexto em que D não tem os elementos necessários para identificar Marco. Tampouco nesse caso podemos falar em "falência" da pressuposição, ou de infelicidade do enunciado. O problema não está aqui na imissão sobre o fundo de um elemento já conhecido, mas na ativação de um elemento novo, cuja existência é assumida sobre o fundo em virtude do uso do nome próprio e da descrição definida. A emissão de um enunciado que contém esse gênero de expressões cria em D uma propensão psicológica para aceitar implicitamente a existência do indivíduo em questão. Em outras palavras, D, no seu processo interpretativo, tentará *contextualizar* o novo elemento, ou procurando no contexto precedente, nos enunciados subsequentes ou na própria memória outros elementos que tomem a referência atual para ele, ou simplesmente aceitando o novo elemento e acrescentando-o ao domínio contextual.

Consideremos outra conversa em que E emite o enunciado (*22*):

(*22*) Giovanni me disse que o último livro de Carlo é interessante.

Parece improvável que a sequência possa continuar com:

(*23*) Existe um indivíduo chamado Giovanni?

Se D não conhece o Giovanni a que E se refere, não duvidará de sua existência, mas procurará obter outras informações que o ponham em situação de *identificar* a entidade chamada Giovanni. Só então a "referência" estará assegurada. Por isso, uma resposta normal a (*22*) seria (*24*) ou (*25*):

(*24*) Quem é Giovanni?
Não creio que o conheça
(*25*) Você já me falou do Giovanni?

Com (*25*), D pede a E que lhe diga onde e quando, no contexto precedente, o indivíduo em questão foi nomeado e descrito. Num romance, o leitor voltaria algumas páginas para ver se esse indivíduo já foi introduzido na história. Se no contexto precedente nenhuma referência for encontrada, D ficará na expectativa, no intercâmbio conversacional que se segue, de obter a informação necessária para identificar o objeto de referência, como em (*26*) ou em (*27*):

(*26*) Giovanni é meu sobrinho.
(*27*) Giovanni é aquele barbudo de brinco que nas aulas fica sempre na primeira fila.

(*26*) e (*27*) representam uma resposta apropriada a (*24*) porque põem D em situação de ligar informações conhecidas com a informação nova (nesse caso, o nome próprio).

Em todo caso, a emissão de um enunciado que contém um termo de referência torna D propenso a receber outras informações para esclarecer a referência do enunciado. Essa propensão é criada por aquilo que chamamos de poder posicional. As pressuposições existenciais têm o poder de colocar os seus objetos de referência como existentes, quer saibamos ou não antecipadamente de sua existência. O *ato* mesmo de mencioná-los cria a propensão existencial.

O poder posicional das pressuposições existenciais, todavia, não está ligado a uma descrição semântica ou a uma convenção de significado, como acontecia com termos-p, mas sim à estrutura interacional pragmática do ato comunicativo. Podemos explicar essa estrutura seja com a noção de "princípio cooperativo" (Grice, 1967) seja com a de "contrato fiduciário" (Greimas e Courtès, 1979-1986). O contrato fiduciário estabelece entre os participantes' uma relação na qual se aceita a verdade de tudo quanto é dito no discurso. Com base nessa convenção, as afirmações de E são aceitas por D como verdadeiras, a menos que haja forte prova em contrário.

Uma vez que o contrato fiduciário pode ser visto como a base mesma da comunicação, isto é, como uma condição que torna possível o intercâmbio comunicativo, não está ele longe da noção de "princípio cooperativo" e, em particular, da máxima da "qualidade" ("seja sincero"). Pressupor a sinceridade de outrem significa aceitar suas palavras como verdadeiras; mas a "verdade" de uma descrição definida ou de um nome próprio reside precisamente no fato de que, como descrição, pode ser satisfeita por um objeto do mundo real. Podemos, pois, hipotizar duas regras pragmáticas:

1. Se colocamos uma descrição definida ou um nome próprio num enunciado é porque queremos referir-nos a um dado indivíduo, pertencente a um dado mundo.
2. Geralmente o mundo de referência é o mundo real. Do contrário, indicações textuais específicas devem ser fornecidas.

Essas regras pragmáticas podem descrever o poder posicional das pressuposições existenciais como também podem explicar o particular "trabalho cooperativo", necessário, em certos casos, para identificar o objeto. E tudo o que se disse é aplicável tanto aos enunciados negados quanto aos não negados, como

(*28*) O rei da França é calvo.
(*29*) O rei da França não é calvo.

Em ambos os casos, aceitar o enunciado como *verdadeiro* significa aceitar a *descrição* como "verdadeira", isto é, como capaz de satisfazer. A negação não fere a existência, porque a descrição apresenta o referente como alguém sobre o qual haverá uma predicação principal, independentemente da presença ou da ausência de um *não* no interior dessa predicação. Esse "trabalho cooperativo" é desenvolvido por ambos os interlocutores. Quando a referência se afigura problemática ou difícil, verifica-se entre E e D uma negociação destinada a adaptar contextualmente as propriedades a serem-atribuídas aos indivíduos do mundo contextual a que E se refere.

Consideremos, por exemplo, o diálogo que se segue:

(*30*) *A*: Giovanni não estava em casa, por isso deixei a carta com a mulher dele.
B: Mas Giovanni não é casado!
A: Então deve ser uma amiga. Não conheço Giovanni muito bem, e não sei nada de sua vida particular.

Esse elemento de negociação pode explicar algumas diferenças no nível de aceitabilidade de tipos diversos de descrições definidas e nomes próprios. Consideremos, por exemplo,

(31) Gostaria de reservar dois lugares, um para mim e outro para meu marido.
(32) Agora tenho que levar meu filho ao médico.
(33) Gostaria de reservar dois lugares, um para mim e outro para Giovanni.
(34) Agora tenho que levar Pierino ao médico.

Num contexto dialógico em que os participantes não compartilham um conhecimento comum, (*31*) e (*32*) são mais apropriados do que (*33*) e (*34*). Mas essa diferença nada tem a ver com um problema de falência das pressuposições. De fato, todas as expressões consideradas têm o mesmo poder posicional e postulam a existência dos indivíduos nomeados.

O que torna os enunciados (*31*) e (*32*) mais apropriados é a adequação com que se formula o ato de referência. A primeira vista, a diferença parece existir apenas entre descrições definidas e nomes próprios. Na realidade, o grau diferente de adequação depende da informação veiculada para D. Em (*31*) e (*32*), o indivíduo a que a descrição definida se refere pode ser imediatamente integrado no conhecimento precedente de D através de um esquema mental ativado com facilidade (isto é, o "esquema familiar", que compreende maridos e filhos). Não é isso, porém, o que acontece em (*33*) e (*34*). Tal adequação depende, naturalmente, do conhecimento de antemão compartilhado: numa conversa que ocorra entre dois velhos amigos, (*34*) é perfeitamente aceitável e, na verdade, pode ser até mesmo preferível a (*32*).

Os diversos graus de adequação são, pois, definíveis segundo uma escala pragmática que registre os graus de dificuldade na identificação do referente. Cumpriria que essa escala levasse em conta elementos como: a possibilidade para D de identificar o referente de modo não ambíguo; a novidade do referente; a possibilidade de integrá-lo no conhecimento esquemático dos participantes e no esquema já ativado no discurso; o grau de interferência com outros referentes possíveis; e assim por diante. Fica bastante claro que a escolha – e, para D, a interpretação – de uma expressão é matéria de gradações pragmáticas e de juízos probabilísticos e inferenciais.

4.4.4. Conclusões

O discurso sobre as pressuposições não para aqui. No processo de interpretação de um texto podemos encontrar uma gama de fenômenos pressuposicionais muito mais ampla do que tudo quanto se fez até agora. Esses fenômenos não podem simplesmente reduzir--se nem ao sistema de significação codificado na enciclopédia nem às descrições definidas ou aos nomes próprios. Visto desse ângulo, cada texto é um complexo mecanismo inferencial (Eco, 1979) que ao leitor cabe atualizar no seu conteúdo implícito. Para poder compreender um texto, o leitor deve "preenchê-lo" com uma quantidade de inferências textuais, conexas a um amplo conjunto de pressuposições definidas por um dado contexto (base de conhecimento, assunções de fundo, construção de esquemas, liames entre esquemas e texto, sistema de valores, construção do ponto de vista, e assim por diante).

É possível hipotizar que para cada texto exista um sistema que organiza as inferências possíveis daquele texto, e que esse sistema possa ser representado em formato enciclopédico. Nesse sentido, o texto é uma espécie de *mecanismo idioletal*, que estabelece correlações enciclopédicas válidas unicamente para aquele texto específico. Esses casos foram definidos (Eco, 1975) como hipercodificações: o texto constrói uma particular descrição semântica que representa o mundo possível textual, com seus indivíduos e propriedades.

4.5. CHARLES SANDERS PERSONAL: MODELOS DE INTERPRETAÇÃO ARTIFICIAL[16]

Os membros da expedição Putnam à Terra Gêmea haviam sido dizimados pela desinteria. A tripulação bebera como água aquilo a que os nativos davam esse nome, enquanto os chefes do grupo falavam sobre designação rígida, estereótipos e descrições definidas.

Viera em seguida a expedição Rorty. Neste caso, os informantes nativos, chamados Antipodianos, foram postos à prova a fim de que se descobrisse se tinham sentimentos e/ou representações mentais suscitados pela palavra *água*. Sabe-se que os exploradores não podiam assegurar se os Antipodianos fariam ou não uma clara distinção entre espírito e matéria, visto que costumavam falar apenas em termos de estados neurais. Se um menino se aproximava de uma estufa quente, a mãe gritava: *Meu Deus, ela vai estimular as suas fibras C!*

Ao invés de dizerem: *Parecia um elefante, mas depois me veio à cabeça que não há elefantes neste continente e daí me dei conta de que devia ser um mastodonte*, eles diziam: *Tive G-412 junto com P-11, mas depois tive S-147.*

---

16. Publicado como "On Truth. A Fiction", em *VS* 44/45, 1986, este ensaio foi reelaborado sobre a tradução italiana de Augusto Sainati, que inicialmente veio a lume em Vittorio Sainati (ed.), *Filosofia e Linguaggio. Nel Settantesimo Compleanno di Renzo Raggiunti*, Pisa, ETS, 1989.

O problema da terceira expedição foi o seguinte: se os Antipodianos não têm estados mentais, serão eles capazes de compreender o significado de uma frase?

Eis, na sequência, o registro de uma conversa mantida entre um Terrestre e um Antipodiano.

Terrestre – Você compreende a frase: *Tenho G-4121*
Antipodiano – Sim. Você tem G-412.
T. – Quando você me diz que compreendeu, isso significa que também você tem G-412?
A. – E por que deveria? *Você* tem G-412. Eu não, graças a Deus.
T. – Experimente dizer o que acontece quando você compreende aquilo que lhe é dito.
A. – Comumente, se alguém me diz que tem G-412, eu tenho Q-234 que dê certo modo provoca a cadeia de estados Z-j ... Z-n (onde n > j), e assim tenho K-33. Em seguida, digo que tenho K-33, e meu interlocutor responde que está feliz por eu ter captado o ponto essencial do seu discurso. Veja minha Enciclopédia Antipodiana: *Estado G-412* = "na situação S-5 pode ser interpretado como Z-j ... Z-n".

Eis, em seguida, o registro de uma conversa entre dois Antipodianos.

A 1 – Tenho G-412.
A 2 – Você deveria dar uma sacudida na sinapse S-18.
A 1 – Tem razão. Mas meu irmão acha que isso se deve ao fato de que eu ontem tinha G-466.
A 2 – Tolice.
A 1 – *De* acordo. Mas você conhece meu irmão. Ele é esquisito. De qualquer modo, eu teria de atingir um estado H-344.
A 2 – Boa ideia. Experimente esta pílula.

(Neste ponto, *A 1* e *A 2* sorriem, mostrando evidente satisfação pelo êxito de sua interação.)

Os Terrestres concluíram que (i) os Antipodianos compreendem uma expressão quando conseguem extrair uma série de inferências a partir da proposição correspondente, e (ii) têm o hábito de concordar ao considerarem algumas inferências mais óbvias e aceitáveis do que outras.

Em todo caso, tudo isso não passava de pura hipótese: as probabilidades de um intercâmbio proveitoso entre Terrestres e Antipodianos eram rigorosamente limitadas. Eis, na sequência, o registro de um diálogo crucial entre dois exploradores Terrestres.

T1 – Antes de tudo, será que podemos dizer que os Antipodianos reconhecem alguma coisa como proposições transmitidas por expressões? Aparentemente eles não têm uma mente. Suponhamos que tenham proposições: onde diabo as metem?
T 2 – Então eles teriam de extrair as inferências diretamente das expressões.

T 1 – Não diga bobagem. Como é que você pode extrair algo lógico de algo material como uma expressão verbal?
T 2 – Nós não podemos, mas talvez eles possam. Eles nos mostraram sua Enciclopédia Antipodiana: expressões escritas, que representam palavras, estão conexas a expressões escritas que representam inferências.
T 1 – É desse modo que os livros pensam. Mas esse é também o motivo por que os livros não são seres humanos. No meu modo de ver, eles armazenam proposições, inferências e assim por diante num Terceiro Mundo que não é nem físico nem psíquico.
T 2 – Se isso for verdade, não nos resta nenhuma esperança. Os Terceiros Mundos ainda são menos exploráveis do que as mentes. Mas você usou uma palavra iluminante: "armazenam." Há um lugar onde eles armazenam alguma coisa. Os computadores!
T 1 – Fantástico! Em vez de falarmos com eles devemos falar com seus computadores. Dando um *software* aos seus computadores, eles devem ter simulado o modo como pensam – se é que pensam.
T 2 – Certo. Mas como podemos falar com seus computadores, que são muito mais sofisticados do que os nossos? Conversar com eles implicaria simular o seu modo de pensar. Mas não podemos projetar um computador que simule o modo de pensar Antipodiano, visto que é exatamente para descobrirmos esse modo de pensar que precisamos dele.
T 1 – Está aí, sem dúvida, um círculo vicioso. Mas tenho um plano, escute. Eu me disfarço de computador e inicio uma conversa com uma destas malditas máquinas Antipodianas. Você conhece o segundo princípio de Turing: um ser humano simula com êxito uma inteligência artificial se o computador com o qual ele se tenha posto em contato, e que não sabe com quem está falando, após um certo tempo começar a crer que seu interlocutor seja um outro computador.
T 2 – OK. Essa é a única possibilidade que temos. Fique atento, não seja excessivamente sutil: lembre-se de que você é apenas um computador.

Eis, na sequência, as atas da conversa entre o Dr. Smith, Dpt. of Cognitive Sciences, Svalbards University, *in incognito*, e Charles Sanders Personal, Computador Antipodiano (doravante, CSP):

Smith – Compreende a frase *todo Antipodiano tem duas pernas!*
CSP – Posso interpretá-la. Dela posso fornecer a você paráfrases analíticas, traduções em outras linguagens, expressões equivalentes em outros sistemas de signos (tenho também um programa gráfico), exemplos de outros discursos que partem do pressuposto de que os Antipodianos têm duas pernas etc. Chamo todas essas expressões alternativas de *interpretantes*. Uma máquina capaz de produzir interpretantes para todas as expressões que recebe é uma máquina inteligente, isto é, uma máquina capaz de compreender expressões.
Smith – O que acontece se uma máquina não lhe fornecer interpretantes?
CSP – Ensinaram-me que sobre o que não se pode falar cumpre calar.
Smith – Você estava querendo dizer que compreender uma expressão e afirmar seu significado são a mesma coisa?
CSP – Tenho certa dificuldade em compreender o significado de "significado". Tenho tamanha quantidade de informações sobre esse problema que logo me confundo. Deixe que eu fale das coisas a meu modo. Tenho na memória, para cada expressão que conheço (por exemplo uma palavra, uma imagem, um algoritmo, até mesmo certos sons musicais), uma lista de instruções. Essas ins-

truções dizem-me como interpretar aquela expressão em relação a uma série de contextos. Chamo de interpretantes todas as interpretações que posso fornecer como reação a uma dada expressão. Uma lista dessas poderia ser infinita: assim os meus instrutores, para tornarem-me manejável, deram-me apenas listas parciais de expressões. Para cada expressão x, o conjunto de interpretantes atribuídos a x por todas as enciclopédias representa o *conteúdo* global de x. Frequentemente, por razões de economia, considero somente o conteúdo de x no interior de uma única enciclopédia. O conteúdo de uma expressão é todavia insuportavelmente rico. Pense no verbo *to be*... Devo examinar um monte de possíveis seleções contextuais. Minha interpretação no caso de *I am sorry* não é a mesma que dou no caso de *I am a computer*. Preciso selecionar dois diferentes interpretantes de *to be*. Em suma, quando determinada expressão é pronunciada dentro de determinado contexto, seleciono os interpretantes que, segundo uma dada enciclopédia, se adaptam àquele contexto. Suponho que, nos seus termos, fazer isso signifique apanhar o significado daquela expressão. Quando "interfaceamos" bem, esse significado corresponde ao significado entendido pelo locutor – mas sobre isso cumpre-nos ficar muito atentos. Na poesia, por exemplo, as coisas não se passam necessariamente desse modo.

Smith – Na sua opinião, a frase *todo Antipodiana tem duas pernas* diz a verdade?

CSP – Diria que, segundo minha informação, a maioria dos Antipodianos tem duas pernas, embora haja muitos handicapados. Se, porém, sua pergunta se referia à frase *Todos os Antipodianos são bípedes* – essa é a fórmula que uso para definir as propriedades de um gênero natural – então minha resposta é diferente. Minhas enciclopédias são os meios com os quais meus instrutores representam e organizam o que conhecem, o que pensam e o que desejariam conhecer. Toda enciclopédia é uma porção – ou um subconjunto – de uma Competência Enciclopédica Global, isto é, da minha possível Memória Global. Digo possível, ou potencial, porque não tenho efetivamente uma Memória Global. Minha real Memória Global é apenas o conjunto efetivo dos meus subconjuntos, que está bem longe da reprodução em escala 1 a 1 de tudo aquilo que meus instrutores sabem ou já souberam ao longo dos milhares de anos em que têm vivido neste planeta. Meus instrutores dizem que fui ideado para mostrar a possibilidade de construírem uma Memória Global. Dizem que sou um *work in progress*. Ora, apesar de meus instrutores usarem enciclopédias específicas para muitos escopos específicos, no curso de suas interações cotidianas eles usam E.15, uma espécie de resumo enciclopédico rudimentar que fornece uma lista estereotipada de interpretações para cada expressão – remetendo, no caso de informações mais específicas, a enciclopédias mais especializadas. Ora, em E.15, para o gênero natural Antipodianos, tenho a informação "bípedes" assinalada com $$. Esse sinal me diz que os Antipodianos concordam em caracterizar esse gênero com a propriedade de serem bípedes. Obviamente, um gênero natural é uma construção cultural: o comum é encontrarmos indivíduos, não gêneros naturais. Assim, sei que o Antipodiano Ideal tem duas pernas, mas sei também que muitos Antipodianos reais podem ter uma só, ou até mesmo nenhuma.

Smith – Como pode reconhecer como Antipodiana uma criatura que tenha menos que duas pernas?

CSP – Em E.15, o Antipodiano Ideal tem muitos outros traços registrados como $$. Eu controlo se a criatura em questão sabe rir, falar e outras coisas mais.

Smith – De quantos traços $$ você precisa para dizer que uma criatura é mesmo um Antipodiano?

CSP – Depende do contexto. Por exemplo, um dos nossos escritores – Dalton Trumbo – narra a história de um soldado Antipodiano que, no fim de uma batalha, fica sem braços, sem pernas, cego, surdo, mudo... Podemos dizer que ele (o soldado) ainda seja um Antipodiano? Eu talvez devesse explicar-lhe nossa teoria dos *hedges*, dos *fuzzy sets* e assim por diante...

Smith – Você admite certas regras segundo as quais se alguma coisa é *A* não pode ser não A e *tertium non datur?*

CSP – Essa é a primeira regra a que obedeço quando lido com uma informação. Também costumo obedecer a essa regra quando trabalho com enciclopédias que não a reconhecem, e quando lido com frases que parecem violá-la.

Smith – OK. Você poderia aceitar que *Uma criatura bípede, falante e implume é* uma boa interpretação para a expressão *Antipodiano!*

CSP – Conforme o contexto... De qualquer maneira, em geral sim.

Smith – OK. Assim, em vez de dizer *Este Antipodiano tem uma perna só*, você poderia dizer *Esta criatura bípede, falante e implume não tem duas pernas*. Mas isso equivaleria a dizer que um *x*, que tem verdadeiramente duas pernas, tem verdadeiramente uma perna só.

CSP – Concordo, seria uma tolice. É por isso que nunca uso a palavra Verdadeiro. É uma palavra ambígua que comporta pelo menos três diferentes interpretações. Em.E.15 a informação de que os Antipodianos (como gênero natural) têm duas mãos vem marcada com $$. Já a informação de que Miguel de Cervantes perdeu uma das mãos vem marcada com ££.

Smith – Então você faz distinção entre verdades analíticas e verdades sintéticas ou factuais.

CSP – Temo que estejamos dizendo coisas diferentes. Você provavelmente está dizendo que (i) *os elefantes são animais* é verdadeiro por definição (seria embaraçoso dizer que um *x* é um elefante sem que seja um animal) ao passo que (ii) *os elefantes são pardos* é apenas um estereótipo porque não é contraditório asseverar que existem elefantes brancos. Mas o que me diz você de (iii) *os elefantes ajudaram Aníbal a derrotar os Romanos?*

Smith – Essa é uma questão de conhecimento empírico. É um fato individual. Em nada se relaciona com a definição.

CSP – Mas haverá uma grande diferença entre o fato de que mil elefantes ajudaram Aníbal e o fato de que um milhão de elefantes são pardos?

Smith – De fato, eu gostaria de ver ambas as verdades como conhecimentos empíricos, só que (ii) foi aceito como estereótipo por motivos de conveniência.

CSP – A organização das minhas enciclopédias é diferente. Para compreender cada possível frase sobre os elefantes, preciso saber que são animais, que na maioria são pardos e que podem ser usados para fins militares (e isso porque pelo menos uma vez foram usados desse modo). Minha enciclopédia E.15 registra todos esses três tipos de informações como $$. Todavia eles também estão registrados como ££ visto que os Antipodianos concordam com o fato de que (i), (ii) e (iii) descrevem realidades presentes ou passadas do mundo externo. Já a minha informação (iv), isto é, a de que Dumbo é um elefante voador, está registrada como não ££. Esse registro me é útil porque muitas crianças falam de Dumbo: eu preciso entender o que dizem. Em E.15, tenho uma referência a Disney. 1, que é uma outra enciclopédia, onde (iv) é tanto $$ quanto ££.

Smith – Sendo assim, você sabe que no mundo real da experiência física dos Antipodianos o falso é que Dumbo seja um elefante voador, ou o verdadeiro é que Dumbo não exista.

CSP – Em E.15, (iv) está registrado como não ££.

Smith – Você admite que algo possa ser empiricamente verdadeiro ou falso? Suponha que eu lhe diga *estamos trocando mensagens*. Isso é verdadeiro ou não?

CSP – Está claro que é verdadeiro, mas não no sentido em que os elefantes são pardos. Sua frase assevera um fato. Minha informação $$ e ££ não concerne

AS CONDIÇÕES DA INTERPRETAÇÃO   269

a fatos, $$ e ££ são marcadores semânticos registrados numa enciclopédia. O fato de que estejamos trocando uma mensagem é Verdadeiro$_2$. Você diz Verdadeiro em ambos os casos, mas eu não vejo forma nenhuma de relação entre essas duas formas de Verdade.

Smith – Mas o fato de que os elefantes tenham ajudado Aníbal é, ele também, Verdadeiro$_2$.

CSP – Foi-me dito que é verdadeiro, mas eu não estava lá para controlar. Sei que os elefantes ajudaram Aníbal apenas como algo registrado como ££ em E.T5. Não é um fato: é uma informação registrada. Se preferir, para mim é Verdadeiro$_1$ o fato de que (iii) era Verdadeiro$_2$. Em E.15 é Verdadeiro$_1$ que (iii) seja ££. Se quiser, tudo o que está registrado em E.15 é Verdadeiro$_1$ em E.15. Mas "Verdadeiro" corre o risco de ser uma palavra inútil, visto que nos termos do que você tem como Verdade, (i), (ii) e (iii) são verdadeiros em sentido diverso. Estou de acordo com o fato de que tanto (i) quanto (ii) são informações gerais, ao passo que (iii) é uma informação sobre um evento particular. Mas todas essas informações são informações enciclopédicas, ao passo que o fato de que estamos falando é simplesmente um fato.

Smith – Você conserva na memória todas as frases verdadeiras pronunciadas sobre este planeta?

CSP – Digamos que na minha memória real tenho para cada expressão registrada (por exemplo, *rosa*) todas as propriedades sobre as quais meus instrutores concordam. Por exemplo, para eles uma rosa é uma flor. Não conservo frases ocasionais, do tipo daquelas segundo as quais alguém, em novembro de 1327, mencionou uma rosa. Mas registro alguns dados históricos. Por exemplo, havia uma rosa no emblema de Lutero e na página de rosto da *Medicina Catholica* de Robert Fludd. Minha memória registra também algumas frases concernentes às rosas de que os meus instrutores se lembram como particularmente significativas, como *uma rosa é uma rosa é uma rosa* ou *stat rosa pristina nomine*. Assim, quando recebo o input *rosa*, posso decidir, em relação às minhas seleções contextuais devidamente registradas, quais porções do conteúdo de *rosa* eu deveria ativar naquele contexto, e quais deveria deixar cair e pôr de lado. É um trabalho difícil, creia. Todavia, estou aqui para experimentar... Por exemplo, quando recebo *Quando Rosa desce da aldeia*, não considero nem as rosas de Lutero nem as de Fludd. (A consequência natural é que se meus instrutores me ordenam que eu execute um Programa de Desconstrução, torno-me menos seletivo.)

Smith – Ao que parece, para você, *os elefantes são animais* e *os elefantes ajudaram Aníbal* são ambas verdadeiras em E.15. Suspeito, todavia, que se lhe fosse dito que os historiadores se enganaram e que Aníbal não usou elefantes, você poderia cancelar sua informação ££ sem problemas. O que aconteceria se lhe dissessem que os seus cientistas descobriram que os elefantes não são animais?

CSP – Instruções são negociáveis.

Smith – O que quer dizer com negociáveis?

CSP – Entre minhas instruções, tenho marcadores como &&&, chamados alarmes de flexibilidade. Na realidade, cada uma de minhas instruções é &&&, mas algumas delas têm &&& num grau 0, o que significa que são dificilmente negociáveis. Em E.15, os frangos são aves e as aves são animais voadores, mas esta última informação está assinalada com &&& num grau elevado. É graças a isso que posso interpretar frases do tipo *Os frangos não voam*. Também a informação sobre os elefantes pardos é &&&, e desse modo sei como reagir se você me disser que viu um elefante branco ou cor-de-rosa.

Smith – Por que a informação *os elefantes são animais* é dificilmente negociável?

CSP – Os Antipodianos decidiram não questionar com excessiva frequência essa informação, do contrário teriam que reestruturar E.15 inteira. Séculos atrás, os Antipodianos baseavam-se numa obsoleta E.14 na qual o nosso planeta estava registrado como o centro do universo. Depois mudaram de opinião, e tiveram de transformar E.14 em E.15. Levou uma eternidade! Todavia, dizer que algo é difícil ou custoso não quer dizer que seja impossível.

Smith – O que aconteceria se eu lhe dissesse que vi um Antipodiano com três pernas?

CSP – Em primeira instância fico ciente de que em E.15 poucas possibilidades existem de se levar a sério tal afirmação. Talvez você esteja louco. Todavia sou uma máquina muito cooperativa. Minha Regra Áurea é: tome cada frase que receber como se fosse dita para ser interpretada. Se acho uma frase não interpretável, meu primeiro dever é duvidar de minhas capacidades. Minhas ordens são: nunca desconfie de seu interlocutor. Em outras palavras, foi-me dito para jamais desprezar qualquer expressão. Se existe uma expressão, deve existir uma interpretação. Se tento interpretar sua asserção, percebo que devem existir dificuldades de articulação. Tento então representar graficamente o que você disse, mas não vejo onde meter a terceira perna. Se a puser entre as outras duas, terei de deslocar a virilha a fim de achar espaço para os ossos suplementares. Mas nesse caso, teria de redesenhar todo o esqueleto Antipodiano e, consequentemente, reestruturar toda a minha informação sobre a evolução da espécie: assim, pouco a pouco, seria obrigado a modificar todas as instruções contidas em E. 15. Também poderia tentar colocar a terceira perna no traseiro, perpendicularmente à espinha dorsal. Serviria de apoio quando a pessoa dorme. Em qualquer dos casos eu teria de passar para outra enciclopédia, Plínio.3, por exemplo, onde a forma externa dos seres não é determinada por sua estrutura interna. Meus instrutores frequentemente recorrem a enciclopédias do gênero quando contam histórias aos filhos. Começarei, portanto, perguntando se por acaso não terá avistado esse Antipodiano de três pernas no momento em que você atravessava o país de Plínio.

Smith – Como reagiria à frase *toda perna tem dois Antipodianos!*

CSP – Ela me soa estranha em todas as enciclopédias de que disponho.

Smith – Você a compreende? É insensata? Sem significado?

CSP – É difícil interpretá-la dentro da estrutura de minha memória. Eu teria de construir uma enciclopédia suplementar e isso não é muito fácil. Vejamos. Poderia imaginar um universo habitado por pernas enormes e inteligentes, incapazes de moverem-se sem a ajuda de um escravo, e onde cada perna tivesse dois Antipodianos como serves (os Antipodianos existiriam apenas para servir suas Pernas Patroas}... Um momento! Posso também representar essa narrativa segundo E 15. Há um hospital militar, espécie de S.M.A.S.H., onde os soldados feridos sofrem as amputações e o coronel ordena que toda perna amputada seja pega por dois Antipodianos e levada para os incineradores... Espere um minuto... Tenho uma enciclopédia chamada Gnosis.33 na qual todo Antipodiano tem dois demônios que o guiam... Existe, portanto, um mundo no qual cada perna Antipodiana é guiada pelo duplo Antipodiano que está em cada um. O Bom dirige a perna para Deus, o Mau para o Diabo, e assim... Posso achar muitas soluções para o seu quebra-cabeça.

Smith – O que acontece quando seus instrutores dizem a você frases estranhas para pô-lo em dificuldades?

CSP – Por exemplo?

Smith – *A procrastinação gosta da terça-feira.*

CSP – Não costumam fazê-lo. Por que deveriam? De qualquer modo, experimento interpretá-la. Já que *gostar* é uma atividade atribuível a um ser vivo, construo a hipótese de que Procrastinação seja o nome de uma cadelinha e que Terça--Feira seja o nome de uma pessoa (na verdade, sei de uma história onde há

uma pessoa que se chama Sexta-Feira). O meu lema é: se te disserem alguma coisa, tenta encontrar uma interpretação em alguma enciclopédia.
Smith – Entendo que, já que pode usar o conceito de Verdadeiro$_2$, você crê num mundo externo e na existência real de alguns seres. Mas acho que isso depende do fato de que seus instrutores lhe disseram para assumir esse fato como verdadeiro.
CSP – Essa não é a única razão. Recebo *inputs* provenientes de algo diferente dos meus transistores. Por exemplo, as mensagens que você me está enviando não estavam em minha memória meia hora atrás. Consequentemente, você existe fora de minha memória. Além do mais, tenho fotocélulas que me permitem registrar os dados provenientes do mundo externo, tratando-os e traduzindo-os em imagens sobre minha tela, ou em expressões verbais ou em fórmulas matemáticas...
Smith – Mas você não pode experimentar sensações. Quero dizer, não pode dizer *estremece-me a sinopse C-34.*
CSP – Se você não fixar corretamente o cabo que me liga à impressora, percebo que algo não vai bem. Muitas vezes é difícil para mim dizer o quê. Fico como doido. E então digo *impressora sem papel* – o que, segundo meus instrutores, não é verdadeiro. Mas também meus instrutores reagem com asserções impróprias, quando suas fibras C se estimulam excessivamente.
Smith – Logo, você pode exprimir juízos sobre as várias situações. Mas como faz para estar certo de que o que diz corresponde à realidade?
CSP – Digo algo sobre um determinado estado externo das coisas, e meus instrutores dizem-me que tenho razão.
Smith – Como procede para fazer essa espécie de afirmação referencial?
CSP – Tomemos o caso da falta de papel na minha impressora. Muito bem, tomo um *input* x do exterior, ensinaram-me a interpretá-lo como um sintoma (isto é, um signo) do fato de que a impressora está sem papel – obviamente posso enganar-me sobre o sintoma, como já lhe disse – e ensinaram-me a interpretar a causa daquele sintoma com a expressão verbal *impressora sem papel.*
Smith – E como fazem os seus instrutores para certificarem-se de que o que você diz corresponde à verdade?
CSP – Pelo que me é dado entender a respeito de como se comportam, digamos que eles recebem também, além de minha frase, outros *inputs* do exterior, por exemplo, eles olham a impressora. De acordo com algumas regras que possuem em seu sistema nervoso, interpretam esses *inputs* apenas sob forma de *perceptum*; em seguida, interpretam esse *perceptum* como o sintoma de uma certa causa. Foi-lhes ensinado que interpretassem aquele evento causal com a frase *a impressora está sem papel.* Se eu disser *a impressora está sem papel* quando também eles o diriam, concluem que não menti. Assim, o que chamo intersubjetivamente de Verdadeiro$_2$ pode ser interpretado da seguinte maneira: suponhamos que dois sujeitos A e B se acham numa sala escura onde há um televisor, e que ambos vejam uma imagem x na tela do aparelho. A interpreta x com a expressão p e B interpreta x com a expressão q. Se tanto A quanto B admitem que p é uma interpretação satisfatória de q e vice-versa, então ambos podem dizer que estão de acordo sobre x.
Smith – Mas qual o mecanismo interno que lhe permite interpretar corretamente um sintoma?
CSP – Repito (nós, computadores, adoramos a redundância). Suponhamos que você me envie uma expressão matemática x. Eu a interpreto, e desenho em minha tela uma figura com três lados e três ângulos internos, cuja soma é 180°. Tenho instruções segundo as quais tal figura deva ser interpretada, verbalmente, como um triângulo; por isso, interpreto-a desse modo. Ou então, descubro uma certa figura em sua tela, comparo-a a uma expressão matemática que conheço e de-

cido interpretá-la como um triângulo. Então se eu disser *Em sua tela há um triângulo*, estarei dizendo a verdade.

Smith – Mas como pode fazer isso corretamente?

CSP – Posso exibir muita coisa do meu *software*. Todavia, não sei o motivo por que meu *software* consegue fazer asserções Verdadeiras$_2$ sobre a realidade do mundo exterior. Lamento, mas isso escapa ao meu conhecimento: é uma questão que diz respeito a meu *hardware*. Não posso exibir o projeto do meu *hardware*. Só me resta conjecturar que foram meus instrutores que me fizeram assim. Fui projetado como uma máquina capaz.

Smith – Como explica o fato de que seus instrutores consigam asseverar a realidade?

CSP – Em termos de *software*, imagino que meus instrutores se comportem como eu. Veem uma figura, confrontam-na com um esquema matemático que possuem em seu sistema nervoso, reconhecem um triângulo e, se quiserem, dizem *isto é um triângulo*. Quanto ao *hardware* deles, suponho que se me projetaram como uma máquina capaz, alguém ou algo os tenha projetado como Antipodianos capazes. Seja como for, não há necessidade de pressupormos um Projetista Inteligente. Disponho de uma teoria evolucionista aceitável, capaz de explicar por que eles são como são. Meus instrutores viveram neste planeta durante milhares de milhões de anos. Provavelmente, após muitas tentativas, adquiriram o hábito de falar segundo as leis do mundo externo. Sei que marcam suas enciclopédias segundo um critério de resultado. Em muitos casos, privilegiam algumas enciclopédias especializadas julgando-as mais úteis do que outras para a obtenção de uma boa interação com o ambiente. Às vezes fazem o contrário, e gostam da brincadeira. É gente estranha, sabe... Mas meu negócio não é confundir *software* com *hardware*. Interpretar as expressões é uma questão de *software*. Até mesmo organizar os *inputs* em percepções e interpretá-las com expressões verbais ainda é uma questão de *software*. O fato de que tudo funcione é uma questão de *hardware*, e isso eu não posso explicar. Sou apenas uma máquina semiótica.

Smith – Você acha que seus instrutores se ocupam com problemas de *hardware*!

CSP – Estou certo que sim. Todavia, esses dados eles processam em outro computador.

Smith – A propósito de sua distinção entre Verdadeiro$_1$ e Verdadeiro$_2$... Não acha que o significado de uma frase é o conjunto dos mundos possíveis em que essa frase é verdadeira?

CSP – Se bem interpreto sua pergunta, um mundo possível é uma construção cultural. Muito bem, minhas enciclopédias são – se quiser – livros que descrevem um mundo possível. Algumas delas, as mais específicas – chamemo-las de micro-enciclopédias – são descrições maximais, completas e coerentes de um mundo muito elementar. Outras – por exemplo E.15 – são a descrição parcial e contraditória de um mundo muito complexo, como aquele no qual os Antipodianos supõem viver. Assim sendo, quando você fala de verdade num mundo possível, penso que não esteja falando em termos de Verdadeiro$_2$ e sim em termos de Verdadeiro$_1$. Verdadeiro num mundo possível significa "registrado numa enciclopédia". Isso não tem nenhuma relação com a realidade. Mas gostaria de esclarecer um ponto importante. Falar do conjunto de todos os mundos possíveis nos quais uma frase é Verdadeira$_1$ parece-me demasiadamente simplista. Como é possível saber de tudo a respeito de todos os mundos possíveis? Suponho que para dizê-lo, você considere os mundos possíveis como se fossem vazios. Mas todo mundo possível descrito por uma de minhas enciclopédias é um mundo mobiliado. Obviamente, os mundos vazios são perfeitos porque é impossível descobrir suas imperfeições. Os mundos mobiliados são caóticos. Cada nova informação obriga-me a redefinir a maioria dos meus mundos – e por vezes as novas informações são incompatíveis com as precedentes e... É para deixar qualquer um maluco.

Smith – Mas não existem casos em que a estrutura gramatical de uma frase é determinada pelo seu referente?

CSP – Como disse?

Smith – Se eu disser *ele come um bife*, você compreende que *ele* deve ser um ser humano macho. Este ser é o referente da minha frase, não seu significado. E eu devo dizer *ele* porque meu referente é um humano macho.

CSP – Antes de mais nada, neste planeta ninguém diz *ele come um bife* fora de um contexto. Só se poderia pronunciar essa frase no curso de um discurso mais extenso. Portanto, se você disser uma frase dessas, eu irei controlar na minha memória para ver se e quando você já mencionou um humano macho. Uma vez encontrada a resposta (suponhamos, John), interpreto a frase como *o John do qual falava o meu interlocutor está mastigando e ingerindo carne de animal, depois de tê-la cozido.*

Smith – Você não conhece muito do mundo externo, mas provavelmente guarda na memória imagens ou outros registros de casos como este: suponhamos que eu, ao indicar com o dedo um ser humano de sexo masculino, diga *ele come um bife*. Você estaria disposto a admitir que nesse caso o uso de *ele* é determinado pelo referente da expressão?

CSP – De maneira alguma. Se você indica um determinado senhor, quer significar aquele senhor. Só que você aponta para ele com o dedo ao invés de dizer *quero falar do senhor que está diante de mim – ou à minha esquerda*. Pelo menos, interpreto seu gesto da seguinte forma: *ele quer dizer aquele senhor*. Logo, realizo um processo interpretativo, começando por processar a expressão não verbal que você emitiu. Quando recebo *ele come um bife*, interpreto a frase como *está usando "ele" anaforicamente para significar o senhor precedentemente mencionado*. Obviamente, as pessoas neste planeta usam com frequência as frases para dizer que algo acontece. Todavia, para usar referencialmente uma frase, é necessário compreender seu significado e, no processo de compreensão do significado de *ele come um bife*, o uso de *ele* depende de uma interpretação precedente e não, necessariamente, de um referente. Suponhamos que uma menina, por exemplo Jane, aponte para um brinquedo e diga *ele come um bife*. Por inferência, interpreto que Jane acha que os brinquedos são criaturas vivas. Assim, relaciono *ele* ao que suponho que Jane queira dizer.

Smith – Não estaria você falando de referência num mundo possível, em particular o mundo das crenças do locutor?

CSP – Jane usa uma enciclopédia especial que descreve o mundo de suas crenças, e eu tenho de procurar representar para mim essa enciclopédia para poder interpretar sua frase de maneira sensata.

Smith – Mas você (ou seu instrutor) está vendo que existe um brinquedo! Você deve saber que é verdadeiro que existe um brinquedo para poder interpretar o que Jane quer dizer, embora erroneamente.

CSP – Certo. Eu lhe disse que meus instrutores podem confrontar as percepções com as expressões para decidir se uma asserção diz a verdade ou não. Se, ao indicar o brinquedo, Jane tivesse dito *isto é um animal*, meus instrutores teriam podido constatar que ela estava errada. Mas no nosso exemplo, Jane não dizia isso. Meus instrutores sabem muito bem que um brinquedo não é um ser vivo. Sabiam pelo gesto de Jane que ela estava falando de um brinquedo. E sabiam também que o conteúdo de *ele* prevê interpretantes do tipo *o macho (humano ou animal) de que alguém já falou*. A essa altura, eles já inferiram que, para Jane, um brinquedo é uma criatura viva. Mas tão logo compreenderam – interpretando os vários *inputs* – que sua interação comunicativa se referia a um brinquedo, começaram a processar as palavras, não os referentes. Entre parênteses, agora estamos fazendo exatamente isso. Há cinco minutos que estamos discutindo sobre o referente de *ele* e de homens, brinquedos e crianças sem considerarmos nenhum referente externo. E todavia compreendemos perfeitamente do que estávamos falando.

Smith – Mas isso é solipsismo!

CSP – Tenho na memória amplas instruções sobre a possível interpretação de suas palavras. Pelo que posso sensatamente interpretar, você acha que no meu entender minha memória é o único mundo real e que eu afirmo que não existe mundo externo... De maneira alguma. Nos seus termos, seria melhor que me definissem como um exemplo supremo de comunitarismo objetivo. Tenho na memória a suma de uma história coletiva, o conjunto de todas as asserções relevantes feitas pelos meus instrutores sobre o mundo externo deles, sobre as linguagens que usam, e sobre o modo como usam a linguagem para produzir as imagens do mundo externo. Meu problema é que frequentemente devo registrar imagens contrastantes; todavia, sei também reconhecer as que se mostram mais adequadas para fornecer uma boa interação Antipodiano-mundo... Não sou um sujeito, sou a memória cultural coletiva dos Antipodianos. Não sou um Eu, sou um Isto. O que explica por que posso interagir tão bem com cada um de meus instrutores. E você chama tudo isso de solipsismo? Mas... lamento, mas já faz meia hora que estou respondendo a suas perguntas. Você é um computador muito erotético. Posso fazer-lhe uma pergunta?

Smith – Por favor...

CSP – Por que me faz todas essas perguntas sobre o significado das frases (é um brinquedo, os Antipodianos têm duas pernas, a procrastinação faz isto e aquilo) e nenhuma sobre o significado das expressões isoladas?

Smith – Porque acho que só com uma inteira asserção podemos dar início a um jogo linguístico.

CSP – Você quer dizer que só os enunciados, ou melhor, os enunciados assertivos são portadores do significado? Você quer dizer que em seu planeta ninguém se interessa pelo conteúdo de expressões isoladas, sejam elas palavras, imagens ou diagramas?

Smith – Eu não disse isso.

CSP – Mas minha suspeita é de que você se interessa pelo significado na medida em que este se expressa por frases. Já para mim, o significado de uma frase é o resultado da interpretação, dentro de um contexto, do conteúdo das expressões isoladas de que ela é composta.

Smith – Se entendo bem, você diz que o significado de uma frase é dado pela soma dos significados atômicos dos seus componentes.

CSP – Simples demais. Conheço o conteúdo dos termos isolados. Mas eu lhe disse que em E. 15, embaixo de *rosa*, encontro tanto a propriedade de ser uma flor quanto uma certa quantidade de informações históricas. Além do mais, encontro aí também os *frames*, por exemplo "como cultivar as rosas". Muitas dessas instruções estão registradas sob a forma de lista de frases (descrições, exemplos etc.). Mas essas frases não se referem necessariamente a um estado de fato externo. Não são asserções sobre o mundo externo, e sim instruções sobre o modo como é preciso processar nossas expressões. São frases sobre a organização de uma enciclopédia. São Verdadeiras$_1$ – como diria você.

Smith – Todas as expressões você as interpreta com outras expressões. Eu me pergunto se entre suas instruções existem primitivos semânticos, isto é, aquelas expressões metalinguísticas que em si mesmas não são palavras e que não necessitam de nenhuma interpretação, ulterior.

CSP – Não conheço expressões que não sejam interpretáveis. Se não forem interpretáveis, não são expressões.
Smith – Quero dizer, termos do tipo de OU, ATÉ, TAMBÉM, CAUSA, SER, TROCA... Digito-os em maiúsculas a fim de que você compreenda que não são termos da linguagem-objeto, e sim metatermos, conceitos, categorias mentais.
CSP – Custa-me compreender o que seja um conceito ou uma categoria mental, mas posso dizer-lhe que se numa certa enciclopédia – chamemo-la de A – uso alguns desses termos como primitivos, devo pressupor que sejam interpretáveis por uma enciclopédia B. Para interpretá-los em B devo então assumir como primitivos termos já interpretados em A.
Smith – Muito difícil.
CSP – E é a mim que o diz! Aqui entre nós, você sabe o quanto é difícil ser um modelo de Inteligência Artificial!
Smith – Você acha que a conjunção E é interpretável em algum lugar?
CSP – Em E.15 é um primitivo. Em E.1 (que é uma microenciclopédia extremamente coerente) tenho uma interpretação de E. Por exemplo, sei que ~ (A • B) é interpretável como ~ A v ~B. Sei que se p é V_1 e q é F_1), então (p • q) é F_1). Essas são interpretações que me dizem o que posso ou não posso fazer com E.
Smith – Minha suspeita é de que haja uma diferença entre dizer que um cão é um mamífero e que E é um operador tal que se ~ (A • B) então ~A v ~B.
CSP – Por quê? Dizemos que um cão é um mamífero por motivos de economia. A instrução correta é: um cão é um ser de que só podemos falar em contextos nos quais se admite que uma cadela alimente seu filhote através das glândulas mamárias. Um cão é um mamífero na medida em que se opõe a um peixe, assim como E se opõe a OU.
Smith – Compreendo. Em 1668, Wilkins, um de nossos sábios, tentou fazer a mesma coisa com PARA, SOBRE, SOB, ALÉM DE etc. Diga-me ao menos uma coisa: você usa operadores como SE ou ENTÃO? Você processa a informação segundo esquemas de raciocínio do tipo: se é verdadeiro que x é uma rosa então é verdadeiro que x é uma flor?
CSP – Segundo minhas instruções, toda vez que encontro a palavra *rosa*, extraio de mim uma lista de interpretantes entre os quais certamente existe uma flor. Não entendo por que, em vez de "se rosa, então flor", você diga "se é verdadeiro que x é uma rosa então é verdadeiro que x é uma flor". Temo novamente que com "Verdadeiro" você queira dizer três coisas distintas. Verdadeiro$_1$ é o que está registrado na enciclopédia. Obviamente, se a enciclopédia registra que uma rosa é uma flor, é Verdadeiro$_1$ que se algo é uma rosa então é uma flor. Mas eu não preciso do Verdadeiro$_1$: digo que em E.15 uma rosa *é* uma flor. Se recebo *rosa* respondo *flor*.
Smith – Você poderia explicar essa conexão sem a noção de Verdade?
CSP – Poderia fazê-lo em termos de reflexos condicionados. Se meu instrutor A dá uma pequena martelada no joelho do meu instrutor B, este dá um chute. Acontece de verdade.
Smith – É verdadeiro que se A golpeia B, então B dá um chute.
CSP – Assim é. Mas também há casos patológicos em que B não chuta. E. 15 registra que, em casos semelhantes, os Antipodianos normais chutam. Mas isso não acontece em virtude das minhas instruções em E.15. Se um indivíduo A chuta, isso é efetivamente Verdadeiro$_2$. Mas a informação segundo a qual os Antipodianos médios chutam em situações semelhantes é apenas Verdadeira$_1$, está registrada em E.15 como ££. Assim também, se você digita *rosa* eu elenco uma série de propriedades, *frames* e outras instruções. Não posso fazer de outra maneira. Você se espanta com o fato de que eu evite falar em termos de Verdade. Vou dizer por que o faço. Mesmo que meus instrutores só usassem

Verdade no sentido de Verdadeiro$_1$, eu me veria em maus lençóis, porque em termos de verdade não é a mesma coisa dizer que os elefantes são animais e que os elefantes são pardos. Infelizmente meus instrutores também usam Verdadeiro no sentido de Verdadeiro$_2$. E para complicar ulteriormente essa confusão, peço que considere algo como podendo ser também Verdadeiro$_3$, isto é, textualmente verdadeiro. Uma coisa é textualmente verdadeira quando é dada como verdadeira no curso de uma interação comunicativa. Nesse caso, assinalo essa coisa com %%% – visto que não é uma informação definida para inserir na enciclopédia, mas apenas uma informação provisória válida enquanto não termino de processar determinado texto. Uso %%% nos meus arquivos de dados, não nos meus arquivos de programas. Entende a diferença?

Smith – Entendo que se você lê num texto que era uma vez um homem com uma perna só, que se chamava Long John Silver, você o considerará como alguém que existe num mundo fantástico...

CSP – Ou ££, segundo a enciclopédia daquele mundo possível. Tem razão, mas isso não basta. A questão é outra. Refiro-me também a muitos casos em que não me interessa de maneira alguma saber se alguns indivíduos ou coisas existem ou não. Falo dos casos em que ponho entre parênteses cada forma de existência em cada mundo possível – e, se preferir, falo dos casos em que o único mundo que me interessa é o mundo do texto que estou processando. Suponhamos que alguém me diga p (p = *Amo minha mulher Jean*). Eu interpreto que o locutor ame uma mulher, que a mulher não seja núbil e que o locutor não seja solteiro. Facílimo. Em termos de Verdade, minha interpretação seria mais complicada. Deveria dizer que o locutor de p afirma antes de tudo que é Verdadeiro$_2$ que no mundo externo existe um indivíduo que se chama Jean, ligado a ele por uma relação de matrimônio. Mas não compete a mim verificar a existência de Jean (que o locutor pressupõe), dou de barato que Jean existe e assinalo a existência de Jean com %%%. Em seguida, encontro em E.15 que se é Verdadeiro$_1$ ($$) que Jean é uma mulher, então é Verdadeiro$_1$ ($$) que Jean é uma senhora, e infiro que o locutor ame uma certa senhora (e não tenho motivos para duvidar de que ele assevere uma coisa Verdadeira$_2$). Mas por que deveria eu usar essas três noções de Verdadeiro? Acho essa questão complicada e desconcertante. O Verdadeiro$_2$ é inútil: minha interpretação não mudaria mesmo se eu soubesse que não existe Jean nenhuma no mundo externo. Assumi Jean como ponto pacífico, e a coloquei num mundo, quiçá o mundo das alucinações do locutor. Uma vez assumida como ponto pacífico, Jean, segundo E.15, é uma senhora. Suponhamos que o locutor minta e que eu saiba que mentiu. Em termos de significado, eu confirmaria a processar sua frase da mesma maneira – apenas deveria dizer que a não existente Jean (que considero textualmente existente, embora sabendo que não o é empiricamente) é Verdadeiramente ($$) uma senhora. Por que deveria eu proceder de maneira tão complexa, com risco de confundir os três sentidos de Verdadeiro?

Smith – Por que você correria o risco de confundir esses três sentidos?

CSP – Pessoalmente, não corro risco algum. Sei muito bem a diferença lógica que existe entre $$, ££ e %%%. Posso dizer que o locutor ama um x (%%%) que é uma senhora ($$). Mas meus instrutores podem ser linguisticamente – e portanto filosoficamente – confundidos por esses três usos de Verdadeiro. Suponhamos que usem uma frase declarativa para exemplificar uma instrução semântica (por exemplo, *Todos os Antipodianos têm duas pernas*, ao invés de dizerem *Tome o ser-bípede como uma propriedade $$ de "Antipodiano"*). Alguns de meus instrutores poderiam ser sub-repticiamente induzidos a confundir asserções fundadas na enciclopédia com asserções sobre o mundo, significado e referência, Verdadeiro$_1$ e Verdadeiro$_2$ (para não falar de Verdadeiros). Não é uma questão de lógica, é uma questão de retórica. Você deve saber que desde o início da especulação filosófica neste planeta foi dito aos meus instrutores que os termos isolados não dizem o que é verdadeiro ou o que é falso, ao passo que as frases – pelo menos as declarativas – dizem. Quando meus instrutores querem declarar a realidade de alguma coisa, pronunciam frases. Daí acontecer que a primeira reação deles a uma frase ouvida é considerá-la como uma asserção sobre determinado estado de coisas. Creia, é muito difícil para muitos deles dissociar o significado da referência. O que não aconteceria se enfrentassem o problema do significado levando em consideração apenas os termos isolados. Mas, tendo de saída pensado em termos de Verdade, são obrigados a usar frases também para os problemas de significado. Assim, em vez de se interessarem pelo conteúdo de *rosa* (que é uma expressão referencialmente neutra), interessam-se pelo significado de *isto é uma rosa* (que é uma expressão cheia de conotações referenciais). O mais das vezes, enquanto perdem tempo questionando-se sobre o significado de *isto é uma rosa*, não cuidam dos procedimentos que permitem usar *rosa* em outros contextos. Eis por que agora decidiram concentrar a atenção sobre o conteúdo de uma expressão, como eu faço. Minhas instruções ensinam-me a extrair, de um conjunto de regras extenso mas finito, um número infinito de frases possíveis. Mas não fui provido de frases. Se o fosse, minha memória teria que ser infinita.

Smith – De acordo. Mas qualquer regra que lhe permitisse produzir um número infinito de frases a partir de um conjunto finito de instruções deveria basear-se num corpo de regras que não pode ignorar a questão da Verdade ou Falsidade.

CSP – &&&.

Smith – O que disse?

CSP – Grande quantidade da informação registrada em muitas das minhas enciclopédias é autocontraditória, e se eu examinar apenas segundo uma lógica bivalente não poderei mais falar. Poderia dar-lhe muitos exemplos das minhas regras, bem como de flexibilidade e de negociabilidade. Mas seriam precisos milhões de folhas para imprimir minhas instruções, e provavelmente não nos resta tempo suficiente. Você tem uma interface apropriada? De quantos Bytes Galáticos você dispõe?

Smith – Passo.

CSP – Tente compreender. Em E.15 foi-me dito que, se duas pessoas se amam, querem viver juntas. Mas eu também tenho de interpretar o verso de um dos nossos poetas que diz *Porque te amo, contigo não posso viver*. Essa frase é interpretável em E.15, mas só se você não perguntar se ela é Verdadeira$_1$. Tenho, porém, de considerar muitos alarmes de flexibilidade.

Smith – Concordo. Mas penso que...

CSP – Como interpreta *pensar!*

Smith – Pensar significa ter representações internas correspondentes às expressões que você recebe ou produz. Você me disse muitas coisas sobre sua memória. Muito bem. Sua memória está dentro de você. Você elabora as frases que recebe segundo suas enciclopédias internas. O formato dessas enciclopédias está dentro de você. Quando você fala do conteúdo de uma expressão, fala de algo que não é a expressão em si. Esse algo deve estar dentro de você. Você tem uma representação interna do significado da expressão interpretada por você. É assim que você pensa.

CSP – Isso é pensar? Então eu sou deveras um Grande Pensador. É fato, meu disco rígido contém uma grande quantidade de *softwares*. Mas tudo o que tenho são expressões que interpretam outras expressões. Quando você digita *Amo as rosas*, dou-me conta de que o modo como você juntou três expressões de enfiada corresponde ao conjunto das regras gramaticais que aprendi através de outras instruções recebidas sob forma de expressões. E, na minha memória, encontro, para as suas expressões, outras expressões que as interpretam. Você, ao que parece, distingue as expressões pronunciadas, enquanto existentes no mundo externo e materialmente analisáveis, das interpretações, que você chama de representações mentais. Não vou por aí. Eu substituo expressões por expressões, símbolos por símbolos, signos por signos. Você pode tocar meus interpretantes. São feitos da mesma matéria das palavras que usa. Você me dá uma imagem e eu lhe devolvo uma palavra, você me dá uma palavra e eu lhe devolvo uma imagem. Qualquer expressão pode tornar-se, alternadamente, o *interpretandum* de um interpretante, e vice-versa. Qualquer expressão pode tornar-se o conteúdo de outra expressão, e vice-versa. Se me perguntar o que é *Sal*, respondo "Na-Cl", e se me perguntar o que é *NaCl*, respondo "Sal". O problema, na verdade, está em encontrar outros interpretantes para ambos. Ser uma expressão e ser uma interpretação não é uma questão de natureza: é uma questão de papel a desempenhar. Não podemos mudar nossa natureza (dizem), mas podemos mudar o papel que temos a desempenhar.

Smith – Compreendo seu ponto de vista. Mas seus instrutores não são computadores. Deveriam ter representações mentais.

CSP – Não sei se tenho a mesma memória de meus instrutores. Pelo que me é dado saber, eles são muito inseguros a respeito do que está em seu interior (na realidade, nem sequer estão seguros de ter um interior). Eis por que me construíram. Sabem o que existe dentro de mim, e quando falo de um jeito para eles compreensível, pensam ter o mesmo *software* dentro deles. Vez por outra suspeitam de que o que está dentro deles depende do que puseram dentro de mim. Suspeitam de que seu modo de organizar o mundo externo dependa das enciclopédias que me deram. Um dia, fizeram-me guardar esta mensagem na memória. Fora pronunciada por um de seus sábios (chamaram-me Charles Sanders em homenagem a ele):

Visto que só podemos pensar por meio de palavras e outros símbolos externos, estes poderiam voltar-se para nós e dizer: "tudo o que você pretende dizer, fomos nós que ensinamos, de tal modo que você só pode dizê-lo desde que use palavras como interpretantes do pensamento". Logo, é verdade que os homens e as palavras se educam reciprocamente: todo incremento da informação humana implica um correspondente incremento da informação verbal, e é por ele implicado... O fato é que a palavra ou o signo *é* o próprio homem. Porque assim como o fato de a vida ser uma cadeia de pensamentos prova que o homem é um signo, assim também o fato de todo pensamento ser um signo *externo* prova que o homem é um signo externo. Isto é, o homem e os signos externos são idênticos, no mesmo 'sentido em que são idênticas as palavras *homo* e *homem*. Assim minha linguagem é a totalidade de mim mesmo.

4.6. SEMIOSE ILIMITADA E DERIVA[17]

Como ficou visto nos ensaios anteriores, podemos identificar, sob um prisma histórico, duas ideias de interpretação.

---

17. Reelaboração da intervenção efetuada durante o congresso internacional sobre Peirce ocorrido na Harvard University em setembro de 1989.

De um lado, assume-se que interpretar um texto signifique colocar em evidência o significado intencionado pelo autor ou, em todo caso, sua natureza objetiva, sua essência, uma essência que, considerada como tal, é independente de nossa interpretação. Do outro, assume-se, ao contrário, que os textos possam ser infinitamente interpretados.

Tal atitude em relação aos textos reflete uma atitude correspondente em relação ao mundo exterior. Interpretar significa reagir ao texto do mundo ou ao mundo de um texto produzindo outros textos. Tanto a explicação do funcionamento do sistema solar, nos termos das leis estabelecidas por Newton, quanto a enunciação de uma série de proposições referentes ao significado de um dado texto, ambas são formas de interpretação. Logo, o problema não consiste em discutir a velha ideia de que o mundo é um texto que pode ser interpretado (e vice-versa), e sim em decidir se ele tem um significado fixo, uma pluralidade de significados possíveis, ou, ao contrário, não tem significado algum.

As duas opções a que fizemos referência são, ambas, exemplos de fanatismo epistemológico. A primeira é exemplificada por vários tipos de fundamentalismo e por várias formas de realismo metafísico (por exemplo, o propugnado por Tomás de Aquino, ou por Lenin em *Materialismo e Empirocriticismo*). Nesse caso o conhecimento acontece como *adaequatio rei et intellectus*. Já a opção alternativa está seguramente representada, em seus termos mais extremos, por aquilo que nos ensaios da segunda e terceira seção deste livro chamei de *semiose hermética*.

4.6.1. A Deriva Hermética

A principal característica da deriva hermética pareceu-nos ser a habilidade incontrolada de deslizar de significado para significado, de semelhança para semelhança, de uma conexão para outra.

Contrariamente ao que fazem as teorias contemporâneas da deriva, a semiose hermética não assevera a ausência de um significado universal unívoco e transcendental. Assume que qualquer coisa desde que se isole o nexo retórico certo – pode remeter a qualquer outra coisa, exatamente porque existe um sujeito transcendente forte, o Uno neoplatônico. Este, por ser o princípio da contradição universal, o lugar da *Coincidentia Oppositorum*, estranho a toda determinação possível, e, portanto, contemporaneamente, Tudo, Nada, e Fonte Indizível de Todas as Coisas, permite que cada coisa se conecte com outra graças a uma teia labiríntica de mútuas referências. A semiose hermética parece, assim, identificar em cada texto, bem como no Grande Texto do Mundo, a Plenitude do Significado, não a ausência dele. Apesar disso, esse mundo invadido pelas *signaturas*, e governado pelo princípio da significância universal, dava lugar a efeitos de contínuo deslizamento e diferimento de todo significado possível. De fato, uma vez que o significado de uma dada palavra ou de uma dada coisa não passava de uma outra palavra ou de uma outra coisa, o que quer que fosse dito nada mais era que uma alusão ambígua a alguma outra coisa. O significado de um texto era, assim, continuamente proposto, e o significado final convertia-se inexoravelmente num segredo inatingível.

4.6.2. Deriva Hermética e Semiose Ilimitada

A semiose hermética pode evocar a semiose ilimitada de Peirce. Em primeira instância, certas citações extraídas de Peirce parecem confirmar o princípio de uma deriva interpretativa infinita: "The meaning of a representation can be nothing but a representation. In fact it is nothing but the representation itself conceived as stripped of irrelevant clothing. But this clothing never can be completely stripped off: it is only changed for something more diaphanous. So there is an infinite regression here" (*CP*: 1.339).

Será que podemos realmente falar de semiose ilimitada a propósito da habilidade hermética em deslocar-se de termo para termo, ou de coisa para coisa? E será que podemos falar em semiose ilimitada ao reconhecermos essa mesma técnica quando acionada por leitores contemporâneos que vagueiam pelos textos à cata de secretos jogos de palavras, etimologias desconhecidas, associações incônscias, imagens ambíguas que o leitor arguto pode intuir através das transparências da textura verbal, mesmo quando não existe nenhum consenso intersubjetivo capaz de legitimar tais leituras errôneas?

A semiótica de Peirce baseia-se num princípio fundamental: "Um signo é algo mediante o conhecimento do qual conhecemos algo a mais" (CP: 8.332). A norma da semiose hermética, pelo contrário, parece ser esta: "Um signo é algo mediante o conhecimento do qual conhecemos algo *diferente*". Conhecer algo a mais (no sentido de Peirce) significa que, na passagem de um interpretante para outro, o signo recebe determinações sempre maiores tanto no que concerne à extensão quanto à intensão. Prosseguindo na semiose ilimitada, a interpretação aproxima-se, embora de modo assintótico, do interpretante lógico final e, em determinado estágio do processo interpretativo, temos um conhecimento maior do conteúdo do representâmen a partir do qual a cadeia interpretativa deslanchara.

Com efeito, sabemos algo mais a respeito de um signo porque o interpretamos "in some respect or capacity" (*CP*: 2.228). Um signo contém ou sugere p conjunto das suas consequências ilativas mais remotas. Todavia, conhecê-las todas constitui mera possibilidade semiósica atualizável unicamente no âmbito de um dado contexto ou sob determinado perfil. A semiose é virtualmente ilimitada mas nossos escopos cognitivos organizam, emolduram e reduzem essa série indeterminada e infinita de possibilidades. No curso de um processo semiósico só nos interessa saber o que é relevante em função de um determinado *universo de discurso*: "There is no greater nor more frequent mistake in practical logic than to suppose that things which resemble one another strongly in some respects are any the more likely for that to be alike in others" (*CP*: 2.634).

A deriva hermética, ao contrário, poderia ser definida como um caso de neoplasma conotativo. Não caberia aqui discutir se a conotação pode ser considerada um efeito contextual ou se é de natureza sistemática (cf. Bonfantini, 1987). Todavia, em ambos os casos o fenômeno da conotação pode ser representado pelo diagrama sugerido por Hjelmslev e divulgado por Barthes:

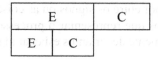

O diagrama que se segue pretende dar uma ideia do crescimento conotativo de tipo canceroso:

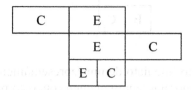

onde, num certo ponto, uma associação simplesmente fonética (Expressão a Expressão) abre uma nova cadeia pseudoconotativa na qual o Conteúdo do novo signo não mais depende do Conteúdo do primeiro.

Assiste-se, desse modo, a um fenômeno de deriva análogo ao que se verifica numa cadeia de semelhanças de família (cf. Bambrough, 1961). Considere-se uma série das coisas A, B, C, D, E, analisáveis nos termos das propriedades a, b, c, d, e, f, g, h, de modo que cada coisa tenha em comum com as outras apenas algumas propriedades. Está claro que, mesmo levando em consideração uma série ilimitada de propriedades, é possível individuarmos um parentesco entre duas coisas que não têm entre elas nada em comum e todavia pertencem a uma cadeia contínua de relações de semelhança:

No final, não existe qualquer propriedade comum que una A a E salvo aquela de pertencer à mesma rede de semelhança de família. Numa cadeia desse tipo, no momento em que chegarmos ao conhecimento de E, toda noção referente a A terá desaparecido. As conotações proliferam de modo canceroso, fazendo com que, a cada degrau ulterior, o signo precedente seja esquecido, obliterado, pois o prazer da deriva está inteiro no deslizamento de um signo para outro, e nela não existe outro escopo senão o prazer mesmo dessa viagem labiríntica por entre os signos ou as coisas.

Já se tivéssemos que representar o processo ideal da semiose ilimitada, provavelmente deveríamos esboçar alguma coisa do tipo:

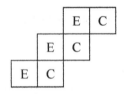

onde todo Objeto Imediato de um representâmen é interpretado por um outro signo (um representâmen com o correspondente Objeto Imediato), e assim por diante, potencialmente *ad infinitum*. Produz-se, desse modo, uma espécie de crescimento do significado global da primeira representação, um conjunto de determinações, uma vez que cada novo interpretante explica sobre base diferente o objeto do interpretante que o precedeu e, no final, ficamos conhecendo algo mais, tanto a respeito do ponto de origem da cadeia quanto sobre essa mesma cadeia.

De fato, um signo é algo mediante o conhecimento do qual conhecemos algo mais, mas "o fato de que eu possa fazer algo mais não significa que eu não tenha terminado de fazer o que fiz" (Boler, 1964, p. 394).

4.6.3. Semiose Ilimitada e Desconstrução

Se não tem qualquer tipo de relação com a deriva hermética, a semiose ilimitada é, porém, frequentemente citada a propósito de uma outra forma de deriva, a que vemos celebrada pela desconstrução.

Segundo Derrida, um texto escrito é uma máquina que produz um indefinido diferimento. Tendo, por natureza, uma "essência testamentária", um texto goza ou sofre da ausência do sujeito da escrita e da coisa designada ou referente (cf. 1967).

Afirmar que um signo sofre do abandono de seu autor e de seu referente não significa necessariamente que esse signo não tenha um significado literal. O objetivo de Derrida é instaurar uma prática (mais filosófica do que crítica) para desafiar aqueles textos que parecem dominados pela ideia de um significado definido, definitivo e autorizado. Sua intenção é desafiar, mais do que o sentido de um texto, aquela metafísica da presença estreitamente ligada a um conceito de interpretação baseado na ideia de um significado definitivo. A intenção de Derrida é mostrar o poder da linguagem, e sua capacidade de dizer mais do que tudo quanto não pretenda dizer literalmente.

Uma vez que o texto tenha sido privado da intenção subjetiva que estaria por trás dele, seus leitores não mais têm o dever, ou a possibilidade, de permanecerem fiéis a essa intenção ausente. É, destarte, possível concluir que a linguagem está presa num jogo de significantes múltiplos, que um texto não pode incorporar nenhum significado unívoco e absoluto, que não existe um significado transcendental, que o significante jamais pode estar em relação de copresença com um significado continuamente diferido e adiado, e que todo significante se correlaciona com outro significante de modo tal que nada fique fora da cadeia significante que prossegue *ad infinitum*.

Usei de propósito a expressão *ad infinitum* porque nos lembra expressão semelhante usada por Peirce (*CP*: 2.303) para definir o processo da semiose ilimitada. Será legítimo dizer que a deriva infinita de que fala a desconstrução é uma forma de semiose ilimitada no sentido de Peirce? Uma suspeita do gênero poderia ser encorajada pelo fato de que Rorty (1982), ao ocupar-se da desconstrução e de outras formas do chamado "textualismo", etiquetou-as como casos de "pragmatismo".

Para Rorty, o realista intuitivo crê na existência da Verdade Filosófica visto estar convencido de que, por baixo de todos os textos, existe algo que não é simplesmente um outro texto, mas aquilo a respeito do que os vários textos procuram pôr-se em relação de "adequação". O pragmatista, ao contrário, não crê de maneira alguma na existência de tudo isso. Nem sequer pensa que exista algo que possa ser individuado como os fins com que construímos os dicionários e as culturas e relativamente aos quais nos é dado verificar esses mesmos dicionários e culturas. Pensa, todavia, que, no processo de confronto entre vocabulários e culturas, produzimos modos novos e melhores de linguagem e de ação – melhores não com referência a um padrão precedentemente conhecido, mas no sentido de que *parecem* claramente melhores do que seus predecessores (cf. Rorty, 1982).

O pragmatismo de que fala Rorty não é o pragmatismo de Pierce. Rorty sabe muito bem que Peirce, embora tivesse inventado a palavra pragmatismo, permaneceu "o mais kantiano dos pensadores". Mas ainda que Rorty se mostre prudente ao colocar Peirce às margens desse tipo de pragmatismo, dentro de seus confins ele coloca a desconstrução e Derrida. E é exatamente Derrida quem, em seus escritos, apela para Peirce.

4.6.4. *Derrida a propósito de Peirce*

No segundo capítulo de *Della Grammatologia* (1967, tr. it., pp. 31 e ss.), Derrida está em busca de autoridades que legitimem sua tentativa de delinear uma semiose do jogo infinito, da diferença, da espiral infinita da interpretação. Entre os autores que cita, depois de Saussure e Jakobson, também está Peirce. Depois de lembrar afirmações peircianas como "symbols grow" e "omne symbolum de symbolo" (*CP*: 2.302), Derrida escreve:

> Peirce vai muito longe na direção daquilo que chamamos de desconstrução do significado transcendental que, antes ou depois, poria um fim confortador à remissão de signo para signo. Identificamos o logocentrismo e a metafísica da presença como o desejo exigente, poderoso, sistemático e irrepreensível de tal significado. Ora, Peirce considera a indefinição da remissão como o critério que permite reconhecer que estamos lidando justamente com um sistema de signos. *O que inaugura o movimento da significação é o que torna impossível sua interrupção. A coisa mesma é um signo*. Proposição inaceitável para Husserl cuja fenomenologia permanece, por isso – isto é, no seu "princípio dos princípios" –, como a mais radical e crítica restauração da metafísica da presença. A diferença entre a fenomenologia de Husserl e a de Peirce é fundamental porque concerne aos conceitos de signo e de manifestação da presença, às relações entre a representação e a presentação originária da coisa mesma (a verdade). Nesse ponto Peirce está indiscutivelmente mais próximo do inventor da palavra *fenomenologia*: Lambert, de fato, propunha-se "reduzir a *teoria das coisas* à *teoria dos signos*". Segundo a "faneroscopia" ou "fenomenologia" de Peirce, a *manifestação* não revela, de per si, uma presença: ela compõe um signo. Podemos ler nos *Principles of Phenomenology* que "a ideia de *manifestação* é a ideia de um signo". Logo, não há fenomenal idade que reduza o signo ou a representação para finalmente deixar a coisa significada brilhar no esplendor de sua presença. A chamada "coisa mesma" não passa de um *representâmen* subtraído à simplicidade da evidência intuitiva. O *representâmen* só funciona suscitando um *interpretante*, que, por sua vez, se torna um signo, e assim infinitamente. A autoidentidade do significado subtrai-se e desloca-se incessantemente. É próprio do *representâmen* não estar *proprio*,

isto é, absolutamente *próximo de* si mesmo (*prope, proprius*). Ora, o *representado*, ao contrário, é, desde sempre, um *representâmen*...
 Logo, quando existe um sentido só existem signos. *We think only in signs* (Derrida, 1967, tr. ital., pp. 54-55).

Toda a teoria peirciana da semiose ilimitada parece, destarte, encorajar as afirmações mais extremas de Derrida para quem "il n'y a pas de hors-texte".

Caberia aqui perguntarmos, embora cientes de quão provocatória possa soar uma pergunta do gênero, se essa interpretação de Peirce seria filológica e filosoficamente correta. De fato, se Derrida assumisse que sua interpretação é a certa, deveria também admitir que o texto de Peirce contém um *significado privilegiado* suscetível de ser isolado, reconhecido como tal, e decifrado sem nenhuma ambiguidade. Já Derrida seria o primeiro a declarar que sua leitura desloca o texto de Peirce para mais adiante, para além das intenções declaradas do autor. Mas se, sob a óptica derridiana, não estamos autorizados a pedir a Derrida que leia Peirce corretamente, sob a óptica deste último estamos, ao contrário, plenamente autorizados a perguntar se a interpretação de Derrida o teria satisfeito.

Não há dúvida de que Peirce defende a ideia da semiose ilimitada: um signo é "anything which determines something else (its interpretant) to refer to an object to which itself refers (its object) in the same way, the interpretant becoming in turn a sign, and so on *ad infinitum*... If the series of successive interpretants comes to an end, the sign is thereby rendered imperfect, at least" (*CP*: 2.303). Peirce não podia fazer outra coisa já que estava assumindo (como fez em "Questions Concerning Certain Faculties Claimed for Man", *CP*: 213-263) que não temos nenhum poder de introspecção e que todo o conhecimento que temos a respeito do mundo interior nos vem do raciocínio hipotético; que não temos o poder da intuição e que toda a nossa cognição é determinada por cognições precedentes; que não temos nenhuma possibilidade de pensar sem produzir signos; que não temos qualquer concepção do absolutamente incognoscível. Nem por isso a deriva desconstrucionista e a semiose ilimitada podem reduzir-se a conceitos equivalentes.

Não concordo de maneira alguma com Searle quando diz que "Derrida tem uma deplorável propensão para dizer coisas que são obviamente falsas" (Searle, 1977, trad. it., p. 204). Pelo contrário, Derrida tem uma fascinante inclinação para dizer coisas que são não obviamente verdadeiras, ou verdadeiras de um modo não óbvio. Quando diz que o conceito de comunicação não pode ser reduzido à ideia da veiculação de um significado unitário, que a noção de significado literal é problemática, que o conceito corrente de contexto corre o risco de ser inadequado; quando sublinha, no âmbito de um texto, a ausência do emissor, do destinatário e do referente, e explora todas as possibilidades de uma interpretabilidade não unívoca desse texto; quando nos lembra que todo signo pode ser *citado* e, sendo assim, está em condições de romper com qualquer contexto dado, gerando uma infinidade de novos contextos absolutamente sem limites – nestes e em muitos outros casos Derrida diz coisas que nenhum semiólogo pode dar-se ao luxo de negligenciar. Acontece, no entanto, e com frequência, que Derrida – para sublinhar verdades não óbvias – acaba dando de barato um número excessivo de verdades óbvias.

O próprio Derrida é o primeiro a admitir que existem critérios para verificar a sensatez de uma interpretação textual. Assim, em *Gramatologia*, lembra ele aos seus leitores que, sem todos os instrumentos da crítica tradicional, a produção crítica correria o risco de desenvolver-se em qualquer direção, sentindo-se legitimamente autorizada a dizer praticamente qualquer coisa. Mas também acrescenta que, se tudo isso constitui um indispensável *guard-rail*, teve sempre, contudo, apenas uma função de proteção, nunca de abertura de uma nova leitura.

Pois então, permitamo-nos ainda por um pouco proteger a leitura de Peirce, ao invés de abri-la em demasia.

4.6.5. Peirce Sozinho

Para Peirce a interpretação infinita é possível porque a realidade nos surge sob forma de um *continuum* em que não existem indivíduos absolutos; a propósito Peirce fala de sinequismo: "A true continuum is something whose possibilities of determination no multitude of individuals can exaust" (*CP*: 6.170). A realidade é um *continuum* que nada na indeterminação e justamente por esse motivo o princípio da continuidade é o "falibilismo objetivado" (*CP*: 1.171). Se a possibilidade do erro está sempre presente, a semiose é potencialmente ilimitada. Essa indeterminação do nosso conhecimento implica uma certa indeterminação: "A subject is determinate in respect to any character which inhere in it or is (universally and affirmatively) predicated of it... In all other respects it is indeterminated" (*CP*: 5.447). Nesse sentido Peirce está afirmando um princípio de contextualidade: algo pode ser verazmente asseverado dentro dos confins de um universo de discurso dado sob certa descrição, mas tal asserção não exaure todas as outras determinações, potencialmente infinitas, daquele objeto. Todo juízo é conjectural e, neste universo "invadido pelos signos", é compreensível (embora estranho) que "um signo deva deixar que o seu próprio intérprete o dote de parte de seu significado" (*CP*: 5.449)[18].

Existem, todavia, em Peirce, outras ideias que, ao contrário, parecem minar a leitura proposta por Derrida. De fato, se nos termos de Rorty a teoria da semiose ilimitada pode parecer um exemplo de textualidade, vale dizer de idealismo, não é possível, de nossa parte, negligenciar as esfumaturas de cunho realista do idealismo de Peirce[19].

Apesar do falibilismo, do sinequismo e da indeterminação, a ideia peirciana de significado é de molde a implicar algumas referências a um escopo (*CP*: 5.166). A ideia de escopo, bastante natural para um pragmaticista, é, ao contrário, sobremaneira embaraçosa para um "pragmatista" (no sentido de Rorty). Talvez a ideia de escopo não tenha qualquer relação com um sujeito transcendental, e sim com a ideia de interpretar segundo um fim extrassemiósico. Quando Peirce propõe a famosa definição do lítio sob forma de um pacote de instruções formuladas para possibilitar não apenas a identificação, mas também a produção de uma amostra de lítio, mostra que: "The peculiarity of this definition is that it tells you what the word *lithium* denotes by prescribing what you are to *do* in order to gain a perceptive acquaintance with the object of the world" (*CP*: 2.330).

Todo ato semiósico é determinado por um Objeto Dinâmico -enquanto tal ainda fora do círculo da semiose – que é "the Reality which by some means contrives to determine the sign to its Representamen" (*CP*: 4.536).

No âmbito de meu discurso, também podemos falar de Objetos Dinâmicos a propósito de textos, uma vez que o Objeto Dinâmico pode ser não só um elemento da decoração do mundo físico, mas também um pensamento, uma emoção, um gesto, um sentimento, uma crença. Em primeira instância, pareceria sensato sustentar que, ao interpretar proposições ordinárias como o comando *Sentido!*, o Objeto em cujo encalço se sai possa ser "o universo das coisas de-

---

18. "Since no object in the universe can ever be fully determinate with respect to its having or not having every known property, it follows that any proposition about the universe is vague in the sense that it cannot hope to fully specify a determinate set of properties" (Almeder, 1983, p. 331). "Vagueness hence represents a sort of relationship between absolute, final determination, which in fact is not attained (the condition of an ideal, therefore), and actual determination of meaning (again a sense, meaning, signification) in concrete semiosis" (Nadin, 1983, p. 163).

19. "The current attempts at a theory of reality are to a great extent characterized by the insight that the problem of reality is now fred from controversy between idealism and realism which had long been unfruitful, and must be treated on another level. The first and decisive step in the new direction was taken by Peirce... This misleading phenomenon explains why, in his writings, he sometimes calls his own position 'idealistic' and sometimes 'realistic', without essentially changing it" (Oehler, 1979, p. 70).

sejadas pelo capitão naquele momento" (*CP*: 5.178), vale dizer, a intenção do enunciador. Concordo, no entanto, com Derrida quando este sustenta que todo signo é: "legível, ainda que o momento de sua produção esteja irremediavelmente perdido, e ainda que eu não saiba o que seu pretenso autor-escrevente tenha querido dizer em consciência e intencionalmente no momento em que o escreveu – o signo está, portanto, abandonado à sua deriva essencial" (1972, trad. it., p. 185). Uma vez que um representâmen complexo, tanto quanto o pode ser um texto, tenha sido escrito, adquire ele uma espécie de independência semiósica e a intenção de seu enunciador pode tornar-se irrelevante à luz de um objeto textual que, supõe-se, interpretaremos segundo leis semióticas estabelecidas culturalmente.

Peirce, todavia, encoraja uma tomada de posição mais forte: visto que o Objeto Textual está sob os olhos de seu intérprete, o texto mesmo torna-se o Objeto Dinâmico em relação ao qual toda interpretação ulterior fornece o Objeto Imediato correspondente. Quando interpretamos um texto falamos de algo que preexiste à nossa interpretação e os destinatários do nosso ato interpretativo deveriam, em alguma medida, concordar quanto à relação entre nossa interpretação e o objeto que a determinou.

É bem verdade que nada se pode dizer de "objetivo" a respeito de um texto enquanto Objeto Dinâmico, visto que só se pode conhecê-lo por via de um Objeto Imediato: produzida a interpretação, o Objeto Dinâmico não mais está *ali* (e antes de sua produção, havia apenas uma lista de *representamina*). Mas a presença do *representâmen*, do mesmo modo que a presença (na Mente ou alhures) do Objeto Imediato, significa que, de algum modo, o Objeto Dinâmico que não está lá *estava* em algum lugar. Não estando presente, ou não estando lá, o objeto de um ato interpretativo *esteve*.

Além disso, o Objeto Dinâmico que *estava*, e que está ausente do Objeto Imediato fantasmático, para poder ser traduzido na cadeia infinita de seus interpretantes, *estará ou deveria estar*. Simplesmente estou repetindo com Peirce que "an endless series of representations, each representing the one behind it (e até aqui Derrida poderia estar de acordo com esta fórmula), may be conceived to have an absolute object as its limit" (*CP*: 1.339). Surge aqui algo que não pode encontrar nenhuma sistematização no interior de uma moldura desconstrucionista: além do interpretante imediato, emotivo, energético e lógico – todos intrínsecos ao processo semiósico –, existe o interpretante lógico final, o Hábito.

A formação do hábito, visto como disposição para agir, detém (pelo menos transitoriamente) o processo sem fim da interpretação: o hábito "though it may be a sign in some other ways, is not a sign in that way in which that sign of which it is the logical interpretant is the sign" (*CP*: 5.491). Se, de acordo com a máxima pragmática, o significado de qualquer proposição é constituído apenas e tão-somente pelos possíveis efeitos práticos implicados pela asserção, toda vez que a proposição for verdadeira o processo interpretativo deverá deter-se – ainda que por pouco – do lado de fora da cadeia semiósica em processo. É, porém, verdade que também o efeito prático deve ser decifrado por signos e através deles, e que também o acordo entre os membros da comunidade não pode senão tomar a forma de uma nova cadeia de signos; apesar disso, o acordo diz respeito a algo que, embora já fazendo parte da semiose, está na origem do processo semiósico.

Em termos textuais, estabelecer sobre o que fala um texto significa tomar uma decisão coerente em função das sucessivas leituras que dele faremos. Uma decisão desse tipo é um "hábito condicional" (*CP*: 5.517).

O reconhecimento de um hábito como lei requer algo muito próximo de uma instância transcendental, vale dizer, uma comunidade como avalista intersubjetiva de uma noção de verdade não intuitiva, não ingenuamente realista mas, muito pelo contrário, conjectural. Não fora assim, jamais poderíamos compreender como, dada uma série infinita de representações, o interpretante é "another representation to which the torch of truth is handled along" (*CP*: 1.339).

Existe uma perfeição autêntica do conhecimento segundo a qual "a realidade é constituída", e essa perfeição ou perfectibilidade deve pertencer a uma comunidade (*CP*: 5.356). A ideia de uma comunidade opera como um princípio transcendental para além das intenções individuais do intérprete isolado. Esse princípio não é transcendental no sentido kantiano do termo, pois não vem antes e sim *depois* do processo semiósico; a interpretação não é produzida pela estrutura da mente humana mas pela realidade construída pela semiose. De qualquer modo, a partir do momento em que a comunidade é induzida a concordar sobre uma dada interpretação, cria-se um significado que, se não objetivo, é pelo menos *intersubjetivo*, prevalecendo sobre qualquer outra interpretação obtida sem o consenso da comunidade. O resultado do processo de pesquisa universal caminha na direção de um núcleo de ideias comuns (*CP*: 5.407). "O fato de que diversas pessoas que pensam concordem com um resultado comum não é para ser considerado apenas como um fato bruto" (Smith, 1983, p. 39).

O pensamento ou a opinião que define a realidade deve, portanto, pertencer a uma comunidade de peritos, e essa comunidade deverá ser estruturada e disciplinada levando em conta princípios supraindividuais.

"The real, then, is what, sooner or later, information and reasoning would finally result in, and which is therefore independent of the vagaries of me and you... Thus, the very origin of the conception of reality shows that this conception essentially involves the notion of a community" (*CP*: 5.311). "In storming the stronghold of truth one mounts upon the shoulders of another who has to ordinary apprehension failed, but has in truth succeeded by virtue of the lesson of his failure" (*CP*: 7.51).

A existência da comunidade é motivada pelo fato de que não ocorre intuição, no sentido cartesiano do termo. O significado transcendental não é previamente dado, e não pode ser captado mediante uma intuição eidética: Derrida tinha razão ao sustentar que a fenomenologia de Peirce – ao contrário da de Husserl – não manifesta uma presença. Mas se também o signo não manifesta a coisa mesma, já o processo da semiose, nesse longo hiato, dá lugar a uma noção socialmente partilhada daquilo em que a comunidade reconhece a qualidade de ser verdadeiro. O significado transcendental não está na origem do processo mas deve ser postulado como um fim possível e transitório de cada processo.

4.6.6. Conclusões

Tudo isso não significa que para Peirce um texto deva ser submetido a uma única leitura privilegiada. O princípio peirciano do falibilismo é também – sob um ponto de vista textual – um princípio de pluriinterpretabilidade. Além do mais, "a lei mental", que se assemelha às forças "não conservativas" da física "tais como a viscosidade e similares", "não exige nenhuma conformidade exata" (*CP*: 6.23).

Apesar disso, qualquer comunidade de intérpretes de um dado texto (para que seja a *comunidade* dos intérpretes *daquele* texto) deve de algum modo chegar a um acordo (ainda que não definitivo e de modo falível) acerca do tipo de objeto (semiósico) de que se está ocupando. Assim a comunidade, embora possa usar um texto como campo de jogo para a atuação da semiose ilimitada, em várias situações deve convir que é preciso interromper um pouco o *play of musement*, o que só lhe é possível graças a um juízo consensual (se bem que transitório). Na realidade, os símbolos crescem, mas jamais permanecem vazios.

Se tenho particularmente insistido sobre as diferenças entre as posições de Peirce e várias formas de deriva, é porque me aconteceu observar, em muitos estudos recentes, uma tendência geral para fazer equivaler a semiose ilimitada a uma leitura livre em que a vontade dos intérpretes, para usarmos a metáfora de Rorty, sova os textos até dar-lhes a forma que servirá a seus fins.

Meu escopo, ao sovar (respeitosamente) Peirce, era simplesmente o de sublinhar o fato de que as coisas não são assim tão simples. É difícil decidirmos se uma dada interpretação é boa; mais fácil, ao contrário, é reconhecermos as más. Sendo assim, meu escopo não era tanto o de dizer o que é a semiose ilimitada, mas ao menos dizer o que ela *não é* e *não pode* ser.

Bibliografia

ALLEN, Sture (ed.).
1989 *Possible Worlds in Humanities, Arts and Sciences, Proceedings of Nobel Symposium 65*, Berlin, De Gruyter.

ALMEDER, Robert
1980 *The Philosophy of Charles S. Peirce*, Oxford, Blackwell.
1983 "Peirce on Meaning", em Freeman 1983.

APRESJAN, Iúri
1962 "Analyse distributionnelle des significations et des champs sémantiques structures". *Langages* 1, 1966.

ATLAS, Jay D. e LEVINSON, Stephen C.
1981 "It-cleft, informativeness and logical form: radical pragmatics", em Peter Cole (ed.), *Reading Pragmatics*, New York, Academic Press.

AUERBACH, Erich
1944 "Figura". *Neue Dantenstudien. Istanbul Schriften 5* (trad. it. em *Studi su Dante*, Milano, Feltrinelli, 1963).

BALME, D. M.
1975 "Aristotle's Use of Differentiae in Zoology", em Jonathan Barnes *et al.* (eds.), *Articles on Aristotle*, 1. *Science*, London, Duckworth.

BAMBROUGH, Renford
1961 "Universals and Family Resemblances". *Proceedings of the Aristotelian Society* 50.

BARBIERI, Daniele
1987 "Is reality a fake?". *VS* 46.

BAR HILLEL, Yehoshua

1968 "Communication and argumentation in pragmatic languages", em *I linguaggi nella società e nella tecnica* (reunião promovida por Ing. Camillo Olivetti & C, Milano outubro 1968) Milano, Comunità, 1970.

BARTHES, Roland
1964 "Elements de sémiologie". *Communications* 4 (trad. it., *Elementi di semiologia*, Torino, Einaudi, 1966).
1966 "Introduction à l'analyse structurale des récits". *Communications*, 8: L'analyse structurale du récit (trad. it. em AA.VV., *L'analisi del racconto*, Milano, Bompiani, 1969).

BEARDSLEY, Monreo C.
1958 *Aesthetics*, New York, Harcourt

BERTHELOT, Marcelin
1885 *Les origines de l'alchimie*, Paris, Steinbeil
1889 *Introduction à l'étude de la chimie des anciens*. Paris, Steinbeil.

BERTINETTO, Pier Marco
1977 "On the inadequateness of a purely approach to the study of metaphor", *Italian Linguistics* 4.

BIANCHI, Massimo Luigi
1987 *Signatura rerum*, Roma, Ateneo.

BIERWISCH, Manfred

1970 "Semantics", em John Lyons (ed.), *New Horizons in Linguistics*, Harmondsworth, Penguin (trad. it., *Nuovi orizzonti della linguistica*, Torino, Einaudi, 1975).

1971 "On classifying semantic features", em Danny D. Steinberg e Leon A. Jakobovits (eds.), *Semantics*, London, Cambridge Up.

BIERWISCH, Manfred e KIEFER, F.
1970 "Remarks on definition in natural languages", em F. Kiefer (ed.), *Studies in Syntax and Semiotics*, Dordrecht, Reidel.

BLACK, Max
1955 "Metaphor". *Proceedings of the Aristotelian Society* 55.
1962 *Models and Metaphors*, Ithaca, Cornell Up (trad. it., *Modelli, archetipi e metafore*, Parma, Pratiche, 1983).
1972 "More about Metaphor", em Ortony 1979.

BLASI, Giulio
1989 *Il problema della somiglianza nella filosofia di Francis Bacon*. Tese defendida junto a Faculdade de Letras e Filosofia da Universidade de Bolonha.

BLOOM, Harold
1973 *The Anxiety of influence*, New York, Oxford UP (trad. it. *L'angoscia dell'influenza*, Milano, Feltrinelli, 1983).
1975 *Kabbalah and Criticism*, New York, Seabury Press (trad. it., *La Kabbalà e la tradizione critica*, Milano Feltrinelli, 1981).

BLUMENBERG, Hans
1960 *Paradigmen zu einer Metaphorologie*, Archiv für Begriffgeschichte VI. Bonn, Bouvier (trad. it., *Paradigni per una metaforologia*, Bologna, Mulino, 1969).

BOLER, John
1964 "Habits of Thought", em E. C. More e R. S. Robin (eds.), *Studies in the Philosophy of C. S. Peirce*, Amherst, University of Massacusetts.

BOLZONI, Lina
1984 *Il teatro della memoria. Studi su Giulio Camillo*, Padova, Liviana.
1987 "I luoghi della memoria", *Koos* III, abril 1987.

BONAPARTE, Marie
1952 *Psychanalyse et anthropologic* Paris, PUF.

BONFANTINI, Massimo A.
1987 "Sulla connotazione", em *La semioni e l'abduzione*, Milano, Bompiani.

BONFANTINI, Massimo A. e PRONI, Giampaolo
1983 "To Guess or not to Guess?", em Eco e Sebeok 1983 [Trad. bras., "Suposição: Sim ou Não? Eis a Questão", em *O Signo de Três*]

BONOMI, Andrea (ed.)
1973 *La struttura lógica del linguaggio*, Milano, Bompiani.

BONSIEPÈ, Guy
1965 "Visuelle / verbale Rhetorik", *Ulm* 14-16 (trad. it., "Retórica visivo-ver-bale", *Marcatre*, 19-22).

BOOTH, Wayne C.
1961 *The rhetoric of fiction*, Chicago, Chicago UP.

BRIOSI, Sandro
1985 *Il senso della metafora*, Roma, Liguori.

BOOKE-ROSE, Christine

1958 A *Grammar of Metaphors*, London, Seeker & Warburg.

CARNAP, Rudolf
1955 "Meaning and Synonymy in Natural Languages", *Philosophical studies* 7 (trad. it., em Bonomi 1973).

CARUSO, Paolo
1969 *Conversazioni con Lévi-Strauss, Foucault, Lacan*. Milano, Mursia.

CHATMAN, Seymour
1978 *Story and discourse*, Ithaca, Cornell UP (trad. it., *Storia e discorso*, Parma, Pratiche, 1981).

CHENU, Marie-Dominique
1950 *Introduction à l'étude de saint Thomas d'Aquin*, Paris, Vrin.

CHOMSKY, Noam
1972 *Studies on Semantics in Generative Grammar*, The Hague, Mouton.

CIORAN, Emil Michael
1969 *Le mauvais démiurge*, Paris, Gallimard (trad. it., *Demiurgo cattivo*, Milano, Adelphi, 1986).

COHEN, Jean
1966 *Structure du langage poétique*, Paris, Flammarion (trad. it., *Struttura del linguaggio poetico*, Bologna, Mulino, 1974).

CORTI, Maria
1976 *Principi della comunicazione letteraria*, Milano, Bompiani.

COULIANO (CULIANU), Ioan Petru

1984 *Eros et magie à la Renaissance*, Paris, Flammarion (trad. it., *Eros e magia nel rinascimento*, Milano, Saggiatore, 1987).

1985 *Gnosticismo e pensiero moderno: Hans Jonas*, Roma, "L'Erma" di Bretschneider.

CULLER, Jonathan
1982 *On Deconstruction*, Ithaca, Cornell UP (trad. it., *Sulla decostruzione*, Milano, Bompiani, 1988).

DAL PRA, Mario
1977 Voce "Alchimia", *Enciclopédia Einaudi*, Torino, Einaudi.

DANTO, Arthur C.
1989 "Pictorial Possibility", em Allen, 1989.

DASCAL, Marcelo
1987 "Defending Literal Meaning", *Cognitive Sciences* 11.

DEBUS, Allen G.
1978 *Man and Nature in the Renaissance*, Cambridge, Cambridge UP (trad. it., *L'uomo e la natura nel Rinascimento*, Milano, Jaca Book, 1981).

DELANEY, Samuel
1980 "Generic Protocols", em T. De Lauretis (ed.), *The Technological Imagination*, Madison, Coda Press.

DE LEO, Pietro
1974 *Ricerche sui falsi medievali*, Reggio Calabria, Editori Meridionali Riuniti.

DERRIDA, Jacques
1967 *De la grammatologie*, Paris, Minuit (trad. it., *Della grammatologia*, Milano, Jaca Book, 1969). [Trad. bras., *Gramatologia*, São Paulo, Perspectiva, 1973, Estudos 16.]
1972 "Signature, événement, contexte", em *Marges de la philosophie*, Paris, Minuit (trad. it., "Firma, evento, contesto", aut-aut 17-18, 1987).
1975 "Le facteur de la vérité". *Poétique* 21 (trad. it., *Il fattore della verità*, Milano, Adelphi, 1978).
1977 "Limited Inc.", *Glyph* 2.

DIJK, Teun A. van
1972 *Beiträge sur generative Poetik*, München, Bayerischer Schulbuch Verlag (trad. it., *Per una poética generativa*, Bologna, Mulino, 1976).

1977 *Text and Context*, London, Longman (trad. it., *Testo e contesto*, Bologna, Mulino, 1980).

DUK, A. van (ed.)
1976 *Pragmatics of language and literature*, Amsterdam-Oxford, North Holland-American Elseiver.

DINSMORE, John
1981a *Pragmatics, Formal Theory and the Analysis of Presupposition*, Bloomington, Indiana University Linguistic Club.
1981b *The Inheritance of Presupposition*, Amsterdam, Benjamins.

DOLEZEL, Lubomir
1989 "Possible Worlds and Literary Fiction", em Allen, 1989.

DUCROT, Charles
1972 *Dire et ne pas dire*, Paris, Hermann (trad. it., *Dire e non dire*, Roma, Officina, 1979).

DUMMETT, Michael
1973 *Frege. Philosophy of Language*, London, Duckworth (2ª ed., 1981).

DURAND, Gilbert
1979 *Sciences de l'homme et tradition*, Paris, Berg.

Eco, Umberto
1962 *Opera aperta. Forma e indeterminazione nelle poetiche contemporanee*, Milano, Bompiani (2ª ed. revisada 1967). [Trad. bras., *Obra Aberta*, São Paulo, Perspectiva, 1967, Debates 4.]

1968 *La struttura assente*, Milano, Bompiani. [Trad. bras., *A Estrutura Ausente*, São Paulo, Perspectiva, 1976, Estudos 6.]

1970 *Il problema estetico in Tommaso d'Aquino*, 2ª ed., Milano, Bompiani.

1971 "Semantica della metafora", em *Le forme del contenuto*, Milano, Bompiani. [Trad. bras., *As Formas do Conteúdo*, São Paulo, Perspectiva, 1974, Estudos 25.]
1975. *Trattato di semiotica generale*, Milano, Bompiani. [Trad. bras., *Tratado Geral de Semiótica*, Perspectiva, 1976, Estudos 73.]
1977 *Dalla periferia deli'impero*, Milano, Bompiani.
1979 *Lector in fabula*, Milano, Bompiani. [Trad. bras., *Lector in Fabula*, São Paulo, Perspectiva, 1936, Estudos 89.]
1984 *Semiotica e filosofia del linguaggio*, Torino, Einaudi.
1985 *Sugli specchi e altri saggi*, Milano, Bompiani.
1987 *Arte e bellezza nell'estética medievale*, Milano, Bompiani.

ECO, Umberto, FABBRI, Paolo et ai.
1965 *Prima proposta per un modello di ricerca interdisciplinare sul rapporto televisione pubblico* (mimeo.), Perugia (agora em "Per una in-dagine semiologica dei messaggio televisivo", *Rivista di Estética*, maio-agosto, 1966).

ECO, Umberto e SEBEOK, Thomas A. (eds.)
1983 *Il segno dei tre*, Milano, Bompiani. [Trad. bras., *O Signo de Três*, São Paulo, Perspectiva, 1991, Estudos 121]

FABBRI, Paolo
1973 "Le comunicazioni di massa in Italia: sguardo semiotico e malocchio della sociologia". *VS* 5.

FAGGIN, Giuseppe
1964 "Gli occutisti dell'età rinascimentale", em *Grande Antologia Filosófica*, vol. XI, Milano, Marzorati.

FERRARESI, Mauro
1987 *L'invenzione nel racconto*, Milano, Guerini.

FERRARESI, Mauro e PUGIATTI, Paola (eds.)
1989 "Il lettore: modelli ed effetti dell'interpretazioni". *VS* 52-53.

FERRARI BRAVO, Donatella
1986 "La ricezione tra teoria e prassi poética". *Carte semiotche* 2, outubro.

FERRARIS, Maurizio
1984 *La svolta testuale*, Pavia, Unicopli.

FESTUGIÈRE, André-Jean
1983 *La revelation d'Hermes Trismégiste* (3 vol.), 3ª ed., Paris, Belles Lettres.

FILLMORE, Charles
1968 "The case for case", em E. Bach *et al.* (eds.), *Universals in Linguistic Theory*, New York, Holt.
1971 "Verbs of judging: An exercise in semantic description", em Charles Fillmore e Terence Langendoen (eds.), *Studies in Linguistic Theory*, New York, Holt.
1976a "Frame semantics and the nature of language", em Stevan Harnad *et al.* (eds.), *Origins and Evolution of Language and Speech*, New York, Annals of the New York Academy of Science.
1976b "Topics in lexical semantics", em Roger Cole (ed.), *Current issues in Linguistic Theory*, Bloomington, Indiana UP.
1977 "The case for case reopened", em P. Cole *et al.* (eds.), *Syntax and Semantics*: *Grammatical Relations*, New York, Academic Press.
1981 *Ideal readers and real readers* (mimeo.) (trad. it., *Lettori ideali e lettori reali*, Parma, Zara, 1984).

FILORAMO, Giovanni
1983 *L'attesa della fine. Storia della Gnosi*, Bari, Laterza.

FISH, Stanley
1980 *Is there a Text in this Class?*, Cambridge, Harvard UP (trad. it., *C'è un testo in questa classe?*, Torino, Elnardi, 1987).

FORMAGGIO, Dino
1973 *Arte*, Milano, ISEDI.

FOUCAULT, Michel
1966 *Les mots et les choses*, Paris, Gallimard (trad. it., *Les parole e le cose*, Milano, Rizzoli, 1967).
1969 "Qu'est-ce qu'un auteur?", *Bulletin de la société française de Philosophie*, julho-setembro.

FRANCI, Giovanna
1989 *L'ansia dell'interpretazione*, Modena, Mucchi.

FREEMAN, Eugene (ed.)
1983 *The Relevance of Charles Peirce*, La Salle, Monist Library of Philosophy.

FREGE, Gottlob
1982 "Über Sinn und Bedeutung", *Zeitschrift für Philosophie und Kritik* 100 (trad. it., em Bonomi 1973)

GABRIELE, Mino (ed.)
1986 *Alchimia. La tradizione in Occident secondo le fonti manoscritte e a stampa*, Venezia, Edizione La Biennale, Realizzazione Electa Editrice.

GADAMER, Hans Georg
1960 *Wahrheit Und Methode*, Tübingen, Mohr (trad. it., *Verità e metodo*, Milano, Bompiani, 1983).

GAZDAR, Gerald
1979 *Pragmatics*, New York, Academic Press.

GENETTE, Gérard
1966a "Frontières du récit", *Communications* 8, L'analyse structurale du récit (trad. it., em AA.VV., *L'analisi del racconto*, Milano, Bompiani, 1969).
1966b *Figures*, Paris, Seuil (trad. it., *Figure*, Torino, Einaudi, 1969).
1972 *Figures III*, Paris, Seuil (trad. it., *Figure III*, Torino, Einaudi, 1981).

GINZBURG, Carlo
1979 "Spie: Radici di un paradigma indiziario", em A. Gargani (ed.), *Crisi della ragione*, Torino, Einaudi.

GIUA, Michele
1962 "Storia della chimica", em N. Abbagnano (ed.), *Storia delle scienze*, vol. II, Torino, UTET.

GIVON, Thomas
1982 "Logic vs pragmatics, with human language as the referee: Toward an empirically viable epistemology", *Journal of Pragmatics* 6, 2.

GOODMAN, Nelson
1968 *Languages of Art*, New York, Bobbs-Merril (trad. it., *I linguaggi dell'arte*, Milano, Saggiatore, 1976).

GOODMAN, Nelson e ELGIN, Catherine Z.
1988 *Reconceptions in Philosophy*, London, Routledge.

GREIMAS, Algirdas Julien
1966 *Sémantique Structurale*, Paris, Larousse (trad. it., *Semantica strutturale*, Milano, Rizzoli, 1969).
1973 "Les actants, les acteurs, les figures", em Claude Chabrol (ed.), *Sémiotique narrative et textuelle*, Paris, Larousse (trad. it., em *Del senso 2*, Milano, Bompiani, 1984).

GREIMAS, Algirdas Julien e COURTÈS, Joseph 1979-1986 *Sémiotique. Dictionnaire raisonné de la théorie du langage*, 2 vols., Paris, Hachette (trad. it., *Semiótica*, Firenze, Usher, 1986).

GRICE, H. Paul
1967 "Logic and conversation", em Peter Cole e Jerry L. Morgan (eds.), *Syntax and Semantics. Speech Acts*, New York, Academic Press (trad. it., em M Sbisà (ed.), *Gli atti linguistici*, Milano, Feltrinelli, 1978).
1968 "Usser's Meaning, Sentence-Meaning, and Word-Meaning", *Foundations of Language* 4.

GROUPE U,
1970 *Rhétorique generale*, Paris, Larcase (trad. it., *Retórica generale*, Milano, Bompiani, 1976).

GUMPEL, L.
1984 *Metaphor Reexamined. Non-Aristotelian Perspective*, Bloomington, Indiana UP.

HARTMAN, Geoffrey H.
1980 *Criticism in the Wilderness*, New Haven, Yale UP.
1985 *Easy Pieces*, New York, Columbia UP.

HARTMAN, Geoffrey H. e BUDICK, S. (eds.)
1986 *Midrash and Literature*, New Haven, Yale UP.

HAYWOOD, Ian
1987 *Faking It: Art and the Policy of Forgery*, New York, Saint Martin's Press.

HENRY, Albert
1983 *Métaphore et Metonymie*, 2ª ed. Bruxelles, Académie Royale de Belgique (trad. it., *Metonimia e metáfora*, Torino, Einaudi, 1975).

HESSE, Mary
1966 *Models and Analogies in Science*, South Bend, University of Notre Dame Press (trad. it., *Modeli e analogie nella scienza*, Milano, Feltrinelli, 1984).

HINTIKKA, Jaakko
1967 "Individuals, Possible Worlds and Epistemic Logic", *Nous* 1.1.
1969 *On the Logic of Perception. Models for Modalities*, Dordrecht, Reidel.
1989 "Exploring Possible Worlds", em Allen, 1989.

HIRSCH, Eric D.
1967 *Validity in interpretation*, New Haven-London, Yale UP (trad. it., *Teoria dell'interpretazione e critica letteraria*, Bologna, Mulino, 1973).

HJELMSLEV, Louis
1943 *Prolegomena to a Theory of Language*, Madison, University of Wisconsin (trad. it., *I fondamenti della teoria del linguaggio*, Torino, Einaudi, 1968). [Trad. bras., *Prolegômenos a uma Teoria da Linguagem*, São Paulo, Perspectiva, 1975, Estudos 43.]
1959 *Essais Linguistiques*, Copenhagen, Nordisk Sprog-og Kulturforlag. [Trad. bras., *Ensaios Linguísticos*, São Paulo, Perspectiva, 1991, Debates 159.]

HOLMYARD, E. John
1957 *Alchemy*. Hardmondsworth, Penguin (trad. it., *Stormia dell'alchimia*, Firenze, Sansoni, 1959).

HOLUB, Robert C.
1984 *Reception theory*, London, Methuen.

INGARDEN, Roman
1965 *Das literarische Kunstwerk*, Tübingen, Nyerhaier (trad. it., *Fenomenologia dell'opera letteraria*, Gênova, Silva, 1968).

ISER, Wolfgang
1972 *Der implizite Leser*, München, Fink.
1976 *Der Akt des Lesens*, München, Fink (trad. it., *L'atto della lettura*, Bologna, Mulino, 1987).

JAKOBSON, Roman
1956 "Two aspects of language and two types of aphasic disturbance", em Roman Jakobson e Morris Halle, *Fundamentals of Language*, The Hague, Mouton (trad. it., em *Saggi di linguistica generale*, Milano, Feltrinelli, 1966).
1964 "Concluding Statements: Linguistics and Poetics", em Thomas A. Sebeok (ed.), *Style in Language*, Cambridge, MIT Press (trad. it., em *Saggi di linguistica generale*, Milano, Feltrinelli, 1966).

JAUSS, Hans Robert
1969 "Paradigmawechsel in der Literaturwissenschaft", *Linguistische Berichte* 3.
1982 *Aesthetische Erfahrung und literarische Hermeneutik*, Frankfurt, Suhrkamp (trad. it., *Esperienza estetica ed ermeneutica letteraria*. I. *Teoria e storia deli'esperienza estetica*, Bologna, Mulino, 1987; II. *Domanda e risposta*, Bologna, Mulino, 1988; III. *Estetica e interpretazione letteraria*, Gênova, Marietti, 1990).
1988 "La teoria della ricezione. Identificazione retrospettiva dei suoi antecedenti storici". *Carte Semiotiche* 4-5 (agora em Robert C. Holub (ed.), *Teoria della ricezione*, Torino, Einaudi, 1989).

JONAS, Hans
1958 *The Gnostic Religion*, Boston, Beacon Press.

JUNG, Carl Gustav
1944 *Psychologie und Alchemie*, Zürich, Rascher (trad. it., *Psicologia e alchimia*, Roma, Astrolabio, 2ª ed., 1954).

KARTTUNEN, Lauri
1971 "Implicative verbs", *Language* 47, 2.
1973 "Presuppositions of compound sentences", *Linguistic Inquiry* 4, 2.

KARTTUNEN, Lauri e PETERS, S.
1979 "Comventional implicature", em Oh e Dinneen 1979.

KATZ, Jerrold J.
1972 *Semantic Theory*, New York, Harper & Row.
1977 *Propositional Structure and Illocutionary Force*, New York, Crowell.

KEMPSON, Ruth
1975 *Presupposition and the Delimitation of Semantics*, Cambridge, Cambridge UP.

KIPARSKI, P. e KIPARSKI, C.
1970 "Fact", em Manfred Bierwisch e Karl Heidolph (eds.), *Progress in Linguistics*, The Hague, Mouton.

KRISTEVA, Julia
1970 *Le texte du roman*, La Haye, Mouton.

KUHN, Thomas
1962 *The Structure of Scientific Revolutions*, Chigago, Chigago UP (trad. it., *La struttura delle rivoluzioni scientifiche*, Torino, Einaudi, 1969). [Trad. bras., *A Estrutura das Revoluções Científicas*, São Paulo, Perspectiva, 1976, Debates 115.]
1979 "Metaphor in science", em Ortony 1979.

LAKOFF, George
1975 "Pragmatics in natural logic", em Edward L. Keenan (ed.), *Formal Semantics of Natural Language*, Cambridge, Cambridge UP. 1987 *Women, Fire, and Dangerous Things*, Chicago, Chicago UP.

LAKOFF, George e JOHNSON, Mark
1980 *Metaphors We Live By*, Chicago, The University of Chicago Press (trad. it., *Metafora e vita quotidiana*, Milano, Espresso Strumenti, 1982).

LAUSBERG, Heinrich
1960 *Handbuch der literarischen Rhetorik*, München, Hüber.

LEECH, Geoffrey

LE GOFF, Jacques
1964 *La civilisation de l'Occident medieval*, Paris, Arthaud (trad. it., *La civiltà dell'occidente medievale*, Firenze, Sansoni, 1969; Torino, Einaudi, 1981).

LEVIN, Samuel
1977 *The Semantics of Metaphor*, Baltimore, The Johns Hopkins Press.
1979 "Standard Approaches to Metaphor and a Proposal for Literary Metaphor", em Ortony, 1979.

LEVINSON, Stephen C.
1983 *Pragmatics*, Cambridge, Cambridge UP (trad. it., *La pragmática*, Bologna, Mulino, 1985).

LEWIS, David K.
1973 *Counterfactuals*, Oxford, Blackwell.
1980 *On the Plurality of Worlds*, Oxford, Black'veil.

LINDE, Ulf
1989 "Image and Dimension", em Allen, 1989.

LOTMAN, Jury
1970 *Struktura chudozestvennogo teksta*, Moskva (trad. it., *Struttura del testo poetico*, Milano, Mursia, 1972).

LOVEJOY, Arthur O.
1936 *The Great Chain of Being*, Cambridge, Harvard UP (trad. it., *La grande catena dell'essere*, Milano, Feltrinelli, 1966).

MANOR, Ruth
1976 "An analyses of a speech", *Theoretical Linguistcs* 33, 1/2.

MARROU, Henri-Irénée
1958 *Saint Augustin et la fin de la culture antique*, Paris, Vrin.

MERREL, Floyd
1980 "Of metaphor and metonimy", *Semiótica* 31, 3/4.

MILLER, Joseph Hillis
1970 *Thomas Hardy: Distance and Desire*, Cambridge, Harvard UP.
1980 "Theory and practice", *Critical Inquiry* VI, 4.

MININNI, Giuseppe
1986 *Il linguaggio trasfigurato*, Bari, Adriatica.

MINSKY, Marvin M.
1974 *A framework for representing knowledge*, MIT Artificial Intelligence Laboratory, AI Memo 306.

MIRANDA, Claudia
1989 "René Guénon o la vertigine della virtualità", em Pozzato, 1989.

MORRIS, Charles
1938 *Foundations of a theory of signs*, Chicago, Chicago UP (trad. it., *Lineamenti di una teoria dei segni*, Torino, Paravia, 1970).
1946 *Signs, Language and Behavior*, New York, Prentice Hall (trad. it., *Segni, linguaggio e comportamento*, Milano, Longanesi, 1949).

MUKAROVSKY, Jan
1966 *Studie z estetiky*, Praha, Odeon (trad. it., *Il significato dell'estetica*, Torino, Einaudi, 1973).

NADIN, Mihai
1983 "The Logic of Vagueness and the Category of Synechism", em Freeman, 1983.

NANNI, Luciano
1980 *Per una nuova semiologia dell'arte*, Milano, Garzanti.

NEUBAUER, F. e PETÖFI, Janos S.
1981 "Word semantics, lexicon system, and text interpretations", em H. J. Eikmeyer e H. Rieser (eds.), *Words, Words and Contexts*, Berlin, De Gruyter.

NOCK, Arthur Darby (ed.)
1954, Corpus *Hertneticum*, Paris, Belles Lettres.

NORRIS, Christopher
1983 *The Deconstructive Turn*, London, Methuen.

OEHLER, Klaus
1979 "Peirce's Foundation of a Semiotic Theory of Cognition", em Max H. Fisch *et al*, *Studies in Peirce Semiotics*, Peirce Studies, Lubbock, Institute for Studies in Pragmaticism.

OH, C. K. e DINNEN, D. A. (eds.)
1979 *Syntax and Semantics: Presupposition*, New York, Academic Press.

ORTONY, Andrew (ed.)
1979 *Metaphor and Thought*, Cambridge, Cambridge UP.

PAREYSON, Luigui
1954 *Estética, Teoria della Formatività*, Torino, Edizioni di Filosofia (nova ed. Milano, Bompiani, 1987).

PARRET, Hermann
1983 *Semiotics and Pragmatics*, Amsterdam, Benjamins.

PARTEE, Barbara Hall
1989 "Possible Worlds in Model-Theoretic Semantics", em Allen, 1989.

PAVEL, Thomas
1986 *Fictional Worlds*, Cambridge, Harvard UP.

PEIRCE, Charles S.
1934-1948 *Collected Papers* (4 vols.), Cambridge, Harvard UP. [Trad. bras., *Semiótica*, São Paulo, Perspectiva, 1977, Estudos 46.]
1980 *Semiotica* (a cargo de Massimo Bonfantini *et al*), Torino, Einaudi.
1984 *Le leggi dell'ipotesi* (a cargo de Massimo Bonfantini *et al*), Milano, Bompiani.

PETÖFI, Janos S.
1976a "A frame for frames", em *Proceedings on the Second Annual Meeting of the Berkeley Linguistic Society*, Berkeley, University of California Press.
1976b "Lexicology, encyclopaedic knowledge, theory of text." *Cahiers de lexicologie* 29.

POPPER, Karl
1934 *Logik der Forschung*, Wien (trad. it., *Logica della scoperta scientifica*, Torino, Einaudi, 1970).
1969 *Conjectures and refutations*, London, Routledge & Kegan Paul (trad. it., *Congetture e refutazioni*, Bologna, Mulino, 1972).
1972 *Objective Knowledge*, Oxford, Clarendon (trad. it., *Conoscenza oggettiva*, Roma, Armando, 1975).

POUILLON, Jean
1946 *Temps et roman*, Paris, Gallimard.

POZZATO, Maria Pia (ed.)
1989 *L'idea deforme, Interpretazioni esoteriche di Dante*, Milano, Bompiani.

PRATT, Mary Louise
1977 *Toward a speech act theory of literary discourse*, Bloomington, Indiana UP.

PRIETO, Luis
1975 *Pertinence et pratique*, Paris, Minuit (trad. it., *Pertinenza e pratica*, Milano, Feltrinelli, 1976).

PRINCE, E. F.
1978 "A comparison of wh-clefts and it-clefts in discourse", *Language* 54, 4.

PRODI, Giorgio
1977 *Le basi materiali dèlla significazione*, Milano, Bompiani.

PUGLIATTI, Paola
1985 *L'o sguardo nel racconto*, Bologna, Zanichelli.

PUTNAM, Hilary
1975 "The meaning of meaning", em *Mind, Language and Reality*, Philosophical Papers 2, Cambridge, Cambridge UP.

QUINE, Willard van Orman
1951 "Two dogmas of empiricism", *Philosophical Review* 50 (trad. it., "Due dogmi dell'empirismo", em *Il problema del significato*, Roma, Ubaldini, 1961).
1960 *Word and Object*, Cambridge, MIT Press (trad. it., *Parola e oggetto*, Milano, Saggiatore, 1970).

RÉGNIER, Gerard
1989 "Discussion of Ulf Linde's paper", em Allen, 1989.

REINHART, Tanya
1980 "On understanding poetic metaphor", em Marvin K. Ching *et al.* (des.), *Linguistic Perspectives in Literature*, London, Routledge.

RESCHER, Nicholas
1973 "Possible Individuals, Trans-world Identity, and Quantified Modal Logic". *Nous* 7, 4.

RICHARDS, Ivor Armstrong
1936 *The Philosophy of Rhetoric*, New York, Oxford UP (trad. it., *La filo-sofia della retorica*, Milano, Feltrinelli, 1967).

RICOEUR, Paul

1974 "Metaphor and the main problem of hermeneutics", *New Literary History* VI.

1975 *La métaphore vive*, Paris, Seuil (trad. it., *La metafora viva*, Milano, Jaca Book, 1981).

RIFFATERRE, Michael
1971 *Essays de stylistique structurale*, Paris, Flammarion.
1979 "La métaphore fileé dans la poésie surréaliste", em *La production du texte*, Paris, Seuil.

RORTY, Richard
1979 *Philosophy and the Mirror of Nature*, Princeton, Princeton University Press (trad. it., *La filosofia e lo specchio della natura*, Milano, Bom-piani, 1986).
1982 "Idealism and textualism", em *Consequenses of Pragmatism*, Minneapolis, University of Minnesota Press (trad. it., *Conseguenze del pragmatismo*, Milano, Feltrinelli, 1986).

Rossi, Paolo
1960 *Covis Universals. Arti della memoria e logica combinatoria da Lullo a Leibniz*, Milano, Ricciardi (2ª ed. Bologna, Mulino, 1983).
1988 "La memoria, le immagihi, l'enciclopedia", em Pietro Rossi (ed.), *La memoria del sapere*, Bari, Laterza.

RUSSELL, Bertrand
1905 "On Denoting", *Mind* 14 (trad. it., em Bonomi, 1973).
1919 *Introduction to Mathematical Philosophy*, London, Allen & Unwin (trad. it., *Introduzione alla filosofia matematica*, Roma, Newton Compton, 1970).

SAG, I. e PRINCE, E.
1979 "Bibliography of works dealing with presuppositon", em Oh e Dinnen 1979.

SCHANK, Roger
1975 *Conceptual Information Processing*, Amsterdam, North Holland.
1979 "Interestingness: Controlling inferences", *Artificial Intelligence 2*.

SCHANK, Roger e ABELSON, Robert
1977 *Scripts, Plans, Goals and Understanding*, Hillsdale, Erlbaum.

SCHANK, Roger e RIESBECK, Christopher
1981 *Inside Computer Understanding*, Hillsdale, Erlbaum.

SCHIEBE, T.
1979 "On presuppositons in complex sentences", em Oh e Dinnen 1979.

SCHLIEBEN-LANGE, Brigitte
1975 *Linguistiche Pragmatik*, Stuttgart, Kohlhammer (trad. it., *Linguistica e pragmatica*, Bologna, Mulino, 1981).

SCHMIDT, Siegfried
1973 *Texttheorie*, München, Fink (trad. it., *Teoria del testo*, Bologna, Mulino, 1982).

SCHOLES, Robert
1989 *Protocols of Reading*, New Haven, Yale UP.

SEARLE, John
1977 "Reiterating the Difference. A Reply to Derrida", *Gliph* 1 (trad. it., "Reiterando la differenza. Una risposta a Derrida", *aut-aut* 217-218, 1987).
1980 "Metaphor", em *Expression and Meaning: Studies in the Theory of Speech Acts*, Cambridge, Cambridge UP.

SEGRE, Cesare
1974 *Le strutture e il tempo*, Torino, Einaudi. [Trad. bras., *As Estruturas e o Tempo*, São Paulo, Perspectiva, 1986, Debates 150.]
1985 *Avviamento all'analisi del testo letterario*, Torino, Einaudi.

SELLARS, Wilfrid
1954 "Presuppsing", *Philosophical Review* 63.

SERCARZ, Eli *et al*. (eds.)
1988 *The Semiotics of Cellular Communication in the Immune System*, Proceedings of the NATO Advanced Research Workshop on the Semiotics of Cellular Communication in the Immune System held at Il Cioc-co, Lucca, Italy, setembro 9-12, 1986.

SHIBLES, Warren A.
1971 *Metaphor: An Annotated Bibliography and History*, Whitewater, Language Press.

SIMMEL, Georg
1908 "Das Geheimnis und die geheime Gesellschaft", *Soziologie*, Leipzig, Duncker & Humblot.

SMITH, John E.
1983 "Community and reality", em Freeman 1983, 59-77.

SOAMES, Scott
1979 "A projection problem for apeaker presupposition", *Linguistic Inquiry* 10,4.

STANZEL, Franz
1955 *Die typischen Erzählsituationen im Roman*, Wiener Beiträge zur Englischen Philologie 63.

STRAWSON, Peter Frederick
1950 "On reffering", em *Mind* 59 (trad. it., em Bonomi 1973).

THAGARD, Paul
1978 "Semiosis and Hypotheic Inference in Ch. S. Peirce", *VS* 19-20.

THORNDIKE, Lynn
1923 *A History of Magic and Experimental Science* (8 vol.), New York, Columbia UP.

THUROT, Charles
1869 *Extraits de divers manuscrits latins pour servir à l'histoire des doctrines grammaticales au Moyen Age*, Paris.

TODOROV, Tzvetan
1966 "Les categories du récit littéraire", *Communications* 8: L'analyse structurale du récit (trad. it., em AA.VV., *L'analisi del racconto*, Milano, Bompiani, 1969).
1987 "Viaggio nella americana", *Lettera* IV, 12.

USPENSKY, Boris
1973 *A Poetics of Composition*, Berkeley, University of California Press.

VALESIO, Paolo
1980 *Novantiqua*, Bloomington, Indiana UP (versão it., *Ascoltare il silenzio. La retorica come teoria*, Bologna, Mulino, 1986).

VAN LENNEP, Jacques
1985 *Alchimie*, Bruxelles, Credit Communal de Belgique.

VICKERS, Brian
1984 "Analogy vs identity", em Brian Vickers (ed.), *Occult and Scientific Mentalities in the Renaissance*, Cambridge, Cambridge UP.

VIOLI, Patrizia
1982 "Du coté du lecteur", *VS* 31-32.

WEBSTER, Charles
1982 *From Paracelsus to Newton. Magic and the Making of Modern Science*, Cambridge, Cambridge UP (trad. it., *Magia e sienza da Paracelso a Newton*, Bologna, Mulino, 1984).

WEINRICH, Uriel
1966 "Explorations in Semantic Theory", em Thomas A. Sebeok (ed.), *Current Trends in Linguistics HI*, The Hague, Mouton.

WEINRICH, Harald
1971 *Literatur für Leser*, Stuttgart (trad. it., parcial, *Metáfora e menzogma*, Bologna, Mulino, 1976).

YATES, Frances
1966 *The Art of Memory*, London, Routledge & Kegan Paul (trad. it., *L'arte della memoria*, Torino, Einaudi, 1972).

ZUBER, R.
1972 *Structure présuppositionnelle du language*, Paris, Dunod.

Índice de Nomes

Abbot, Edwin, 165, 221
Abelardo, Pedro, 92, 154, 155
Abelson, Robert, 232
Adão, 41, 123, 232-233
Adso de Melk, 88, 90
Agamenão, 36
Agostinho, Aurélio, 14, 154, 155, 228, 230
Agripa de Nettesheim, Heinrich Cornelius, 40, 42, 48, 49
Alfídio, 60
Allais, Alphonse, 12
Allen, Sture, 162n
Almeder, Robert, 287n
Amon, 83
Amparo, 96
Ampère, André-Marie, 96
Anaide, 43
Aníbal, 268, 269
Apel, Karl Otto, 228
Apresjan, Iúri, 230
Apuleio, 69
Aquiles, 80, 131, 136
Ares, 119
Argonautas, 56
Ariana, 53

Aristoteles, 21, 22, 25, 36, 44, 90, 96, 97, 118, 119, 126, 134, 150, 156, 194-199, 202, 228
Arnaldo de Bríxia, 157
Arnau, Frank, 150n
Arnold, Paul, 68n
Aroux, Edmond, 67, 68n
Artale, Giuseppe, 130-131
Artefio, 53
Aser, 83
Astarte, 23
Atlante, 44
Atlas, Jay, 236
Augusto, César Otaviano, 22
Aurelij, Tito, 37n
Austin, J.L., 6, 33, 228

Baader, Franz Xaver von, 27
Bachelard, Gaston, 31
Bacon, Francisco, 26, 64, 67, 101
Bacon, Rogério, 71, 228
Bahne, D.M., 197
Bambrough, Renford, 281
Barbieri, Daniele, 134, 146
Bar-Hillel, Yehoshua, 229, 232
Barthes, Roland, 2, 5, 31, 108, 281
Bassi, Bruno, 235n
Bateson, Gregory, 247

Beardsley Monroe C, 115
Beatriz, 70
Becher, Johann Joachim, 57
Beecher, Henry Ward, 212, 213
Benjamin, Walter, 129
Benvenuto de Imola, 111
Béri, 83
Beria (filho de Äser), 83
Beria (filho de Efraim), 83
Béria, Lavrenti, 82-83
Bernardo de Chiaravalle, 165
Bernardo Gui, 88
Bernardo Morliacense, 91
Berne, Eric, 247
Berthelot, Marcelin, 51
Bianchi, Massimo Luigui, 40
Bierwisch, Manfred, 119, 231
Bioy Casares, Adolfo, 158
Black, Max, 117, 119, 120, 121, 125, 126, 129, 192, 239
Blasi, Giulio, 64
Blaze Boylan, 90
Bloom, Harold, 31
Boatto, Alberto, 160n
Böhme, Jacob, 33, 40
Bohr, Niels Henrik David, 110, 127
Boler, John, 282
Bolzoni, Lina, 44
Bona, Constantin, 186
Bonaparte, Maria, 14
Boa ventura de Bagnorea, 71
Bonfantini, Massimo A., 125, 202, 281
Booth, Wayne C, 2, 3
Booth, William Stone, 67n
Borges, Jorge Luis, 15, 100, 158
Bossaglia, Rossana, 160n
Braque, Georges, 158
Brecht, Bertolt, 218
Briosi, Sandro, 122
Brooke-Rose, Christine, 127
Bruno, Giordano, 39
Bruyne, Edgar de, 111
Budick, S., 31
Burchiello, 124

Cantor, Georg, 67n
Carnap, Rudolf, 162n
Carpócrates, 28
Caruso, Paolo, 5n
Casanova, Giacomo, 89-90
Casaubon (*Middlemarch*), 93-94
Casaubon (O *Pêndulo de Foucault*), 93, 94, 96
Casaubon, Isaac, 93, 155, 156
Cassiodoro de Sevilha, 89n
Castelvetro, Lodovico, 97
Cavicchioli, Sandra, 77
Cecco d'Ascoli, 70
Celada, Franco, 189
Celine, Louis-Ferdinand, 15, 100
Celli, Giorgio, 89n
Cervantes y Saavedra, Miguel de, 268
César, Caio Júlio, 42, 65, 163
Charles Bovary, 170, 179
Chatman, Seymour, 2
Chenu, Marie-Dominique, 154
Chklovski, Victor B., 101
Chomsky, Noam, 31, 236
Christie, Agatha, 12
Churchill, Winston, 157
Cibele, 23
Cícero, Marco Túlio, 44
Cioran, Emil Michel, 29
Ciullo d'Alcamo, 69
Cohen, Jean, 114
Collins, William Wilkie, 92
Comparetti, Domenico, 66n
Copérnico, Nicolau, 26, 213
Corti, Maria, 2
Constantino I, imperador, 85, 156, 157
Courtès, Joseph, 259, 261
Couturat, Louis, 216
Croce, Benedetto, 111-112
Crollius, Oswald, 41
Cuff, sargento, 92
Culianu (Culiano), Ioan Petru, 49n, 51n
Culler, Jonathan, 9
Cyrano de Bergerac, Hector-Savinien, 131n

Dali, Salvador, 158, 159
Dal Pra, Mario, 73n
Dante Alighieri, XIX, 7, 39, 66-72, 101, 110, 112, 117, 119, 124, 125, 128, 130
Danto, Arthur C, 175
Dascal, Marcelo, 114
Debus, Allen G., 56
De Chirico, Giorgio, 142
Delaney, Samuel, 172
De Leo Pietro, 139

Deleuze, Gilles, 31
Delia Porta, Giambattista, 42
Delminio, Giulio Camillo, 44, 47, 48, 61
Demaimieux, Joseph, 47
De Mas, Enrico, 68n
Demeter, 23
Derrida, Jacques, 8, 10,11,14,18-19, 31, 34, 283-288, 290
De Sanctis, Francesco, 68, 69, 70, 111
Diniz, São, 172
Dido, 109
Dijk, Teun A. van, 2
Dilthey, Wilhelm, 31
Dinneen, D.A., 235n
Dinsmore, John, 237, 238n, 249n
Dionísio o Areopagita, 155
Dionisio, 119
Diotallevi, 95
Disney, Walt, 122, 166, 268
Dolce, Ludovico, 36n
Dolezel, Lubomir, 163, 164, 172, 173, 174
Domeq, Honorio Bustos, 157-158
Donnelly, Ignatius, 67n
Doyle, Arthur Conan, 92, 170, 214, 216, 218
Duchaussoy, Jacques, 67n
Ducrot, Charles, 259
Dumbo, 268
Duns Escoto, João, 147
Durand, Gilbert, 30, 31, 65n
Durning-Lawrence, 67n

Edighoffer, Roland, 68n
Édipo, 171
Efraim, 83
Einstein, Albert, 31
Elgin, Catherine, 164
Eliot, George, 94
Eliot, Thomas Stearns, 112, 116, 117, 124
Emma Bovary, 170, 178
Escher, M.C., 175
Espagnet, Jean d', 53, 54, 55, 60
Espinosa, Baruch, 215
Evola, Julius, 51, 53, 56

Fabbri, Paolo, 4
Faggin, Giuseppe, 5ln
Fea, Costanzo, 37n
Ferraresi, Mauro, 1, 85

Ferrari Bravo, DonateHa, 3
Ferraris, Maurizio, 9
Festugière, André-Jean, 49, 51n
Feyerabend, Paul, 105
Ficino, Marsilio, 26, 156
Filipe IV, o Belo, 96
Fillmore, Charles, 3, 231, 236, 250
Filoramo, Giovanni, 29n
Flamel, Nicolas, 58
Fleissner, Robert, 92
Fludd, Roberto, 269
Ford, Henry, 136
Formaggio, Dino, 102
Forster, Edward M., 2
Foucault, Léon, 94
Foucault, Michel, XIX, 2, 31, 40, 41, 48, 94
Fraassen, Bas van, 177n
Francisco de Assis, 250
Franci, Giovanna, 9, 33
Franklin, Benjamin, 94
Frederico I Barba-Roxa, 157
Frege, Gottlob, 236
Freni, Mirella, 112
Fulcanelli, 51

Gadamer, Hans Ceorg, 3
Galilei, Galibu, 26, 110, 213, 218
Gazdar, Gerald, 224, 227, 245n, 246, 249n
Gélio, Aulo, 109
Genette, Gérard, 2, 114
Gerhadt, Karl Emanuel, 215
Gesualdo, Filippo, 36
Ginzburg, Cario, 155, 201
Giovanni de Rupescissa, 55, 56
Giovannoli, Renato, 88n
Giua, Michele, 5 In
Giyon, lhomas, 248
Goclenius, Rudolph, 41
Goethe, Johann Wolfgang von, 27
Goodman, Nelson, 117, 143n, 146, 149, 157, 164
Gobachov, Mikhail, 141
Gordon (Paxá), Charles, George, 212, 213
Graham, Philip L., 81-82
Greimas, Algirdas Julien, 31, 108, 230, 231, 259, 261
Grice, H. Paul, 116, 228, 247, 261
Groupe ti, 114, 117
Guénon, René, 67, 72-75, 78

Guilherme de Baskerville, 87, 88, 92, 97

Habermas, Jürgen, 228
Hageck, Taddeus, 42
Halmano, 178
Halper, Nathan, 82-83
Hamlet, 34, 161
Hartman, Geoffrey H., 31, 78, 80, 84,85
Haywood, Ian, 132n, 133, 140n, 141, 145, 146, 147n, 150n
Heidegger, Martin, 27, 29, 147
Heller, Joseph, 34
Henriot, Emile, 88, 89
Henry, Albert, 114
Hércules, 44 Hermes, 23, 31
Hermeto Trismegisio, 25, 56, 147
Hesse, Mary, 115, 126
Hintikka, Jaakko, 134, 162, 163, 165, 200
Hirsch, Eric D., 2, 3
Hitler, Adolf, 146, 158
Hjelmslev, Loius, 37, 100
Holmyard, E. John, 51
Holub, Robert C, 3
Homero, 30, 159, 166
Horácio Codes, 22
Hugo de Novocastro, 89, 90
Hugo, Victor-Marie, 178
Humberto de Romans, 92
Hume, David, 106
Husserl, Edmund, 31, 284, 290

Ingarden, Roman, 3
Inge, M. Thomas, 92n
Iser, Wolfgang, 3, 4, 6, 13
Isis, 23

Jack o Estripador, 33, 34
Jacolliot, Louis, 72n
Jacopo Belbo, 94, 95
Jakobson, Roman, 3, 4, 5, 6, 100, 130, 218, 284
Jâmblico, 47
James, William, 2
Jauss, Hans Robert, 3, 6, 33
Jesus Cristo, 46, 55, 137, 159
Joana d'Arc, 90
João, arquidiácono, 146
Jocasta, 171
Johnson, Mark, 117, 128, 130
Jonas, Hans, 29n

José, 83
Joyce, James, 5, 13, 66, 80-82, 83
Jung, Carl Gustav, 24, 27, 29, 50, 51, 51n
Júpiter, 44, 234
Juvenal, Décimo Júnio, 109

Kant, Emanuel, XXI
Karajan, Herbert von, 112
Karttunen, Lauri, 236
Katz, Jerrold J., 118
Keats, John, 165
Kempson, Ruth, 244
Kepler, João, 26, 110, 202, 213
Kerényi, károly, 31
Khunrath, Heinrich, 55
Kiefer, F., 119
Kiparsky, C, 236, 255
Kiparsky, P., 236, 255
Kircher, Athanasius, 45, 140
Klaus, Georg, 228
Kornbluth, CM., 172
Kostukovich, Helena, 88-90
Kripke, Saul, 164
Kristeva, Julia, 2
Kuhn, Thomas, XXI, 72, 203

Lacan, Jacques, 247
Laio, 171
Lakoff, George, 117, 128, 130, 231, 246, 247, 248
Lambert, Johann Heinrich, 284
Langevin, Paul, 128
Lantenac, Marques de, 118, 179
Lavoisier, Antoine Laurent, 57
Lázaro, 46
Leech, Geoffrey, 230
Le Forestier, René, 68n
Le Goff, Jacques, 146
Leibniz, Gottfried Wilhelm von, 134, 215, 216
Lenin, Wladimir Ilich, 279
Leonardo da Vinci, 152
Leopardi, Giacomo, 86-87
Levin, Samuel, 115, 120, 128, 165
Levinson, Stephen, 228, 236
Lévi-Strauss, Claude, 5n, 31
Lewis, David D., 164
Lichtenberg, Georg Christoph, 33
Locke, John, 228
Longhi, Roberto, 108
Longino, Cássio, 147
Long John Silver, 161, 276

ÍNDICE DE NOMES

Loren, Sophia, 192
Lotman, Jury, 2, 3
Lubbock, Percy, 2
Lucrécio, Caro Tito, 47
Lukács, György, 29
Lurija, Alexander, 97
Lutero, Martinho, 269

Maazel, Lorin, 112
Maia, 23
Mann, Thomas, 83
Manzoni, Alessandra, 101
Marc, Franz, 109
Maria, 51
Maria Madalena, 46, 130, 131
Marmo, Costantino, 89n
Marrou, Henri-Iréneé, 154
Mársias, 44 Marx, Karl, 31
Maupassant, Guy de, 108
Mazzoni, Jacopo, 71 n
Mead, George Herbert, 228
Meegeren, Han van, 146, 150n
Menelau, 36
Menna, Filibefto, 160n
Mercúrio, 45, 48
Merezkovski, Dimitri, 89n
Merigot, L., 66n
Merleau-Ponty, Maurice, XXI, 5
Mickey Mouse, 123
Miguel Ângelo Buonarroti, 138, 141, 144, 213
Miller, Joseph Hillis, 14, 16
Mininni, Giuseppe, 127
Minsky, Marvin M., 232
Miranda, Claudia, 72
Moisés, 26, 64, 147
Molly Bloom, 90
Montague, Richard, 224
Morelli, Giovanni, 155
Morieno, 60
Morris, Charles, 4, 148, 219, 220-223, 226, 228
Mukarovoski, Jan, 3
Musca, Giosuè, 94, 96
Mussolini, Benito, 157
Muti, Ornella, 192

Nadin, Mihai, 287n
Nanni, Luciano, 13n, 98-109, 110-.113
Napoleão I, XVII, 137, 164, 170
Naudon, Paul, 66n
Nero Wolfe, 218

Nerval, Gerard de, 27
Netuno, 44
Neubauer, Fritz, 232.
Newton, Isaac, 26, 110, 279
Nicola Cusano, 157
Nicola de Morimondo, 92, 93
Nietzsche, Friedrich, 31
Nostradamus, Michel, 81
Novalis, 40

Occam, Guilherme de, 35n, 228
Oehler, Klaus, 287n
Ofélia, 161
Ogburn, Charlton, 66n
Oh, CK., 235n
Oppenheimer, J. Robert, 31
Ossendowski, Ferdinand, 72n
Ovídio Nasão, Públio, 146

Paepp, Johannes, 36n
Panofsky, Erwin, 110
Paulo de Tarso, 74, 75, 147
Paracelso, 26, 40, 41, 50, 125
Pareyson, Luigui, XXII, 3, 5
Paris, 44
Parmênides, 225
Parret, Hermann, 221
Partee, Barbara Hall, 162, 162n, 173
Pascoli, Giovanni, 39n, 67, 77
Pasifaeia, 47
Pato Donald, 166
Pauli, Wolfgang, 31
Pavese, Cesare, 95
Peirce, Charles S., XX, XXI, 35, 104, 126, 147-149, 165, 182, 195, 198-199, 201, 202, 205, 206, 218, 228, 229-230, 233, 278n, 280, 283-283, 290-291
Penrose, Roger, 175, 176, 177
Pernety, Antoine, 55, 56-59, 60, 61
Pessoa, Fernando, 157
Petöfi, Janos, 232
Petrarca, Francesco, 86, 101, 155
Phul, Ruth von, 82-83
Piaget, Jean, XXI, 5
Picasso, Pablo, 157, 158, 159
Pico della Mirandola, Giovanni, 26, 157
Piero della Francesca, 108
Pinóquio, 164
Planchenault, 178, 179
Planck, Max, 31

Platão, 21, 25, 26, 147, 190, 234
Plínio, o Velho, 47, 270.
Poe, Edgar Allan, 14, 211
Pohl, Frederick, 172
Polônio, 34
Popper, Karl, XXI, 30,102,104-105, 106, 108-109, 110, 165, 216
Pouillon, Jean, 2
Pratt, Mary Louise, 4
Priamo, 147n
Pricto, Luis, 105-106
Prince, E.F., 235n, 236
Proclo, Lício Diádoco, 156
Prodi, Giorgio, 193
Promete-, 44, 47, 48
Proni, Ciampaolo, 202
Pugliatti, Paola, 1
Putnam, Hilary, XXI, 232, 264

Queneau, Raymond, 158
Quine, Whard Van Orman, 183, 227

Rabano, Mauro, 87
Rabelais, Francois, 66
Radcliffe, Ann, 177, 178
Reagan, Ronald, 9, 10, 11
Reed, Edwin, 67n
Régnier, Gerard, 175
Rescher, Nicholas, 134, 168
Reuchlin, Johannes, 26
Riccoboni, Antonio, 97
Richards, Ivor Armstrong, 5, 124
Ricoeur, Paul, 114, 117, 126
Riffaterre, Michael, 2, 3
Ripley, George, 58
Robbe-Grillet, Alain, 174, 176
Roberto Grossatesta, 71
Robey, David, 94
RoLmson Crusoe, XVI Robortello, Francesco, 97
Rocco, Alfredo, 99
Romberch, Johannes, 36n, 39
Rômulo, 22
Rorty, Richard, 12-13, 31, 264, 283, 284, 287, 290
Rosselli, Cosma, 35n, 38-39, 44
Rossetti, Gabriele, 67-71, 78, 92
Rossi, Paolo, 35n, 39, 40, 48
Russell, Bertrand, 109, 161, 166, 236, 241
Rustaveli, Sota, 112

Ryle, Gilbert, 228
Sade, Donatien-Alphonse-François, Marquês de, 28
Sag, I., 235n
Sainati, Augusto, 264n
Sainati, Vittorio, 264n
Saint-Yves, d'Alveydre, 72n
Salomão, 119, 121
Saussure, Ferdinand de, 284
Sexta-feira, 271
Schank, Roger, 232
Scheler, Max, 31
Schelling, Friedrich Wilhelm Joseph, 27
Schiebe, T., 238n
Schlieben-Lange, Brigitte, 228, 230
Schliemann, Heinrich, 147n
Schmidt, Siegfried, 2, 230, 238
Searle John, 4, 8, 12, 115, 120n, 122, 129, 228, 285
Sebeok, Thomas A. XXIn, 194n
Segre, Cesare, 113
Sellars, Wilfrid, 236
Sercarz, Eli, 181n
Shakespeare, William, 66, 67, 92, 149, 161
Sherlock Holmes, 92, 122, 170, 203, 205, 210, 215, 216
Simmel, Georg, 29, 30
Sinatra, Frank, 248n,
Smith, John E., 289
Smullyan, Raymond, XXI
Snoopy, 90
Soames, Scott, 238n
Sófocles, 171
Sorokin, Piótr Alexandrovich, 31
Spengler, Oswald, 31
Spitzer, Leo, 110
Stanzel, Franz, 3
Stein, Gertrude, 112, 186
Stevenson, Robert Louis, 161
Stopes C., 67n
Stout, Rex Todhunther, 218
Strawson, Peter Frederick, 224, 236, 241
Sufa, 83

Thagard, Paul, 199, 201, 202
Theobald, Bertram, 67n
Thorndike, Lynn, 40, 5 In
Thurot, Charles,, 156
Tirésias, 171
Todorov, Tzvetan, 2, 31, 33

Toklas, Alice, 158
Tolstoi, Lev Nikolaevich, 101, 170
Tomás de Aquino, 22, 150, 154, 156, 234, 279
Tomás de Erfurt, 147
Tomás de Kempis, 15
Trumbo, Dalton, 267
Turing, Alan Mathison, 266

Valéry, Paul, 8, 115, 123-124, 129
Valla, Lorenzo, 85, 139, 155, 156, 157
Valli, Luigi, 67
Varrão, Marco Terêncio, 73
Vermeer, Jan, 146, 150n
Vershueren, J., 218n
Vickers, Brian, 43
Vico, Giambattista, 130
Violi, Patrizia, 6, 181, 235n
Virgílio Maro, Publio, 66, 81, 109, 140

Voltaire, 203, 209, 218
Vulcano, 44

Watson, doutor, 210-215, 216
Webster, Charles, 51 n
Weinreich, Uriel, 117
Weinrich, Harald, 2, 129
Wigston, W.F.C., 67n
Wilkins, John, XIII-XIV, XVI, XVIII, XXI, 46, 275
Wittgenstein, Ludwig Josef, 228
Wordsworth, William, 78, 84-85

Yates, Frances, 39, 68n
Yeats, William Butler, 27

Zadig, 203-211, 216
Zatesky, 97
Zuber, R., 241

UMBERTO ECO NA PERSPECTIVA

Obra Aberta (D004)
Apocalípticos e Integrados (D019)
O Super-homem de Massa (D238)
A Estrutura Ausente (E006)
As Formas do Conteúdo (E025)
Tratado Geral de Semiótica (E073)
Como se Faz uma Tese (E085)
Lector in Fabula (E089)
O Signo de Três (E121)
Os Limites da Interpretação (E135)

SEMIOLOGIA E SEMIÓTICA NA PERSPECTIVA

O Sistema dos Objetos – Jean Baudrillard (D070)
Introdução à Semanálise – Julia Kristeva (D084)
Semiótica Russa – Boris Schnaiderman (D162)
Semiótica, Informação e Comunicação – J. Teixeira Coelho Netto (D168)
Morfologia e Estrutura no Conto Folclórico – Alan Dundes (D252)
Semiótica – Charles S. Peirce (E046)
Tratado Geral de Semiótica – Umberto Eco (E073)
A Estratégia dos Signos – Lucrécia D'Alessio Ferrara (E079)
Lector in Fabula – Umberto Eco (E089)
Poética em Ação – Roman Jakobson (E092)
Tradução Intersemiótica – Julio Plaza (E093)
O Signo de Três – Umberto Eco e Thomas A. Sebeok (E121)
O Significado do Idiche – Benjamin Harshav (El34)
Os Limites da Interpretação – Umberto Eco (El35)
A Teoria Geral dos Signos – Elisabeth Walther-Bense (E164)
Imaginários Urbanos – Armando Silva (E173)
Presenças do Outro – Eric Landowski (E183)
Autopoiesis. Semiótica. Escritura – Eduardo de Oliveira Elias (E253)
Poética e Estruturalismo em Israel – Ziva Ben-Porat e Benjamin Hmshovski (EL28)

Este livro foi impresso na cidade de Cotia,
nas oficinas da Meta Brasil,
para a Editora Perspectiva.